The Long Term Balanced Development of Population:
Strategic Choice of Beijing

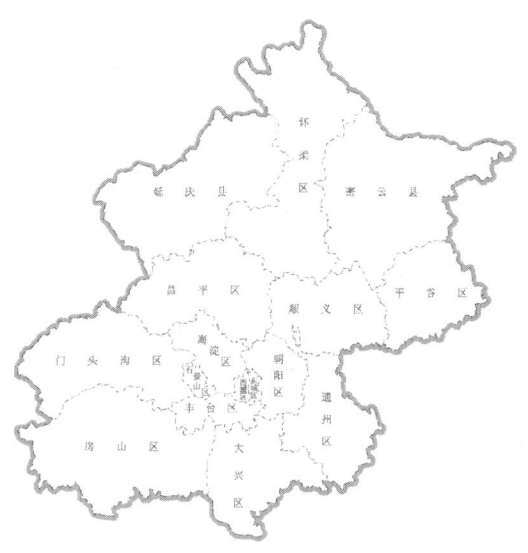

刘志 李国平 等■编著

长期均衡发展
北京的战略选择

科学出版社
北　京

图书在版编目(CIP)数据

人口长期均衡发展：北京的战略选择/刘志等编著．—北京：科学出版社，2013

ISBN 978-7-03-038954-1

Ⅰ.①人… Ⅱ.①刘… Ⅲ.①人口增长-研究-北京市 Ⅳ.①C924.24

中国版本图书馆CIP数据核字（2013）第251277号

责任编辑：杨婵娟　侯俊琳 /责任校对：宣慧
责任印制：李　彤 /封面设计：铭轩堂
编辑部电话：010-64033934
E-mail：houjunlin@mail.sciencep.com

科 学 出 版 社 出版
北京东黄城根北街16号
邮政编码：100717
http://www.sciencep.com

北京凌奇印刷有限责任公司 印刷
科学出版社发行　各地新华书店经销
*

2013年10月第 一 版　开本：720×1000　1/16
2023年 1 月第五次印刷　印张：17 1/2
字数：340 000
定价：78.00元
（如有印装质量问题，我社负责调换）

本书撰写组

组　　长：刘　志
副 组 长：李国平　张金霞　孙铁山
撰写人员：卢明华　侯佳伟　张　炜　赵　力　张冰雪
　　　　　王志宝　齐云蕾　王　帅　席强敏　蔡满堂
　　　　　李平原　刘　翙　侯　韵　李　楠　吴爱芝
　　　　　赵浚竹　张杰斐　程　宏

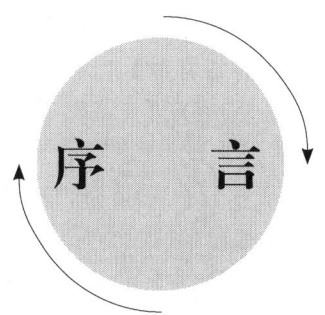

序　言

党的十八大报告为人口工作明确了方向："坚持计划生育的基本国策,提高出生人口素质,逐步完善政策,促进人口长期均衡发展",明确提出要坚持"人口资源环境相均衡、经济社会生态效益相统一的原则",将人口长期均衡发展确立为我国人口发展的核心目标。人口长期均衡要求人口的发展与经济社会发展水平相协调、与资源环境承载能力相适应,人口规模适度、人口结构优化、人口素质优良、人口分布合理及人口系统内部各个要素之间协调平衡长期可持续发展。

北京作为首都和特大型城市,人口超过2000万,人均地区生产总值接近1.4万美元,达到中上等收入国家水平。社会民生得到显著改善,城市服务管理水平明显提升。但在中国经济社会转型和城市化加速发展的大背景下,北京市人口增长的趋势短期内不会改变,人口与经济社会、资源环境协调发展的任务依然艰巨。

北京市第十一次党代会对当前北京所处的历史方位进行了科学的审视,明确要求必须准确把握首都的阶段性特征,全面做好首都各项工作。当前,首都经济发展进入发展方式转变的攻坚阶段,城市建设管理进入实施精细化管理阶段,社会建设管理进入加强服务管理创新阶段,生态文明建设进入高度重视人与自然和谐发展阶段。新阶段有着鲜明的阶段性特征,也面临着新的困难和问题。市委市政府提出,必须把人口、资源、环境作为确保首都永续发展的重大问题来认真研究。人口计生部门更要在这方面有所作为。

开展北京市人口均衡发展研究,正确把握人口均衡发展的现状及问题,认识人口与经济社会发展、资源环境承载的互动规律,寻求促进北京市人口长期均衡发展的对策,对于推动首都科学发展具有重要意义。因此,2013年年初,北京市人口和计划生育委员会联合北京大学首都发展研究院开展了北京市人口均衡发展战略研究,并最终形成《人口长期均衡发展——北京的战略选择》一书。本书从理论和经验研究出发,探讨了人口均衡发展的理论内涵与基本特征、人口均衡发展评价体系构建,以及世界城市的人口发展与经验借鉴;从实证和政策研究出发,着眼于北京的阶段性特征,系统提出了北京市人口均衡发展的现状及问题,以及促进北京市人口均衡发展的思路和措施。

促进北京市人口长期均衡发展,应坚持以科学发展观为指导,紧紧围绕首都城市性质功能,以更好地履行"四个服务"职责和建设世界城市为目标,按照以人为本、统筹协调、科学有序、改革创新的原则,把人口均衡发展作为经济社会可持续发展的重大战略,统筹解决北京市人口均衡发展面临的关键问题,逐步完善政策,加强人口发展的宏观调控和政策引导,努力实现人口与经济社会相协调、与资源环境相匹配,走出一条有中国特色、统筹解决发展中大国首都人口发展问题的新路子。

促进北京市人口长期均衡发展,就要加强人口规模调控、实施人口总量有序管理,推动人口结构优化、增强城市人口活力,全面提升人口素质、建设人力资源强市,合理引导人口地区分布、优化人口空间布局,转变经济社会发展方式、助推人口均衡发展,挖掘资源环境发展潜力、扩展人口发展空间。

促进人口长期均衡发展既是人口工作的核心目标,更是长期的历史使命。希望我们对该问题的初步研究和探索,能有助于推动对北京市人口均衡发展的研究,也希望能对北京市的科学决策提供参考。

2013 年 8 月

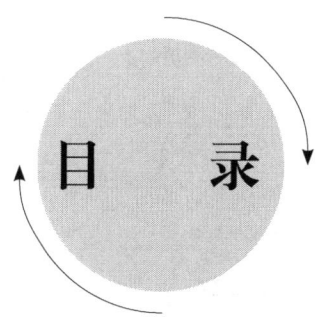

目　录

序言

第一章　人口均衡发展的理论内涵与基本特征 ········· 1

　　第一节　人口均衡发展提出的时代背景 ············· 1
　　第二节　人口均衡发展的理论内涵 ··············· 15
　　第三节　人口均衡发展的基本特征 ··············· 20
　　参考文献 ··························· 29

第二章　人口均衡发展评价体系构建及对北京的评价 ······ 32

　　第一节　人口均衡发展的评价指标体系和方法 ········· 32
　　第二节　北京市人口均衡发展的评价与比较 ·········· 43
　　第三节　北京市人口均衡发展状况分析 ············ 49
　　参考文献 ··························· 53

第三章　世界城市的人口发展与经验借鉴 ············ 55

　　第一节　东京人口发展实践与经验借鉴 ············ 55
　　第二节　伦敦人口发展实践与经验借鉴 ············ 66
　　第三节　纽约人口发展实践与经验借鉴 ············ 78
　　参考文献 ··························· 86

第四章　北京市人口内部均衡发展 ··············· 89

　　第一节　人口规模特征与发展趋势 ··············· 89
　　第二节　人口结构特征与发展趋势 ··············· 101

第三节 人口素质特征与发展趋势 …………………………………… 116
  第四节 人口内部均衡发展状况评判 …………………………………… 122
  参考文献 ……………………………………………………………………… 125

第五章 北京市人口与经济社会均衡发展 ………………………………… 127
  第一节 人口发展与经济增长的均衡关系 …………………………… 127
  第二节 就业与产业发展的匹配关系 …………………………………… 137
  第三节 公共服务与人口发展的匹配关系 ………………………………… 158
  参考文献 ……………………………………………………………………… 182

第六章 北京市人口与资源环境均衡发展 ………………………………… 184
  第一节 北京市土地资源与人口均衡发展 ……………………………… 184
  第二节 北京市水资源与人口均衡发展 ………………………………… 190
  第三节 北京市环境与人口均衡发展 …………………………………… 202
  参考文献 ……………………………………………………………………… 218

第七章 北京市人口空间均衡发展 ………………………………………… 219
  第一节 人口地区分布的现状特征与变化趋势 ……………………… 219
  第二节 人口与产业（就业）地区分布的匹配特征 ………………… 232
  第三节 人口地区分布与区域功能定位的匹配特征 ………………… 243
  参考文献 ……………………………………………………………………… 254

第八章 北京市人口均衡发展的思路与措施 ……………………………… 255
  第一节 促进北京市人口均衡发展的总体思路 ……………………… 255
  第二节 促进北京市人口均衡发展的主要任务与措施 ……………… 259
  第三节 促进北京市人口均衡发展的体制机制创新 ………………… 265

第一章
人口均衡发展的理论内涵与基本特征

随着中国的经济社会转型和城市化的加速发展，中国的人口问题变得更加复杂。这些问题不仅表现为人口自身发展的失衡，也表现为人口与经济、社会、资源、环境之间关系的失衡。在此背景下，人口均衡发展的理念被提出来。党的十八大报告强调要"逐步完善政策，促进人口长期均衡发展"，将人口长期均衡发展确立为我国人口发展的核心目标。但目前关于人口均衡发展的理论内涵和基本特征等还需要深入研究。本章首先回顾中国人口发展及其调控历程，分析当前中国人口发展存在的问题和面临的主要挑战，总结我国现阶段人口政策调整和人口均衡发展目标提出的时代背景。其次，梳理人口均衡发展的相关理论研究，并剖析人口均衡发展的理论内涵。最后，总结人口均衡发展的基本特征，以明确对人口均衡发展的理论认识。

第一节 人口均衡发展提出的时代背景

一、中国人口发展及其调控历程

基本人口国情的变化、人口问题性质的转型是形成人口均衡发展理念的社会基础。新中国成立以来，人口的管理与服务一直是国家政策中的重要一环，中国在1949年以后的半个多世纪中，经历了人口增长方式的历史性转变，人口调控经历了从无为到有为、从自愿到强制、从局部到全面的发展历程，最终形成了当前以计划生育为核心，以实现人口均衡为目标的政策体系。60多年人口发展的历程与人口管理的实践，是当前调整人口政策、实现人口均衡发展的基础。回顾我国人口调控的历程，是分析我国人口国情、探索人口均衡发展路径的前提，也是研究北京市人口均衡发展的背景。

1. 人口生育调控

新中国成立初期，为克服长期战争对人民生产、生活造成的巨大创伤，国家未对人口生育进行严格限制，人口总量快速增长。1953年第一次人口普查显示我国人口远高于通常的估计量，庞大的人口规模与稀缺的耕地资源、落后的工业水平之间的矛盾威胁着经济社会发展，因此，节制生育成为人口政策的新导向，中央提倡、赞成人民自愿节育，并在50年代中期开始宣传和推广节制生育，提倡有计划地生育子女。

三年自然灾害时期，正常的经济社会发展受到严重冲击，人口总量因灾减少，出生率和人口增长率骤然下降，节育活动的宣传和推广暂时中止，1960年出现了新中国成立以来唯一一年的人口负增长。

1962年，我国人口出现了短暂但大量的恢复性增长，节制生育方针再次复苏，国务院提出"在城市和人口稠密的农村提倡节制生育，适当控制人口自然增长率，使生育问题由毫无计划的状态逐渐走向有计划的状态"。中共中央、国务院《关于认真提倡计划生育的指示》是中央文件第一次使用计划生育字样，此时的计划生育以节制生育为主体内容。

在1966年之前，由国务院计划生育委员会领导的、覆盖全国多个省市的专门机构建立起来，在全国范围内开展节育技术指导和宣传教育活动并取得显著成效。1965年，我国城市生育率降至26‰，农村（含县城）出生率下降至39‰，城市妇女总和生育率下降至3.7。

1966~1969年，动乱的社会环境使节制生育工作陷入停滞，不过，"文化大革命"期间出现的干部下放和知识青年上山下乡运动形成了政策性的人口流动，减轻了城市人口增加带来的物质供应和就业压力。

1966~1970年我国人口净增超过1亿，70年代初人口总量达到8亿。1970年，全国计划会议将人口计划纳入国民经济第四个五年计划，规定了城乡人口自然增长率指标。1971年，国务院批示："除人口稀少的少数民族地区和其他地区外……深入开展宣传教育，使晚婚和计划生育变成城乡群众的自觉行为。"1973年国务院成立计划生育领导小组，各地区也相应建立计划生育工作机构，"有计划地增长人口"成为当时的人口政策，至1975年确定了"晚（婚晚育）稀（生育间隔）少（生）"的政策目标。

1978年，第五届全国人民代表大会第一次会议通过的《中华人民共和国宪法》第五十三条规定"国家提倡和推行计划生育"，计划生育第一次以法律形式载入我国宪法。

1980年，中共中央发表《关于控制我国人口增长问题致全体共产党员、共青团员的公开信》。至此，20世纪70年代提出的"一个不少，两个正好，三个多了"和"晚、稀、少"的要求,最后确定为"提倡一对夫妇只生育一个孩子"。人口自然增长率由1970年的25.84‰下降到1980年的11.87‰,总和生育率由1970年的5.81下降至1980年的2.24。

1982年2月,《中共中央、国务院关于进一步做好计划生育工作的指示》第一次明确规定了我国的人口政策,即"控制人口数量,提高人口素质",并对生育政策作出完整、具体的表述,即"要继续提倡晚婚、晚育、少生、优生[①]……"这一指示精神成为各地制定具体生育政策的基本要求。同年9月,党的十二大把实行计划生育确定为我国的基本国策[②]。

在实践中,因工作急于求成,忽视了城乡差异和群众意愿,生育率不降反升。为此,1984年4月,中共中央及时批转了国家计划生育委员会党组《关于计划生育工作情况的汇报》(中发[1984]7号)[③],实行"堵大口,开小口",实行因地制宜、分类指导的政策,变"一孩"政策为"一孩半"政策。在这一精神的指导下,各地方结合自身实际情况完成了制定省(自治区、直辖市)计划生育条例的工作,构建起了从中央到地方的计划生育政策框架。

1991年,《中共中央、国务院关于加强计划生育工作,严格控制人口增长的决定》的公布标志着中央正式提出稳定计划生育政策长期不变的方针,以期引导和巩固生育率下降的趋势。

20世纪90年代以来,人口计划生育政策逐渐稳定,推行20多年取得了巨大的成效。进入21世纪后,人口工作面临新的形势和问题,生育调控发生了新的变化。

2000年3月,中央政府决定,在实现了人口再生产类型的转变之后,人口与计划生育工作的主要任务是稳定低生育水平,提高出生人口素质。2001年12月,我国颁布了《中华人民共和国人口与计划生育法》,人口的生育调控进入了法制化阶段。该法自2012年9月1日起正式实施,目的是"实现人口与经济、社会、资源、环境的协调发展,推行计划生育,维护公民的合法权益,促进家庭幸福、民族繁荣与社会进步"。在具体措施上,该法规定:"国家采取综合措

---

① 具体要求为:国家干部和职工、城镇居民,除特殊情况经过批准者外,一对夫妇只生育一个孩子。农村普遍提倡一对夫妇只生育一个孩子,某些群众确有实际困难要求生二胎的,经过审批可以有计划地安排。不论哪一种情况都不能生三胎。对于少数民族,也要提倡计划生育,在要求上,可以适当放宽一些。具体规定由民族自治地方和有关省(自治区),根据当地实际情况制定,报上一级人大常委会或人民政府批准后执行

② 参见中国经济网,计划生育确定为我国基本国策的重大意义,http://views.ce.cn/fun/corpus/ce/jh/200812/08/t20081208_17610302.shtml,2008年12月08日

③ 参见上海市卫生和计划生育委员会网站,中共中央批转国家计划生育委员会党组《关于计划生育工作情况的汇报》,http://www.popinfo.gov.cn/dr/impdoc/coll/collnation/2001-12-25/0039930.html?openpath=spfp/impdoc/coll,2001年12月25日

施，控制人口数量，提高人口素质；国家依靠宣传教育、科学技术进步、综合服务、建立健全奖励和社会保障制度，开展人口和计划生育工作。"国务院编制人口发展规划，并将其纳入国民经济和社会发展计划。

《中华人民共和国人口与计划生育法》颁布后，各地对计划生育条例中生育政策的规定进行了微调，并逐步形成了现行的生育政策。

以《中华人民共和国人口与计划生育法》为核心，包含《流动人口计划生育工作管理办法》《计划生育技术服务管理条例》《社会抚养费征收管理办法》和修订后实施的地方条例的颁布，标志我国人口和计划生育工作依法行政时代悄然来临，我国计划生育工作制度和重心发生了新的变化，以人口发展战略规划指导人口发展成为当前计生工作的特征。近年来，我国人口计生工作从以行政制约为主转向统筹协调，从"单一管理"转向"综合关怀＋服务＋管理＋保障"，统筹人口数量、素质、结构、分布的关系，统筹人口与经济社会和资源环境的关系[①]，目标就是促进人口长期均衡发展。

2003年，国家计划生育委员会更名为国家人口和计划生育委员会，以加强人口发展战略研究和综合协调，更加科学地制定和实施人口发展规划。同年9月，胡锦涛同志在第十三次中央人口资源环境工作座谈会上指出，人口工作要努力促进出生人口性别比的平衡，积极应对老龄人口、流动人口、就业人口增加带来的问题。人口和计划生育系统的业务职能在不断拓展，依法行政、社会管理和公共服务水平不断提高，远远超越了传统计划生育的内容，成为政府履行社会管理和公共服务职能的重要组成部分。

2006年，《中共中央、国务院关于全面加强人口和计划生育工作统筹解决人口问题的决定》标志我国人口和计划生育工作进入统筹解决人口问题的新阶段，各项政策和制度日益注重以人为本，针对调控对象的特点进行政策设计。

随着计划生育的逐渐稳定和人口工作的拓展，我国生育率、净增人口等指标处于很低的水平，人口规模调控取得了巨大成效，人口质量也普遍提高，人力资本存量增加。

2. 人口流动调控

新中国成立初期，人口流动规模很小，国家对人口迁徙流动并未采取专门管控措施，体现了《中国人民政治协商会议共同纲领》和1954年宪法中"承认和保障公民的迁徙自由"的精神。不过，为了实现工业化必需的原始积累、将农民严格限制在土地上，从1955年6月到1957年12月，国务院先后发布《关于建立经常户口登记制度的指示》《关于防止农村人口盲目外流的指示》《关于

---

① 李晓宏. 2011. 人口，怎样均衡发展. http://society.people.com.cn/GB/8217/14447738.html [2011-04-21]

防止农民盲目流入城市的通知》《关于制止农村人口盲目外流的指示》，严格禁止城市部门私自向农村招工，限制农民进入城市。

1958年1月，全国人大常委会通过了《中华人民共和国户口登记条例》，第一次以法律的形式限制农村居民自由进入城市，规定"公民由农村迁往城市，必须持有城市劳动部门的录用证明，学校的录取证明，或者城市户口登记机关的准予迁入证明，向常住户口登记机关申请办理迁出手续"。此后，国家对城乡之间及城市之间人口流动一直采取严格控制的政策。

"文化大革命"结束后，1977年12月，国务院批转了《公安部关于处理户口迁移的规定》，确立了处理户口迁移的主要原则："从农村迁往市、镇（含矿区、林区等，下同），由农业人口转为非农业人口以及从其他城市迁往北京、天津、上海三市的，要严格控制。从一般农村迁往市郊、镇郊农村或国营农场、蔬菜队、经济作物区的，应适当控制。"该文件成为限制人口自由流动的重要文件，说明在改革开放初期我国仍然采取严格控制人口流动的政策。

改革开放以来，生产力水平迅速提高，农村开始出现大量剩余劳动力，严格限制人口流动的二元户籍制度与人口流动的需求之间的矛盾逐渐加深。国家对原有的户籍制度进行了改革，集中出台了多项户口转移政策，逐渐放松了对人口流动的限制。1978年9月，公安部、粮食部、国家人事局联合颁布了《关于解决部分专业技术干部的农村家属迁往城镇由国家供应粮食问题规定》，放宽专业技术人员及家属迁往城镇的限制。1984年，国务院颁布《国务院关于农民进入集镇落户问题的通知》，规定"凡申请到集镇务工、经商、办服务业，或在乡镇企事业单位长期务工的农民和亲属，准予自理口粮落户集镇"[①]。

1985年7月，公安部颁布《关于城镇暂住人口管理规定》，决定对流动人口实行"暂住证""寄住证"和旅客住宿登记相结合的登记管理办法，公民开始拥有在非户籍地长期居住的合法性。同年9月通过的《中华人民共和国居民身份证条例》规定，凡16岁以上的中华人民共和国公民，均要申领居民身份证，从而使流动人口的管理和登记有证可查。

进入90年代，人口流动进一步松动。1992年8月，公安部发出《关于实行当地有效城镇居民户口的通知》，决定在局部地区实行"当地有效城镇户口"即"蓝印户口"制度，流动人口落户职业所在地成为可能。1992年年底，国务院宣布自1993年1月1日起在全国放开粮油价格，停止粮票流通，户口与粮油挂钩的历史至此终结，流动人口不再因为无法获取生活来源而被迫停止流动。1997年7月，国务院批准了《小城镇户籍管理制度改革试点方案》，严格控制大中城

---

① 参见中国经济导报，我国户籍制度的历史沿革，http://www.ceh.com.cn/ceh/llpd/2010/3/6/60331.shtml，2010年3月6日

市特别是北京、天津、上海等特大城市人口的机械增长，放宽了对小城镇人口迁入的限制。1998年国务院批转《公安部关于解决当前户口管理工作中几个突出问题的意见》，不再提出限制到中等城市落户的规定。

进入21世纪以后，随着全国经济发展不平衡的加剧，以及市场经济深化发展所要求的劳动力要素自由流动需求的上升，对人口流动的政策限制和劳动力自由流动需求的矛盾日益加深。国家为了适应经济社会发展的需要，开始逐渐放松对人口流动的若干限制，但是仍然没有做到完全放开。

2000年6月，中共中央、国务院下发了《关于促进小城镇健康发展的若干意见》，该意见规定，小城镇内符合一定标准的农民可以转为城镇户口，一定程度上放松了对农村人口流入城市的限制，但仅局限在小城镇范围内，对于劳动力向大城市的迁移，依然有很多政策限制。2001年3月，国务院批转公安部《关于推进小城镇户籍管理制度改革的意见》，该意见规定"对于小城镇常住户口的管理，根据本人意愿均可办理，不再实行计划指标管理"，标志着人口流动政策的进一步放松，国家全面推进小城镇户籍制度的改革，进一步放宽农村户口迁移到小城镇的条件，并且允许各地按照具体情况推进本地户籍制度改革。

2002年以后，国家基本没有出台整体性的流动人口限制政策，但是部分城市或地区相继出台了一些具有影响性的政策。郑州率先开始了大城市户籍制度改革；上海建立了独具特色的居住证转户籍制度，放宽了城市户籍限制；重庆出台意见重点解决有条件农民工及新生代转户进城问题；成都宣布建立户口登记地与实际居住地统一的户籍管理制度，还建立起一系列的配套制度，在完善公共服务和社会保障制度的基础上进行人口政策改革。

从总体趋势来看，2000～2010年，无论是国家政策，还是地方政策，对人口流动的限制逐渐放松。尤其是在小城镇，人口城乡流动及城镇间流动相对较为自由；在大城市，尤其是北京、上海、广州这些外来人口集聚的大城市，虽然相对于过去放宽了对流动人口进入及落户的限制，但是由于城市吸引力强，外来人口多，城市公共服务和社会保障压力过大，在人口落户上仍然不能完全放开。

此外，新世纪我国流动人口管理更加强调服务与管理并重。按照人口发展"十一五"规划，我国将逐步把流动人口纳入流入地人口总数，实行以流入地为主的目标管理双向考核，流动人口管理遵照"属地化管理、市民化服务"的原则，从流动人口登记、行政手续办理、宣传培训等多个方面消弭流动人口与本地人口的差别性待遇。

3. 人口发展调控

我国关于人口发展的思路主要遵循可持续发展原则。可持续发展最早提出于1972年，是关于人口、资源、环境关系的最全面认识。20世纪90年代以来，中央逐渐加深了对人口基数大、净增人口多、资源相对短缺的认识，认为粗放的经济增长方式难以为继，需要借鉴国际经验，调节人口与资源环境的关系。1992年，我国编制了《中国21世纪议程——中国21世纪人口、资源、环境与发展白皮书》，首次将可持续发展战略纳入我国经济社会发展的长远规划，并在党的十五大上确定为中国现代化建设必须实施的战略之一。此后，我国政府坚持人口与发展综合决策，将人口发展纳入国民经济和社会发展总体规划，努力使人口发展与经济社会发展相协调，与资源利用和环境保护相适应。

1997年，第一次计划生育与环境保护座谈会在京召开，以后每年召开一次，并于1999年扩大为中央人口资源环境工作座谈会，座谈会统筹考虑、协调部署，动员全社会力量，采取法律、经济、行政等多种措施综合治理和解决人口问题，把发展经济、开展计划生育、普及教育、提高健康水平、消除贫困、完善社会保障、提高妇女地位、建设文明幸福家庭等紧密结合起来。

2001年7月1日，江泽民同志在建党八十周年纪念大会上全面阐释我国可持续发展战略："坚持实施可持续发展战略，正确处理经济发展同人口、资源、环境的关系，改善生态环境和美化生活环境，改善公共设施和社会福利设施，努力开拓生产发展、生活富裕和生态良好的文明发展道路。"

2004年，胡锦涛等中央领导在中央人口资源环境工作座谈会上指出，要以科学发展观为指导，实现经济与人口、资源、环境协调发展，强化经济、社会、环境效益的统一。

2005年，胡锦涛同志提出"建立资源节约型、环境友好型社会"的目标，强调要使经济增长建立在提高人口素质、高效利用资源、减少环境污染、注重质量效益的基础上。

二、当前中国人口发展存在的主要问题

我国人口调控的长期实践根本上是为了治理人口不均衡。通过计划生育等政策，我国成功控制了人口过快增长，实现了人口再生产类型的转变，具备了在较低的剩余水平上统筹解决人口与经济社会、资源环境矛盾的条件。但是，在人口规模得到控制的同时，一些新的问题涌现出来，认识和处理这些新问题是实现人口长期均衡发展的主要任务。

（一）人口规模过大、增长过快

2010年第六次人口普查显示，我国人口总数达13.71亿，同第五次全国人口普查的12.66亿人相比，10年共增加1.05亿人，增长8.29%，平均每年增加1047万人，年平均增长率为0.98%。尽管计划生育等人口调控手段取得了巨大

的成效，人口规模过大、增长过快的基本国情依然存在，人口总量的发展形势依然严峻。在人口惯性下，我国人口总量还将持续增长，据预测，我国在未来30年还将净增2亿人左右，人口峰值将在2033年达到15亿，人口总量的持续上升造成人口与资源环境的矛盾日益尖锐（陆杰华和朱荟，2010），与经济社会的矛盾也日益突出。庞大的人口基数将增加对国民创造的物质财富的消耗，增大公共管理、社会服务的运行和管理成本，增大了政策制定与执行的复杂性。此外，劳动年龄人口规模庞大，解决就业问题仍将是长期而艰巨的任务。

（二）人口结构性矛盾凸显

人口结构主要包括年龄结构和性别结构，结构性矛盾正日益成为影响我国经济社会发展的重大问题。

（1）人口年龄结构失衡，人口老龄化日益严重，人口抚养比上升。

我国在2000年进入老龄化社会，2000～2012年，65岁及以上老年人口从0.93亿增加到1.27亿，占人口的比例增加到9.4%，60岁及以上人口占全球老年人口的1/5[①]，老龄人口年均增长率高于总人口增长速度，老龄化呈现加速趋势。2013年，少儿人口抚养比增加至24.36%，老年抚养比上升至21.58%，社会总抚养比上升至45.94%。[②] 据预测，2053年，中国老年人口数将达到峰值，约为4.87亿，老龄化水平推进到30%以上。[③]

我国老龄化呈现出发展速度快、地区分布不均衡、未富先老、老年人口高龄化等特征，老年人口居世界之最。老龄化将使劳动年龄人口比重下降，社会赡养比攀升；老年人口退出生产领域，国家财政用于养老和社会保障的支出将增加，经济增长和稳健财政的难度加大；老龄化还将影响家庭结构和赡养功能，未富先老意味着社会能够提供的养老资源非常有限，住房、保险、医疗和教育等方面的准备还不充分。

人口老龄化还与人口规模控制存在着矛盾。人口规模控制越严格，老龄化速度就越快，老龄化状况越严重；一旦放弃人口控制政策，老龄化进程得以减缓，人口总量又将快速增加。因此，我国应加快制定和完善国家养老保障体系，力求寻找老龄化与人口数量控制的平衡点，尽可能减少老龄化的负面影响。

---

① 参见中国城市低碳经济网，截至2012年底我国老年人口数量达到1.94亿，http://www.cusdn.org.cn/news_detail.php?id=247705，2013年2月28日

② 参见中国城市低碳经济网，截至2012年底我国老年人口数量达到1.94亿，http://www.cusdn.org.cn/news_detail.php?id=247705，2013年2月28日

③ 参见青岛日报，2053中国老年人将达4.87亿人口老龄化水平增至35%，http://news.163.com/12/1023/03/8EFIN13B00014AED.html，2012年10月23日

(2) 我国出生人口性别比偏高，人口性别结构失衡。

我国出生人口性别比长期偏高。2005年，我国婚育年龄人口中的男性开始明显多于女性。2011年，第六次人口普查结果显示，我国出生人口的性别比为118.06，比2000年人口普查的数据提高了1.2个百分点，更加偏离正常范围。出生性别比在城乡均出现失衡，农村失衡程度更为严重。到2020年，全国20~45岁男性将比同年龄段女性多3000万人左右。

人口性别结构严重失衡将带来严重的社会问题。人口性别结构失衡导致婚龄人口比例失衡，买卖婚姻、婚外性行为等现象增多，家庭稳定性和社会安定将受到冲击；一些出生性别比失衡地区将成为拐卖妇女儿童犯罪的重灾区，跨境非法婚姻、跨境强行拐卖和强迫卖淫等社会问题也将有所抬头；性别比失调还可能导致非婚生育、婚外生育和重组家庭中的超孕超生[①]，引起生育的无计划性，使来之不易的低生育水平受到威胁。

(三) 人口布局不够均衡

资源和环境的空间差别决定了人口分布不可能均质化，也决定了不同地区的经济社会发展可以存在差别。从分布格局看，我国人口东多西少、东密西疏，已经成为基本国情；从人口的城镇化水平来看，北方城镇化水平比南方要高，但城市化率整体偏低；从地区劳动力比重来看，青壮年劳动力和高等教育人口更集中于东南部；从生育率的变化趋势来看，东部发达地区和全国大城市的生育率持续走低，中西部地区却面临低生育水平反弹的压力；从人口的年龄结构来看，人口老龄化程度的区域差别很大，在华北、华东和华中三个地区形成了老龄人口集中分布带。

人口布局的区域差别具有合理性，但人口空间分布与经济布局不协调，与资源环境承载力不适应的问题在我国仍比较突出。首先，大量剩余劳动力在农村滞留，规模达到1.5亿~1.7亿，在向城市转移的过程中冲击原有的农业经济格局，给城市就业和经济发展带来巨大压力；其次，人口布局与人口功能区划不一致，承载力高、经济发达、资源丰富的人口集聚功能区还需要接纳更多人口，承载力较低、人口数量接近临界水平的人口稳定或疏散功能区目前还定居着过量人口，人口功能区总体规划需要继续落实；最后，部分地区的劳动力从业结构与地区产业升级、经济转型的需要存在矛盾，东西部地区之间、城乡之间的差距有所扩大。

由于不同区域的经济社会发展水平和人口承载力的差别，人口流动在我国

---

① 叶中章. 2003. 出生人口性别比升高的危害及治理对策. http://www.china.com.cn/chinese/renkou/393206.html [2003-08-26]

大规模出现,给社会管理和公共服务等带来一系列挑战。2010年,全国流动人口数量已超过2.21亿①,长期定居和举家流动的趋势明显,"二线"城市和城镇人口流动活跃,人口的流入流出省份较为集中,而流动方向主要是从内陆向邻近的沿海地区。流动人口是实现人口均衡的重要力量,引导人口有序流动、合理分布的服务与管理工作还需加强。

(四)人口整体素质有待提高

当前,国际竞争正日益转变为国民素质的竞争,人口的身体健康和科学文化素质成为决定我国综合国力的关键因素,人口素质正成为提升国家竞争力的瓶颈。国际产业分工的调整、经济发展方式的转变,对人口素质提出了更高的要求,但我国人口素质总体不高,人力资本对经济增长的贡献率远低于发达国家平均水平②。身体素质方面,我国每年4%~6%的出生人口具有先天残疾,且近年来呈现增多趋势;各种不健康人群规模巨大,心理和精神性病患明显增加,地方病患者达6000万左右,智力残疾人达544万人,年患病人次超过50亿,艾滋病等威胁人民群众和公共卫生安全的疾病有蔓延趋势(国家计生委发展规划与信息司,2010);遗传疾病发生率较高、携带人口数量较大,迫切需要医疗科技的进步,以提高出生人口健康水平。我国农业人口占总人口的比重较大,与经济转型的需要存在矛盾;全国文盲、半文盲和贫困人口的数量众多,2011年15岁及以上人口中有4.08%的文盲人口③;人口的预期寿命已经有显著提高,但还有较大发展空间;劳动力的受教育程度有所改善,但与产业结构升级的需求存在较大落差;高等教育占总人口的比重依然低于发达国家和一些发展中国家的水平,在局部地区还出现了专业技术人员短缺、学历教育与职业技能培训不完全匹配的情况。

总体上看,"十二五"时期是我国人口发展的重大转折期,人口发展的机遇与挑战并存。一方面,经济社会发展仍然面临着人口总量持续增加的压力,人口对经济社会、资源环境的影响更加突出;另一方面,人口各要素关系更趋复杂,素质、结构、分布正在成为影响人口均衡发展的主要因素。因此,"必须从战略上重视人口问题,遵循人口发展规律,充分利用人力资源丰富、社会抚养比低、人口流动活跃的有利时机,全面做好人口工作,为经济社会发展营造良

---

① 参见财经网,2010年中国流动人口总量达2.21亿人,http://www.yicai.com/news/2011/03/696667.html,2011年3月2日

② 参见中央政府门户网站,国家人口发展十二五规划,http://www.gov.cn/zwgk/2012-04/10/content_2109800.htm,2012年4月10日

③ 参见国家统计局网站,2010年第六次全国人口普查主要数据公报(第1号),http://www.stats.gov.cn/tjfx/jdfx/t20110428_402722253.htm,2011年4月28日

好的人口环境"。[①]

三、当前中国人口发展面临的主要挑战

构建人口均衡型社会是当前人口发展历史方向的价值选择，但不是当下社会的事实判断。我国处于社会快速转型的发展阶段，人口发展与经济社会、资源环境不协调的现实依然存在，是当前人口发展面临的主要挑战，也构成了提出人口均衡发展的现实背景。

（一）人口发展与经济转型的需要仍不相适应

经济增长粗放、经济失衡是我国经济发展中的突出问题，创新驱动、内生增长是我国经济发展方式转变的目标，经济结构战略性调整是加快转变经济发展方式的主攻方向。目前，我国正在努力克服经济发展方式中的粗放现象，经济增长逐步由"高储蓄、低消费"向"扩大内需，依靠投资、消费、出口协同拉动"转变；第三产业特别是现代服务业迅速兴起、潜力巨大，一定程度上有利于我国经济增长质量和效益的提高，推动经济发展方式的转变和人民生活水平的提高，经济增长逐步向依靠三大产业协同带动转变；科技进步对经济增长的贡献率逐步提高，单位GDP的物质资源消耗受到重视，今后我国将逐步由"高消耗、高排放、低效率"的粗放型增长向"低消耗、低排放、高效率"的集约型增长转变，发展方式向主要依靠科技进步、劳动者素质提高和管理创新转变。

人口是经济增长的基础性因素，在经济发展方式转变的进程中，我国人口与经济出现了矛盾。首先，劳动力素质层次与产业结构不匹配，人力资源结构性矛盾突出。第一产业从业人员以小学和初中文化为主，平均受教育年限为7年，制约现代农业发展步伐；第二产业以初高中文化为主，成为制造业升级换代的限制性因素。其次，我国劳动力资源充足，长期享有人口红利，但我国就业形势十分严峻，年度劳动力供求缺口超过1000万，在农村还存在大量富余劳动力亟待转移，新增劳动力与失业人口相互交织，就业不足使人口红利难以充分实现。最后，劳动力占总人口的比重下滑，劳动力成本上升，我国发展劳动密集型产业的优势逐步减退，在国际上受到来自东南亚、拉美等劳动力成本更低的地区的竞争，国际形势的复杂多变增加了中国进出口的不稳定性，国内局部地区则出现"用工荒"，说明人口结构的转变与经济发展方式转变的协调需求

---

① 参见中央政府门户网站，国家人口发展十二五规划，http：//www.gov.cn/zwgk/2012-04/10/content_2109800.htm，2012年4月10日

日益迫切。

（二）人口发展与资源环境的关系仍相对紧张

自然资源和生态环境是人类活动的空间基础，在实践中，建设人口均衡型社会与建设资源节约型、环境友好型社会的内容和活动在根本上是一致的。当前，人口与资源环境的关系仍处于紧张和失衡状态。

人口与资源不协调主要体现在以下几点：首先，人口规模庞大，人均资源数量不足。自然资源总量大、人均占有量小是我国的基本国情，人均资源占有量综合排名落后，与绝大多数国家相比，我国的发展面临着更为严苛的资源约束。其次，人口布局与资源布局不一致。人口密集区的资源供给出现相对短缺的局面，局部地区出现资源超载，修筑跨区域资源输送体系的成本高昂；而在资源密集型地区，资源使用率低、浪费严重等现象也阻碍了人口与资源的协调。最后，生产力发展水平有限，人口数量在一段时间内将继续保持增加的趋势，支持人口增长和经济发展所消耗的资源数量将进一步增加，部分资源枯竭、部分地区供需失衡的压力短期内难以消解，有限生态空间内的竞争将更为激烈，资源的对外依存度将逐步增加。

人口与环境不协调体现在人类活动对生态环境的改造超过生态承载力。尽管人口增加不必然导致环境问题，但在现实中，我国人口密集地区的生态环境压力比人口稀疏地区更为严重，主要表现为环境污染，特别是水、大气和土地环境污染。同时，人口稀疏地区的荒漠化、水土流失等生态破坏也日趋严重。

（三）人口发展与社会发展的失衡仍比较突出

2008年，我国人均GDP达到3000美元以上，经济社会发展呈现出新的阶段性特征，社会转型期的新旧矛盾交织，民生与社会建设的重要性凸显。人口均衡发展是社会建设的目标之一，人口均衡的实现需要整合计划生育政策，公共卫生、健康和安全政策，户籍政策，人口迁移政策，教育、住房和社会保障政策等众多领域，需要推动社会建设赶上经济发展水平。

当前，社会领域制约人口均衡发展的矛盾主要体现在如下几点：首先且最根本的是经济结构与社会结构不匹配，经济发展与社会发展不平衡。我国经济体制改革和经济结构的调整已经取得了很大的成绩，但没有注重社会体制的改革和社会结构的调整，社会建设投入不足，以致形成了当前社会结构与经济结构不契合、不适应的状况，总体上体现为工业化初期阶段的社会结构支撑着工业化中期阶段的经济结构。这种结构性矛盾是当前诸多经济社会问题产生的根本原因，也是形成人口不均衡局面的重要原因。

其次，国民收入分配不平衡，城乡和区域之间的差距呈现拉大的趋势，在就业、社会保障、收入分配、教育、医疗等关系群众切身利益的领域体现尤为明显，人口流动性受到限制，影响了人口的空间均衡。

最后，计划经济时期形成的户口、就业、社会保障等社会体制还没有得到应有的改革，农民工等社会群体的权利缺少保障，社会各阶层的利益关系还没有协调好，影响人口的现代化发展。

此外，经济社会现代化的一个重要特征就是人口的城镇化，与其他国家相比，我国的城镇化呈现畸形发展的特点。首先，人口城镇化滞后于工业化进程。西方国家城镇化率与工业化水平的比值多在1.4～2.5，2009年我国的比值为1；城镇吸纳劳动力和人口的能力不足，主要归因于投资拉动的发展方式使资本一定程度上替代劳动要素，服务业发展不足，经济快速增长的同时就业水平提高缓慢，就业弹性下降。其次，人口城镇化滞后于土地城镇化，城市边界扩张、规模成长的速度远超过人口城镇化的速度。

四、人口均衡发展理念的提出

建设人口均衡型社会的目标是对我国多年来人口调控的理论思考与政策实践的精准概括。我国人口理论的发展和政策的演变实质上都以"人口均衡"为目标，在内容上包含了"人口均衡"的一些方面，但"人口均衡"的概念是在近几年才被明确、完整地提出的。

2007年，国家人口发展战略研究课题组发布《国家人口发展战略研究报告》，对我国当前的人口国情提供了基本的判断。随后，中共中央、国务院发布《关于全面加强人口和计划生育工作统筹解决人口问题的决定》（以下简称《决定》），以"统筹解决人口问题"为核心词，《决定》有针对性地为"十一五"期间的人口工作做出了指导。可以说，"全面统筹解决人口问题"的国策成为人口均衡发展理念的政策先导。[①]

2008年3月，国家人口计生委确定的新时期人口计生工作总体思路中，提出"推进两个统筹"，即统筹人口数量、素质、结构、分布各要素之间的关系，实现人口长期均衡发展；统筹人口与经济、社会、资源、环境的关系，实现全面协调可持续发展。[②] 这是"人口均衡"首次出现在国家政策当中。

同年4月，国家人口计生委主任李斌在人口计生委第七届专家委员会委员会议上指出，控制人口数量、稳定低生育水平仍然是当前我国人口和计划生育

---

① 参见新华网，专家学者谈人口均衡如何实现，http：//news.xinhuanet.com/politics/2010-09/17/c_12578156.htm，2010年09月17日

② 益瑞渊．2011．浅谈人口长期均衡发展——学习党的十七届五中全会精神的体会．http：//www.gsjsw.gov.cn/html/lyyj/10_58_16_328.html［2011-04-02］

工作的首要任务；在"十一五"期间保持现行生育政策稳定的基础上，对人口发展做出百年预测，根据因地制宜、分类指导、总体稳定、适度微调的原则，制定战略性规划，促进人口长期均衡发展。①

同年10月，国家人口计生委和中国社科院联合主办的"改革开放与人口发展论坛"在北京举行。论坛全面总结改革开放以来我国人口和计划生育工作的成就和经验，深入分析当前人口发展所面临的形势和挑战。国家人口计生委主任李斌指出，人口问题本质上是发展问题。综合运用人口与经济社会发展政策、实现人口长期均衡发展是统筹解决人口问题、促进人的全面发展的根本途径。②论坛再一次通过高层倡导和社会宣传，吸引了全社会对人口发展问题的重视。

2009年5月，国家人口计生委启动了人口发展战略研究和"十二五"规划重点课题研究，这是继2003年国家人口发展战略研究之后的又一重大课题研究，为制定人口发展"十二五"规划提供了科学依据。毋庸置疑，在这些研究报告中，"人口均衡发展"成为了研究的核心主题。

同年8月，北京师范大学"中国人口长期均衡发展政策研究课题组"提出了人口均衡发展的理论，构建了"内部均衡"与"外部均衡"两个概念，在课题中对我国当前的人口结构性问题进行了分析。

2010年7月，在第21个"世界人口日"到来之际，"促进人口长期均衡发展——中国人口学会年会（2010）"在北京举办。与会专家认为，我国今后一段时期内，人口形势更加复杂，人口结构性矛盾更加突出，人口与社会经济发展的关系更加紧密，对资源和环境的影响更加显著，人口发展面临的任务也更具挑战性。因而，年会的主题确定为"促进人口长期均衡发展"，即通过不断完善的人口与经济社会发展政策，实现人口系统内部各要素之间的良性互动、动态协调，以及人口与经济、社会发展水平相协调，与资源、环境承载力相适应，努力建设人口均衡型、资源节约型和环境友好型社会③。

2010年10月，十七届五中全会审议通过的《中共中央关于制定国民经济和社会发展第十二个五年规划的建议》在部署全面做好人口工作时，明确提出了"坚持计划生育基本国策，逐步完善政策，促进人口长期均衡发展"的目标。2011年，"人口均衡"最终被写入《国家人口发展"十二五"规划》，成为国家重大战略的组成部分。按照规划，"十二五"期间我国将更加注重深化人口长期

---

① 参见中央政府门户网站，李斌向人口计生委第七届专家委员会委员颁发聘书，http://www.gov.cn/gzdt/2008-04/22/content_950939.htm，2008年04月22日

② 参见中国网，改革开放与人口发展论坛（文字实录），http://www.china.com.cn/zhibo/2008-10/23/content_16647215.htm，2008年10月23日

③ 赵敬菡，杨文彦，刘婧婷，等. 2010. 我国人口学界首次提出建设人口均衡型社会. http://npmpc.people.com.cn/GB/12125895.html ［2010-07-13］

均衡发展战略研究，除坚持和完善生育政策外，将进一步完善人口计生、人力资源开发、男女平等、人口老龄化及人口迁移流动等方面政策，制定促进家庭发展、主体功能区建设等方面的人口配套政策，最终形成统筹解决人口问题的政策体系。这说明在"人口均衡"的目标导向下，全面、完整的人口政策体系将有望建立。

2012年11月，党的十八大在北京召开。针对面临的人口形势，十八大报告作出了"坚持计划生育的基本国策，提高出生人口素质，逐步完善政策，促进人口长期均衡发展"的重大战略决策，为我国下一步人口发展指明了方向，明确了目标，提出了要求。

第二节 人口均衡发展的理论内涵

由于经济社会的持续发展及资源、环境的不断变化，不同时期、不同区域会形成不同的经济、社会、资源、环境的相互关系。当前，我国正经历人口、经济、社会发展的转型时期，人口变动正在由快速增长进入惯性增长，人口发展也已经由控制人口阶段进入稳定低生育水平阶段，渐次进入统筹解决人口问题、促进人口全面发展的新阶段（马力等，2010）。在这个人口、经济、社会发展的转型时期，人口发展与社会、经济、资源、环境之间长期积累的矛盾开始逐步凸显。面对这一状况，国家人口计生委于2008年3月提出了"实现人口长期均衡发展"的发展战略，将人口长期均衡发展的问题正式提上了议程，也带动了国内对人口均衡发展的相关理论研究。本节首先回顾人口均衡发展相关研究现状，并进一步阐述人口均衡发展的理论内涵。

一、人口均衡发展的研究现状

1898年，人口学的鼻祖马尔萨斯就从人口增长与食物增长的关系出发，对人类社会的发展与变迁进行了研究，此后的人口研究一直以"人口与社会、经济、资源、环境的均衡发展"为重要命题。"均衡"源于物理学概念，是指相互对立的力量同时作用于一个系统，且作用力相互抵消，合力为零，使系统处于稳定状态（张曙光，1992；袁志刚，1997）。均衡概念引入社会经济领域以后，被赋予了两层含义：一是"变量均衡"，指对立双方能动力量相等的均等状态；二是"行为均衡"，指对立双方均不具有改变现状的动机和能力，或系统处于稳定状态，具有可持续性（樊纲，1991）。

李建民（2010a/b）认为可以从广义和狭义两个角度来理解人口均衡发展。从狭义角度看，人口均衡发展可以理解为一个国家和地区人口各要素及其变化之间的动态平衡，是各要素及其变化使人口的再生产、质量、结构和分布向更高级均衡状态发展的过程；广义的人口均衡发展不仅包括了狭义人口均衡发展的全部涵义，而且扩展到人口发展与社会经济发展及资源、环境的关系。他综合这些观点和看法，将人口均衡发展概念总结为一个国家或地区人口各要素变化之间的动态平衡及其与外部关系的协调，并使人口的再生产、质量、结构和分布及其与社会经济发展及资源环境关系向更高级均衡发展的过程，认为人口系统内部各要素变化之间的动态平衡是人口均衡发展的核心，提出了人口均衡分为内部均衡和外部均衡的概念。

翟振武和杨凡（2010）指出了人口问题的实质是人口发展的不均衡，并相对具体地总结了人口均衡的两方面含义：人口作为一个整体，应该与外部各方面因素的力量相平衡；人口内部，各要素之间的力量作用也要平衡。

张耀军（2010）将人口均衡型社会置于构建人口均衡型、资源节约型、环境友好型三型社会建设之中进行研究，认为人口均衡型社会建设是三型社会建设中最为根本的，是其统领，人口均衡是实现资源节约、环境友好的前提条件。张耀军还对人口均衡的两方面内容进行了总结：人口内部均衡，主要指人口规模、人口分布、人口结构和人口素质等要素的均衡；人口外部均衡，指人口数量要与经济、社会、资源环境承载力相匹配。

马力等（2010）认为，人口均衡是指在一定社会生产方式条件下，一定价值取向指导下，依据人口数量、质量、结构、分布等内部关系，决定人口供给；依据人口系统与经济、社会、资源、环境系统等外部关系，决定人口需求；人口需求与人口供给之间实现均等、可持续状态。在张耀军的基础上，他补充了人口均衡的含义，认为其由三方面组成：人口内部均衡，主要指人口自身的均衡发展；人口外部均衡，主要指人口与经济、资源、环境的协调发展；人口总均衡，指人口内部均衡和外部均衡两个体系有效匹配。他进一步提出，在不同时期起主导作用的人口失衡及构建人口均衡的驱动力是不同的。他认为，人口均衡发展是指，随着经济社会的不断发展和资源环境的持续变化，人口不断运行到原有的均衡状态，并在新的平台上构建新的均衡状态，由低级人口均衡转变为高级人口均衡的跃迁过程。

王颖等（2011）通过总结均衡的概念及其特点，同时借鉴适度人口理论、可持续发展理论和和谐理论，将人口长期均衡发展定义为：在可预见的时期内，人口自身的数量、质量、结构、分布的协调，以及人口与经济、社会、资源、环境等外部系统及国际竞争力的协调和可持续发展的理想状态，是指人口自身发展，以及与经济、社会、资源、环境、国际竞争力达到和谐点。王颖等将人口长期均衡发展分为人口自身长期均衡和人口与外部系统的均衡：人口自身长期均衡是指人口规模、人口质量和人口结构这三个基本要素本身及要素之间的均衡状态，包括人口数量、质量、结构、分布的协调发展；人口与外部系统的均衡则是指人口规模及增长率维持在资源和环境的承载能力之内，且与经济发展和社会进步相协调的发展状态，主要包括人口与经济发展之间的均衡、人口与社会发展的均衡、人口与资源之间的均衡和人口与环境之间的均衡四个方面。

除了对人口均衡的概念进行阐释，许多学者重点强调了人口均衡发展的重要意义。穆光宗（2011）认为构建人口均衡型社会具有三方面的重要意义：首先是科学意义，人口均衡发展对于我国当前存在的人口性别比失调、人口要素短缺等问题的解决有重要意义；其次是人文意义，人口均衡发展的提出，对于生命尊严、家庭幸福、社会和谐以及可持续发展等都有重要意义；最后是政策意义，人口均衡发展要求我们重构人口政策体系，从追求人均收入的提高转向追求更幸福的人文指标，于国于民都极为重要。马力等（2010）总结了人口均衡理论的意义，认为人口均衡理论实现了现代人口科学的重大突破，成为构建人口发展的"引力中心"，也为科学决策提供了理论支撑；并指出，构建人口均衡型社会是中国社会历史发展的必然。

理论研究的目的是指导实践，在对人口均衡发展理论进行了论述以后，学者们进一步提出了人口均衡发展的路径与手段。李建民（2010a）指出了我国的人口均衡发展目前面临的三大问题和挑战：解决人口结构性失衡问题、理顺人口发展与社会经济发展的关系、缓解人口规模及人口城市化对资源和环境的压力。他提出了我国人口均衡发展的战略目标：适度的人口规模、优良的人口素质、优化的人口结构、合理的人口分布。在此基础上，他提出了实现人口均衡发展的两条基本路径：一是通过控制人口变量，促进人口均衡发展；二是通过社会经济发展和科学技术进步，促进人口均衡发展。穆光宗（2010）提出了人口优化论，认为人口的优化、均衡、和谐发展需要注意三个关键问题：一是确立适度的低生育战略，实现体现性别平等、城乡统筹、民族团结、国家安全的人口新政；二是健全人口结构，平衡人口发展；三是挖掘人口红利，促进人的全面发展，实现经济社会可持续发展。马力等（2010）提出了构建人口均衡型社会的战略选择：实施人力资源综合开发战略，促进人口与经济均衡发展；实施城乡一体化发展战略，促进人口与社会均衡发展；实施主体功能区战略，促进人口与资源环境均衡发展。

除了宏观角度的理论研究，许多学者也展开了典型地区的人口均衡发展问题研究。章文彪（2011）对浙江省近些年来促进人口均衡发展的实践进行了研究，梳理了其政策发展历程，并根据现实情况，提出了稳定适度"均衡"的低生育率，着力化解年龄和性别的结构性失衡问题，努力平衡人口素质与经济发展质量，推进人口分布与产业格局调整的联动均衡四个重要的发展策略。黄夏先（2011）年对株洲市人口均衡发展进行了研究，指出了其当下人口均衡发展中出现的问题，包括总量控制难度大、人口素质低下、人口结构失衡、人口分布不均等问题，并为基于两型社会建设的人口均衡发展提出了对策，包括加强人口均衡发展与两型社会建设的相互关系的基础性研究，建立综合考虑人口均衡发展与两型社会建设的联动机制，从更宽的视野重新认识和加强对人口发展的管理，以及系统地制定促进两型社会建设与人口均衡发展的基础建设等具体实践方略。单良等（2012）基于人口均衡发展的视角，运用归纳法对辽宁省人口老龄化问题进行了研究，并提出了大力发展经济、坚持计划生育国策、完善社会保障体系，以及建立完善养老体系等政策措施。

综合来看，当前对于人口均衡发展的研究实现了四个方面的重要进展（《人口研究》编辑部，2010；章文彪，2011）：一是对当前我国人口发展存在日益突出的不均衡问题的认识越来越一致；二是对人口均衡基本涵义的认识逐步完善，基本已达成共识；三是提出人口均衡型社会应与资源节约型、环境友好型社会共同构成完整的"三型社会"，并在实践中被逐渐认同；四是根据我国人口与经济社会发展中存在的问题，不少学者在人口均衡发展的指导下，针对全国及典型地区的发展提出了诸多建议。

但是，可以看出，人口均衡发展的研究近些年才刚刚起步，尚存在很多不完善之处。首先，在理清人口均衡发展概念之后，对人口均衡发展的内涵和外延并没有一个体系性的解释，导致难以建立起一套明确的衡量人口均衡发展的指标体系；其次，由于没有一套明确的指标体系来衡量人口均衡发展水平，人口均衡发展只停留在概念层面，缺乏明确的路径设计；最后，关于地区性人口均衡发展的研究大多缺乏一个系统的具有指导意义的研究体系。

二、人口均衡发展的概念及内涵

人口均衡发展具有长期性，它追求人口系统内部各要素之间，以及人口与经济、社会、资源、环境之间的长期协调关系，因此又称人口长期均衡发展。人口均衡发展是指在一定时期内，人口自身的规模、结构、素质达到协调状态；人口与经济、社会、资源、环境等外部系统达到一个协调可持续发展的和谐状态。因此，人口均衡发展包括人口内部均衡和外部均衡发展（图1-1）。同时，人口在不同地区的分布应与各个地区的资源环境状况、经济社会发展水平相适应，因此人口内部和外部均衡在空间上体现为人口的空间均衡。人口内部均衡、外部均衡和空间均衡之间是相互影响、相互制约的关系，人口内部均衡是实现人口外部均衡的基础和前提，人口外部均衡通过对人口要素施加影响，直接或间接地制约着人口内部均衡的实现,人口空间均衡则是人口内部均衡和外部均衡的空间表现形式。只有实现人口内部均衡、外部均衡和空间均衡,才能最终实现人口均衡发展。

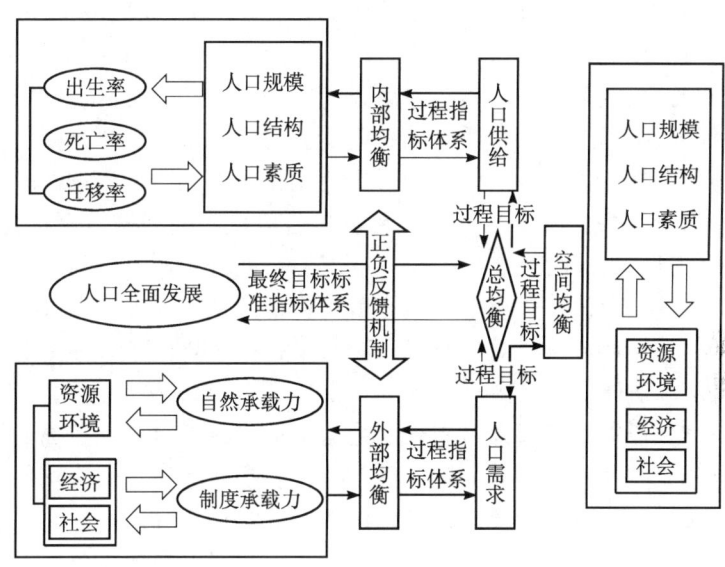

图1-1 人口均衡发展的概念框架

人口内部均衡发展主要指人口系统内部的人口规模、人口结构和人口素质三个要素及要素之间达到一个均衡稳定的发展状态。其中,人口规模指一定时期内人口总量所达到的状态;人口结构则是指按照不同的标准,对人口进行划分得到的结果,主要包括人口性别结构和人口年龄结构;人口素质是指一定的社会生产力水平、一定的社会制度下,人口所具备的身体素质、思想素质和科学文化水平。人口内部均衡发展意味着:首先,人口规模能够满足人口作为生产者和资源消耗者的双重身份达到一个协调统一的状态,人口内部结构达到一个相对均衡的状态,如性别结构的平衡性、年龄结构的合理性等;其次,人口规模与人口素质之间应达到一个均衡发展的状态,在保证人口素质的前提下,人口规模实现扩大,同时,人口规模保持在能够保证人口素质的范围内;最后,人口素质与人口结构之间也应该实现一个均衡发展的状态。

人口外部均衡发展主要指人口系统与经济系统、社会系统、资源环境系统的一个均衡发展状态,具体指人口规模及其增长率维持在资源环境的承载能力之内;人口规模及其增长率、人口结构、人口素质与经济发展和社会进步达到一个协调发展的状态。主要包括三方面内容:首先,人口与经济发展之间的均衡。人口作为经济活动的主体,影响着人力资本水平、消费市场需求能力等,对经济活动有着深刻的影响;同时,经济发展水平也对人口承载能力、人口素质的提高有显著影响。人口的规模、结构和素质等人口要素需要与经济发展水平、产业结构等经济要素达到一个均衡状态。其次，人口与社会发展之间的均衡。一方面，一定数量的人口是一切社会结构体系存在和发展的前提；另一方面，社会发展的状况又制约着人口问题的解决。人口与社会之间的均衡表现为：在一定的人口规模条件下，社会结构合理，生活质量和社会综合效率较高，社会基本建设和社会保障体系完善。最后，人口与资源环境发展之间的均衡。资源是人类社会生存与发展的物质基础和能量源泉，人口与资源之间的均衡是指人口对资源的消耗和再开发与资源的供给之间是协调的、可持续的。人与周围的生存环境形成了一个多层次、多单元的复合系统，人根据自己的意愿影响、改变生态环境条件，同时生态环境也影响着人口的分布、人口的素质与人类活动的质量，因此，人口与环境之间的均衡发展指的是实现人类生产生活系统与生态系统的良性循环，人口规模及增长必须维持在环境的承载能力之内，使人口规模与环境相协调。

人口空间均衡发展是指人口规模、结构、素质的空间分布状况能够与其所在的地域空间单元的资源环境条件、经济社会发展水平达到一个均衡状态，主要包括人口规模空间分布均衡、人口结构空间分布均衡和人口素质空间分布均衡。人口规模空间分布均衡，主要指一定地域空间范围内的人口规模在自然资源、生态环境、基础设施和服务设施条件以及社会经济的承载范围之内，能够保证人口的生活质量改善和人口素质的提高；人口结构的空间分布均衡主要指人口的年龄结构、性别结构、城乡分布结构，与一定地域空间范围内的经济发展水平、社会福利水平、教育发展水平及基础设施建设水平达到一个相对均衡的状态，如劳动年龄人口规模和比重应满足经济发展需要，老年人口比重与社会福利水平达到协调状态等；人口素质空间分布均衡，主要指一定地域空间范围内的人口素质水平及其内部结构应与地区经济发展水平、产业结构相适应，人口受教育结构与产业发展需求相一致，结构性失业处于正常水平等。

第三节　人口均衡发展的基本特征

一、人口内部均衡发展的基本特征

人口系统内部各要素变化之间的动态平衡是人口均衡发展的核心，也是人口均衡发展的基础（李建民，2010a）。人口内部各要素是相互作用的，而且各要素都有自身的理想状态。具体而言，人口规模的理想状态是适度，人口结构的理想状态是各部分比例恰当,人口素质的理想状态是不断提高,等等。因此,人口各要素内部力量的平衡是指各个要素在相互作用的过程中都应向其理想状态发展,不会由于其中某一个(或多个)要素的发展而使其他一个(或多个)要素背离它(们)的理想状态而发展(翟振武和杨凡,2010)。

1. 人口规模适度

一定数量的人口是人类生存和发展的首要条件,人口再生产的均衡(或者均衡人口再生产)是人口均衡发展的首要前提(李建民,2010a)。但是,某一国家或地区的人口规模并非是越大越好,人口规模适度是比较理想的状态。一个国家或地区在任何时期都存在一个经济上的最大收益点,当劳动力超过或少于这个量时,都会引起收益减少,处于"最大收益点"的人口便是最适合的人口(陆杰华和黄匡时,2010)。更广泛地来看,在可持续发展下,使社会、经济、环境、资源等的效益达到最大或次大的人口被认为是适度人口(顾大男,1999)。总之,适度人口是一定目标下的最适宜人口,即最优人口(陈卫,孟向京,2000)。

事实上,人口规模的大小,就其本身而言并不是问题,关键是当人口规模超出经济、社会、资源、环境发展所能承受的范围,出现了不均衡的现象时,才成为真正的问题(翟振武和杨凡,2010)。而且,人口的适度规模是在不断动态变化中的,任何国家、地区和部门都无法确定一劳永逸的"适度人口"(战捷,1984)。

人口规模主要受到人口的自然变动和迁移变动两大因素的影响(李慕真,1987)。自然变动即出生和死亡,二者从生物角度影响某一地区人口的增减,维持着人口自然均衡。死亡率是人口均衡发展的自然基准,是调节其他人口变量的基准。生育率是调节人口均衡发展最主要的人口杠杆。在人口系统中,存在着"均衡生育率",当某一生育率水平使人口再生产达到某种均衡状态时(如稳定人口或静止人口,或者适度人口),该生育水平就是均衡生育率。从人口长期均衡角度看,均衡生育率水平应该围绕着更替水平波动(李建民,2010a)。"低出生、低死亡、低增长"是目前理想的均衡状态,能够缓解人口与经济、社会、资源、环境的紧张关系(翟振武和杨凡,2010)。

人口迁移特指人们从一个地点向另一个地点的迁居活动(刘铮,1985)。人类历史上,除了对少数的人口和在特定的时期内,迁移变动对人口增长的影响一直很小,生育和死亡是决定人口增减的主要因素。但是当生育的水平下降到更替水平以下,许多国家或地区出现了人口负增长现象,迁移变动开始对人口增长产生很大的影响(游允中,2000)。人口迁移会为迁入地和迁出地增添活力,同时也会带来压力和问题。因此,人口迁移量保持在适度规模,与社会、经济、资源发展水平相协调,即达到均衡状态。

2. 人口结构优化

人口结构狭义概念是指人口的自然结构，包括性别结构和年龄结构。在正常的社会条件下，人口的性别主要受到生物学规律的支配影响，性别结构一般处于稳定的均衡状态，即男性人口和女性人口比例相当，性别比在100上下波动。出生性别比是衡量人口结构的重要指标，是其他年龄人口性别比的基础，对总人口性别构成起根本性影响（李建民，2010a）。世界各国大量数据统计的结果证实，人口出生性别比的正常值为103～107，新出生男婴的数量较女婴稍多一点。这样，在少儿人口男性死亡率大于女性死亡率这个人类生物性特征的影响下，到婚龄年龄段人口的性别比就会大致均衡。如果出生性别比超过了107，或者大大低于103，那就会造成未来婚龄年龄段女性或男性的短缺，形成婚姻挤压，使婚姻市场上缺少竞争力的、找不到配偶的人数大幅增加，从而影响社会的安定并扰乱既有的婚姻秩序（张翼，2010）。出生性别比偏高问题的实质就是人口性别结构偏离了它的理想状态（翟振武和杨凡，2010）。

年龄结构均衡主要体现在三个方面：第一，劳动适龄人口比例与经济、社会发展水平间的均衡；第二，老龄化水平与经济、社会发展水平间的均衡；第三，人口年龄结构与人口规模间的均衡。人口均衡发展是力求找到两两之间的最佳平衡点，使总负面影响达到可能的最小值（翟振武和杨凡，2010）。与人口均衡再生产相比，人口年龄结构均衡的标准和均衡人口年龄结构形成机制都更为复杂，也是一个更为长期的过程（李建民，2010a）。

3. 人口素质全面提升

人口与发展的终极目的是实现人类本身的全面发展，归根结蒂是人口素质的全面提高（邬沧萍，1996）。人口素质主要包括健康和文化教育两个方面。人口的健康素质均衡表现在"2降低1提高"：第一，婴儿死亡率的降低。婴儿死亡率的高低直接受医疗卫生条件的影响，不仅可以反映人口健康素质的高低，还能够折射出人口与社会医疗的均衡与否。第二，孕产妇死亡率的降低。在经济不发达地区，怀孕分娩是导致女性死亡的重要原因，而大多数孕产妇死亡是可以避免的，这主要取决于当地的医疗卫生、文化观念等的发展水平。第三，预期寿命的提高。预期寿命是整体死亡水平的反映，是表征人口健康水平的重要指标，它的提升意味着人口均衡化发展。

文化教育素质的均衡体现在文盲率减少，人口受教育水平提升。具体表现为：第一，男性人口和女性人口文化教育素质均衡提升；第二，城市人口和乡村人口文化教育素质均衡提升；第三，地区间人口文化教育素质均衡提升；第四，民族间人口文化教育素质均衡提升。不同的自然、社会、经济特征的人口获得受教育的权利机会均等，而且不断提升，有助于总体人口文化教育结构和水平的改善和提高，有利于人人平等参与社会、经济、政治活动。

二、人口与经济社会均衡发展的基本特征

1. 与经济发展相协调

人口是经济活动的主体，二者无疑有着密切的联系。人口与经济均衡发展要求人口再生产的数量增长、结构配置、素质提高等同产业结构的调整、劳动生产率的提高，以及就业人口的吸纳和增长保持协调（王颖等，2011）。经济发展阶段不同，往往对人口数量、结构、素质要求不同，通常在粗放型经济增长方式下，人口数量增长可显著促进经济的增长；在集约型经济增长方式下，经济增长的动力主要来自于劳动力素质的提升。

经济与人口协调发展表现为，人口发展应满足地区经济增长的需要，经济增长能带来更多的就业机会和更高的福利水平。具体而言，有如下特征：

（1）劳动力总量能够满足经济发展的需求，且劳动力就业充分。劳动力是潜在可以转化为资本的人口，充足的劳动力意味着更高的经济发展潜力，是经济发展的必要条件。不均衡表现为劳动力过盛或短缺。劳动力过盛会造成人力资源的浪费，未就业的劳动力不仅不能创造价值，反而增加社会抚养负担；反之，劳动力短缺制约经济的增长。

（2）人口规模与结构合理，能持续为经济发展提供充足的劳动力。合理的人口结构可以为经济发展提供合适的劳动力。同时，足够的人口规模也是促进本地消费、投资、储蓄增长的必备条件。

（3）人口素质不断提高，为产业升级和经济转型提供有技术和多样化的劳动力。人口素质提高意味着劳动生产率的提高，相同数量的劳动力可以创造更多的经济产出。不均衡表现为人口素质超前或滞后。人口素质超前于产业结构和技术升级水平，过盛的劳动生产率得不到释放，造成产能浪费；相反，人口素质过低会引致结构性失业，即低素质劳动力过盛而不能充分就业，高素质劳动力短缺。

（4）经济发展和产业结构升级为人的生存和发展带来更多福利。一方面，经济与产业发展带来较高的人均收入；另一方面，市场的激烈竞争带来价格优势和商品与服务的多样化，提升福利水平，吸引更多优质劳动力，实现经济与人口良性循环。

（5）经济发展和产业升级带来更多就业机会和高素质劳动力。经济发展可提升就业吸纳能力，提供更多的就业机会；产业升级需要更高素质的劳动力，反过来会促使劳动力自我提升以满足产业发展的新需求。

2. 与社会发展相适应

广义上，社会发展包括经济、人文、政治、服务等一系列的社会存在的组

成要素的发展，是以个人为基础的社会关系的发展。狭义上体现为与个人生活、生产密切相关的社会公共服务，包括教育、科技、文化、卫生、体育等要素构成的公共事业，为社会生产和居民生活提供服务的物质工程设施，社会救助、养老保障等民生服务，社会治安、国防安全等公共安全服务，这些都是保障和体现人最基本的生存权和发展权的社会基础。从狭义上看，人口与社会发展相适应有如下特征。

（1）公共服务资源总量充足，能够满足人的基本需求。一方面，根据一定标准，满足人的基本需求是人口与社会发展相适应的基础条件，由于人的需求随着社会进步、自身发展而不断提升，公共服务也应适时作出调整，以与人口相匹配；另一方面，实现基本公共服务均等化，为人口发展提供稳定、和谐的社会环境，体现社会公平。

（2）优质的公共服务水平，能够吸引人口集聚。优质的公共服务是城市竞争力的重要组成部分，有助于人自身素质的提高、生活满意度的提升，促进社会整体发展，吸引人口集聚；低下的公共服务水平，尤其教育、医疗水平，严重制约地区人口数量和素质的增长。这是因为，城市是开放系统，在就业机会均等的情况下，人们"用脚投票"选择最符合自身公共服务偏好的地区。

（3）公共服务资源结构合理，能够满足人口多样化的需求。不同年龄结构、素质、收入水平的人口，对公共服务类型、品质要求不同，如教育资源，依年龄不同就有幼儿园、小学、中学、高中、大学、职业学校、特殊学校等不同需求。

改革开放以来，政府转变过去"先生产后生活"的畸形发展理念，重视推进公共服务发展和基本公共服务均等化，"十二五"规划中就提出要"着力保障和改善民生，必须逐步完善符合国情、比较完整、覆盖城乡、可持续的基本公共服务体系，……，推进基本公共服务均等化"。人口和公共服务相适应，是维护社会和谐稳定的重要手段，一方面公共服务应满足人口发展的需要，另一方面，应保障人人享有公平、均等的公共服务。

三、人口与资源环境均衡发展的基本特征

1. 与区域资源承载力相适应

资源是人类社会生存与发展的物质基础和能量源泉，人口的增长受到区域资源承载力的约束，人口对资源的消耗和再开发与资源的供给之间要协调、可持续（王颖等，2011）。针对特定地区，系统往往是高度开放的，所需要的能源和物质资源绝大多数都可以从外部调入，然而土地资源和水资源对于一个地区的人口规模及其增长有着巨大的约束（图1-2）。土地资源是一种不可移动的基

础资源，水资源虽然可以从外部调入，但是大规模的调水需要花费巨大的成本，而且调入的水量也是有限的（童玉芬，2011）。

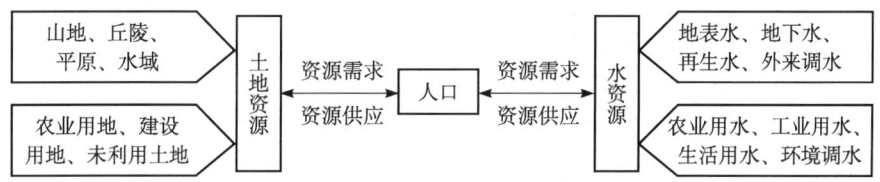

图1-2 人口与区域资源相互关系

土地资源是人口和经济社会发展的基础性空间资源，土地资源承载力一方面反映为一个地区耕地资源的承载力，即该地区生产的粮食及其他农产品对区域人口食物需求的保障能力；另一方面反映为一个地区建设用地资源的承载力，即满足该地区人口和经济社会发展需要的土地供给保障能力。随着中国城市化进程的加速，耕地资源保护和城市建设用地开发之间的矛盾日益尖锐。为此，应坚持最严格的耕地保护制度，划定永久基本农田，建立保护补偿机制，严格控制各类建设占用耕地，落实耕地占补平衡。尤其是农产品主产区，必须从保障国家农产品安全及中华民族永续发展的需要出发，把增强农业综合生产能力作为发展的首要任务，从而限制进行大规模、高强度工业化、城镇化开发。[①] 实行最严格的节约用地制度，从严控制建设用地总规模。按照节约、集约和总量控制的原则，从严控制新增建设用地规模、结构和时序，加强建设用地管理，提高土地集约利用水平。[②]

水资源是一个城市人口发展和经济社会发展最重要的不可或缺的资源，而且是难以在短期内增加的资源。水资源既是人类生活的生命性、基础性自然资源，又是人类生产的经济性、战略性资源，还是生态环境的控制性因素和区域综合实力的重要基础。一个地区的水资源主要来源于地表水开发和地下水开采。为了满足日益增长的用水需求，很多地区往往过度开采地表水和地下水，并不断增加再生水利用及外来调水。地表水超载使用，将严重破坏区域水生态健康，破坏水文系统的正常运行，严重侵蚀生态文明建设的基石；地下水连年超采将引发地面沉降、地下水污染加剧等环境问题，将影响到地区的可持续发展；从其他地区调水只是将其他区域的人口承载能力变成了自己的能力，从一个更大范围的区域来看，总的承载力并没有增加，只是发生了地区性的转移（童玉芬，2011）。而且，长距离调水的安全性备受争议，地质灾害、环境污染等都会严重影响水供应的安全性。水资源根据其用途，可以分为生活用水、农业用水、工

---

① 参见国务院印发的《全国主体功能区规划》
② 参见《北京市"十二五"时期土地资源保护与开发利用规划》

业用水和环境用水。生活用水与人口规模及人均用水量有关,工农业用水与工农业发展规模及单位产值的用水效率有关,环境用水是用于维持生态平衡、保护和改善景观的用水。随着地区经济社会的快速发展及人口的急剧膨胀,对水的需求越来越大,水资源供给与需求之间的矛盾不断凸现,水资源的承载力已成为制约人口发展的重要瓶颈。

能源为一个地区的人口和经济社会发展提供了重要的动力支撑。随着地区经济社会的快速发展及人口的急剧膨胀,对能源的需求越来越大,能源供给与需求之间的矛盾不断凸现。尽管能源可以从外部调入,但高度的外部依赖将影响能源供应安全,而且以煤为主的能源消费结构将导致地区污染物排放增加及环境恶化。必须提高能源利用效率,推行全民节能。强化节能目标责任考核,健全奖惩制度。完善节能法规和标准,制定并严格执行主要耗能产品能耗限额和产品能效标准,加强固定资产投资项目节能评估和审查。推广先进节能技术和产品。加强节能能力建设。开展万家企业节能低碳行动,深入推进节能减排全民行动。①

2. 与区域环境适宜性相一致

由地形地貌、植被、气候和水文等自然因子构成的环境,是区域人口发展的自然本底与环境基础。环境的自然适宜性和限制性,从根本上决定了人口的发展及其规模。例如,我国以"瑷珲—腾冲线"为界,人口分布东南多、西北少的空间格局一直十分稳定,主要是受到我国"西高东低"三级阶梯地势的影响。在地形地势上,平原、盆地等地势较低,地形起伏较小,人口分布相对密集,而高原、山地地势较高,地形起伏较大,人口分布相对稀疏。因此,人口发展要与区域环境相适应,促进人口向环境自然适宜的地区集中。同时,对于生态环境脆弱和敏感的地区,以及具有生态涵养和保育功能的区域,人口分布不宜过于密集,应协调好生态涵养与人口发展的关系,以避免影响区域生态屏障功能的发挥,从而造成人地关系紧张和生态环境的恶化。

人与其生存环境形成了一个多层次、多单元的复合系统(图1-3)。人根据自己的意愿影响、改变生态环境条件,而生态环境反过来又影响人口的分布、人类生活的质量。人口与环境之间的均衡发展就是要实现人类生产、生活系统与生态系统的良性循环,人口规模及增长必须维持在环境的承载能力之内,使人口规模与环境相协调(王颖等,2011)。要最大限度地降低污染物排放量,提高污染物处理率,人的一切活动对环境的负影响应在环境的承载能力之内,人口的规模及增长率应与环境相适应,且保持动态均衡(冯玉广和王华东,1997)。环境具体可以分为水环境、大气环境、声环境、辐射环境和生态环境。

---

① 参见《中华人民共和国国民经济和社会发展第十二个五年规划纲要》

现有的研究主要关注水环境、大气环境及生态环境的人口承载力研究,既涉及环境质量又包括污染物排放问题。

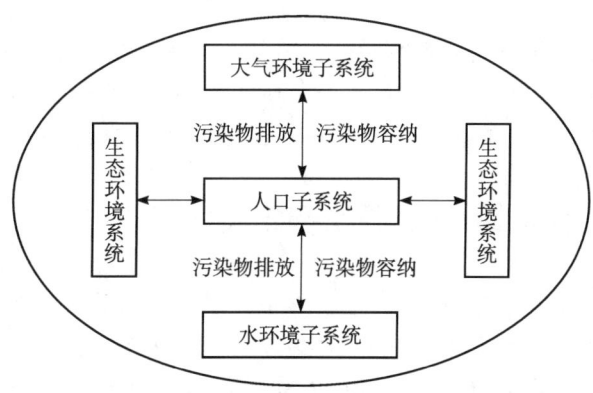

图 1-3 人口与区域环境相互关系

水环境承载力是指在某一时期、一定环境质量要求下,在某种状态或条件下,某流域(区域)水环境在自我维持、自我调节能力正常发挥和水环境功能可持续的前提下,所支撑的人口、经济、社会可持续发展的最大规模(李清龙等,2004)。人们在生活、生产中会向河流、湖泊等水环境中排放废水及化学需氧量、氨氮等污染物,这些污染物经过处理后仍会对水环境造成影响,一旦超出水环境调节能力,将会导致水环境质量下降,水环境质量的下降又将直接影响人们的用水供应。目前,水环境污染日益严重,水质不断恶化,水环境承载力已成为限制人类经济、社会发展的重要制约因子。

大气环境承载力是指在某一时期、某一区域,在某种状态下环境对人类活动所排放大气污染物的最大可能负荷的支撑阈值,最大可能负荷是人类活动产生的大气污染物在排放规模、强度和速度上的限值(徐大海和王郁,2013)。人们在生活、生产中会向大气中排放废气及二氧化硫、二氧化氮、可吸入颗粒物等污染物,这些污染物即使经过处理仍会对大气环境造成影响,一旦超过大气环境调节能力,将会使得大气中这些污染物的浓度超标,大气环境质量下降,直接影响人类的身体健康。目前,大气污染日益加重,雾霾天气不断增加,大气环境承载力也成为限制人类经济、社会发展的重要制约因子。

生态环境承载力是生态系统对人类活动的最大承受能力,一般以某一时期,在确保生态性能稳定和水土保持趋于良好的前提下,某区域生态空间能支撑的人口和经济可持续发展的最大规模来衡量。人类需求既包括对农产品、工业品和服务产品的需求,也包括对清新空气、清洁水源、宜人气候等生态产品的需求。保护和扩大自然界提供生态产品能力的过程也是创造价值的过程,保护生态环境、提供生态产品的活动也是发展①。要把保护水面、湿地、林地和草地放到与保护耕地同等重要位置，在确保全国耕地和基本农田面积不减少的前提下，继续在适宜的地区实行退耕还林、退牧还草、退田还湖，推进重大生态工程建设，进一步发挥生态空间涵养水源、防沙固沙、保持水土、保护生物多样性、保护自然资源等生态功能，促进城市及区域生态环境向绿化、净化、美化发展，使生态环境承载力为人类经济、社会发展发展提供重要保障。

四、人口空间均衡发展的基本特征

人口空间均衡发展主要指人口地区分布合理，是人口均衡发展的重要特征。人口地区分布合理是指人口布局应与区域人居环境相适应，与区域自然资源承载力相适应，能够满足地区经济发展的需要，与区域经济和产业发展相协调，并且与区域公共服务和基础设施水平相匹配。首先，由地形地貌、植被、气候和水文等自然因子构成的人居环境，是区域人口发展的自然本底与环境基础。人居环境的自然适宜性和限制性，从根本上决定了人口分布的空间格局。其次，人口的地区分布受到区域自然资源承载力的约束，区域人口发展应与地区的自然资源禀赋相适应，而在各类自然资源中，影响人口地区分布的最重要的自然资源是水资源和土地资源。再次，区域经济的发展水平也对人口分布有着重要的影响。经济发展水平较高的地区，往往人均收入较高，市场的激烈竞争所带来的价格优势和商品与服务的多样化更明显，也给人的生存和发展带来福利；同时，经济发展为人口发展提供了更多的就业机会，人口的持续增长将为经济发展提供充足的劳动力。最后，人口地区分布合理要求人口分布与区域公共服务和基础设施水平相匹配。区域公共服务水平直接决定了人口发展的质量，充足和优质的公共服务资源，不仅能满足人的基本需求，也为人口发展提供了稳定、和谐的社会环境，有利于吸引人口集聚，提高人口素质。

人口地区分布不合理往往表现为人口分布的不平衡，一些地区人口分布过于密集，而另一些地区人口分布又过于稀疏。人口分布过于密集往往造成经济社会发展与空间有限性之间的矛盾：特大城市的中心区人口过于集中造成交通拥堵、地价高涨、环境恶化等"大城市病"；生态环境脆弱和敏感的地区，以及具有生态涵养和保育功能的区域，人口分布过于密集，将影响区域生态屏障功能的发挥，从而造成人地关系紧张和生态环境的恶化。人口分布过于稀疏往往造成空间格局不经济，不利于规模效应的发挥，从而影响生产率的提高，制约经济社会的发展，影响人民生活水平的提高。因此，优化人口布局，促进人

---

① 参见国务院印发的《全国主体功能区规划》

地区合理分布，是促进人口长期均衡发展和经济社会协调可持续发展的重要内容。

人口地区分布的不合理也表现为不同结构和不同素质人口分布的不平衡，比如一些地区劳动年龄人口密集，造成就业压力相对较大；一些地区生育率较高，少年儿童人口较多，但教育资源无法做到同步发展，造成教育水平落后，限制了人口素质的提高；还有一些地区人口老龄化较为严重，造成相对较大的社会保障压力等。在城市内部，还可能存在就业机会、公共服务资源和不同年龄、不同素质人口地区分布的不平衡，往往造成城市内人口居住-就业的空间错位，或人口与公共服务资源的空间不匹配等问题，从而带来城市的交通拥堵、环境污染等城市问题。

总的来讲，人口地区分布合理要求人口布局与区域功能相统一，而区域功能是区域人居环境适宜性、自然资源禀赋、经济发展水平和产业基础、公共服务能力和基础设施水平的综合表现。区域功能的差异决定了地区在人口吸引能力、人口承载能力方面的差异，影响人口的空间流动，而人口分布与区域功能的不统一，则会影响区域功能的发挥，进而影响地区发展。正因如此，2010年国务院印发了《全国主体功能区规划》，将其作为我国国土空间开发的战略性、基础性和约束性规划，并根据规划推进形成人口、经济和资源环境相协调的国土空间开发格局，促进经济和社会平稳较快发展。《全国主体功能区规划》特别强调，各主体功能区应根据各自的区域功能定位，有差别地引导地区人口布局和发展，即"优化和重点开发区域要实施积极的人口迁入政策，加强人口的集聚和吸纳能力建设，放宽户口迁移限制，鼓励外来人口迁入和定居，将在城市有稳定职业和住所的流动人口逐步实现本地化，并引导区域内人口均衡分布，防止人口向特大城市中心区过度集聚；限制开发和禁止开发区域要实施积极的人口退出政策，增强劳动力跨区域转移就业的能力，鼓励人口到重点开发和优化开发区域就业并定居，同时引导区域内人口向县城和中心镇集聚"。因此，根据区域功能定位，合理引导人口流动，优化人口的空间布局，是促进人口长期均衡发展和人口、经济与资源环境相协调的重要途径。

参 考 文 献

陈卫，孟向京.2000.中国人口容量与适度人口问题研究.市场与人口分析，6（1）：21-31
樊纲.1991.论均衡、非均衡及其可持续性问题.经济研究，（7）：13-20
冯立天.2000.中国人口政策的过去、现在与未来.人口研究，24（4）：23-34
冯立天，马瀛通，冷眸.1999.50年来中国生育政策演变之历史轨迹.人口与经济，（2）：3-
　　12，42

冯玉广，王华东．1997．区域 PRED 系统协调发展的定量描述．环境科学学报，17（4）：487-492

顾大男．1995．"适度人口"之我见．南京人口管理干部学院学报，15（4）：30-33

侯亚非．2010．人口城市化与构建人口均衡型社会．人口研究，34（6）：3-9

黄匡时，王书慧．2009．从社会排斥到社会融合：北京市流动人口政策演变．南京人口管理干部学院学报，25（3）：29-33

黄夏先．2011．株洲"两型社会"建设中的人口均衡发展对策研究．经济研究导刊，（34）：161-163

李建民．2010a．论人口均衡发展及其政策涵义．人口与计划生育，（5）：9-10

李建民．2010-07-19b．人口均衡发展及其实现路径．中国人口报，第3版

李慕真．1987．中国人口北京分册．北京：中国财政经济出版社

李清龙，等．2004．水环境承载力理论研究与展望．地理与地理信息科学，20（1）：87-89

李涛，任远．2011．城市户籍制度改革与流动人口社会融合．南方人口，26（3）：17-24

李通屏，郭继远．2007．中国人口转变与人口政策的演变．市场与人口分析，13（1）：42-48

李文琴．2013．论人口均衡型社会构建的理论资源．陕西师范大学学报：哲学社会科学版，42（1）：34-38

梁强．2010．人口与经济、环境协调发展问题研究．长春：东北财经大学，11-14，18-23

刘铮．1985．人口理论教程．北京：中国人民大学出版社

陆杰华，黄匡时．2010．人口均衡性社会建设：理论思考与政策建议．中国人口·资源与环境，20：1-6

陆杰华，朱荟．2010．建设人口均衡型社会的现实困境与出路．人口研究，34（4）：20-27

马力，等．2010．以科学发展为主导构建人口均衡型社会．人口研究，34（5）：12-21

穆光宗．2010-06-28．论人口均衡型社会．中国人口报，第3版

穆光宗．2011．构筑人口均衡发展型社会．北京大学学报：哲学社会科学版，48（3）：128-135

秦大河，张坤民，牛文元．2002．中国人口资源环境与可持续发展．北京：新华出版社

《人口研究》编辑部．2011．为什么要建设"人口均衡型社会"．人口研究，34（3）：40-52

单良，申玉侠，徐峰．2012．人口均衡发展视角下辽宁省人口老龄化研究．云南地理环境研究，24（2）：1-5

苏杨，尹德挺，黄匡时．2008．改革开放三十年中国人口政策回顾与展望．当代中国人口（英文版），25（5）：34-40

田雪原．2009．中国人口政策60年．北京：社会科学文献出版社

田雪原，等．2007．21世纪中国人口发展战略研究．北京：社会科学文献出版社

童玉芬．2011．北京市水资源人口承载力再辨析．北京社会科学，（5）：22-28

王可．2011．中国区域人口的均衡分布．西安交通大学学报：社会科学版，31（5）：23-26

王钦池．2010．促进人口均衡发展，建设人口均衡型社会——中国人口与发展咨询会（2010）观点综述．人口与计划生育，（7）：4-6

王颖，黄进，赵娟莹，等．2011．人口长期均衡发展及其评价监测模型的构建与应用．中国人口资源与环境，21（4）：169-174

邬沧萍.1996.转变中的中国人口与发展总报告.北京：高等教育出版社
肖子华.2010.建设"人口均衡型社会"统筹解决人口问题.人口与计划生育，(9)：19-21
肖子华.2011.统筹解决人口问题：走出一条"超越"之路.今日中国论坛，(11)：29-30
徐大海，王郁.2013.确定大气环境承载力的烟云足迹法.环境科学学报，33（6）：1734-1740
尹德挺，苏杨.2009.建国六十年流动人口演进轨迹与若干政策建议.改革，(9)：24-36
游允中.2000.六十亿世界人口.北京：中国人口出版社
于学军.2008.中国计划生育政策三十年的回顾与评论.当代中国人口：英文版，25（5）：31-34
于学军.2010.为什么要建设"人口均衡型社会".人口研究，34（3）：40-52
袁志刚.1997.非瓦尔拉均衡理论及其在中国经济中的应用.上海：三联书店，上海人民出版社
翟振武.2000.20世纪50年代中国人口政策的回顾与再评价.中国人口科学，(1)：17-26
翟振武，杨凡.2010.中国人口均衡发展的状况与分析.人口与计划生育，(8)：11-12
战捷.1984.浅析适度人口.人口与经济，(2)：32-35
张曙光.1992.论制度均衡和制度变革.经济研究，(6)：30-36
张耀军.2010.构建"三型"社会：以人为本的可持续发展.人口学刊，(5)：11-14
张翼.2006.中国人口控制政策的历史变化与改革趋势.广州大学学报（社会科学版），5（8）：15-22
张翼.2010.人口结构调整与人口均衡型社会的建设.人口研究，(5)：22-27
章文彪.2011.浙江省促进人口均衡发展的实践与思考.人口研究，25（6）：73-77
赵白鸽.2010.人口均衡发展与生态文明建设.世界环境，(4)：12-14

第二章

人口均衡发展评价体系构建及对北京的评价

人口均衡发展的提出既有重要的理论价值，也有明显的实践意义。人口均衡发展不仅是当前中国社会经济发展面临的关键问题，也是推动其可持续发展的重要保障。掌握不同地区、不同时期人口均衡发展水平，剖析其存在的问题，是人口均衡发展评价的核心任务，也是解决不同地区、不同时期人口发展问题的前提和基础。人口均衡发展评价是一个复杂的系统工程，需要根据区域不同时期的发展特征与其所处的时代背景合理确定评价指标体系和方法。但利用指标体系评价人口均衡发展也有其局限性，如人口均衡发展问题具有复杂性，难以通过一项或多项指标表达，或受到指标数据可得性的限制等。本章尝试从科学性、代表性、系统性和可行性等原则出发，构建人口均衡发展的评价体系，并对北京人口均衡发展进行评价。

第一节 人口均衡发展的评价指标体系和方法

从人口均衡发展的概念与内涵来看，人口均衡发展主要包括人口内部均衡和外部均衡，人口空间均衡是人口内部均衡和外部均衡的空间体现。对人口空间均衡的评价需要使用细分空间单元的数据，利用指标体系评价比较困难。因此，本章构建的评价指标体系没有将空间均衡纳入评价范围。本章所设置的评价指标体系只包括人口内部均衡与外部均衡这两大部分的五个方面，并按照人口内部均衡和外部均衡进行分类解释。在人口均衡发展的五个方面中，人口内部均衡是核心，人口与经济均衡是基础，人口与社会均衡是目的，人口与资源均衡、人口与环境均衡则是基本保障，这五个方面缺一不可，对其指标赋以等权重的处理方法可保证评价结果的相对客观性。

一、基本原则

1. 客观性与科学性原则

人口均衡发展的评价需要保证其客观性与科学性。客观性是指能够实事求是、客观公正地分析当前人口均衡发展的现状、特征与存在的问题，摆正心态，确保各指标能够真实地反映人口内部，以及人口与经济、社会、资源和环境等方面的均衡发展状况。科学性是指遵从人口均衡发展的科学规律，适当对其进行引导与修正，确保各指标的代表性和可计算性。

2. 代表性与全面性原则

人口均衡发展涉及人类社会发展的方方面面，需要在众多的指标（或因素）中，甄别出具有代表性的指标进行合理分析。代表性是为了确保指标的科学性，而全面性则是为了保证评价的多角度、全方位，以综合反映人口均衡发展状况。因此，评价指标的选取"不在多，而在准"。

3. 系统性与层次性原则

人口发展是一个开放性的复杂系统，既与本地区自身的人口发展有关，也受外部区域资源环境等的变动的影响。因此，人口均衡发展不但需要注重本地区的发展状况，还需要考虑其所处的大区域背景。系统性是为了明晰人口均衡发展的系统结构，并保证研究的动态性和整体性，而层次性则是为了将各子系统进行有机区分和系统梳理，以区分不同等级的指标。

4. 可行性与针对性原则

人口均衡发展的评价需要根据当前人口、经济、社会、资源和环境的状况提出有针对性的评价目标。在评价体系的构建过程中，需要保证评价方法的可行性与针对性。可行性是为了保证本章确定评价指标体系能够顺利运算，具有较好的实用性，而针对性则是考虑各研究地域的本地特色，以进行区域的横向可比性评价及时序上的纵向可比性评价。

二、已有评价

目前，评价和分析人口发展的研究方法不少，也有人进行过相关评价方法的总结分析，如对主要人口评价模型的评述（王玲杰，2006）。本章对近20年的相关研究进行分析与总结（表2-1），发现如下问题。

（1）研究的层次越来越深入，研究的角度越来越全面。

从最初的人口自身均衡发展，即人口再生产（吴玑端，1982；马瀛通等，

1986),到人口与资源、环境的三系统均衡发展(王瑞兰,1993),再到人口与社会、经济和环境的四系统均衡发展(曹新和傅百荣,2000;曾嵘等,2000),直到最近几年的人口与经济、社会、资源和环境五系统均衡发展(王颖等,2011;范英等,2013)。由此可见,人口发展评价越来越全面,也越来越深入。

表2-1 国内已有的主要人口发展评价指标体系比较

作者年份	评价指标体系	主要特点	主要方法	案例对象
吴玑端,1982	人口再生产统计指标体系	基于人口再生产特征,构建指标体系,并强调人口的社会阶级构成,无权重	单指标的定量分析	无
马瀛通等,1986	递进指标体系	基于递进人口发展模型,无权重	定性分析	无
王瑞兰,1993	农村人口资源环境统计指标体系	包括三个子系统,无权重	定性分析	无
颜凤芹,1994	人口质量考核指标体系	确定五个方面的指标,无权重	定性分析	无
程道平和刘伟,1995	社区人口压力评估指标体系	从四个方面区分县(市)乡村和城市两类评价体系	单因子评估函数、综合评估函数	山东
赵德滋,1996	人口与经济社会协调发展指标体系	基于适度人口理论,利用人口—经济增长分析,无权重	理论计量分析	无
余永跃,2000	人口压力指标体系	单层次指标体系,无权重	定性分析	无
曹新和傅百荣,2000	人口增长与经济、社会、自然相适应的指标体系	提出了人均自然资源数值	定性分析	无
曾嵘等,2000	可持续发展评价指标体系	利用体系结构—模型结构图,构建三个层次的指标体系	定性分析	北京
陈友华,2003	人口现代化评价指标体系	构建四个指数,并确定每个指标的标准,无权重	简单定量分析	中国
刘延年和陈正,2004	全面小康社会的人口评价指标体系	从人口自我发展角度表征全面小康社会的人口特征,无权重	定性分析	无
周德禄,2006	现代化人口指标体系	区分基础指标和发展指标,以此指标体系进行预测,无权重	简单定量分析	山东
王学义,2006	人口现代化测度指标体系	依照五个基本层面*,构建无量纲化的测度指标体系	层次分析法**	无
王玲杰,2006	人口安全动态评价指标体系	构建三个子系统的子指标,无权重	机制分析	无
兰徐民等,2006	人口安全预警指标体系	分成六个子体系,无权重	简单定量分析	无
陈正,2007	人口与生态环境变化指标体系	重点考虑生态环境因素	定性分析	无
邵凡和谭克俭,2007	与全面小康指标相适应的人口发展指标体系	区分正/逆指标,以此指标体系进行中长期预测,无权重	简单定量分析	山西

续表

作者年份	评价指标体系	主要特点	主要方法	案例对象
陈仲常等，2007	人口发展监测指标体系	确定了指标体系和检测评价模型，并划分区域等级水平	因子分析法、熵权法、标准化评价法等	中国
徐惠民，2008	人口素质评价指标体系	在可持续发展研究框架下构建起理论框架，无权重	定性分析	大连
蔡莉和穆光宗，2008	人口承载力指标评估体系	构建三系统的子指标	HDI 和 HFI，通过计算资源生产潜力来推导出人口承载力	无
赵军等，2009	人口压力评价指标体系	构建了人口压力指数	层次分析法、Delphi 法	甘肃
王军平，2009	人口与资源环境指标体系	借鉴 PSR、DSR、DPSIR 模型，将"驱动力—状态—响应"纳入城市化等影响人口行为方式的主要因素	简单定量分析	无
屈云龙和许燕，2009	人口素质评价指标体系	以"三要素"法来构建指标体系	层次分析法	江苏
国家人口和计划生育委员会发展规划与信息司，2010	区域人口均衡发展评价指标体系	从五个方面构建五个三级子系统，包括各类指数，区分正/负指标，得到均衡度	主成分分析法	中国
王玥和翁钱威，2011	人口素质评价指标体系	计算人口素质综合指数	系统聚类分析等方法	无
张应碧等，2011	人口特征综合指标体系	构建了人口综合指数	熵权法	武汉
刘恒和巢健茜，2011	老年人口健康评价指标体系	过于分散，无权重	UML*** 建模	无
张悦玫和迟国泰，2011	人的全面发展评价指标体系	利用"推拉力学说"，构建了人的全面发展空间评价结构模型，并区别正/负向指标	熵权法	中国
王颖等，2011	人口均衡发展综合评价指标体系	从内外部均衡两个方面，构建检测模型和三级指标体系	层次分析法	中国
马红旗和陈仲常，2012	人口发展指标体系	从三个方面构建四级指标体系和构建多层次组合评价模型	组合评价分析法	中国
范英等，2013	PREESE 系统评价指标体系	选取了六方面**** 的指标，并设置了多指数的关联层和系统层指标体系	突变级数法、主成分分析、多目标规划法	北京

* "总体层→系统层→状态层→变量层→要素层"
** 层次分析法，即 Analytic Hierarchy Process（AHP）
*** 统一建模语言（Unified Modeling Language，UML）是用来对软件系统进行描述、构造、可视化和文档编制的一种可视化建模语言，具有定义良好、易于表达、功能强大且普遍适应的优点
**** 包括人口、资源、环境、经济、社会、生态

(2) 研究手段从以简单定性分析为主到以复杂分析为主。

刚开始的人口发展研究都是简单的数据描述和定性分析(颜凤芹,1994;曾嵘等,2000),主要是提出一个看法、一种理念等,还没有形成较完整的研究体系或研究理论,而后随着复杂逻辑推理和计量方法的运用(陈仲常等,2007;国家人口和计划生育委员会发展规划与信息司,2010;范英等,2013),以及交叉学科的发展(张悦玫和迟国泰,2011),人口发展研究在实证研究层面更上一层楼。

(3) 研究对象越来越具体化,实证地域更具有针对性。

人口均衡发展研究的研究对象越来越明晰,即由综合性的笼统分析转变为目前的多体系、多层次定量分析,案例研究的空间尺度也越来越多样化,尤其是对城市层面的研究更具有指导性和针对性,即由整个中国(陈友华,2003;陈仲常等,2007),缩小到省区(王学义,2006;赵军等,2009),再缩小到单个城市(徐惠民,2008;张应碧等,2011;范英等,2013)。

(4) 研究思路越来越系统化,研究内容具有时代特征。

人口发展研究具有非常明显的时代特点与实践意义,研究的重点也由人口本身,转移到人口与其他几个子系统之间的均衡关系、内部作用机制等方面。复杂系统的运用使得人口发展研究在很多其他学科,尤其是交叉学科(张悦玫和迟国泰,2011)中得以发展。近30年来,中国人口政策整体上变动不大,但针对各个时期社会发展出现的问题,会提出一些针对性的指导政策。由此,人口发展研究也就随之出现一些变化。

总的来看,现有的相关研究已经涉及人口均衡发展的各个方面,只是各类研究在分析的侧重点和选取的代表性指标及指标权重的确定等方面存在差异。越来越多的计量方法和跨学科理论的运用,使得人口均衡发展研究更加系统化、专业化与理论化,但现有研究还有较大的提升空间。因此,本章尝试在此基础上进行适当修订,并提出本研究的人口均衡发展评价指标体系。

三、指标选取

人口均衡发展主要包括人口内部均衡和人口外部均衡,即人口自身的均衡发展及人口与经济、社会、资源和环境的均衡发展。因此,人口均衡发展评价各级指标的选取需要从这五个方面进行考虑,分别选取代表性指标。

1. 人口内部均衡发展代表性指标的选取

人口内部均衡发展主要包括三个方面,即人口规模、人口结构和人口素质。其中,人口规模主要选取能够反映其规模变动的指标;人口结构主要考虑人口性别结构和年龄结构;人口素质主要考虑人类寿命和文化素质这两个方面。人口内部均衡发展共选取三个二级指标和七个三级指标（图2-1）。

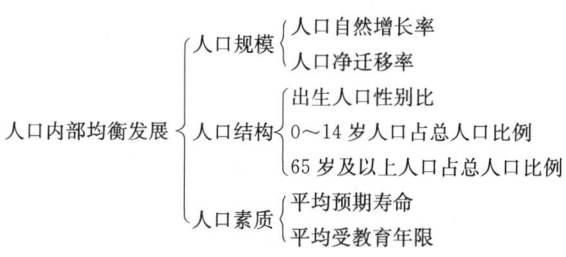

图2-1 人口内部均衡发展指标体系

人口内部均衡发展主要表征人口自身可持续发展的状态与人口自我再生产的过程，其表征指标有很多，但代表性的指标的选取争议不大。经过筛选，本章从人口规模、结构和素质这三个方面选取人口内部均衡发展的代表性指标，其各自反映了人口内部均衡发展的一个代表性方面（表2-2）。

表2-2 人口内部均衡发展各指标含义

指标	公式	含义
人口自然增长率	人口自然增长率＝（年内出生人数－年内死亡人数）÷年平均人口数×1000‰＝人口出生率－人口死亡率	反映人口规模的再生产速度，表明人口规模自然增长的程度和趋势
人口净迁移率	人口净迁移率＝人口增长率－人口自然增长率	反映人口规模的机械增长速度，表明人口的区域迁移状况
出生人口性别比	出生人口性别比＝某年出生的男婴数÷该年出生的女婴数×100	反映人口性别结构的变动情况，表明人口再生产的可持续性
0～14岁人口占总人口比例	0～14岁人口占总人口比例＝0～14岁人口数÷总人口数×100%	反映人口年龄结构的变动情况，表明儿童的相对规模
65岁及以上人口占总人口比例	65岁及以上人口占总人口比例＝65岁及以上人口数÷总人口数×100%	反映人口年龄结构的变动情况，表明老龄人口的相对规模
平均预期寿命	平均预期寿命＝同时出生的一批人的寿命加总÷这一批人的人数	反映人口整体寿命的变动情况，表明人口身体素质的状况
平均受教育年限	平均受教育年限＝（某一特定年龄段人群中每个人的受教育年限之和÷该年龄段人群总数）×100%	反映人口整体文化程度的变动情况，表明人口文化素质的状况

2. 人口与经济均衡发展代表性指标的选取

人口与经济均衡发展主要表征人口增长与经济发展的协调发展关系。人口与经济的均衡发展主要包括两个方面，即经济实力和经济结构，其中，经济实力主要反映人口增长与经济发展的协同程度，而经济结构主要反映人口结构与经济结构的协同发展程度。因此，人口与经济均衡发展共选取两个二级指标和三个三级指标（图2-2）。代表性指标的公式和含义如表2-3所示。

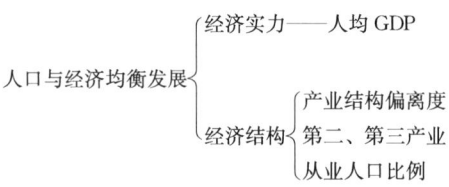

图 2-2 人口与经济均衡发展指标体系

表 2-3 人口与经济均衡发展各指标含义

指标	公式	含义
人均 GDP	人均 GDP＝地区生产总值÷常住人口总数	反映人口增长与经济发展的协同程度
产业结构偏离度	$Q = \sum_{i=1}^{3} \frac{[(\text{GDP}_i/\text{GDP})/(L_i/L)]^2}{3}$ 其中，GDP_i 为第 i 产业的产业增加值，L_i 为第 i 产业的从业人员	反映人口就业在产业间分布的均衡程度
第二、第三产业从业人口比例	第二、第三产业从业人口比例＝第二、第三产业从业人口÷总从业人口×100%	反映了人口就业结构的高级化程度

3. 人口与社会均衡发展代表性指标的选取

人口与社会的均衡发展主要表征人口增长与社会发展的协调发展关系。人口与社会的均衡发展主要包括四个方面，即文化教育、医疗卫生、社会保障和公平发展。其中，文化教育主要反映人口在社会文化教育方面的协调发展情况，医疗卫生主要反映人口在社会医疗卫生方面的协调发展情况，社会保障主要反映人口在社会保障方面的协调发展情况，公平发展则主要反映人口在社会公平方面的协调发展情况。人口与社会均衡发展共选取四个二级指标和七个三级指标（图 2-3）。本章从文化教育、医疗卫生、社会保障和公平发展这四个方面选取人口与社会均衡发展的代表性指标（表 2-4）。

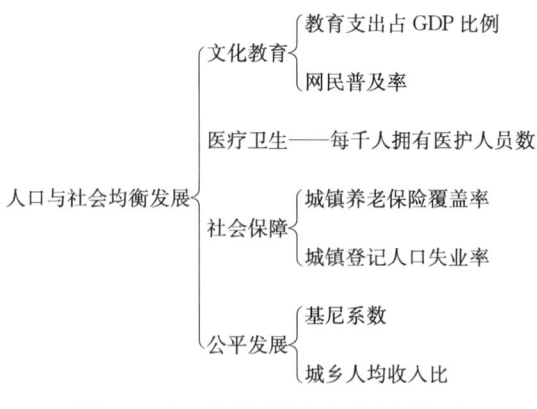

图 2-3 人口与社会均衡发展指标体系

表 2-4 人口与社会均衡发展各指标含义

指标	公式	含义
教育支出占GDP比例	教育支出占GDP比例＝地区教育经费支出÷GDP×100%	反映对人口文化教育的重视程度
网民普及率	网民普及率＝网民人数÷常住人口总数×100%	反映对人口文化教育的普及程度
每千人拥有医护人员数	每千人拥有医护人员数＝医护人员数÷常住人口总数×1000	反映医疗卫生对人口发展的保障能力
城镇养老保险覆盖率	城镇养老保险覆盖率＝缴养老保险的人数/城镇人口×100%	反映社会保障对人口发展的保障能力
城镇登记人口失业率	城镇登记人口失业率＝登记的城镇失业人口数/城镇人口×100%	反映社会保障对人口发展的保障能力
基尼系数	$G = 2\int_0^1 P(x) - L(x) \mathrm{d}p = 2\int_0^1 [\Phi(y) - \Phi(y-\sigma)] \mathrm{d}\Phi(y)$; $G' = \Phi\left(\frac{\sqrt{2}}{2}\sigma\right) - \Phi\left(-\frac{\sqrt{2}}{2}\sigma\right) = 2\Phi\left(\frac{\sqrt{2}}{2}\sigma\right) - 1$ 其中，$\Phi(y)$为标准正态分布函数，σ为对数标准差	反映人口收入分配差异程度
城乡人均收入比	城乡人均收入比＝城镇居民人均可支配收入/农村人均纯收入	反映人均收入的城乡差距

4. 人口与资源均衡发展代表性指标的选取

人口与资源均衡发展主要表征人口增长与资源供给、消费之间的协调发展关系。人口与资源的均衡发展主要包括三个方面，即土地、能源和水资源。其中，土地方面反映了人口增长与土地承载力的协调状况，能源方面则反映了人口增长与能源供给、消费之间的协调情况，而水资源方面主要反映了人口增长与水资源供给、消费之间的协调发展情况。人口与资源均衡发展共选取三个二级指标和四个三级指标（图 2-4）。本章从土地、能源和水资源这三个方面选取人口与资源均衡发展的代表性指标（表 2-5）。

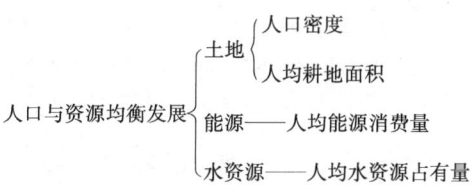

图 2-4 人口与资源均衡发展指标体系

表 2-5 人口与资源均衡发展各指标含义

指标	公式	含义
人口密度	人口密度＝常住人口总数/地区面积	反映土地对于人口增长的承载能力
人均耕地面积	人均耕地面积＝耕地面积/常住人口总数	反映土地对于人口的供养能力

续表

指标	公式	含义
年人均能源消费量	年人均能源消费量=年能源消费总量/常住人口总数	反映人口增长与能源消费之间的协调程度
年人均水资源占有量	年人均水资源占有量=年淡水资源总量/常住人口总数	反映人口增长与水资源消费之间的协调程度

5. 人口与环境均衡发展代表性指标的选取

人口与环境的均衡发展主要表征人口增长与自然环境的协调发展关系。人口与环境的均衡发展主要包括三个方面，即大气环境、水环境和生态环境。其中，大气环境主要反映了大气状况是否符合人口发展的需求，水环境主要反映了人口对于水环境的匹配情况，而生态环境主要反映了人口对于生态环境的匹配情况。人口与环境均衡发展共选取三个二级指标和六个三级指标（图2-5）。本章从大气环境、水环境和生态环境这三个方面选取人口与环境均衡发展的代表性指标（表2-6）。

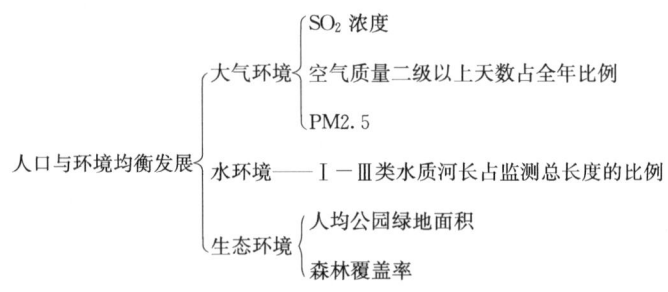

图2-5 人口与环境均衡发展指标体系

表2-6 人口与环境均衡发展各指标含义

指标	公式	含义
SO_2浓度	SO_2浓度=SO_2重量/SO_2所占的体积	反映大气中有毒气体的危害程度
空气质量二级以上天数占全年比例	空气质量二级以上天数占全年比例=空气质量二级以上天数÷365×100%	反映平均天气状况
PM2.5	PM2.5=PM2.5重量/PM2.5所占的体积	反映空气中颗粒污染程度
Ⅰ-Ⅲ类水质河长占监测总长度的比例	Ⅰ-Ⅲ类水质河长占监测总长度的比例=Ⅰ-Ⅲ类水质河长÷监测总长度×100%	反映水资源的污染程度
人均公园绿地面积	人均公园绿地面积=公园绿地面积/城市人口数量	反映生态环境的绿化与美化程度
森林覆盖率	森林覆盖率=森林面积÷地区面积×100%	反映生态环境的绿化与美化程度

四、评价方法

根据经验判断，本章利用等权重法对各指标权重进行赋值，再采用层次分析法来分析人口均衡发展的状况,主要利用其系统性、简洁性、实用性等优点。

1. 指标权重的确定

将各指标按照所属的指标层次和所代表的方面采用等权重法进行各指标的权重赋值。经过三级指标赋予权重之后,各指标的最终权重就出现明显差异,也使得各指标的重要性得到较客观的体现。

2. 评价方法的确定

采用层次分析法进行人口均衡发展的评价分析。层次分析法是将相关元素分解成目标、准则、方案这三个层次,确定好各指标权重之后,再进行定性和定量研究的一种层次权重决策分析方法(赵静,2000)。三个评价层次的设置使得人口均衡发展评价能够进行合理分解,以便于发现人口均衡发展存在的问题。

五、指标体系

结合人口均衡发展的概念与内涵,将人口均衡发展评价指标体系分解成两个子系统,即人口内部均衡子系统和人口外部均衡子系统,将人口与经济、社会、资源和环境有机结合在一起(图2-6)。在借鉴已有研究成果的基础上,本章确定了一个三级的人口均衡发展评价指标体系。该指标体系一共包括5个一级指标、15个二级指标和27个三级指标(表2-7)。

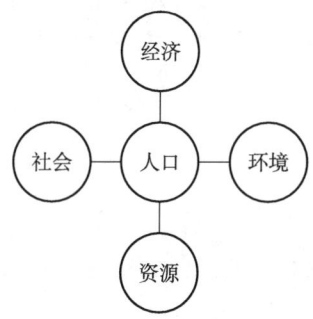

图2-6 人口均衡发展评价指标体系示意图

本章构建的评价指标体系包括5个均衡发展指数,即:人口内部均衡发展指数(P),人口与经济均衡发展指数(E)、人口与社会均衡发展指数(S)、人口与资源均衡发展指数(R)、人口与环境均衡发展指数(H)。人口均衡发展综合评价得分就是这5个均衡发展指数与其权重乘积之和,即

$$Z=\alpha \cdot P+\beta \cdot E+\gamma \cdot S+\delta \cdot R+\phi \cdot H \tag{2-1}$$

式 (2-1) 中，Z 代表人口均衡发展综合评价得分，α 代表人口内部均衡发展指数 (P) 的权重，β 代表人口与经济均衡发展指数 (E) 的权重，γ 代表人口与社会均衡发展指数 (S) 的权重，δ 代表人口与资源均衡发展指数 (R) 的权重，ϕ 代表人口与环境均衡发展指数 (H) 的权重。

表 2-7　人口均衡发展评价指标体系

子系统	一级指标	权重	二级指标	权重	三级指标	权重	性质说明
内部子系统	人口内部均衡发展指数	1/5	人口规模	1/15	人口自然增长率	1/30	(●)
					人口净迁移率	1/30	(●)
			人口结构	1/15	出生人口性别比	1/45	(●)
					65 岁及以上人口占总人口比例	1/45	(−)
					0~14 岁人口占总人口比例	1/45	(+)
			人口素质	1/15	平均预期寿命	1/30	(+)
					平均受教育年限	1/30	(+)
外部子系统	人口与经济均衡发展指数	1/5	经济实力	1/10	人均 GDP	1/10	(+)
			经济结构	1/10	产业结构偏离度	1/20	(−)
					第二、第三产业从业人口比例	1/20	(+)
	人口与社会均衡发展指数	1/5	文化教育	1/20	教育支出占 GDP 比例	1/40	(+)
					网民普及率	1/40	(+)
			医疗卫生	1/20	每千人拥有医护人员数	1/20	(+)
			社会保障	1/20	城镇养老保险覆盖率	1/40	(+)
					城镇登记人口失业率	1/40	(−)
			公平发展	1/20	基尼系数	1/40	(−)
					城乡人均收入比	1/40	(−)
	人口与资源均衡发展指数	1/5	土地	1/15	人口密度	1/30	(−)
					人均耕地面积	1/30	(+)
			能源	1/15	年人均能源消费量	1/15	(−)
			水资源	1/15	年人均水资源占有量	1/15	(+)
	人口与环境均衡发展指数	1/5	大气环境	1/15	SO_2 浓度	1/45	(−)
					空气质量二级以上天数占全年比例	1/45	(+)
					PM2.5	1/45	(−)
			水环境	1/15	I—III 类水质河长占监测总长度的比例	1/15	(+)
			生态环境	1/15	人均公园绿地面积	1/30	(+)
					森林覆盖率	1/30	(+)

注：(●) 表示适度指标，(−) 表示负向指标，(+) 表示正向指标

按照前文权重确定的基本原则，该评价指标体系各级指标的具体权重设置如下：5 个一级指标的权重都是 1/5，即 $\alpha=\beta=\gamma=\delta=\phi=\dfrac{1}{5}$，而 15 个二级指标和 27 个三级指标则分别根据所从属的上一级指标进行平分权重，即下级从属指标的权重之和就是上级指标权重（表 2-7）。人口内部均衡指标总权重为 1/5，而外部均衡指标总权重为 4/5。

第二节 北京市人口均衡发展的评价与比较

作为中国最大的城市之一，北京市一直面临着复杂的人口发展问题。人口均衡发展既关系到北京市社会经济的健康发展，也关系到北京市区域的可持续发展。本节使用上述构建的评价指标体系，对北京市人口均衡发展水平进行测度，并与我国内地其他省区进行比较。

一、数据来源及预处理

1. 数据来源

人口均衡发展评价涉及人口、经济、社会、资源和环境这五个方面，其数据来源比较繁杂。最新的数据只到2011年，但是相关指标数据不全，不足以支撑本书研究的需要。因此，本章设置的研究时点为2000年和2010年。人口数据主要来自2000年第五次和2010年第六次全国人口普查公报；经济数据和社会数据主要来自2001年和2011年《中国统计年鉴》；资源数据主要来自2001年和2011年《中国统计年鉴》、第六和第七次全国森林资源清查资料、2000年全国土地变更资料、2008年《国土资源部、国家统计局、全国农业普查办公室"关于土地利用现状调查数据成果的公报"》、2001年和2011年《中国能源统计年鉴》；环境数据主要来自《2011年中国环境公报》、《2003年中国环境公报》和《2001年中国环境公报》；基尼系数来自于田卫民的研究（田卫民，2012）。

2. 数据标准化

本章根据设置的评价指标体系搜集所需要的数据，并计算各三级指标分值。针对正向指标采用平均值标准化的方法进行原始数据的无量纲化处理。平均值标准化的具体公式如下：

$$x'_i = \frac{n \cdot x_i}{\sum_{i=1}^{n} x_i}, \quad i = 1, 2, \cdots, n \tag{2-2}$$

式中，i 表示第 i 个地区，x_i 表示每个三级指标中第 i 个地区的原始数值，x'_i 表示每个三级指标中第 i 个地区的标准化数值。

针对负向指标先取其倒数，再采用标准化的方法进行原始数据的无量纲化处理，其平均值标准化的具体公式如下：

$$x'_i = \frac{n \cdot (1/x_i)}{\sum_{i=1}^{n} 1/x_i}, \quad i = 1, 2, \cdots, n \tag{2-3}$$

式中，i 表示第 i 个地区，x_i 表示每个三级指标中第 i 个地区的原始数值，x'_i 表示每个三级指标中第 i 个地区的标准化数值。

针对适度指标先取其与理想值的差值，再采用标准化的方法进行原始数据的无量纲化处理，其平均值标准化的具体公式如下：

$$x'_i = \frac{n \cdot |x_i - x_{best}|}{\sum_{i=1}^{n} |x_i - x_{best}|}, i = 1, 2, \cdots, n \tag{2-4}$$

式中，i 表示第 i 个地区，x_i 表示每个三级指标中第 i 个地区的原始数值，x_{best} 表示每个三级指标中第 i 个地区的理想值，x'_i 表示每个三级指标中第 i 个地区的标准化数值。

本章设置的所有指标中只有三个三级指标是适度指标（表 2-7），其中，人口自然增长率的理想值为 0，人口净迁移率的理想值为 0，出生人口性别比的理想值为 105。

二、北京市人口均衡发展的比较分析

1. 北京市人口内部均衡发展指数

人口内部均衡发展指数的计算公式为

$$P = \sum_{i=1}^{m} W_i \cdot P_i;$$

$$P_i = \sum_{j=1}^{n} w_j \cdot P_{ij}, i = 1, 2, 3; j = 1, 2, 3$$

式中，P 代表人口内部均衡发展指数，P_i 代表人口内部均衡的二级指标，w_j 代表三级指标的权重，W_i 代表二级指标的权重，P_{ij} 代表二级指标 P_i 所包含的三级指标。

计算我国内地 31 个省（自治区、直辖市）的人口内部均衡发展指数，结果显示：北京市在 2000 年人口内部均衡发展得分为 0.14，仅高于上海；2010 年得分为 0.14，仅高于上海和辽宁（表 2-8）。由此可见，北京市的人口内部均衡发展指数在全国各省（自治区、直辖市）中是非常低的。

表 2-8 我国内地各省（自治区、直辖市）人口内部均衡发展指数

地区	2000 年得分	2010 年得分	地区	2000 年得分	2010 年得分
山东	0.33	0.20	广东	0.22	0.20
广西	0.30	0.31	云南	0.21	0.19
浙江	0.28	0.16	湖南	0.21	0.42
江西	0.26	0.24	安徽	0.21	0.21
海南	0.24	0.22	河南	0.21	0.19

续表

地区	2000年得分	2010年得分	地区	2000年得分	2010年得分
湖北	0.21	0.17	陕西	0.18	0.16
福建	0.21	0.21	四川	0.17	0.14
吉林	0.20	0.15	重庆	0.17	0.14
西藏	0.20	0.20	内蒙古	0.16	0.20
青海	0.20	0.20	江苏	0.16	0.15
甘肃	0.20	0.18	辽宁	0.15	0.13
宁夏	0.20	0.20	天津	0.15	0.14
新疆	0.19	0.19	黑龙江	0.15	0.17
贵州	0.19	0.20	北京	0.14	0.14
河北	0.19	0.50	上海	0.12	0.13
山西	0.18	0.17			

2. 北京市人口与经济均衡发展指数

人口与经济均衡发展指数的计算公式为

$$E = \sum_{i=1}^{m} W_i \cdot E_i;$$

$$E_i = \sum_{j=1}^{n} w_j \cdot E_{ij}, i=1,2; j=1,2$$

式中，E代表人口与经济均衡发展指数，E_i代表人口与经济均衡的二级指标，w_j代表三级指标的权重，W_i代表二级指标的权重，E_{ij}代表二级指标E_i所包含的三级指标。

计算我国内地31个省（自治区、直辖市）的人口与经济均衡发展指数，发现北京市在2000年人口与经济均衡发展指数为0.50，2010年得分为0.40，均仅次于上海，位列全国第二，明显优于其他省（自治区、直辖市），并且与上海之间的差距在缩小（表2-9）。但从得分上看，近10年北京市的人口与经济均衡发展呈现出一定程度的下降趋势。

表2-9 我国内地各省（自治区、直辖市）人口与经济均衡发展指数

地区	2000年得分	2010年得分	地区	2000年得分	2010年得分
上海	0.57	0.41	黑龙江	0.19	0.16
北京	0.50	0.40	吉林	0.19	0.18
天津	0.40	0.37	山西	0.18	0.17
浙江	0.30	0.31	海南	0.17	0.15
广东	0.27	0.26	内蒙古	0.17	0.21
江苏	0.27	0.31	湖北	0.17	0.20
辽宁	0.26	0.23	新疆	0.16	0.13
福建	0.25	0.25	江西	0.15	0.17
山东	0.21	0.23	重庆	0.15	0.19
河北	0.20	0.19	宁夏	0.14	0.18

续表

地区	2000年得分	2010年得分	地区	2000年得分	2010年得分
陕西	0.14	0.17	甘肃	0.12	0.11
湖南	0.14	0.16	广西	0.11	0.13
安徽	0.13	0.16	西藏	0.10	0.11
河南	0.13	0.16	云南	0.10	0.10
四川	0.13	0.15	贵州	0.08	0.10
青海	0.13	0.15			

3. 北京市人口与社会均衡发展指数

人口与社会均衡发展指数的计算公式为

$$S = \sum_{i=1}^{m} W_i \cdot S_i;$$

$$S_i = \sum_{j=1}^{n} w_j \cdot S_{ij}, i = 1,2,3,4; j = 1,2$$

式中，S 代表人口与经济均衡发展指数，S_i 代表人口与经济均衡的二级指标，w_j 代表三级指标的权重，W_i 代表二级指标的权重，S_{ij} 代表二级指标 S_i 所包含的三级指标。

计算我国内地 31 个省（自治区、直辖市）的人口与社会均衡发展指数，发现北京市在 2000 年人口与社会均衡发展指数为 0.61，2010 年为 0.45，均位列全国第一，明显优于其他省（自治区、直辖市）。但从得分上看，近 10 年北京市的人口与社会均衡发展也呈现出一定程度的下降趋势（表 2-10）。

表 2-10 我国内地各省（自治区、直辖市）人口与社会均衡发展指数

地区	2000年得分	2010年得分	地区	2000年得分	2010年得分
北京	0.61	0.45	河北	0.19	0.20
上海	0.46	0.36	重庆	0.19	0.21
天津	0.35	0.29	江西	0.18	0.19
辽宁	0.28	0.26	甘肃	0.18	0.19
山西	0.24	0.23	福建	0.18	0.21
黑龙江	0.23	0.23	湖南	0.18	0.16
新疆	0.23	0.24	陕西	0.18	0.20
浙江	0.22	0.28	山东	0.17	0.19
广东	0.22	0.27	河南	0.17	0.18
吉林	0.22	0.20	安徽	0.17	0.18
湖北	0.21	0.20	云南	0.17	0.17
内蒙古	0.21	0.21	四川	0.16	0.19
江苏	0.21	0.24	广西	0.16	0.18
青海	0.21	0.20	贵州	0.15	0.17
宁夏	0.20	0.20	西藏	0.13	0.17
海南	0.19	0.21			

4. 北京市人口与资源均衡发展指数

人口与资源均衡发展指数的计算公式为

$$R = \sum_{i=1}^{m} W_i \cdot R_i;$$

$$R_i = \sum_{j=1}^{n} w_j \cdot R_{ij}, i=1,2,3; j=1,2$$

式中，R 代表人口与经济均衡发展指数，R_i 代表人口与经济均衡的二级指标，w_j 代表三级指标的权重，W_i 代表二级指标的权重，R_{ij} 代表二级指标 R_i 所包含的三级指标。

计算我国内地 31 个省（自治区、直辖市）的人口与资源均衡发展指数，发现北京市在 2000 年人口与资源均衡发展指数为 0.04，仅优于上海，远不如中西部省区，2010 年为 0.07，仅优于上海、天津和西藏（表 2-11）。在全国各省（自治区、直辖市）中，北京市的人口与资源均衡发展是较差的，明显落后于其他省（自治区、直辖市），而且近 10 年来，北京市的人口与资源均衡发展相对稳定在一个较低的水平上。

表 2-11 我国内地各省（自治区、直辖市）人口与资源均衡发展指数

地区	2000年得分	2010年得分	地区	2000年得分	2010年得分
青海	0.49	0.46	安徽	0.17	0.20
云南	0.34	0.33	重庆	0.16	0.16
黑龙江	0.29	0.33	广东	0.16	0.17
广西	0.29	0.27	河南	0.16	0.14
海南	0.28	0.30	宁夏	0.15	0.16
甘肃	0.27	0.29	浙江	0.13	0.15
江西	0.27	0.33	江苏	0.12	0.09
四川	0.27	0.25	山西	0.12	0.12
新疆	0.26	0.22	山东	0.11	0.09
贵州	0.23	0.25	河北	0.10	0.10
湖南	0.23	0.21	辽宁	0.10	0.13
陕西	0.22	0.20	天津	0.05	0.05
福建	0.21	0.24	西藏	0.04	0.04
吉林	0.20	0.22	北京	0.04	0.07
内蒙古	0.19	0.17	上海	0.03	0.05
湖北	0.17	0.17			

5. 北京市人口与环境均衡发展指数

人口与环境均衡发展指数的计算公式为

$$H = \sum_{i=1}^{m} W_i \cdot H_i;$$

$$H_i = \sum_{j=1}^{n} w_j \cdot H_{ij}, i=1,2,3; j=1,2,3$$

式中，H代表人口与经济均衡发展指数，H_i代表人口与经济均衡的二级指标，w_j代表三级指标的权重，W_i代表二级指标的权重，H_{ij}代表二级指标H_i所包含的三级指标。

计算我国内地31个主要城市[①]的人口与环境均衡发展指数，发现北京市在2000年人口与环境均衡发展指数为0.17，2010年为0.18，远不如中西部主要城市（表2-12）。在全国主要城市中，北京市的人口与环境均衡发展处于中下游水平。但近10年来，北京市的人口与环境均衡发展水平略有改善。

表2-12 我国内地主要城市人口与环境均衡发展指数

地区	2000年得分	2010年得分	地区	2000年得分	2010年得分
拉萨	0.43	0.26	贵阳	0.19	0.20
乌鲁木齐	0.31	0.29	西宁	0.19	0.18
海口	0.30	0.40	哈尔滨	0.19	0.18
福州	0.30	0.29	沈阳	0.19	0.16
广州	0.29	0.28	合肥	0.17	0.16
南宁	0.25	0.25	兰州	0.17	0.17
银川	0.24	0.27	北京	0.17	0.18
南昌	0.23	0.22	上海	0.16	0.26
昆明	0.23	0.23	济南	0.16	0.17
杭州	0.22	0.23	重庆	0.16	0.21
武汉	0.22	0.19	郑州	0.15	0.15
成都	0.21	0.21	南京	0.14	0.16
长春	0.21	0.17	太原	0.13	0.14
西安	0.21	0.21	天津	0.11	0.12
长沙	0.21	0.21	石家庄	0.10	0.12
呼和浩特	0.20	0.19			

三、北京市人口均衡发展的综合测度

人口均衡发展综合评价的计算公式为

$$Z = \frac{(P+E+S+R+H)}{5}$$

式中，Z代表人口均衡发展综合评价得分，P代表人口内部均衡发展指数，E代表人口与经济均衡发展指数，S代表人口与社会均衡发展指数，R代表人口与资源均衡发展指数，H代表人口与环境均衡发展指数。

将五个一级指标的得分加总得到我国内地31个省（自治区、直辖市）的人口均衡发展评价得分，发现北京市在2000年人口均衡发展得分为1.45，位列全

---

① 由于目前统计的环境数据主要是针对各个城市的，如空气质量二级以上天数占全年比例、Ⅰ－Ⅲ类水质河长占监测总长度的比例和SO_2浓度等，所以只能用主要城市代表各省（自治区、直辖市），以保证数据的前后可比性

国第一，2010年得分为1.24，位列全国第一（表2-13）。这主要是因为，相比于全国其他省（自治区、直辖市），北京市人口与经济、社会均衡程度较高。这与北京市经济社会发展水平较高有关，但值得注意的是，随着北京市人口的持续增长，人口与经济、社会的均衡程度在近10年来有所降低。同时，在人口内部均衡和人口与资源、环境均衡方面，北京市的人口均衡发展得分仍较低，是目前北京市人口均衡发展存在的主要问题。

表2-13 我国内地各省（自治区、直辖市）人口均衡发展评价得分

地区	2000年得分	2010年得分	地区	2000年得分	2010年得分
北京	1.45	1.24	湖北	0.98	0.94
上海	1.35	1.21	湖南	0.97	1.16
青海	1.22	1.19	四川	0.95	0.94
海南	1.18	1.26	甘肃	0.94	0.94
广东	1.17	1.18	内蒙古	0.93	0.96
新疆	1.16	1.07	陕西	0.93	0.93
浙江	1.16	1.13	宁夏	0.92	1.01
福建	1.14	1.19	西藏	0.90	0.78
广西	1.12	1.15	江苏	0.89	0.96
江西	1.10	1.14	安徽	0.86	0.91
天津	1.06	0.98	贵州	0.85	0.93
黑龙江	1.05	1.05	山西	0.85	0.82
云南	1.04	1.00	重庆	0.83	0.91
吉林	1.02	0.92	河南	0.82	0.83
山东	0.98	0.87	河北	0.79	1.10
辽宁	0.98	0.91			

总体来看：①北京市的人口均衡发展态势较为良好，人口均衡发展评价得分位列第一，但从分值上看，与我国内地其他省（自治区、直辖市）的差距不大，并没有显示出突出的优势；②从时间序列上看，北京市的人口均衡发展有下降趋势，其非均衡发展的态势越来越明显。

第三节 北京市人口均衡发展状况分析

近年来，随着北京市人口的持续快速增长，北京市人口均衡发展面临着巨大的压力。本节在上述指标评分的基础上，进一步从人口均衡发展的五个方面分析北京市人口均衡发展的具体状况。

一、北京市人口均衡发展总体状况

北京市人口均衡发展评价得分较高，在全国处于领先地位，但五个一级指

标的得分存在明显差异，表现为如下几点。①只有人口与社会均衡发展指数和人口与经济均衡发展指数明显优于全国平均水平，人口与社会均衡发展指数得分最高，其次是人口与经济均衡发展指数；②人口与资源均衡发展指数得分最低，且远低于全国平均水平；③人口与社会均衡发展指数和人口与经济均衡发展指数得分呈下降趋势，人口与资源均衡发展指数和人口与环境均衡发展指数得分稳定且略有上升，而人口内部均衡发展指数则比较稳定，且维持较低水平（表2-14）。

表2-14　北京市人口均衡发展评价一级指标得分

一级指标	权重	2000年得分	2010年得分	平均得分	平均得分比例/%
人口内部均衡发展指数	0.20	0.14	0.14	0.14	10.34
人口与经济均衡发展指数	0.20	0.50	0.40	0.45	31.86
人口与社会均衡发展指数	0.20	0.61	0.45	0.53	39.58
人口与资源均衡发展指数	0.20	0.04	0.07	0.05	3.91
人口与环境均衡发展指数	0.20	0.17	0.18	0.17	12.99
加总	1	1.45	1.24	1.34	100

注：平均得分为2000年和2010年得分的平均值，平均得分比例表示各指标平均得分所占比重

从五个一级指标的平均得分来看，北京市的人口与社会均衡发展指数占到总得分的1/3还多，贡献率最高，其次是人口与经济均衡发展指数，而人口与资源均衡发展指数只占到总得分的不到1/25（表2-14）。五个一级指标的权重是一样的，故而人口与资源均衡发展指数得分相对低就说明北京市人口均衡发展在这方面还需要进一步提升，也就成为今后北京市人口均衡发展需要调整与改善的重点方向。

二、北京市人口内部均衡发展状况

北京市人口均衡发展的三个二级指标中，只有人口素质的均衡化发展达到了全国平均水平，人口规模和人口结构得分则低于全国平均水平（表2-15）。

表2-15　北京市人口内部均衡发展评价二级指标得分

二级指标	权重	2000年得分	2010年得分	平均得分	平均得分比例/%
人口规模	0.07	0.04	0.05	0.05	28.60
人口结构	0.07	0.03	0.04	0.04	24.52
人口素质	0.07	0.07	0.08	0.07	46.88

注：同上表

从三个二级指标的平均得分来看，北京市的人口结构仅占到人口内部均衡发展评价总得分的不到1/4，而人口素质则接近人口内部均衡发展评价总得分的一半（表2-15）。三个二级指标的权重是一样的，故而人口结构得分低就说明北京市人口内部均衡发展在这方面做得还不够，也就成为今后北京市人口内部均

衡发展需要调整与改善的方向。

三、北京市人口与经济均衡发展状况

北京市人口与经济均衡发展的两个二级指标中，经济实力和经济结构的均衡化发展明显优于全国平均水平，但都有所下降（表2-16）。

表2-16　北京市人口与经济均衡发展评价二级指标得分

二级指标	权重	2000年得分	2010年得分	平均得分	平均得分比例/%
经济实力	0.10	0.28	0.22	0.25	55.29
经济结构	0.10	0.22	0.18	0.20	44.71

注：同上表

从两个二级指标的平均得分来看，北京市的经济实力占到人口与经济均衡发展评价总得分的1/2还多，明显高于经济结构的得分（表2-16）。相对我国内地其他省（自治区、直辖市），北京市人口与经济均衡发展做得很好，且主要因为经济实力较强。因此，今后北京市人口与经济均衡发展在继续保持现有发展势头的同时，需要在经济结构调整方面有所侧重。

四、北京市人口与社会均衡发展状况

北京市人口与社会均衡发展的四个二级指标都优于全国平均水平，但文化教育的均衡化发展下降非常明显，公平发展的均衡化发展也有所下降，而医疗卫生和社会保障的均衡化发展有所改善（表2-17）。

表2-17　北京市人口与社会均衡发展评价二级指标得分

二级指标	权重	2000年得分	2010年得分	平均得分	平均得分比例/%
文化教育	0.05	0.25	0.07	0.16	30.15
医疗卫生	0.05	0.11	0.14	0.12	23.35
社会保障	0.05	0.11	0.13	0.12	22.21
公平发展	0.05	0.14	0.12	0.13	24.29

注：同上表

从四个二级指标的平均得分来看，北京市的文化教育差不多占到人口与社会均衡发展评价总得分的近1/3，而剩余三个指标的比重差不多，都在1/5～1/4（表2-17）。四个二级指标的权重是一样的，故社会保障和医疗卫生得分最低就说明北京市在这方面做得还不够。因此，在保持其文化教育优势的基础上，北京市人口与社会均衡发展的方向将会是重点解决其社会保障和医疗卫生等问题，并保障基本社会公平等方面的发展，以形成和谐的社会发展环境，全力打造北京建设世界城市的软环境。

五、北京市人口与资源均衡发展状况

北京市人口与资源均衡发展的三个二级指标都低于全国平均水平,尤其是土地资源。土地资源的均衡发展基本稳定在较低的水平,而水资源和能源的均衡发展明显提升,接近全国平均水平(表 2-18)。

表 2-18 北京市人口与资源均衡发展评价二级指标得分

二级指标	权重	2000 年得分	2010 年得分	平均得分	平均得分比例/%
土地	0.07	0.01	0.01	0.01	7.89
能源	0.07	0.03	0.06	0.04	47.11
水资源	0.07	0.02	0.06	0.04	45.00

注:同上表

从三个二级指标的平均得分来看,北京市的能源和水资源占人口与资源均衡发展评价总得分的比重很大,二者差距不大,但土地的比重则非常低,还不到 1/10(表 2-18)。三个二级指标的权重是一样的,故土地资源得分低就说明北京市在这方面做得还远远不够。近 10 年来,北京市人口与资源均衡发展在能源和水资源方面的成就非常明显,接近全国平均水平,这主要因为北京市不断通过能源和水资源的外部调入以保障不断增加的人口的需求,而土地方面,由于土地供给是刚性的,所以随着人口规模的持续扩大,人口与土地资源的供需矛盾则越来越突出。总体上,解决人口增长与资源之间的矛盾是北京市人口均衡发展的关键问题,重点解决其土地资源供给、开发和人口增长的矛盾。

六、北京市人口与环境均衡发展状况

北京市人口与环境均衡发展的三个二级指标中,只有生态环境明显优于全国平均水平,并且基本保持稳定。而大气环境和水环境的均衡化发展虽然近年来有所改善,但还低于全国平均水平(表 2-19)。

表 2-19 北京市人口与环境均衡发展评价二级指标得分

二级指标	权重	2000 年得分	2010 年得分	平均得分	平均得分比例/%
大气环境	0.07	0.03	0.05	0.04	23.21
水环境	0.07	0.03	0.04	0.03	19.30
生态环境	0.07	0.10	0.10	0.10	57.49

注:同上表

从三个二级指标的平均得分来看,北京市的生态环境占到人口与环境均衡发展评价总得分的一半多,而水环境的比重还不到 1/5(表 2-19)。三个二级指标的权重是一样的,故而水环境得分低就说明北京市在这方面做得还不够。因此，水环境综合治理成为今后北京市人口与环境均衡发展需要调整与改善的重要方向之一。

总的来看，在人口均衡发展评价的五个方面中，北京市在人口与社会、人口与经济这两个方面的均衡发展明显优于我国内地其他省（自治区、直辖市），但各自过于依赖某一指标（如人口与社会均衡发展主要依赖文化教育，人口与经济均衡发展主要依赖经济实力），而人口与资源、环境方面的均衡发展远差于全国平均水平。五个均衡发展方面内部得分较少的三级指标都是北京市人口均衡发展现在做得还明显不足的地方，也都可以作为其今后人口均衡发展努力的主要方向。

参 考 文 献

蔡莉，穆光宗.2008.不同人口承载力标准的指标构建研究.人文杂志，(4)：179-185

曹新，傅百荣.2000.应构建人口增长与经济、社会、自然相适应的指标体系.理论前沿，(11)：11

陈友华.2003.人口现代化评价指标体系研究.中国人口科学，(3)：60-66

陈正.2007.人口与生态环境变化指标体系及评价方法研究.统计教育，(3)：6-9

陈仲常，张翠姣，章翔.2007.中国人口发展监测评价模型研究——基于全国31个省份人口发展的实证分析.中国人口科学，(5)：72-96

程道平，刘伟.1995.人口压力评估及其应用研究.中国人口、资源与环境，5(1)：47-51

范英，等.2013.北京市PREESE系统协调发展评价理论研究报告（内部资料）

国家人口和计划生育委员会发展规划与信息司.2010.促进人口长期均衡发展研究——人口发展战略与"十二五"规划研究报告之一.北京：中国人口出版社

兰徐民，温勇，潘金洪.2006.人口安全预警指标体系及其量化探讨.西北人口，(6)：41-45

刘恒，巢健茜.2011.我国老年人口健康评价指标体系框架模型设计.中国老年学杂志，(1)：153-155

刘延年，陈正.2003.全面小康社会的人口评价指标体系研究.人口与计划生育，(11)：27-30

马红旗，陈仲常.2012.我国人口发展的指标体系建设及综合评价.南方人口，(3)：3-12

马瀛通，王彦祖，杨书章.1986.递进人口发展模型的提出与总和递进指标体系的确立.人口与经济，(2)：40-43

屈云龙，许燕.2009.江苏省人口素质评价指标体系的构建及实际测度.西安社会科学，(3)：81-84

邵凡，谭克俭.2007.与全面小康指标相适应的人口发展指标体系研究.经济问题，(6)：127-129

田卫民.2012.省域居民收入基尼系数测算及其变动趋势分析.经济科学，(02)：48-59

王军平.2009.构建与资源环境相协调的人口指标体系.人口与计划生育,(9):24-26

王玲杰.2006.人口安全动态评价指标体系及评价模型.西北人口,(6):12-13

王瑞兰.1993.农村人口资源环境统计指标体系初探.财贸研究,(5):60-62

王学义.2006.人口现代化的测度指标体系构建问题研究.人口学刊,(4):46-51

王颖,黄进,赵娟莹,等.2011.人口长期均衡发展及其评价监测模型的构建与应用.中国人口·资源与环境,(4):169-174

王玥,翁钱威.2011.人口素质及评价指标体系.辽宁工程技术大学学报(社会科学版),(2):161-164

吴玑端.1982.人口再生产统计指标体系.中国经济问题,(6):39-43

徐惠民.2008.大连市人口素质评价指标体系的构建.辽宁师范大学学报(自然科学版),(1):114-117

颜凤芹.1994.关于建立人口质量考核指标体系的若干设想.山西统计,(2):15-17

余永跃.2000.中国人口压力的指标体系.经济学家,(6):126-127

张应碧,赵韫,郑婷,等.2011.人口特征综合指标体系的构建与应用.武汉理工大学学报(信息与管理工程版),(2):335-338

张悦玫,迟国泰.2011.指标体系、空间评价模型与人口素质波及.改革,(5):36-43

赵德滋.1996.人口与经济社会协调发展指标体系的探讨.南京人口管理干部学院学报,(1):20-24

赵静.2000.数学建模与数学实验.北京:高等教育出版社

赵军,田英,张艳伟.2009.甘肃省人口压力指标及定量评估研究.西北人口,(5):111-113

曾嵘,魏一鸣,范英,等.2000.北京市人口、资源、环境与经济协调发展分析与评价指标体系.中国管理科学,(S1):300-307

周德禄.2006.山东省全面建设小康社会基本实现现代化人口指标体系研究.山东社会科学,(8):136-139

第三章

世界城市的人口发展与经验借鉴

三大世界城市,东京、伦敦和纽约是全球最具代表性的国际化大都市,其人口增长模式和发展方式体现了其在不同发展时期的发展要求与时代特征。三大世界城市在其人口发展过程中体现了国际化大都市发展的一般规律和基本特征,对北京市人口均衡发展具有重要的借鉴意义。

第一节 东京人口发展实践与经验借鉴

东京是日本的首都,位于日本列岛中部、东京湾的西北岸,是日本的政治、经济、文化中心,是世界上人口最多、经济实力最强的国际大城市之一,既是全球的三大金融中心之一,也是亚太地区最重要的交通枢纽之一。

东京是东京都的简称,东京都是由23个特别区和26个市、5个町、8个村所组成的广域自治体,面积约为2188.7千米^2,占日本国土面积的约0.6%。[①] 东京都与北京"城六区"[②] 在人口规模、土地面积和城市功能等方面,具有明显的相似性。因此,东京都的发展经验对于北京市人口均衡发展具有一定的借鉴性。

一、人口现状

截至2013年6月,东京都的估算人口总数达到1327.7万,共有675.8户家

[①] 资料来源:2011年《东京都统计年鉴》
[②] 指北京市首都功能核心区、城市功能拓展区所包含的东城、西城、朝阳、海淀、丰台、石景山六区

庭，约占日本总人口的10%，在日本全国47个都道府县中排第一位。① 东京都人口密度约为6066人/千米²，是日本人口最稠密的地区，具体分布为特别行政区897.0万人，市郡部419.1万人，岛屿地区2.8万人。②

东京都是日本人口流动量最大的地区。2010年，东京都与其他都道府县之间的总流动人口为74.4万人，城市人口机械净增长为4.8万人。其中，来源于毗邻东京都、位于东京大都市圈内的埼玉、千叶和神奈川三县的入京人口达到18.3万，而以三县为目的地从东京都迁出的人口达到18.6万，总流量占流动人口总数的49.5%。③ 相对于人口的机械增长，东京都人口自然增长的规模有限，且人口年龄结构趋于老龄化。2010年，东京都出生人数为10.8万人，死亡人数为10.4万人，自然增长0.4万人，仅为1968年自然增长人口最高峰值的2.19%，连续40多年呈现递减趋势。④

从1998年以来，东京都已经进入老龄化社会阶段，目前即将进入深度老龄化社会。2010年，东京都人口年龄结构中，少年儿童（0～14岁）有147.7万人，劳动人口（15～64岁）有885.0万人，老年人口（65岁及以上）有264.2万人，占人口总量的比重分别为11.4%、68.2%、20.4%（图3-1）。

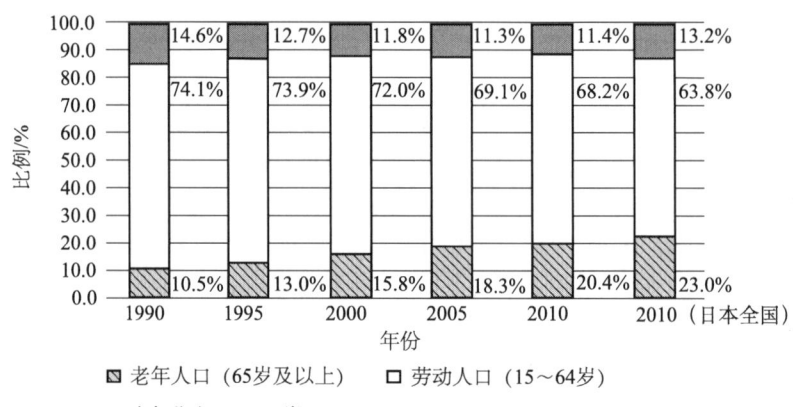

图3-1　东京都人口年龄结构变动

资料来源：东京都政府网站，http://www.metro.tokyo.jp/CHINESE/PROFILE/overview03.htm，2013年7月3日

东京都是日本服务业最发达的城市，其多数劳动人口主要从事第三产业。

---

① 资料来源：2011年《东京都统计年鉴》
② 资料来源：东京都政府网站，http://www.metro.tokyo.jp/ENGLISH/PROFILE/overview03.htm
③ 同上
④ 同上

截至2010年,总劳动人口为638.7万人,其中,就业人数为601.2万人,待业人口37.5万。三次产业从业人员分布为:第一产业2.2万人,比重为0.4%;第二产业138.3万人,比重为17.6%;第三产业425.6万人,比重为82.0%。

东京都人口在昼夜间表现出强大的流动态势。东京都的昼间人口为1497.8万人,比夜间人口的1241.6万人多出256.2万人(2005年),昼间人口比夜间人口多20.6%(图3-2),这个差别主要来源于三个邻县(埼玉、千叶和神奈川)的通勤、通学人口。从地区分布来看,昼间人口在特别行政区、市郡地区和岛屿地区分别有1128.5万人、366.4万人和2.9万人;以本区夜间人口为100,则这三个地区的昼间人口的指数分别为135.1、90.8和101.5。昼间人口指数在特别行政区明显较高,而在东京都核心功能区——千代田区、中央区和港区,昼间人口指数更是高达740.1(夜间人数是32.6万,昼间人数为241.0万)。将2005年昼夜间人口数量与1965年相比较,40年间,东京都夜间人口增加了155万,而昼间人口则增加了323万人(图3-2)①。

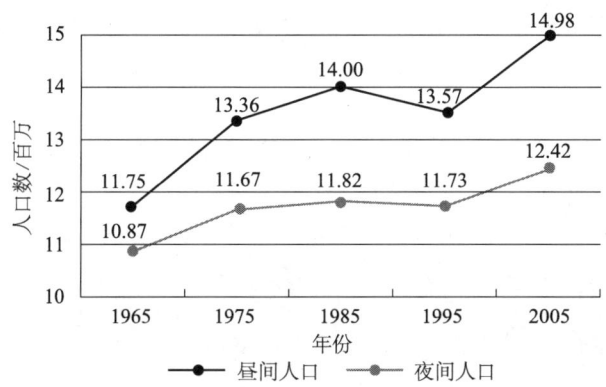

图3-2 东京人口昼夜间人口流动数量(1965~2005年)

资料来源:东京都政府网站,http://www.metro.tokyo.jp/CHINESE/PROFILE/overview03.htm,2013年7月3日

二、人口发展历程

1943年7月1日,日本开始在首都地区施行东京都制,东京府与东京市合并形成东京都。第二次世界大战结束后,1947年,东京地区施行地方自治法而废除东京都制,"东京都"名称与行政区域变更成现在的状态。1920~1940年人口年均增长率达3.5%(图3-3)。战争导致东京人口大幅减少,1940~1945年东京人口减少了近一半。1945年,人口总数仅348.8万,甚至低于1920年的水平。

---

① 目前东京都关于昼夜间人口的统计数据更新至2005年

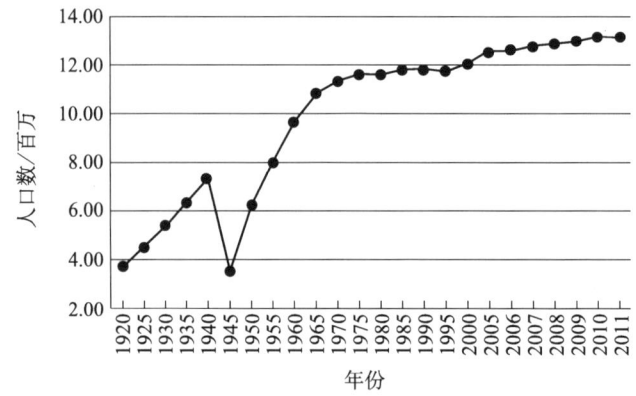

图 3-3 东京都人口增长（1920～2011 年）
资料来源：总务省"国势普查"、总务局"统计部东京都的人口（推算）"

现代东京都人口的发展史应以日本战败投降为起点。第二次世界大战后东京都的人口与城市经济发展大致经历了恢复性增长（1945～1953 年战后复兴期）、快速增长（1954～1972 年经济高速增长期）、人口稳定（1973～1996 年经济稳定增长期）、缓慢增长（20 世纪 90 年代后期"再城市化时期"）四个阶段，阶段的划分以年均增长速度为依据。从 20 世纪 40 年代中期到 20 世纪 90 年代，人口增长的速度从超常规的 12.47‰ 逐渐回落至 5.07‰ 的正常增长水平，并继续下降到较低的稳定水平，20 世纪 90 年代后期的缓慢增长一直持续至今。

（一）战后人口恢复时期

1945～1953 年，在美国的大力扶植及朝鲜战争引发的军事物资需求引导下，日本经济得到迅速恢复，工业生产突飞猛进，钢铁、化纤、电子、汽车等产业快速膨胀，就业岗位向城市集中，吸引周边地区人口向城市迁徙。在这种背景下，东京都的城市人口迎来第二次世界大战后第一个增长高峰，人口增长率在一段时间内维持在较高水平，人口总数快速恢复至战前水平。1947 年，东京都人口净增长率为 19.6‰，人口自然增长率为 19.7‰；1948～1953 年，人口净增长率均高于 5‰，自然增长率均超过 10‰。[①] 1950 年，东京都人口为 692 万，居世界第三位；1953 年，东京都的人口达到 745 万，第一次超过战前最高水平（张善余和高向东，2002）。

人口规模的恢复推动了城市的成长。1947 年，东京都划定 23 个特别行政区为区部，面积比 1920 年扩大了近 1 倍。1950 年，人口密度超过 1000 人/千米²

---

① 资料来源：《东京都统计年鉴》

的城市高密度地区占东京都总面积的比重达41%，比1920年高22%。

（二）人口快速增长时期

1954～1972年，日本经济实现了快速增长和结构转变。美国对日本市场实行技术开放，日本充分利用第三次科技革命的成果，适时制定了外向型的经济发展战略，确立新的出口工业基础，企业和民间投资大幅增加，第二、第三产业发展壮大，最终成长为世界第二大经济体。高速的经济增长还改变了日本以往东西抗衡的两极国土结构，形成了以东京大都市圈为中心的"一极"和太平洋沿岸一轴的"一极一轴"型国土结构（李国平等，2009），加速了日本人口和产业向太平洋工业带[①]的集中，使东京都成为关东城市带的中心和极核。

东京都在这一过程中担任了重要的角色，通过产业转移和有效分工，东京与周边地区实现了劳动密集型产业的空间置换；在产业结构变动的同时，东京都的就业结构也发生重大变化，就业人口增长率下降，眷带人口增长率因年龄结构的年轻化而明显下滑（陆军，2011）。

人口规模方面，从1954年开始，东京都人口的净增长率逐步回落，恢复性人口增长消退，但人口净增长率仍维持在较高水平，1965年之前一直在2%左右。1962年，东京都人口首次超过1000万，自1968年以来一直是世界上人口最多的城市。

人口分布方面，伴随着基础设施的完善、高速铁路的向外延伸，新居民住宅区出现在东京都边远地区，为人口增加和城市扩张提供了便利条件。东京郊区町改市的进程加速，市的数量从1950年之前的3个激增到1971年的25个，人口密度超过1000人/千米^{2}的高密度地区面积占东京都总面积的比重进一步扩大，1965年达52%。

人口迁移方面，这一时期，日本的人口迁移表现为向东京、大阪、名古屋三大都市圈迁移的"三极集中"，东京都的人口迁移表现为净迁入。至20世纪60年代末，东京都人口总数达到1140万，迁移人口也达到最大值。

人口性别结构方面，由于迁移人口以青壮年男子为主，东京都地区的性别比逐年攀升，人口性别比从1950年的102上升至1960年的106，1960年东京都的迁入人口性别比高达125。人口性别比呈现由中心市区向郊区逐渐降低的特征：1965年中心商业区的性别比普遍在110以上，千代田区甚至高达121.3，而边缘区、市、郡的性别比多在110～100较远地区的性别比则普遍低于100（张善余和高向东，2002）。

结合东京的经济发展和人口变动，有学者认为，东京这一时期的人口规模

---

① 太平洋工业带指的是日本从南关东到北九州的一连串的工业地带

变化与北京从20世纪90年代至今的人口变化情况具有一定的相似性（王鸿春，2011）。

（三）人口稳定与调整时期

1973年之后，受资本主义经济危机影响，日本经济发展有所放缓，增长速度明显低于过去的水平，但相对于其他发达国家仍较高；东京都的人口增长速度逐渐回落，城市人口规模维持在1180万左右，从此进入人口规模相对稳定和结构调整阶段，人口的城市化水平显著提升。日本在统计中将人口密度超过4000人/千米^{2}的地区定义为人口集中地区，实际上等同于城市化地区，1960年该地域占东京都总面积31%，人口占90%，1995年已分别增加到40%和98%（张善余和高向东，2002）。

值得注意的是，由于经济和就业结构的变动，东京都人口负增长的年份多达13年。第一次人口负增长出现于1976年，持续至1980年，主要归因于资本主义经济危机后东京都就业机会减少、郊区发展成熟，逆城市化端倪出现。第二次人口负增长出现于1988年，持续至1995年，持续时间更久，东京都人口占日本全国人口的比重从1988年的9.69%下降至1996年的9.37%，主要原因是泡沫经济破灭，日本经济持续低迷，工作机会紧张，逆城市化、郊区化发展程度更高。

从人口的就业结构来看，由于东京都加快产业结构调整步伐，研究开发型工业、都市型工业为主的现代城市型工业及金融、媒体等现代服务业逐渐向东京都集中，资本和技术密集型产业最终代替劳动力密集型产业，第三产业就业人口增加而第二产业就业人口减少（图3-4）。1976～1996年，核心市区制造业总产值占东京都的比重由77%降至58%，制造业从业人数减少了约一半。第三产业在核心市区特别是组成中央商务区的几个区取得较大发展，在中央商务区和中央商业区的经济活动人口中，第三产业的比重均高达80%以上（张善余和高向东，2002）。1986年，日本制订并实施第四次首都圈建设规划，提出了"进一步强化东京都中心区的国际金融职能和高层次中枢管理职能"的设想，通过金融和管理功能的开发，高素质人口向东京都的集聚更加明显。

从迁移人口的规模和结构来看，这一时期的人口迁移大致从20世纪70年代末期开始，于90年代初期结束，持续时间相对较短。与前一时期相比，东京都的净迁入人口规模相对较小，但人口素质普遍较高；而大阪、名古屋城市圈的人口净迁移接近零值甚至为负，日本人口迁移的区域模式，已由原来的"三极集中"转变为向东京都集中迁移的"一极集中"。

从人口的年龄结构来看，少子化、老龄化在这一时期出现。1975年，东京都65岁及以上人口占总人口的比重为6.28%，1980年则达到7.71%，1995年

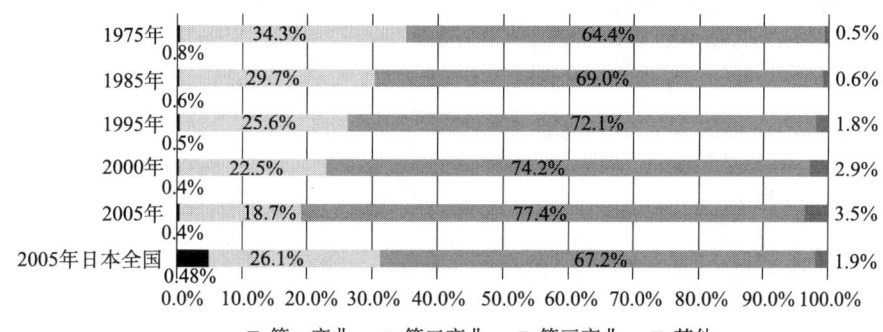

图 3-4 东京都人口就业结构

资料来源：东京都政府网站，http：//www.metro.tokyo.jp/CHINESE/PROFILE/overview03.htm，2013 年 7 月 3 日

进一步上升至 13.04%。[①]

从人口的性别结构来看，在日本全国性别比下降和人口迁移态势变化的背景下，东京都的性别比持续下降；人口的性别分布也与前一时期的"内高外低"格局完全颠倒，外来人口多居住于非核心市区和远郊区，中心市区产业结构向第三产业倾斜，女性就业数量大幅增加，市中心区的性别比降至 90～100，远郊区的人口性别比升至 100 以上（张善余和高向东，2002）。

（四）人口缓慢增长时期

随着日本经济复苏和再城市化进程的加快，东京都的人口规模从 1996 年后开始缓慢回升。自 1997 年至今，年均人口净增长率均保持在 0.41% 以上，2000 年东京都人口突破 1200 万，2009 年人口突破 1300 万。经济的复苏使东京都再次成为人口迁移的目的地，人口开始向东京都"一极集中"，但总体而言，东京都人口迁移的变化相对平缓，人口净迁入量有限。

随着 21 世纪的到来，全球进入知识经济和信息化时代。东京都各种新经济形式不断涌现，经济组织方式迅速变化。金融、保险、房地产、法律、咨询、信息服务、通信等现代生产性服务业向核心市区的集聚趋势日益明显，成为城市公共服务基础设施和产业配套的重要组成内容。这些行业的集中一方面增加了地区生产总值和人均地区生产总值；另一方面也提高了市中心的地价、房价，大大降低了东京都的居住人口总量。在政府调整的基础上，东京都中心城区的经济获得复苏，人口才有所增加。

在当前高度发达的市场经济体制下，人口迁移已经具备了自动调节的功能，

---

① 参见 2011 年《东京都统计年鉴》年龄（5 岁阶级），男女别人口

迁移规模和方向与经济发展的水平、布局高度相关。经济社会的高度发达使东京都人口的老龄化趋势愈加明显，2010年，东京都的人口年龄性别金字塔逐渐接近纺锤状，表明人口结构趋于稳定，除男女比例较均衡外，少子高龄的年龄结构特征已经与40年前的结构形成了明显差别（图3-5）。

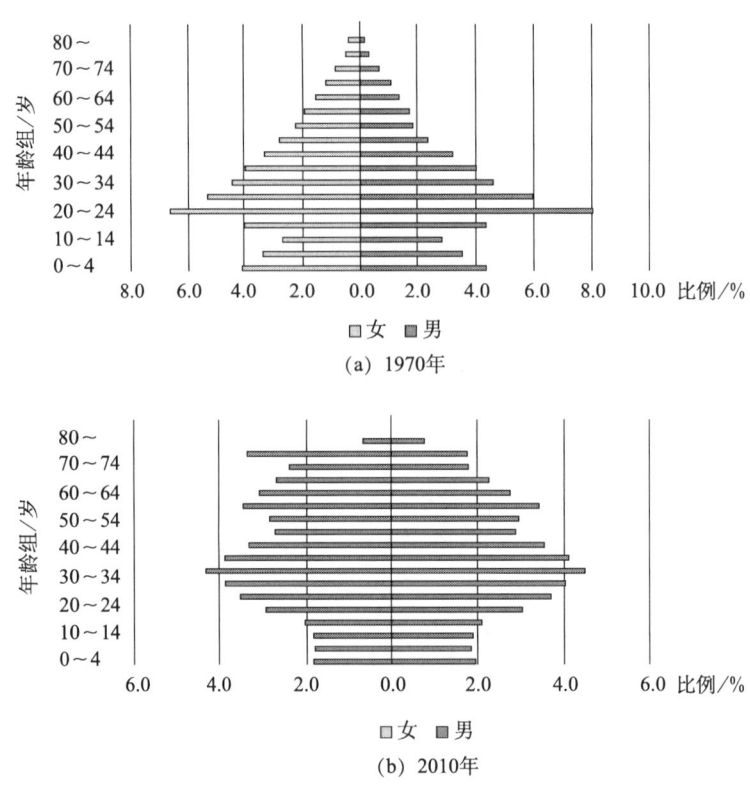

图3-5 东京都人口年龄性别金字塔

资料来源：东京都政府网站，http://www.metro.tokyo.jp/CHINESE/PROFILE/overview03.htm，2013年7月3日

三、经验借鉴

东京都在日本东京湾西岸，空间形状狭长，土地资源极为有限，却实现了超高密度的人口和经济集聚，形成了独特的人口发展特征。纵观东京都解决人口问题、引导人口疏散的举措，可以发现，东京都将城市发展战略与人口问题统一考虑、协同解决。从1964年筹备奥运会开始，东京都就摒弃了控制城市规模的狭窄思路，从一味关注城市规模转向关注城市布局，通过设定人口发展战略、改变产业结构、多核心共同发展、建设大都市区域等一系列措施，将人口

压力转变为城市发展的动力，有效地调控了人口的流动，使人口合理分布。回顾东京都的历史经验，对北京来说有如下启示值得借鉴。

1. 把握人口规模变化的阶段性特征

人口的规模变动遵循自身的规律，具有一定的阶段性特征。认识人口规模变动的阶段性特征，首先应肯定，城市人口的增加是正常的，是经济社会发展的必然结果。第二次世界大战后东京都的人口规模经历了四个阶段，从恢复性增长、快速增长到逐渐稳定、缓慢增长，期间还经历了人口负增长。1945～1953年，随着经济的迅速复苏，东京都人口恢复性增长，从战后的348.8万增加至746.9万，平均每年增加44.3万人，年均增长率达8.83%；1954～1972年，东京都人口经历快速增长时期，人口总数增加至1159.8万人，平均每年增加20.1万人，年均增长率为2.1%；1973～1995年，东京都的人口经历了稳定和调整时期，人口在13年中出现负增长，人口总数在1180万上下变动，年均增长率仅为0.05%；1996年以后，东京都人口再一次出现较为明显的增加，但增加速度比较缓慢，2013年增加至1327.7万人，年均增长率为0.66%。[1] 日本东京都政府及都内地方政府等组成的专家研究会公布的估算结果显示，2020年，东京的人口将达到1335万的峰值，随后开始下降，2100年降至713万，比2010年减少45.8%。[2] 可见，人口高速增长是不可能长期持续的，人口膨胀最终会达到顶点。从根本上讲，人口膨胀带来的压力和问题起源于经济社会发展，而且终将在城市发展的过程中解决。

面对人口膨胀，既不可以听之任之，也不可以单纯管控堵截人口流入，而是要强化调控，综合运用城市规划、行政管控、产业政策、法律等手段引导人口过密地区的疏散和分工，通过增加区域发展中心、分散核心市区的人口和功能，实现区域一体化发展，从而降低人口膨胀对局部地区的压力；利用城市经济发展导致的市中心生活成本上升实现人口的自动过滤，淘汰低素质人员，吸引高素质人员集聚，同时改善社会服务，保障低素质人口的合法权益。

北京目前还处于经济高速发展时期，对外地人口的吸引力还非常强大，北京应当充分认识人口膨胀带来的发展红利，改变对进京人口的堵截措施，强调人口的疏散和区县合理分工；充分利用人口膨胀、高素质人口集聚的有利时机，进一步提高城市发展水平。

2. 提前研究应对老龄化

日本老龄化出现于人口稳定阶段的中期，在20世纪80年代还不明显，但

---

[1] 资料来源：《东京都统计年鉴》
[2] 参见中国新闻网，http://www.chinanews.com/gj/2012/09-03/4152076.shtml，2013年9月3日

90年代"危机加重",到21世纪已进入老龄化"国际最高区域"①。老龄化出现的原因,一方面是生活环境、饮食和营养状况改善、医疗技术进步的结果,老年人死亡率不断降低;另一方面是人口出生率持续下降,造成年轻人占总人口的比重不断减少。老龄化给日本带来了严重的问题,据日本国立社会保障人口问题研究所的研究,2010年日本社会保障支出突破100万亿日元,一旦经济无法快速增长,日本将不得不减少社会保障支出②,同时,老龄化导致住宅和汽车等消费陷入低迷③,影响经济发展速度。

日益严重的老龄化已经成为东京都不可回避的重大问题。目前,东京都正采取延长退休年龄、鼓励女性就业、鼓励老年人返聘再就业、强化老年人职业介绍机构等手段应对老龄化带来的负担,政府也提高了国库负担养老金的比重,但目前对于解决老龄化负面影响的作用有限。

北京目前受到老龄化的不利影响还比较小,户籍人口的老年人比重逐年增加,但大量流动人口降低了全市老年人口的比重。北京应当把握城市发展的阶段性特点,提前研究应对老龄化的举措,尤其加强公共卫生、社会养老设施的建设,变老龄化的挑战为机遇,加快以老年人口为对象的服务业发展;在提供基本公共服务的基础上,政府还需要鼓励社会组织提供更高层次的养老服务④。

3. 人口发展与城市化具有相关性

从东京都的发展可以看出,其人口演变比较贴切地阐释了城市化与经济增长关系的基本规律:在经济快速发展阶段,人口规模也增加较快,城市化程度迅速提高;在经济进行结构调整或转型时期,人口增加速度下降,人口就业和空间结构发生变化,城市功能和空间布局相应改变;在经济危机阶段,人口增长出现了停滞或负增长,逆城市化现象出现。在东京都成长为世界城市后,其人口演变除受到日本产业结构的调整等国内经济变化的影响外,还受到了世界城市化进程、国际经济发展与格局变动的影响。

20世纪90年代前期,日本经济陷入低迷,泡沫经济破灭,东京都市中心的居民缺少足够的就业机会,而空间狭小、用地紧张、交通拥堵、绿地缺失、水面匮乏等问题长久没有明显改善,居民和企业离开市中心向副中心、中小城市

---

① 参见环球时报,日本的老龄社会之忧,http://world.huanqiu.com/roll/2010-04/787758_2.html,2010年4月22日
② 参见中国经济网,日本老龄化加速,未来30年人口或减1000万,http://news.china.com/news100/11038989/20130328/17752393.html,2013年3月28日
③ 参见新浪财经,日央行行长:应对老龄化是维系经济增长关键,http://finance.sina.com.cn/china/20121013/210213360722.shtml,2012年10月13日
④ 参见财新网,北京户籍人口老龄化远超全国均值,http://china.caixin.com/2012-10-24/100451601.html,2012年10月24日

和郊区转移，这些地区的发展速度明显提高，人口快速增加。教育、医疗、生活保障等公共资源向副中心、城市发展新区转移，进一步吸引核心市区的人口。东京都沿轨道交通站点建设生活服务、文化娱乐、治安配套完善的居民区，使得城市外围卫星城、小城镇在生活设施和服务方面与城市中心区相差无几，东京都周围的千叶、埼玉等地吸引了大量在市区工作的居民前往居住，核心市区出现人口和产业"空洞化"。

1996年以后，随着东京都产业升级，金融、信息产业集聚，原本搬迁出去的人口开始回流，东京都人口增加速度明显提高，产业和人口空洞逐渐消失，中心城区和郊区、小城市均实现了繁荣发展。

可见，城市经济的发展最终决定了人口的流入和流出，决定了"城市化—逆城市化—再城市化"的发展进程。北京目前经济发展较好，远郊区县与城市中心区、近郊的差距还比较明显，城区的地价、交通、环境等方面还具有可以发展的空间，人口增加的趋势还不会逆转，郊区化现象刚刚出现，距离逆城市化阶段还有较长的发展时间。北京的城市化发展阶段决定了当前实现人口均衡发展的主要任务是人口规模调控与人口结构调控并重，利用产业升级、城市化深化的有利时机，进一步促进人口与城市的发展，提高北京的城市宜居、宜业程度。

4. 高度重视规划和法律的作用

在长期的发展过程中，日本和东京都政府制定了多层次、全领域的规划和相关法律，引导疏解都心功能，促进城市功能合理分工和人口的合理分布。

早在1946年，东京都市区政府在战后城市重振规划中，就规划建设卫星城镇来分散人口，建设围绕东京都区部的绿化带，但绿化带的设想最终因人口和产业快速集聚而破产。20世纪五六十年代，东京都对城市扩张和人口集中并没有采取积极的调控措施，大城市病日益凸显。例如，交通拥堵造成通勤、通学的长时间化；用地紧张、地价高涨导致住房拥挤、职住分离、居民活动空间有限，市民生活质量大幅降低，生活舒适度明显低于日本某些地方城市；环境恶化，大气污染、水污染问题突出，进一步降低了市民生活质量（李国平等，2004）。东京都政府部门和学术界就城市发展战略问题进行了研讨，最终确立了以分散、均衡、协调为目的的"多心理论"，在随后的三次"东京都长期规划"中，东京都贯彻落实分散城市各类中心机能的方针，决定建设多个副中心，使东京都形成了一个多核心的开放式城市布局，并且多核心实现共同繁荣、互有分工。

东京都在1958年、1982年和1987年分步骤、分阶段实施"副中心"战略，使副中心和中心城区一起承担起东京都的城市功能，逐步形成了"中心区—副中心—周边新城—邻县中心"的多中心、多圈层的城市格局，从而引导人口分层布局。经过几十年的建设，新宿、涩谷、池袋、上野·浅草、临海等副中心目前都已成为东京各具特色的综合型的新中心。

在这些副中心的开发中，交通和房地产开发是基础。借助交通线路的扩展，以环市中心铁路为开端，利用众多交通枢纽连接副中心，并以副中心为起点，修建其他放射状、向近郊或邻近城市延伸的轻轨，在轻轨线末端发展新的中小城市和经济中心。例如，新宿的兴建以东京西郊大规模住宅区开发为基础，池袋副中心的兴起依托于战后池袋车站以西、西北部郊外地区和多摩地区大规模房地产开发（李敏，2011）。

除利用规划分散城市布局外，东京都还制定法律引导产业和人口疏散，实现"以业控人"。1954年，东京都出台首都整备法，以东京都区部为中心、50千米为半径划定都市区范围，制定了区域发展策略。从1958年开始，日本政府五次制定了首都圈规划，将东京都人口调控与首都圈区域发展置于同一战略高度。从1959年出台《工业控制法》、1962年出台《新产业都市建设促进法》开始，东京都开始依靠法律手段对不适应城市发展阶段特点的产业进行转移，推动产业升级，进而调节劳动力和就业人口的规模和结构。

第二节　伦敦人口发展实践与经验借鉴

大伦敦于1965年设立，是英格兰下属的一级行政区划，属于郡级单位（名义郡），包括英国首都伦敦与其周围的卫星城镇所组成的都会区，即伦敦市与32个伦敦自治市。大伦敦由两大部分组成：内伦敦（即伦敦市与其周边处于大伦敦中心的13个伦敦自治市）和外伦敦（即其余19个处于外围的自治市），大伦敦总面积1572.1千米^2，其中内伦敦面积为319千米^2，外伦敦面积接近内伦敦的四倍（ONS，2013），与北京城六区相当。

一、人口现状

根据英国国家统计办公室（Office for National Statistics，ONS）数据，截至2011年年底，伦敦人口约820万，人口密度约为5219人/千米^2。其中，内外伦敦人口密度分别为10 151人/千米^{2}和3962人/千米^2。由此可以看出，内外伦敦的人口密度存在较大差异，内伦敦的人口非常稠密，而外伦敦较为稀疏。此外，内伦敦的均质性要低于外伦敦（陆军，2011）。

从人口年龄结构来看，伦敦有较为明显的人口老龄化现象，但由于近年来大量青壮年人口流入大伦敦，伦敦人口的老龄化程度已在逐步的减轻，65岁及以上人口占总人口比重已由2001年的12.25%降为2011年的11.09%（图3-6）。通过对2001年与2011年各年龄结构的对比发现，儿童数量与劳动力人口数量有较大幅度的提升，而老年人口数量没有什么变化（图3-6）。从2011年人口年龄结构来看，劳动力人口比重达70%，其中约1/2为35岁以下的人口，可见其具有相对年轻的劳动力队伍。

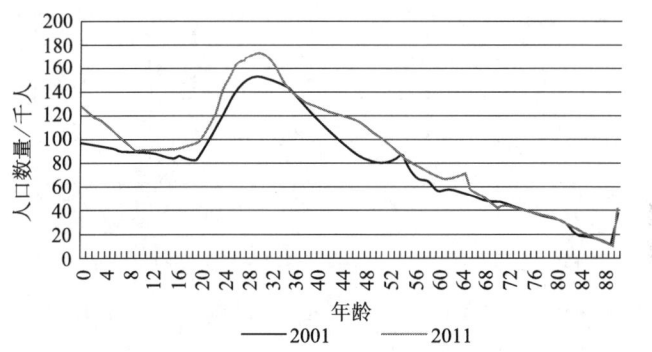

图3-6　伦敦人口年龄结构（2001年与2011年）

资料来源：Population Estimates for England and Wales, Mid-2011, http://www.ons.gov.uk, 2013年7月4日

从人力资本上看，伦敦作为英国的首都和政治文化中心，其人口受教育程度普遍较高。根据2012年ONS数据，伦敦的劳动力人口比英国的劳动力人口具有更高级别的学历，2012年伦敦有47.6%的劳动力获得四级及以上国家职业资格证书，远高于英国的34.2%的平均水平。此外，由图3-7可知，伦敦的劳动力素质水平正在不断提高，拥有较高资格能力水平的人口份额不断提高，而没有职业资格证书及拥有较低职业资格能力的劳动人口份额呈现逐渐减少的趋势。

二、人口发展历程

处在不断变化发展中的伦敦，其人口规模也随之不断演变。通过图3-8、图3-9及相关文献的分析可以发现，伦敦的人口发展总体经历了四个阶段：第二次工业革命后至19世纪末是第一阶段，主要表现为人口的快速增长，表现出城市化的特征；20世纪初至20世纪40年代为其人口发展的第二阶段，主要表现出郊区化的特征，内伦敦人口经历了一个快速下降的过程；20世纪40年代至80年代是第三阶段，表现出逆城市化的特征，内外伦敦均呈现出人口的扩散态势，人口负增长；20世纪80年代至今则是伦敦人口发展的第四阶段，表现出了再城

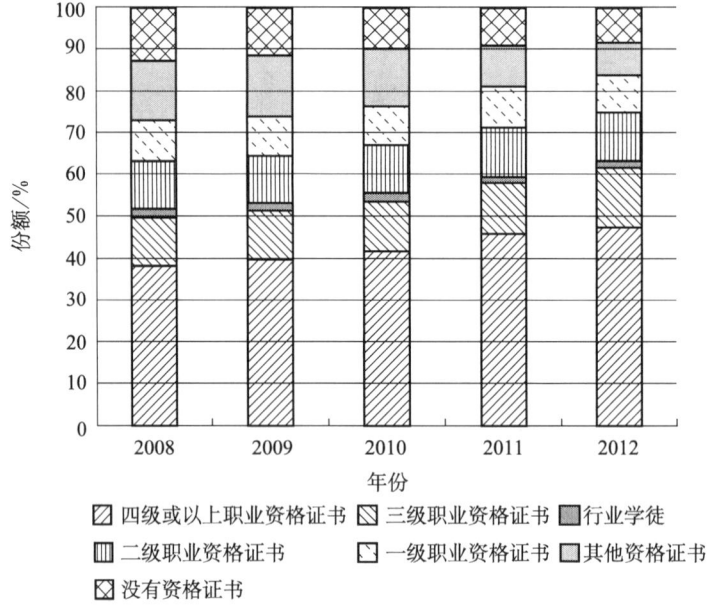

图 3-7 伦敦劳动年龄人口资格能力水平（2008~2012 年）

资料来源：Focus on London：2012，http：//data.london.gov.uk，2013 年 7 月 4 日

市化的特性，同时在再城市化的过程中，内外伦敦的区位影响作用在逐渐下降，内外伦敦的人口份额趋于稳定。

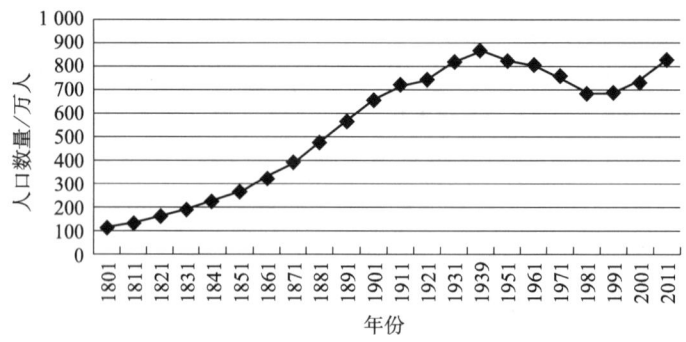

图 3-8 伦敦人口总量（1801~2011 年）

资料来源：Historic Census Population（1801~1951），Estimated Resident Population Mid-Year（1961~2011），http：//data.london.gov.uk，2013 年 7 月 4 日

（一）城市化时期

工业革命以前，英国作为经典的资本主义国家进行资本原始积累，伦敦人口

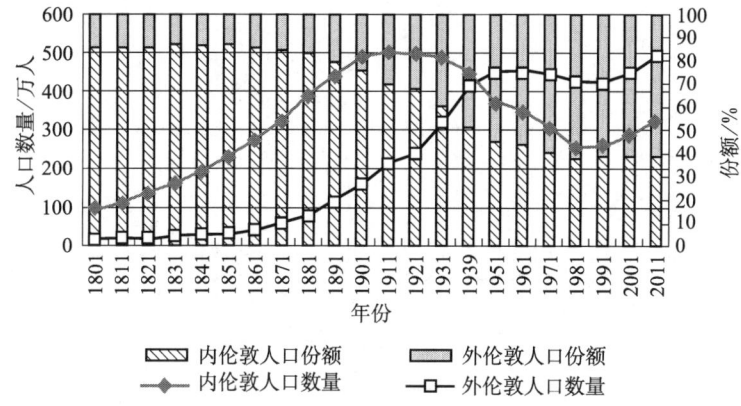

图 3-9 内外伦敦人口数量及份额变化（1801～2011 年）

资料来源：Historic Census Population（1801～1951），Estimated Resident Population Mid-Year（1961～2011）；http：//data.london.gov.uk，2013 年 7 月 4 日

增长较为迅速。在工业革命爆发后，伦敦进入了从农业社会向工业社会的转型时期，进入城市化阶段。19 世纪中期到 19 世纪末是伦敦人口发展的第一阶段，总人口持续增加，且人口大量向中心城区集聚。由图 3-10 可知，1851 年伦敦总人口为 265 万，截至 1901 年人口总量达到 650 万，总人口依旧随着产业集聚而增长和扩容。半个世纪间人口总量翻了一番有余，年均增长率为 1.81%，增长速度较快，人口大量向伦敦集聚。通过图 3-11 可以发现，内外伦敦人口数量从 1851 年的 230.8 万和 34.2 万增长到 1901 年的 489.8 万和 160.9 万，人口总量持续上升，外伦敦的增长速度约为内伦敦的两倍，内伦敦的人口份额也呈现出下降趋势。

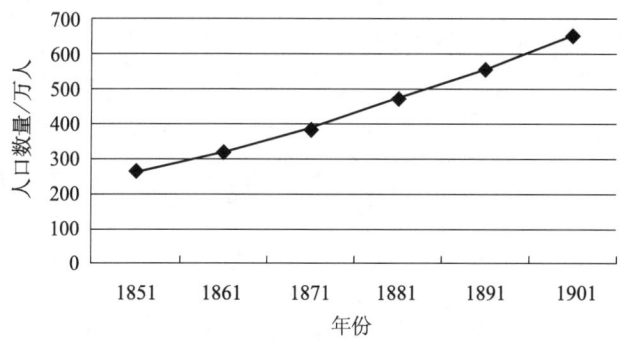

图 3-10 伦敦人口总量（1851～1901 年）

资料来源：Historic Census Population，http：//data.london.gov.uk，2013 年 7 月 4 日

随着 19 世纪中后期英国"世界工厂"地位的确定，伦敦的地位也变得日益重要，大量的移民涌入伦敦，造成人口急剧膨胀。随工业革命和城市化进程的推

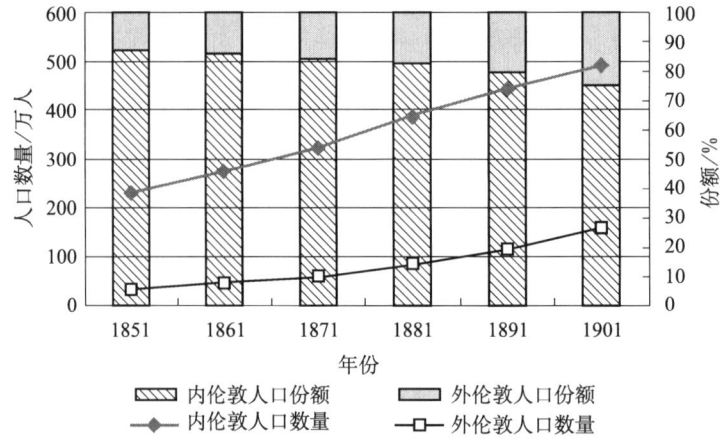

图 3-11　内外伦敦人口数量及份额变化（1851~1901 年）
资料来源：Historic Census Population, http://data.london.gov.uk, 2013 年 7 月 4 日

进，迁入者源源不断，给城市的发展带来了极大的危害。移民中的很大一部分是贫穷者，他们在伦敦搭建起临时住所，形成了设施简陋、环境卫生条件差的贫民窟，成为热病、伤寒、霍乱等疾病的滋生源，并在城市中迅速蔓延，威胁着所有伦敦市民的健康。面对这个问题，伦敦政府采取了一系列的措施（如建立和完善城市负责住房的行政机构、颁布法律干预和规范城市的住房建设、兴建公房缓解住房压力等），然而该问题直至第一次世界大战后郊区化的出现才最终得到缓解（吴铁德和张亚东，2007）。

(二) 郊区化时期

20 世纪初至 20 世纪 40 年代是伦敦人口发展的第二阶段，表现出了郊区化的特征。由图 3-12 可知，此阶段内人口总量仍在上升，并于 1939 年达到顶峰 861.7 万人，但由图 3-13 可以看出，此阶段中内伦敦人口已达到饱和并呈现出下降的趋势，而外伦敦人口总量仍然持续上升。内伦敦人口份额开始较大幅度下降，到 1939 年仅占 51.5%。在这一阶段，由于人口总量的持续上升，城市人口密度也达到了顶峰 5480 人/千米^2。其中，内伦敦高达 13 908 人/千米^2，外伦敦为 3333 人/千米^2。人口拥挤不仅压缩了城市居住空间，还带来了其他各种问题（如环境污染严重、犯罪率居高不下、贫富差距加大等）。19 世纪出现的城市病问题愈发凸显，城市中心区人口过于密集的问题亟待解决。

在这一阶段，伦敦的交通运输业开始快速发展。1904 年摩托车的出现、1906 年地下铁的建设为人们日常的出行提供了极大的便利。1918 年以后的 20 年间，郊区电气铁路的发展使得郊区对人们的吸引力逐渐超过了市中心地区，有能力负担居住和交通费用的中产阶级开始向外伦敦迁移，伦敦逐渐向郊区蔓延（霍尔，

第三章 世界城市的人口发展与经验借鉴

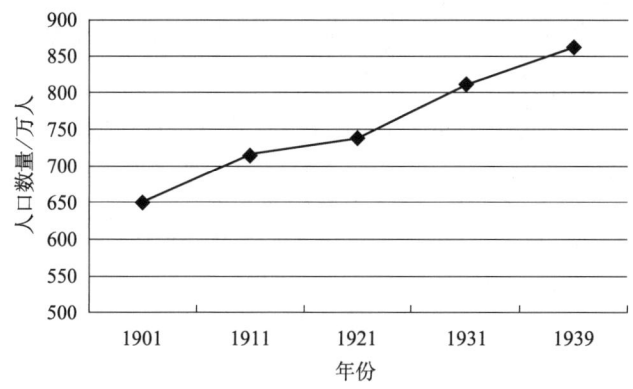

图 3-12　伦敦人口总量（1901～1939 年）
资料来源：Historic Census Population，http：//data.london.gov.uk，2013 年 7 月 4 日

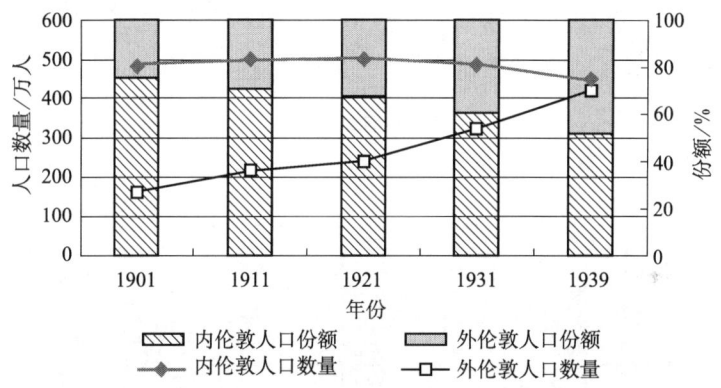

图 3-13　内外伦敦人口数量及份额变化（1901～1939 年）
资料来源：Historic Census Population，http：//data.london.gov.uk，2013 年 7 月 4 日

1982）。由此可见，城市交通的发展为其人口疏散提供了重要的物质保证。

1914 年第一次世界大战开始，伦敦遭到了德国飞艇的多次空袭，造成一千余人伤亡和巨大经济损失（苏锷，2011），也导致了民众恐慌情绪，影响了伦敦经济的发展。而后，20 世纪 30 年代经济危机，伦敦陷入大萧条，出现了严重的失业问题。在此阶段中，伦敦面临政治、经济、社会多方面的问题，城市发展陷入困境。

(三) 逆城市化时期

20 世纪 40 年代至 80 年代是伦敦人口发展的第三阶段，表现出了逆城市化的特征，内外伦敦均呈现出人口的扩散态势，人口总量开始逐渐减少，其中内伦敦的降幅较大，逆城市化问题更为严重。由图 3-14 可知，此阶段伦敦人口总体下降，截至 1981 年伦敦总人口为 680 万，与 1939 年相比降幅达 20% 以上。通过图 3-15

可以发现，内伦敦人口稳步下降，到1981年仅255万人；而外伦敦人口则趋于稳定，且于20世纪40年代超过内伦敦人口总量，截至1981年外伦敦总人口约426万。根据相关的分析，推断出1950年是伦敦逆城市化的起始点（陆军，2011）。在这一阶段，伦敦工业化已经进入成熟期，人口和产业的双重集聚已达到了临界点，原来的工业产业集群趋于瓦解，给予了大伦敦周边地区发展的契机，而产业和人口的双重扩散在一定程度上缩小了人均收入的区域差异（陈鸿宇，2009）。

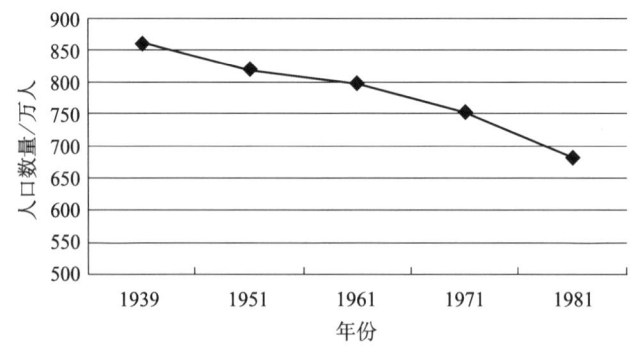

图 3-14 伦敦人口总量（1939~1981年）

资料来源：Historic Census Population，http://data.london.gov.uk，2013年7月4日

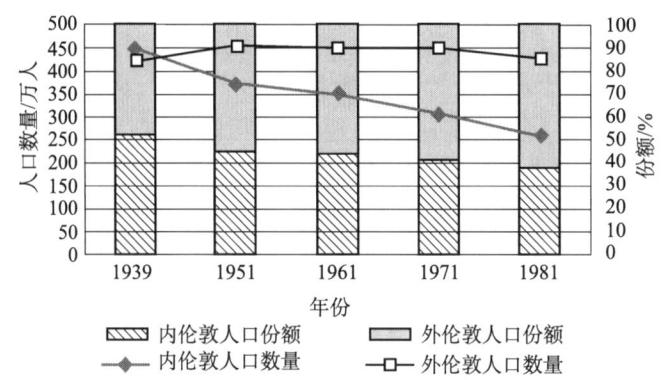

图 3-15 内外伦敦人口数量及份额变化（1939~1981年）

资料来源：Historic Census Population，http://data.london.gov.uk，2013年7月4日

1937年，英国政府为解决伦敦人口过于密集的问题，成立了"巴罗委员会"。该委员会于1940年提出的《巴罗报告》指出：伦敦地区工业与人口不断聚集，是由于工业所引起的吸引作用，因而提出了疏散伦敦中心区工业和人口的建议（梁志秋，2011）。《大伦敦规划（1944年）》的规划方案提出在距伦敦中心半径约为48千米的范围内建设4个同心圈：城市内环、郊区圈、绿带环、乡村外环，其规划结构为单中心同心圆封闭式系统，采取放射路与同心环路直交的交通网路连接。

1946年，在《新城法》通过后，整个英国掀起了新城建设运动。直至20世纪50年代末，伦敦的8个卫星城建成，城市人口集中、住房条件恶化、工业发展用地紧缺等问题得到了一定程度的解决。到20世纪60年代，同心圆封闭布局模式的人口疏散、外围卫星城镇缺乏吸引力等问题涌现，于是政府制定了大伦敦发展规划试图改变这种模式。《大伦敦规划（1969年）》提出使城市沿着三条主要快速交通干线向外扩展，并在终端分别建设三座具有"反磁力吸引中心"作用的城市，使其能够在更大的地域范围内解决伦敦及其周围地区经济、人口和城市的合理均衡发展问题。在当时郊区化现象的基础上，通过严格的法律体系与行动方案的共同支持，该规划最终得到了良好的实施，伦敦的逆城市化进程稳步推进。

纵观这一阶段可以发现，未完全从第一次世界大战中恢复过来的伦敦又陷入了第二次世界大战中。1939年，伦敦遭到了多轮袭击，损失严重：约3万人丧生，超过5万人重伤，大量历史建筑、码头与住宅被摧毁，成千上万的人无家可归[①]。战后的住房问题凸显，同时这也给一直以来较为贫穷落后的内东区提供了重建的机会。当局为解决此问题开始在20世纪50~60年代大量建造高层楼宇，出台了多项政策鼓励人们迁入伦敦周边的城镇，进一步推进了伦敦逆城市化的进程（Shaw，2001）。

除了遭遇战火的袭击外，伦敦于20世纪50年代面临了一次环境危机，即著名的"伦敦烟雾事件"。据英国官方统计，在大雾持续的5天内，丧生者达五千多人，而大雾过去的两个月内有八千多人相继死亡，而幸存者中也有成千上万的人患上了支气管炎、冠心病、肺结核、心脏病、肺炎、肺癌等各类疾病（刘树江，2013）。此后，人们开始反思空气污染的问题。1956年世界上第一部空气污染防治法案《清洁空气法》出台，规定伦敦城内的电厂都必须关闭，只能在大伦敦区重建；工业企业必须建造高大的烟囱，加强疏散大气污染物；大规模改造城市居民的传统炉灶，减少煤炭使用量；冬季集中供暖等（刘树江，2013）。然而，环境污染的问题并未完全解决，60年代伦敦又出现了一次类似的烟雾事件，有1200人非正常死亡。直至70年代，伦敦市内改用煤气和电力，并把火电站全部迁出城外，才使得城市大气污染程度降低80%，骇人的烟雾事件未再发生（张庸，2003）。

这一时期，伦敦的市中心拥挤问题仍然棘手，市中心的问题不仅在于道路系统不能适应日益增加的交通量，街道与各餐饮服务区的人群愈来愈拥挤，还表现在客流蜂拥的通往梅德斯通和雷丁的郊区火车上，表现在刘易沙姆、克罗伊顿等上下班高峰期堵塞的交通上。到了70年代，伦敦加工工业的衰落与政府办事机构外迁使得整个市中心的就业机会减少，劳动力的净流出使得中心区的拥挤状况得以缓解，其中，办事机构占总面积的比例从1966年的60%锐减为1974年的25%，

---

① http://en.wikipedia.org/wiki/History_of_London

而其加工工业衰落的速度为整个英国的四倍。取而代之的是内伦敦开始出现相对高级的财政金融、专业服务等专门部门机构等,中心区在经济上逐渐趋于专门化(霍尔,1982)。

(四) 再城市化时期

20世纪80年代至今,内外伦敦人口总量均呈现出显著的回升趋势,表现出了再城市化的特性。由图3-16可知,截至2011年伦敦人口总量达820.4万,与1981年相比增长了20%。此外,其增长速度逐渐提升,从20世纪80年代的0.03%到21世纪初的1.14%。通过图3-17可以看出,这一时期内外伦敦人口同时增长,且上升速率相当,人口份额趋于稳定(内外伦敦分别维持在40%和60%左右),在伦敦再城市化的过程中内外伦敦形成了一个较大的整体,同时吸引周边地区人口向内外伦敦集聚。

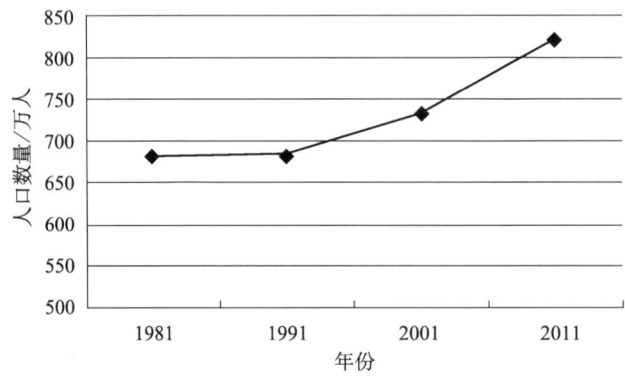

图3-16 伦敦人口总量(1981～2011年)

资料来源:Estimated Resident Population Mid-Year,http://data.london.gov.uk,2013年7月4日

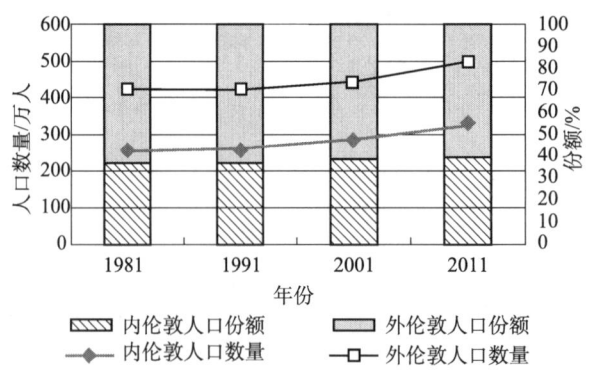

图3-17 内外伦敦人口数量及份额变化(1981～2011年)

资料来源:Estimated Resident Population Mid-Year,http://data.london.gov.uk,2013年7月4日

这一时期，伦敦人口的增长与其经济发展密切相关。1986年撒切尔夫人发动的金融改革，即"金融大爆炸"，不仅对英国传统金融制度产生了剧烈冲击，而且对世界金融业的发展也产生了重大影响，引发了全球金融自由化浪潮。金融大爆炸解放了金融服务业，把全世界的资金吸引到伦敦。与此同时，伦敦便利的交通、值得信赖的政权制度和良好的文化氛围等为其商业的发展提供良好的条件[①]。伦敦变成了世界上全球化程度最高的城市，吸引大量高级知识分子及资本家移民。由于移民者大多是求学者或求职者，伦敦的青壮年人口逐渐增多，有效缓解了人口老龄化现象。

此外，伦敦人口得以回升也离不开相关政策的转变。20世纪70年代英国逐步进入了后工业化时代，大伦敦地区在人口和产业的双重扩散过程中出现了人口和产业过度迁移和不同步迁移等问题（陈鸿宇，2009）。内城因资源枯竭、过度拥挤、人口和产业向周边地带过快转移，而逐渐丧失吸引力，走向衰落。此时，英国政府调整了疏散大城市及建设卫星城的有关政策，卫星城的功能转为协助大都市恢复内城经济。英国于1978年通过《内城法》，开始注重旧城改建和保护。这些措施协调了新旧城之间关系，保证了伦敦的均衡发展。20世纪80年代至20世纪末，伦敦没有统一的规划，缺乏足够的基础设施投资，交通拥挤、房价上升、贫富分化严重等问题日益严重，这些问题制约了伦敦竞争力的提升（何丹和谭会慧，2010）。2008年，伦敦进行了1969年以来的新一轮规划，力图解决在经济全球化、人口持续增长的过程中出现的住房、就业、交通、环境问题。该规划的目的是为全伦敦规划，不但要发展内城，更要充分发挥其他地区的潜在优势，特别是外伦敦。此次规划在2004年伦敦规划划分五个次区域（即东伦敦、西伦敦、南伦敦、北伦敦、中伦敦）的基础上，强调其相互之间边界的"可渗透性"，即鼓励跨区域的经济活动。在住房问题上，主要按照《伦敦住房发展战略（2008）》，加大补贴力度、保障市场机制作用。

在交通上，伦敦政府从城市的合理布局管理入手，通过减少人们居住、工作、娱乐之间的距离减少交通行程。在产业发展上，政府积极促进区域经济的发展平衡，重视新兴产业区规划，大力推动金融业、创意产业发展，并利用职业培训等方式实现就业岗位数的最大化（何丹和谭会慧，2010）。在环境保护上，伦敦延续了2000年大伦敦管理局（Great London Authority）成立后制定的规划草案，其内容包括了空气质量、生物多样性、文化、经济发展、废弃物处理、交通、环境噪音及空间发展战略等，并且伦敦政府通过推行无车日、鼓励商家使用可循环材料、反垃圾运动等社会性活动，带动市民一起为环境保护做出贡献（韩红霞等，2004）。

---

① London：A precarious brilliance（2012.6.30），http://www.economist.com

三、经验借鉴

与北京一样,作为国家首都和拥有悠久历史的伦敦,其国际性地位与其在现代资本主义经济体系中的作用都是独一无二的。从规模大小而言,大伦敦的面积与北京城六区相当(即首都功能核心区与城市功能拓展区),两者有很多相似之处。在人口发展历程上,伦敦也曾遇到种种问题,其应对措施及经验教训,均对北京人口均衡发展有一定的借鉴作用。

1. 人口规模增长具有阶段性和周期性特征

大伦敦人口规模变动经历了快速增长、趋于稳定、逐步减少、再次增加这四个阶段。总体而言,从19世纪中期到19世纪末期,整个大伦敦地区人口急剧上升。到了20世纪,伦敦人口规模扩大到了一定程度,由于资源、环境等各方面的限制,内伦敦人口规模趋于稳定,而外伦敦人口数量仍在增加,整体的增速减慢。20世纪40年代开始,大伦敦人口规模呈现下降趋势,并于20世纪80年代达到低谷,在此阶段外伦敦人口趋于稳定,而内伦敦人口逐渐减少,人口随着原来工业产业集群的瓦解向周边地区扩散。北京目前仍处于人口总量持续增长的发展阶段。近10年来,首都功能核心区的人口总量趋于稳定,而城市功能拓展区人口规模仍呈现上升趋势。这与20世纪初的大伦敦非常相似,呈现出了郊区化的特征。因此,当数年后北京的资源环境对人口的承载达到一定的限度后,"城六区"人口将不再上升,甚至会呈现出与伦敦相似的人口总量下降的趋势。对于北京而言,应当做好对未来的人口预测工作,防止此阶段中的人口增长给北京的生态环境带来永久性的伤害;并且要逐步完善公共服务与社会保障,避免城市拥挤、治安混乱等"城市病"问题涌现而导致人口流失、经济衰落等后果。

2. 积极应对人口老龄化问题

人口老龄化是21世纪最重大的趋势之一,大伦敦也不例外。截至2011年,大伦敦65岁以上人口占总人口的比重为11.09%。然而,由于伦敦的出生率高于平均水平,以及其吸引大量国内外年轻人就学、就业,近年来伦敦的人口老龄化程度在逐步减轻,且内伦敦有望成为欧洲最年轻的地区①。伦敦应对老龄化主要是有三方面措施:一是由经济发展为青年人提供更多的就业机会,通过吸引移民就业缓解老龄化带来的劳动力不足的问题;二是优化完善高等教育,吸引各地求学的青年学生,这一措施不仅为伦敦的发展提供了高素质的人力资源保障,还有利于优化年龄结构;三是完善养老保障体系,让老年人能够有独立

---

① London looks to a more youthful future (2010.01.17),http://www.ft.com

生活的能力。今后北京可以通过借鉴大伦敦应对老龄化的成功经验，在满足老年人生活保障的同时，促进经济社会的发展，减缓人口老龄化带来的负面影响。

3. 长远而整体的规划有利于引导人口合理分布

伦敦是个有规划传统的城市，从20世纪30年代开始，伦敦政府依据各时期的发展状况利用各项规划、政策甚至法律对城市发展和伦敦人口规模进行有效的宏观调控，协调人口、经济、资源环境间的关系，引导人口规模合理发展。1938年，伦敦为限制人口过快增长和城市的不断蔓延，制定了《绿带法》，防止伦敦城市继续扩大，避免出现大城市的各种弊端，并引导城市人口郊区化。20世纪50年代，为解决外围卫星城镇吸引力不足而中心区人口过于集中的问题，伦敦政府则改变原同心圆封闭布局的规划模式，建设快速干线疏散人口，并利用政策支持新城发展，推动其逆城市化的进程。20世纪70年代中期，为防止内城的衰落，政府开始削减大部分新城建设计划，转而关注伦敦的内城改造，保证新旧城建设的协调与平衡。80年代，撒切尔夫人引领的金融改革，解放金融服务业，为伦敦的再次发展创造机会，吸引劳动力和资金聚集到伦敦。到了21世纪，新一轮规划政策的制定对伦敦经济社会环境的均衡发展有着重要的指导引领作用。然而，在城市的发展规划中，伦敦也吸取了一些教训。20世纪80年代，由于政府缺乏战略性的思路，伦敦的东西部发展不均衡。西部人口大量集聚，出现交通拥挤、房价猛增、劳动力短缺等问题；而东部则失业率较高，人口大量外流。由此可以看出，在伦敦人口的发展过程中，其规划政策调控发挥了重要的作用；而在规划政策制定的过程中，整体且长远的眼光有着重大的影响作用。

4. 人口分布与区域经济状况密切相关

通过对伦敦各阶段人口发展的分析，我们可以发现其经济状况对人口规模和布局产生了巨大的影响。从人口规模的角度上看，第二次世界大战前和20世纪80年代"金融大爆炸"后，伦敦经济繁荣发展，其人口总量迅速提升；而在第二次世界大战后经济衰落时，伦敦人口数量则开始下降，且出现了失业率高、劳动力流失、人口身体素质下降等问题。从地区分布上看，20世纪以前，伦敦主要发展的是内城地区，其工业的发展吸引了大量的移民，内伦敦人口骤增；到了20世纪，中心城区城市病问题涌现，而郊区公共交通发展带动郊区产业发展，人们开始移居到外伦敦地区；而到80年代金融业迅速发展起来后，整个大伦敦地区变得愈发繁荣，内外伦敦人口同步提升，发展也逐渐均衡。经济与人口的发展间存在着相辅相成的关系：一方面，经济发展不仅能吸引劳动力、减缓人口老龄化程度、优化年龄结构，还能促进医疗保障、教育等公共服务的发展，提高人口素质；另一方面，高素质的劳动力和良好的社会治安环境能反作用于经济，更有力地促进其发展。由此，北京可以利用经济状况与人口分布的密切关系，加强经济手段对人口流动的引导，通过区域间的协调合作，促进人口在大区域内均衡发展。

5.城市化进程中注重环境的保护与治理

由于伦敦在工业化发展的过程中忽略了对环境的保护，"伦敦烟雾事件"的发生对伦敦带来巨大的负面影响，对人们身体健康也造成无法挽回的伤害。此后，伦敦通过实施相关法律政策，转型发展金融服务业、文化产业等方式逐渐让环境恢复正常。而在2008年规划中，政府不仅通过相关政策和法律控制环境污染源，还利用社会性活动调动市民的积极性，共同为资源环境保护做出贡献。审视北京近来的空气质量就会发现，环境保护的重要性日益显现。北京应当吸取"伦敦烟雾事件"的经验和教训，采取相关措施应对城市化发展中的资源环境问题。

第三节 纽约人口发展实践与经验借鉴

纽约大都市区（New York Metropolitan Area）是目前较大的国际性都市区之一，位于美国的东北部，是美国历史最悠久、发展最成熟的大都市区。纽约大都市区在美国统计局统计中被称为纽约—北新泽西—长岛大都市统计区，简称纽约大都市统计区（NewYork—Northern New Jersey—Long Island，NY—NJ—PA Metropolitan Statistical Area），范围包括四个都市统计分区（Metropolitan Statistical Division）、25个郡（纽约州12郡，新泽西中部和北部12郡及宾夕法尼亚东北部1个郡），面积约为17 405千米^2，大小与北京市相当。纽约大都市区最为核心的地带即纽约市（New York City），纽约市是美国人口最多的城市，是世界上城市人口最为集聚的地区，也是一个天然的港口城市。根据2010年的普查，纽约市人口达到了815.5万人，面积为783.8千米^2。

一、人口现状

截至2010年，纽约大都市区总人口数量达到了1983万，位于美国所有大都市统计区之首，约占全美人口的1/16。

从人口结构来看，根据图3-18可知，相比全美平均水平而言，纽约大都市区25~50岁这个年龄阶段的人口比例较高，说明纽约大都市区整体来说在年龄结构上较为年轻化。纽约还面临的问题是25岁以下年龄人口比例相对较低，加上近年来的低生育率状况，未来劳动力的持续供给可能无法通过人口自然增长来支持，需要通过人口的机械增长完成。纽约大都市区的男女性别比例较协调，每个年龄段的男女性比例都相差无几。

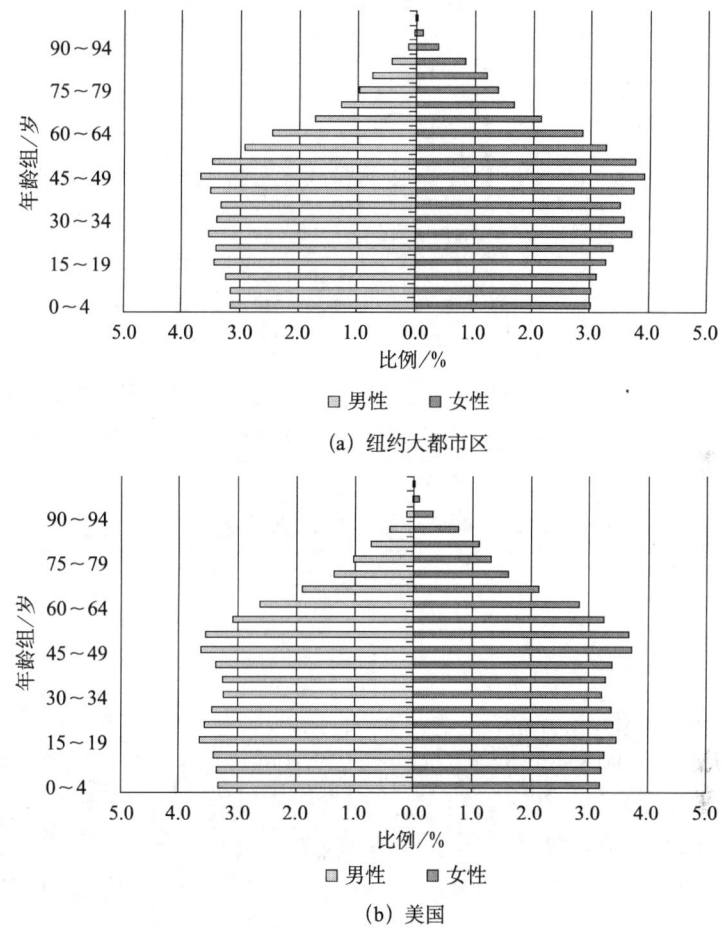

图 3-18　2010 年纽约大都市区及全美人口年龄性别金字塔

资料来源：U. S. Census Bureau, http://www.census.gov/population/www/cen2010/cph-t/cph-t-5.html，2013 年 7 月 5 日

从图 3-19 来看，纽约大都市区中的人口平均受教育情况较全美平均水平来说要更高一些，总体表现为高素质人口比例较高。在 25 岁及以上人群中，拥有大专及以上学历人口的比例远高于全美平均水平，而高中及高中以下学历人口的比例又低于全美平均水平。

从表 3-1 来看，目前纽约大都市区雇佣人口最多的行业为卫生保健和社会援助行业，2007 年整个行业拥有员工 125 万人，大约占到了整个纽约大都市区人口的 1/10。其次是零售业，雇佣员工 85.6 万人。雇员数量排在第三位的为专业科学技术服务行业，在 2007 年雇佣人口为 68.8 万人。

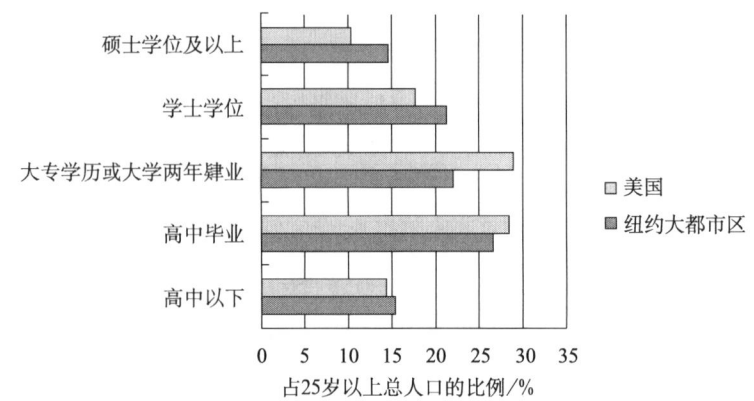

图 3-19　2010 年纽约大都市区及全美 25 岁以上年龄人口受教育程度比例

资料来源：http://www.usa.com/new-york-northern-new-jersey-long-island-ny-nj-pa-area-population-and-races.htm.，2013 年 7 月 5 日

表 3-1　2007 年纽约大都市区各行业从业人口数

行业	从业人口数/人
卫生保健和社会援助行业	1 255 893
零售业	856 298
专业科学技术服务行业	687 768
金融保险业	636 813
行政支持和废物管理及污染整治业	615 404

资料来源：U.S. Census Bureau, http://factfinder2.census.gov/faces/tableservices/jsf/pages/productview.xhtml?pid=ECN_2007_US_00A1&prodType=table，2013 年 7 月 5 日

从都市区人口地区分布来看（图 3-20），城市中心区的人口密度较低，中心城区呈现空洞化的状态。以中心区为中心向外 5 英里①的范围内人口密度递增，距离大都市中心区 5~10 英里的范围为人口密度最高的区域。都市区中心 10 英里外的地区人口密度开始递减，大都市区漫长的郊区地带人口密度逐渐降低。

二、人口发展历程

纽约大都市区总人口规模发展变化规律如图 3-21 所示，从图中可知纽约大都市区的人口发展历程可以分为四个主要的阶段：人口快速增长期、人口总量稳定期、郊区化时期、中心城区复兴时期。20 世纪初叶到 20 世纪 50 年代为第一个阶段，这一阶段人口发展的主要特点为人口总量增长迅速，人口主要从非都市地区向都市地区迁移。20 世纪 50~70 年代为第二个阶段，这一时期大都市

---

①　1 英里≈1609.34 米

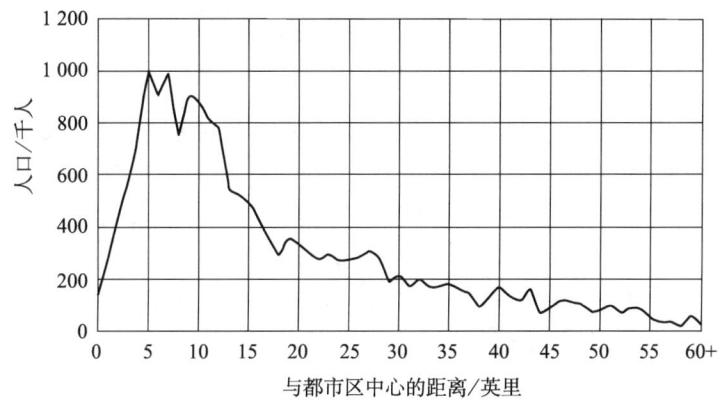

图 3-20　2010 年纽约大都市区人口地区分布

资料来源：U. S. Census Bureau,, http：//www.census.gov/population/metro/data/pop_pro.html., 2013 年 7 月 5 日

区总人口增长速度放缓，郊区开始发展，整体人口结构呈现年轻化态势。20 世纪 70~90 年代为第三个阶段，大都市区人口增长停滞甚至有所下降，中心城区出现衰退，郊区开始不断蔓延发展，一系列社会、环境问题凸显。20 世纪 90 年代至今为第四个阶段，中心城区复兴，郊区化仍在不断继续，人口老龄化问题变得严重，都市区总体环境则有所改善。

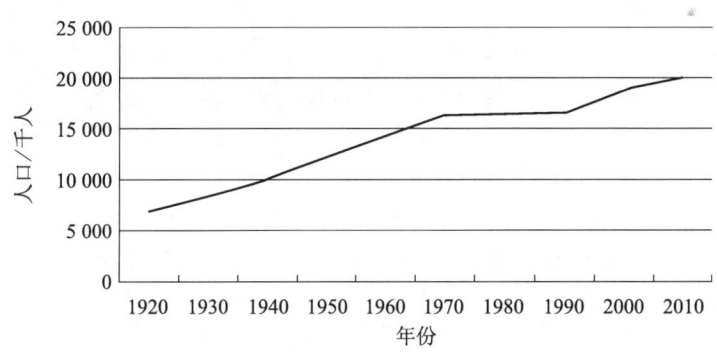

图 3-21　纽约大都市区人口总量发展（1920~2010 年）

资料来源：http：//www.peakbagger.com/pbgeog/histmetropop.aspx#tables，2013 年 7 月 5 日

(一) 人口快速增长时期

20 世纪初到 20 世纪 50 年代为美国快速城市化的时期，整个纽约大都市区人口总量迅速增长。这一阶段的都市区人口快速增长最主要的原因在于美国第一、第二次工业革命的完成，工业化是这个时期推动纽约都市区人口发展的关

键助力（陆军，2011）。19世纪末纽约市成为美国的制造业中心，吸引了大批劳动人口向纽约大都市区集聚。这个阶段纽约大都市区人口迁移的主要方向是从非城市化地区向城市化地区迁移，纽约大都市区范围迅速扩张，人口急速增长。而1918年第一次世界大战结束之后，大量美国国内的黑人涌入大都市区，纽约大都市区也吸引到了很多黑人的迁入（张威，2007）。到1950年，仅纽约市区的人口就达到了789万。中心城市规模一直扩大，整个都市区的城市化建成区基本成型。也就是在这一时期，纽约大都市区的地位正式确立，大纽约的概念逐渐普及。1922年区域规划协会（Regional Plan Association，RPA）成立，并于1929年制定了纽约大都市区①第一版区域规划。

（二）人口总量稳定时期

20世纪50~70年代，纽约大都市区人口总量仍在持续增长，但是增长速度有所放缓。纽约大都市区的中心城区——纽约市人口总量已经趋于稳定，总人口规模保持在780万人左右，这一阶段也是纽约市进行结构调整的阶段（陆军，2011），纽约大都市区人口的迁入和迁出形成一种较均衡的状态。

在这一时期，与中心城区的人口规模相对稳定的趋势形成较大反差的是，纽约大都市区内圈区域即纽约市周边区域的人口不断扩张。从60年代开始，全球产业结构在科技革命的催动下发生了很大的变革，纽约大都市区的产业结构经历了制造业集聚衰落和第三产业崛起的双重变化（中国生产力学会，2004）。产业的变化引起了就业结构的变化，促使居住于都市区中心的中产阶级家庭开始向郊区迁移。除此之外，人口快速增长过程为城市中心区带来了非常多的城市病：中心城区人口密度已经非常大；工业污染不仅损害了城市环境，还使很多居民患上了肺部疾病；随着汽车的普及，原有道路无法承载迅速增加的通行需求（刘冰莹等，2011）。经济的繁荣促使人们追求更加良好的居住环境，越来越多的中产阶级家庭已经不愿意继续向城市中心靠拢，反而倾向于分散在郊区居住。在这样的背景下，低密度的郊区住宅被不断开发，郊区面积在纽约大都市区边缘开始逐渐扩大。

针对这种情况的出现，区域规划协会在1968年推出了第二版《纽约大都市区规划》，在规划中称这种形式的郊区扩张为"铺开的城市"（spread city）（Regional Plan Association，1968），指出这种扩张将对纽约大都市区的发展产生一定的负面作用。

---

① 区域规划协会所划定的纽约大都市区范围与美国统计局所划定的纽约大都市联合统计区（CSA）相当。这一范围包括了纽约大都市统计区的全部地域范围，除此之外还包括了还包括纽约、新泽西和康涅狄克州的7个郡。纽约大都市区规划的内容适用于纽约MSA

(三) 郊区化时期

20世纪70年代纽约大都市区第二版区域规划中所倡导的一系列郊区化的解决方案，由于各地方政府公共财政的无力支撑而无法得到延续，纽约大都市区开始出现逆城市化的现象，与此相伴随的还有一系列新的城市问题和人口问题。在这一阶段，整个纽约大都市区的人口总量达到了一个较为稳定的状态，增长速度非常缓慢，直到90年代后期才恢复了一定的增长。前期快速的城市化和工业发展为纽约中心城区带来了环境污染、交通堵塞、居住条件下降等多方面的问题，私家车的普及和交通网络的发达减少了人们通勤的成本、郊区的基础设施得到进一步的完善（陆军，2011），这两方面的合力作用促使中心城区的人口不断向郊区迁移。截至80年代，纽约大都市区绝大部分人口都没有居住在城市中。整个都市区还出现了一个特殊的人口分布现象，收入较高的人群向都市区外圈迁移，郊区成为中产阶级的乐园，很多经济功能也随之转移到了郊区（谢守红，2003）。继续居住在城市中心区的人口主要为黑人和低收入的其他少数族裔群体，贫困、种族隔离等问题在纽约城中成了最为棘手的社会问题。低收入群体在城市中心集中居住产生对公共交通较大的需求，而中高收入群体主要依靠私人车辆进行通勤，这种需求的差异决定了公共交通系统的收费价格较低，源源不断的公共资源被用于对公共交通进行补贴，纽约整个都市区公共交通发展出现了一个"愈补愈多"的恶性循环。

虽然逆城市化对都市区的席卷使得整个都市区中心城市人口下降，但纽约是传统的移民迁入地区，国际移民的涌入在一定程度上缓解了纽约市的人口流失。除了人口的问题之外，快速的郊区发展同时还带来了一系列的环境问题：郊区自然景观和空气、水资源被无序的城市蔓延破坏，郊区化过程中低密度的土地开发方式造成了土地资源的大量浪费，空气污染和水污染不断困扰着整个大都市区，森林、农田及湿地被不断开发，野生动物栖息地的环境也被大幅度破坏。图3-22非常清晰地揭示了1925~1990年纽约大都市区的人口增长和地域扩张情况。据统计，仅1964~1987年，纽约大都市区失去了40%的农田，都市区的范围保持每年大约3万英亩[①]的速度向周边地区扩张（Regional Plan Association，1996）。

(四) 中心城区复兴时期

纽约大都市区在20世纪90年代结束了人口总量上的衰减，开始新一轮的增长。从年龄结构上来说，在这一时期，随着第二次世界大战结束后的"婴儿潮"

---

① 1英亩≈4046.86平方米

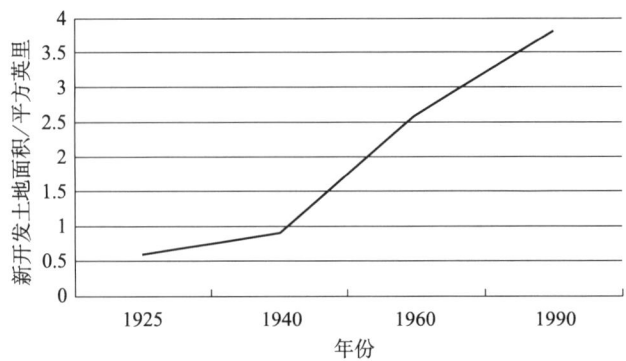

图 3-22 纽约大都市区新开发土地面积（1925~1990 年）

资料来源：Regional Plan Association，http://www.rpa.org/pdf/execl.pdf，2013 年 7 月 5 日

时期大量出生的人口逐渐进入退休年龄，整个都市区的老龄人口负担到 21 世纪愈加严峻。从具体的人口分布来看，纽约大都市区中心城市的人口仍保持着向都市区外围转移的趋势，尤其是较高收入人群。都市区中心城区和内圈人口在迁移的过程中逐渐变得年轻化，外圈人口的平均年龄比内圈人口平均年龄高。作为一个庞大的国际移民吸引城市，纽约市新的移民人口补充了中心和内圈都市区人口的流失，总的人口规模有所增长，移民的增多同时也意味着都市区人口种族多样化的增加。为了解决 70~90 年代的郊区化、逆城市化潮流造成的环境问题，纽约大都市区也采取了较多方法对空气、水资源和土地资源进行保护和治理，收到了一定的成效，但是郊区范围的蔓延仍在继续，源源不断的农田被郊区化的进程侵蚀，大部分地区的空气质量没有达到联邦空气质量的标准（Regional Plan Association，1996）。

为了应对一系列都市区发展和人口变动出现的新局面，提高整个都市区的人居环境和居民生活质量，以吸引更多的人口、引导人口更均衡地分布、改善城市蔓延带来的一系列问题，区域规划协会于 1996 年发布了纽约大都市区的第三版规划，提出纽约大都市区未来长期发展目标是"3E"，即经济（economy）、公平（equality）和环境（environment）。为了做好这三个方面的工作，第三版规划提出了五个任务（five compaigns），分别是植被（grassward）[1]、城市中心（centers）[2]、流动性（mobility）[3]、劳动力（workforce）[4] 和治理（governance）[5]。

---

[1] 即保护整个都市区植被，包括森林、农田、河口、分水岭等，确立未来增长的绿色容量
[2] 即通过对经济的引导和就业政策保证市中心地区现有的就业和居住增长
[3] 即进一步强化交通网络，便捷都市区内各个城市中心之间的连接
[4] 即进行劳动力的培训，提高劳动力的技能以匹配市场的需要
[5] 即进行政府管理的创新，使整个都市区内的地方政府能够打破行政的界限，对整个都市区提供统一的基础设施和公共服务，减少政府的财政负担和管制交叉

通过这五个任务整合 3E 目标,进而达到提升整个纽约大都市区人居环境和生活质量的目的(Regional Plan Association,1996)。

三、经验借鉴

纽约大都市区的人口发展经历的四个发展阶段各有特点,为大都市区的发展带来了不同的挑战。纽约大都市区在发展的过程中通过不断调整政策和转变发展战略,在一定程度上解决了前期快速城市化和郊区带来的人口、环境和社会等问题,对北京市的人口均衡发展有一定的借鉴意义。

1. 都市区人口不会长期无限制增长

纽约大都市区的人口增长经历了快速增长、增长趋缓、总量稳定、继续增长这几个阶段。从整个大都市区的情况来说,20 世纪上半叶整个都市区人口总量增长迅速,到 70 年代人口总量趋于稳定。人口总体在空间范围内的流动方向随着人口规模的增多也发生了变化。最初整个大都市区人口总量的增长来自于非都市区人口的城市化和向都市区的迁移,总量稳定之后人口从非都市区进入都市区的数量变少,主要的人口流动发生在都市区内部,且主要是从都市区中心向都市区外围的流动。

北京市目前正处在人口快速增长期,且增长主要来自于非户籍人口,对应的就是都市区人口高速增长的阶段。到后期整个都市区人口的增长会有所放缓,甚至可能在经过一定时期的慢速增长之后出现人口总量下降的情况。对于北京市来说,应该提前对人口未来的发展趋势做好应对措施,在人口快速增长的时期尽量完善公共服务并且注重城市环境的保护,采取保持人口总量规模稳定的政策,使得北京市总体人口规模既不会过快增长造成资源环境负担,也不至于出现劳动力和人力资源不足造成经济发展受阻。

2. 采用精明增长政策控制郊区无序蔓延

纽约大都市区发展过程中有漫长的人口从城市中心区向郊区迁移的历史,这种趋势直到今天还没有停止,依然是困扰大都市区人口发展的一个重要问题。伴随着人口迁移的是一些产业的转移。人口和产业的转移意味着越来越多的土地转为城市用地,这种无序的蔓延和扩张造成了一系列严重的社会、经济和环境后果。首先是城市中心区产业的空洞化和人口密度的下降,其次是由此带来的城市中心区的衰落,包括种族隔离、贫穷等社会问题。而郊区范围的快速扩张对纽约整个都市区的周边绿地和自然资源造成的破坏更是无法估量。今天整个纽约大都市区,甚至包括全美各个大都市区,为了对郊区化进程进行遏制,都在倡导精明增长的方式,对都市区的郊区发展进行有序的引导和规制。所谓精明增长,其实就是将城市增长与为保护空地而设定的限制条件相融合和协调,具体的政策主张有两点,即"在基础设施已经存在的地方建设,而不是在绿色地块上",以及"在已建成经管理的土地利用形式与能取代私家车出行的交通方式联系起来",这样"经济效率就能达到,环境就能受到保护,社会也会更加安宁"(索尔德,2007)。

从20世纪80年代初期的北京三环路,到预计2015年就全线通车的七环路,北京市域范围扩张的同时也带动着城市郊区面积不断蔓延。过度铺开的郊区和职住分离的热潮对北京城市中心的交通带来了巨大的压力,中心城区的高房价不断引导人口向郊区继续迁移。而制造业向郊区的迁移和郊区公共服务设施的落后对郊区环境的保护和治理形成了非常大的挑战。对于整个北京来说,未来如何引导人口合理分布和流动,对城市的边界进行理性的控制,是非常重要的一项课题。可以借鉴美国"精明增长"的政策经验,加强对现有土地的有效开发和再利用,杜绝一味对土地进行"农转非"的改造和侵吞城市边缘绿色地带进行开发的做法。同时建立相应的政策体系,对人口的流动进行合理的控制和引导,避免郊区尤其是生态涵养发展区人口总量的过度扩张。

3. 利用规划对区域人口进行宏观调控

区域规划协会作为一个非官方的组织所制定三版纽约大都市区规划在纽约大都市区发展的各个阶段都起到了一定的指导作用,这几版规划的制定都是在纽约大都市区上一历史阶段发展的主要特征和经验教训的基础上,对纽约大都市区新的发展阶段提出了一些站在整个区域发展的角度上的、前瞻性的建议,也包括了对大都市区人口发展的多方面的建议。这种基于区域治理的角度上的规划方案,为整个区域的人口增长、结构、流动和分布做出了一个综合分析和前景预测,除此之外,规划方案在人口发展的问题上,从整个大都市区整体利益出发,关注人口、经济和资源的协调和互动发展(武延海,2000)。可以说,在大都市区发展过程中,单个的地方政府规划方案无法统筹整个区域的发展,制定全局性的区域规划方案有利于对区域整体人口均衡发展进行更好的调控。

北京市周边地区与北京市之间存在非常高的人口和经济联系,在进行人口调控和规划的时候如果仅从北京市范围出发,可能无法达到既定的政策效果。为了促进整个北京的人口均衡发展,在进行战略调控时需要立足整个区域进行区域性的统筹规划和协调。

参 考 文 献

布鲁格曼R罗伯特.2009.城市蔓延简史.北京:中国电力出版社

陈鸿宇.2009.后工业化时期产业和人口的双重再集聚——英国区域政策变化趋势及其对广东

的启示．岭南学刊，(1)：62-67

戴维·鲁斯克．2011．没有郊区的城市．北京：人民出版社

韩红霞，高峻，刘广亮，等．2004．英国大伦敦城市发展的环境保护战略．国际城市规划，19（2）：60-64

何丹，谭会慧．2010．"规划更美好的伦敦"——新一轮伦敦规划的评述及启示．国际城市规划，(4)：79-84

霍尔P．1982．世界大城市．中国科学院地理研究所译．北京：中国建筑工业出版社

基思P约翰．1993．纽约大都市的发展经验．国外城市规划，(1)：16-19

李国平，等．2004．首都圈结构、分工与营建战略．北京：中国城市出版社

李国平，王立，孙铁山，等．2012．面向世界城市的北京发展趋势研究．北京：科学出版社

李国平，杨军，等．2009．网络化大都市——杭州市域空间发展新战略．北京：建筑工业出版社

李敏．2011．国际大都市人口发展战略对中国的启示——以广州市为例．西北人口，32（5）：1-8

李仲生．2011．发达国家的人口变动与经济发展．北京：清华大学出版社

梁昊光，叶大华．2011．工业化和城市化背景下世界城市人口发展比较研究．城市管理与科技，(5)：16-19

梁志秋．2011．"大伦敦规划"的辉煌．房地产导刊，(12)：78-79

刘冰莹，杨新华．2011．纽约如何医治"城市病"．报刊荟萃，(1)：77-79

刘杰．1999．19世纪70年代的英国农业危机及其影响．世界历史，(3)：28-33

刘临安，刘致韵．2011．伦敦成为世界城市的概要史论．北京建筑工程学院学报，27（1）：1-3

刘树江．2013．"伦敦烟雾"启示．地球，(2)：45-48

陆军．2011．世界城市研究．北京：中国社会科学出版社

苏锷．2011．夜空中的朦胧一战德国飞艇空袭伦敦始末．海陆空天惯性世界，(2)：95-119

特里S索尔德，阿曼多·卡伯内尔．2007．理性增长——形势与后果．北京：商务印书馆

王鸿春，等．2011．日本东京应对城市人口问题研究．北京日报，2011年1月17日

吴铁德，张亚东．2007．19世纪中叶至一战前夕伦敦工人的住房状况．湖南科技大学学报，10（3）：92-95

吴元波，吴聪林．2009．试探西方大都市郊区化过程中新城建设的经验及其启示．华东经济管理，23（7）：25-30

武延海．2000．纽约大都市地区规划的历史和现状．区域规划，(2)：3-8

谢守红．2003．美国大都市区发展的特点与趋势．天津师范大学学报，(6)：25-29

尹德挺，张子谦．2012．发达国家的收入人口：问题、经验及其对北京的启示．2012年学术前沿论丛——科学发展：深化改革与改善民生（上）：217-227

张京祥，刘荣增．2011．美国大都市区的发展和管理．国外城市规划，(5)：6-8

张善余．2003．世界大都市圈的人口发展及特征分析．城市规划，27（3）：38-40

张善余，高向东．2002．特大城市人口分布特点及变动趋势研究——以东京为例．世界地理研究，11（1）：65-71

张威. 2007. 20 世纪 20-30 年代纽约大都市区发展状况浅析——从纽约区域规划协会的视角出发. 中国城市研究, 2 (2): 82-87

张暄. 2010. 从东京的城市管理经验看北京的人口调控方式. 北京广播电视大学学报, (4): 41-44

张庸. 2003. 英国伦敦烟雾事件. 环境导报, (21): 26

中国生产力学会. 2005. 2004 中国生产力发展报告. 北京: 中国统计出版社

Frey W H, Berube A, Singer A, et al. 2009. Getting Current: Recent Demographic Trends in Metropolitan America. http://www.brookings.edu/research/reports/2009/03/metro-demographic-trends [2013-07-05]

Jones P E, Judges A V. 1935. London population in the last seventeenth century. The Economic History Review, a6 (1): 45-63

Mackun P, Wilson S. 2010. Population Distribution and Change: 2000 to 2010. U. S. Census Bureau. www.census.gov/prod/cen2010/briefs/c2010br-01.pdf [2013-07-05]

ONS. 2012. Population Estimates for England and Wales, Mid-2011. http://www.ons.gov.uk/ [2013-07-04]

Regional Plan Association. 1968. The Second Regional Planning: A Draft for Discussion. http://library.rpa.org/pdf/RPA-Plan2-Draft-for-Discussion.pdf [2013-07-05]

Regional Plan Association. 1996. The Third Regional Planning: A Region at Risk. http://www.rpa.org/pdf/exec1.pdf [2013-07-05]

Shaw D. 2001. 战略规划: 大都市地区有效治理的方向盘——大伦敦战略规划的演变与最新发展. 王红扬译. 国际城市规划, (5): 9-12

Wilson S G, Plane D A, Mackun P J, et al. 2010. Patterns of Metropolitan and Micropolitan Population Change: 2000 to 2010. http://www.census.gov/prod/cen2010/reports/c2010sr-01.pdf [2013-07-05]

第四章

北京市人口内部均衡发展

人口内部均衡体现在人口规模适度、结构优化和素质全面提升等方面。本章回顾1950年以来北京市人口发展状况，特别是2000年至今的发展现状，并对北京市人口内部均衡发展状况进行评价。

第一节 人口规模特征与发展趋势

人口规模是观察、评价人口形势和人口问题的第一要素，人口总量和人均水平是衡量一个国家国力强盛的基础（中共中央党校教务部，国家人口和计划生育委员会宣教司，2009）。人口变动由自然变动和迁移变动两部分构成。人口规模适度是实现人口均衡的前提条件。

一、人口总量

新中国成立以来，北京市人口规模几乎一直处于增长状态，仅在4个单独的年份出现比上一年极少量减少的情况。根据增长速度，大致可以分为三个阶段：第一个快速增长阶段（1950～1960年）、相对缓慢增长阶段（1961～1999年）和第二个快速增长阶段（2000年至今），如图4-1和表4-1所示。

在第一个快速增长阶段，按照现行区划统计，北京市常住人口由1950年的429.9万人增加到1960年的732.1万人，人口总量翻了1.7倍。这10年间，净增加302.2万人，平均每年增加30.2万人，年均增长速度为45.4‰，几乎是全国人口年均增长速度（15.3‰）的3倍。

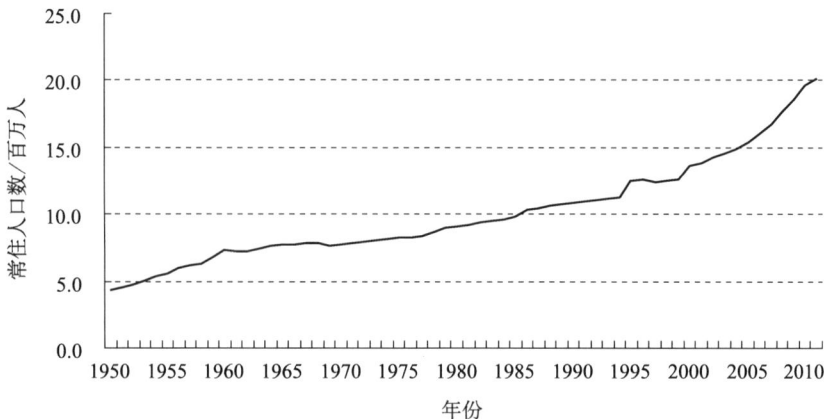

图 4-1　北京市常住人口规模（1950～2011 年）

资料来源：1950～1977 年数据引自《中国人口 北京市分册》（李慕真，1987），62～63 页；1978～2011 年数据引自 2012 年《北京统计年鉴》。1950～2011 年数据均为现行区划内的人口数

表 4-1　北京市常住人口规模（1950～2011 年）

年份	常住人口/万人	年份	常住人口/万人	年份	常住人口/万人
1950	429.9	1971	782.5	1992	1102.0
1951	450.2	1972	792.7	1993	1112.0
1952	476.9	1973	805.8	1994	1125.0
1953	502.5	1974	814.0	1995	1251.1
1954	540.3	1975	822.3	1996	1259.4
1955	555.9	1976	828.5	1997	1240.0
1956	598.2	1977	838.1	1998	1245.6
1957	619.1	1978	871.5	1999	1257.2
1958	631.9	1979	897.1	2000	1363.6
1959	684.1	1980	904.3	2001	1385.1
1960	732.1	1981	919.2	2002	1423.2
1961	721.0	1982	935.0	2003	1456.4
1962	723.6	1983	950.0	2004	1492.7
1963	747.4	1984	965.0	2005	1538.0
1964	765.0	1985	981.0	2006	1601.0
1965	775.9	1986	1028.0	2007	1676.0
1966	770.1	1987	1047.0	2008	1771.0
1967	782.0	1988	1061.0	2009	1860.0
1968	781.7	1989	1075.0	2010	1961.9
1969	767.6	1990	1086.0	2011	2018.6
1970	771.3	1991	1094.0		

资料来源：1950～1977 年数据引自《中国人口 北京市分册》（李慕真，1987），62～63 页。1978～2011 年数据引自 2012 年《北京统计年鉴》。1950～2011 年数据均为现行区划内的人口数

1961年人口规模比1960年减少了11.1万人,这是新中国成立以来北京市第一次出现人口减少的年份。此后,人口又继续增长,增长速度相对缓慢,在1966年和1969年再次出现人口规模比前一年减少的现象,分别减少了5.9万人和14.1万人。不过,减少现象仅存在一年,下一年人口规模又开始增长,而且由于减少数量非常少,几乎不对人口规模膨胀起到影响作用。到1986年北京市人口突破了1000万大关,达到1028.0万人。人口规模继续不断扩大,1995年增长到1251.1万人,此后5年年增长量比较小,1997年再度出现负增长,到1999年时才增加到1257.2万人。在这相对缓慢增长的39年中,平均每年增加13.8万人,年均增长速度为14.1‰,低于全国人口年均增长速度(16.5‰)。

2000年开始进入第二个快速增长阶段,这时人口为1363.6万人,此后,平均每年增长54.6万人,年均增长速度为33.2‰,是全国人口年均增长速度(5.1‰)的6.5倍。2007年人口规模增长再次提速,由2000~2006年的年均增长23.3‰提升至2007~2011年的37.9‰,提高了14.7‰。2011年首次超过2000万人,多达2018.6万人,这几乎相当于目前一个澳大利亚的人口,相当于两个捷克的人口,三个以色列的人口,或四个新加坡的人口。

二、自然变动

人口的自然变动和迁移变动是影响人口总量变动的两大因素。自然变动是从生物角度影响某一地区人口的增减,迁移变动是从空间角度产生影响作用。1951~1990年,北京市人口自然变动和迁移变动几乎各占变动总量的一半。1991~2010年,自然变动比例明显减少,由前一时期年均52.9%缩减到6.1%,相应地,迁移变动在变动总量中占据主导地位,如图4-2所示。

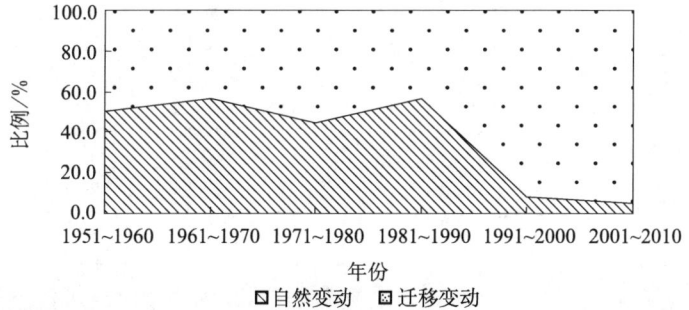

图4-2 北京市常住人口自然变动和迁移变动构成(1951~2010年)

资料来源:1951~1977年数据引自《中国常用人口数据集》(姚新武和尹华,1994);1978~2011年数据引自2012年《北京统计年鉴》

1. 出生人口

1950~2011年，北京市总共出生920.3万人，平均每年出生14.8万人，平均每天出生407人。在这62年中，北京市出现了三次生育高峰期和两次低谷期，如图4-3和表4-2所示。

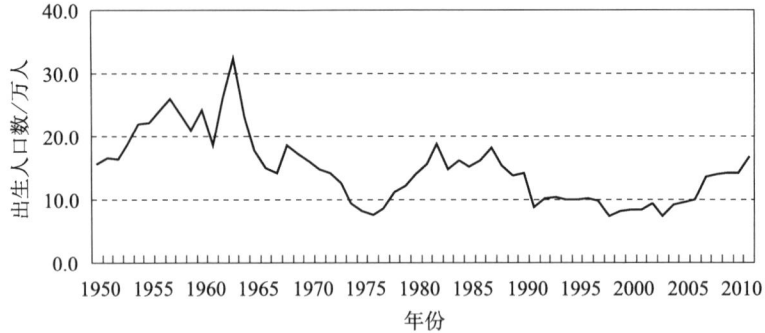

图4-3 北京市出生人口规模（1950~2011年）

资料来源：1951~1977年数据引自《中国常用人口数据集》（姚新武和尹华，1994）；1978~2011年数据引自2012年《北京统计年鉴》

表4-2 1950~2011年北京市常住人口自然变动

年份	出生人口数/万人	死亡人口数/万人	自然增长人口数/万人	出生率/‰	死亡率/‰	自然增长率/‰
1950	15.6	6.3	9.3	36.3	14.6	21.7
1951	16.6	6.9	9.7	36.9	15.3	21.6
1952	16.4	5.2	11.2	34.4	10.9	23.6
1953	18.7	5.3	13.5	37.3	10.5	26.8
1954	22.1	4.7	17.4	40.9	8.6	32.2
1955	22.3	5.3	17.0	40.1	9.5	30.6
1956	23.9	4.6	19.3	40.0	7.7	32.3
1957	26.1	5.1	21.0	42.1	8.2	33.9
1958	23.4	5.1	18.3	37.0	8.1	28.9
1959	21.0	6.6	14.4	30.7	9.7	21.0
1960	24.2	6.7	17.5	33.0	9.1	23.9
1961	18.5	7.8	10.7	25.7	10.8	14.9
1962	26.0	6.3	19.6	35.9	8.8	27.2
1963	32.4	6.1	26.4	43.4	8.1	35.3
1964	23.3	6.3	16.9	30.4	8.3	22.1
1965	17.8	5.2	12.6	23.0	6.8	16.2
1966	14.9	5.6	9.4	19.4	7.2	12.2
1967	14.2	4.0	10.2	18.2	5.1	13.1
1968	18.6	5.3	13.3	23.8	6.8	17.0
1969	17.2	5.7	11.5	22.4	7.4	15.0
1970	15.9	4.9	11.1	20.7	6.3	14.3
1971	14.7	5.0	9.7	18.8	6.4	12.4
1972	14.1	5.3	8.8	17.8	6.7	11.1
1973	12.7	4.9	7.7	15.7	6.1	9.6

续表

年份	出生人口数/万人	死亡人口数/万人	自然增长人口数/万人	出生率/‰	死亡率/‰	自然增长率/‰
1974	9.5	5.1	4.4	11.6	6.2	5.4
1975	8.2	5.4	2.8	9.9	6.5	3.4
1976	7.5	5.4	2.1	9.1	6.5	2.5
1977	8.6	5.2	3.4	10.2	6.2	4.0
1978	11.3	5.3	5.9	12.9	6.1	6.8
1979	12.3	5.3	7.0	13.7	5.9	7.8
1980	14.1	5.7	8.4	15.6	6.3	9.3
1981	15.6	5.5	10.0	16.9	6.0	10.9
1982	18.7	5.3	13.4	20.0	5.7	14.4
1983	14.8	5.2	9.6	15.6	5.5	10.1
1984	16.2	5.3	10.8	16.7	5.5	11.2
1985	15.2	5.6	9.5	15.5	5.8	9.7
1986	16.3	4.6	11.7	15.8	4.5	11.4
1987	18.1	5.7	12.4	17.3	5.4	11.9
1988	15.3	5.4	9.9	14.4	5.1	9.4
1989	13.8	5.8	8.1	12.8	5.4	7.5
1990	14.2	6.3	7.9	13.0	5.8	7.2
1991	8.8	6.4	2.4	8.0	5.8	2.2
1992	10.2	6.7	3.4	9.2	6.1	3.1
1993	10.4	6.8	3.5	9.4	6.2	3.2
1994	10.1	6.5	3.6	9.0	5.8	3.2
1995	9.9	6.4	3.5	7.9	5.1	2.8
1996	10.1	6.7	3.4	8.0	5.3	2.7
1997	9.8	7.5	2.3	7.9	6.0	1.9
1998	7.5	6.6	0.9	6.0	5.3	0.7
1999	8.2	7.0	1.1	6.5	5.6	0.9
2000	8.5	7.2	1.2	6.2	5.3	0.9
2001	8.4	7.3	1.1	6.1	5.3	0.8
2002	9.4	8.2	1.2	6.6	5.7	0.9
2003	7.4	7.5	−0.1	5.1	5.2	−0.1
2004	9.2	8.0	1.1	6.1	5.4	0.7
2005	9.7	8.0	1.7	6.3	5.2	1.1
2006	10.0	7.9	2.0	6.3	4.9	1.3
2007	13.7	8.1	5.6	8.2	4.8	3.3
2008	14.0	8.1	5.8	7.9	4.6	3.3
2009	14.2	8.1	6.2	7.7	4.3	3.3
2010	14.3	8.4	5.8	7.3	4.3	3.0
2011	16.7	8.6	8.1	8.3	4.3	4.0

资料来源：1951～1977年数据引自《中国常用人口数据集》（姚新武和尹华，1994）；1978～2011年数据引自2012年《北京统计年鉴》

1950～1970年为第一个生育高峰期，共出生429.2万人，平均每年出生20.4万人。这一时期每年出生人口都在14万人以上，1963年出生人口最多，达32.4万人，这不仅是空前的一年，也是60多年中仅有的一年。第二个生育高峰期在1980～1990年，共出生172.2万人，平均每年出生15.7万人。2007年开始第三个高峰期，5年间共出生72.9万人，平均每年出生14.6万人。这三个高峰期，年数仅占63年的58.7%，而出生人口数占全部出生人口数的72.6%。

第一个低谷期在1971~1979年，共出生98.7万人，平均每年出生11.0万人。1976年第一次出现出生人口数最低点，仅为7.5万人。1991~2006年出生人口规模较小，而且相对稳定，共出生147.3万人，平均每年出生9.2万人。在此期间出现两次出生人口数最低点，分别是1998年和2003年，减至7.5万人和7.4万人。

出生率是在考虑总人口规模的情况下，反映人口出生水平的统计指标。从1950年至今，北京市人口出生率的高峰和低谷与出生人口数反映的情况基本相似，略有不同的是在2007~2011年，如图4-3和图4-4所示。2007年始，北京市人口规模增长速度再度加快，出生人口规模也增幅较大，开始了第三个出生高峰，由于分子出生人口和分母总人口同时在增加，而且分母比分子增长快，所以比值增长较小，在出生率上未体现出第三个出生高峰。

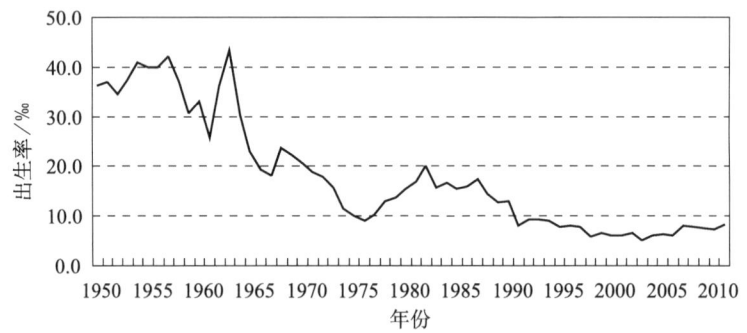

图4-4　北京市人口出生率（1950~2011年）

资料来源：1951~1977年数据引自《中国常用人口数据集》（姚新武和尹华，1994）；1978~2011年数据引自2012年《北京统计年鉴》

2. 死亡人口

北京市1950~2011年总共死亡383.2万人，平均每年死亡6.2万人，平均每天死亡169人。在这60多年中，死亡人口规模相对稳定，各年在4.0~8.6万人波动。

细看历史，北京市死亡人口规模经历了"高—低—高—低—高"五阶段，如图4-5和表4-2所示。1950、1951年是第一个死亡高峰期，分别有6.3万人和6.9万人死亡。1952~1958年为第一个低谷期，平均每年死亡5.0万人。1959~1964年为第二个高峰期，平均每年死亡6.6万人，1961年是死亡人口规模空前的一年，为7.8万人，此后40年死亡人口规模均未曾达到如此多。1965~1989年死亡人口规模再度减少，平均每年死亡5.3万人，1967年出现死亡人口规模最低点，这一年中死亡4.0万人，60多年来仅此一次，1986年出现了次低点，死亡人口4.6万人，这也是少有的情况。1990年开始，死亡人口基本上是逐年增加，从1990年的6.3万人到1999年的7.0万人，平均每年死亡6.7万人，2000年以后规模进一步增大,从 2000 年 7.2 万人到 2011 年的 8.6 万人,平均每年死亡 8.0 万人。

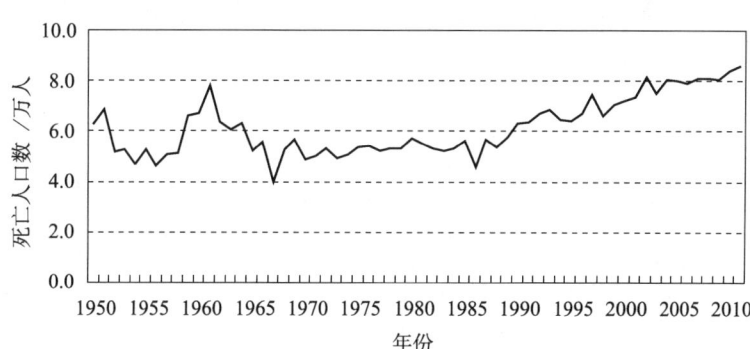

图 4-5　北京市死亡人口规模(1950~2011 年)

资料来源:1951~1977 年数据引自《中国常用人口数据集》(姚新武和尹华,1994);1978~2011 年数据引自 2012 年《北京统计年鉴》

与出生率相似,死亡率是反映死亡水平的指标,影响总人口规模。1950~2011 年,北京市死亡率基本呈现下降趋势,如图 4-6 所示。1951 年死亡率最高,高达 15.3‰,此后迅速下降。1961 年曾出现一次小高峰,但也仅达到 1952 年水平,为 10.8‰。这之后,死亡率继续下降,大约每 10 年下降一个千分点。70 年代降到 6‰ 的水平,80 年代、90 年代和 21 世纪最初维持在 5‰的水平,2006 年开始进一步下降到 4‰水平,2011 年时死亡率为 4.3‰,这时的死亡率仅是 1951 年的 28%。

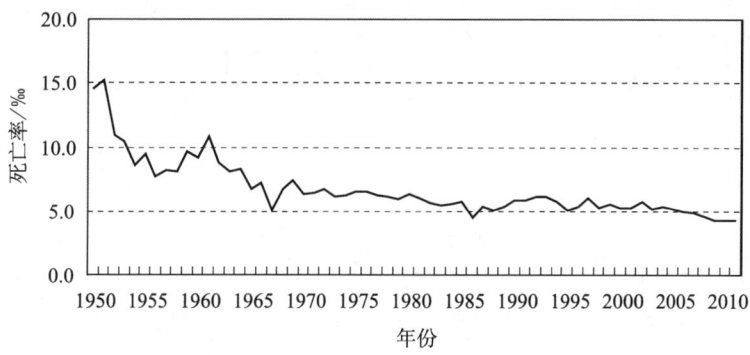

图 4-6　北京市人口死亡率(1950~2011 年)

资料来源:1951~1977 年数据引自《中国常用人口数据集》(姚新武和尹华,1994);1978~2011 年数据引自 2012 年《北京统计年鉴》

3. 人口自然增长

出生和死亡维持着人口自然均衡。1950~2011 年,由于死亡人口规模相对较小且波动较小,出生人口规模相对较多且上下波动较大,因此自然增长主要受到出生人口规模变动的影响,其走势与出生人口规模相一致,如图 4-3 和图 4-7、表 4-2 所示。

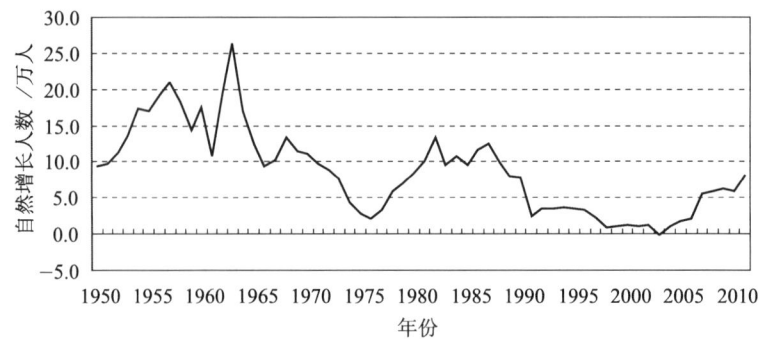

图 4-7 北京市自然增长人口规模（1950～2011 年）

资料来源：1951～1977 年数据引自《中国常用人口数据集》（姚新武和尹华，1994）；1978～2011 年数据引自 2012 年《北京统计年鉴》

1950～2011 年，北京市自然增长率在上下波动的过程中逐步下降，如图 4-8 所示。1950～1973 年，自然增长率相对较高，年均自然增长率为 21.5‰。1963 年出现灾后出生高峰，自然增长率达到前所未有的峰值，高达 35.3‰。1974～1979 年，自然增长率相对较低，年均自然增长率为 5.0‰。此后，因出生率回升，自然增长率有一个小幅增加，1980～1990 年年均自然增长率回升到 10.3‰。1991～1996 年保持非常低的自然增长率，年均自然增长率为 2.9‰。1997～2006 年自然增长率降到 2.0‰以下，其中有 7 年自然增长率在 1.0‰以下，2003 年曾出现负增长，这 10 年人口几乎没有因自然增长而增多。2007 年始自然增长率略有所回升，不过仍然保持非常低的水平，年均自然增长率为 3.4‰。

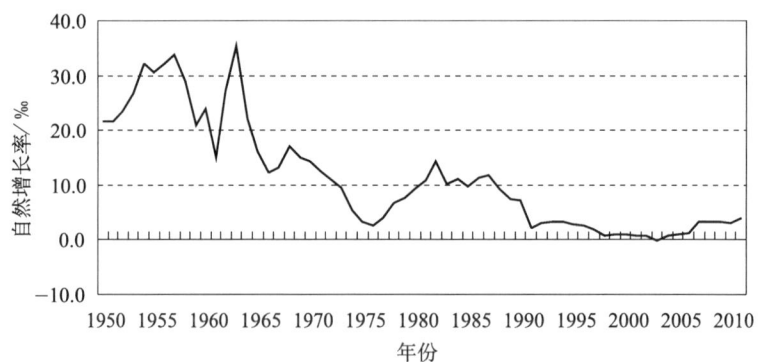

图 4-8 北京市自然增长率（1950～2011 年）

资料来源：1951～1977 年数据引自《中国常用人口数据集》（姚新武和尹华，1994）；1978～2011 年数据引自 2012 年《北京统计年鉴》

60 多年来，北京市完成了人口转变，经历了由"高出生—低死亡—高增长"过渡阶段，到"低出生—低死亡—低增长"现代人口再生产阶段，在这个阶段基本实现了人口的自然均衡，如图 4-9 和表 4-2 所示。

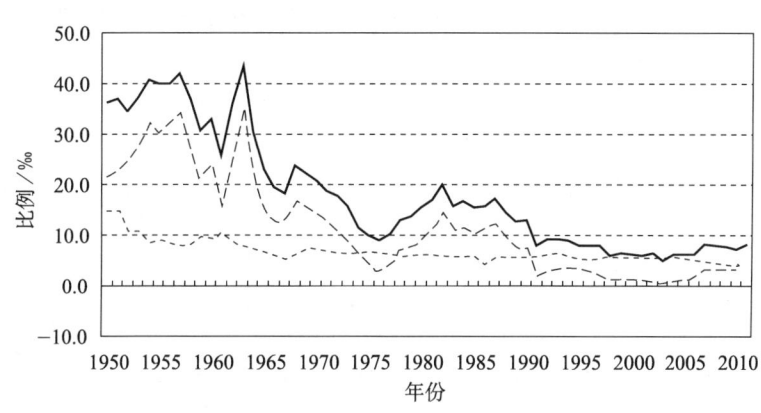

图 4-9　北京市常住人口自然增长情况（1950～2011 年）

资料来源：1951～1977 年数据引自《中国常用人口数据集》（姚新武和尹华，1994）；1978～2011 年数据引自 2012 年《北京统计年鉴》

三、迁移变动

迁移变动是指人口在一定时期发生了空间位置上的改变。人口普查和人口抽样调查通常以半年为时间界限，以北京市省界为空间界限。迁入人口特指在北京市居住半年及以上，原居住地在北京市以外省区的人口。迁出人口特指原居住地在北京市，现在北京市以外省区居住半年及以上的人口。净迁入人口为迁入人口与迁出人口之差，表现迁移人口总量的增加或减少，符号为正号表示增加，即迁入人口多于迁出人口，符号为负号表示减少，即迁入人口少于迁出人口。外来常住人口是指没有户口迁入的迁入人口，这部分人口在北京市总人口构成中比重越来越大。下面将对净迁入人口和常住外来人口进行分析。

1. 净迁入人口

1950～2011 年，北京市人口发生了四进三出的变化。总体上，净迁移为正（迁入多于迁出）的时间长于净迁移为负（迁出多于迁入）的时间，而且前者迁移量也大于后者，如图 4-10 和表 4-3 所示。1950～1956 年以人口迁入为主，年均净迁入 12.4 万人。1957、1958 年出现外迁趋势，1958 年净迁入人口－5.5 万人，即迁出人口多于迁入人口 5.5 万人。1959、1960 年再次出现较大规模迁入，分别净迁入人口 37.9 万人和 30.5 万人。1961～1970 年为第二次迁出人口多于迁入人口时期，平均每年迁出 10.3 万人。1971～1996 年迁入人口再次多于迁出人口，在 1978、1979、1986、1995 年出现了迁入量剧增的现象，这 4 年分别净迁入 27.5 万人、18.6 万人、35.3 万人和 122.6 万人，除此 4 年之外其他 22 年，年均净迁入人口 4.6 万人。1997 年出现第三次迁出多于迁入的情况，这一年净迁出 21.7 万人。此后至今，一直处于迁入多于迁出阶段，而且净迁移量呈逐年上升趋势。1998 年净迁入人口为 4.7 万人，2010 年达到 96.1 万人，后者是前者的 20 倍之多，2011 年净迁入人口大幅减少，降至 48.6 万人。值得注意的是，2000 年又曾出现净迁入量剧增现象，净迁入人口多达 105.2 万人。

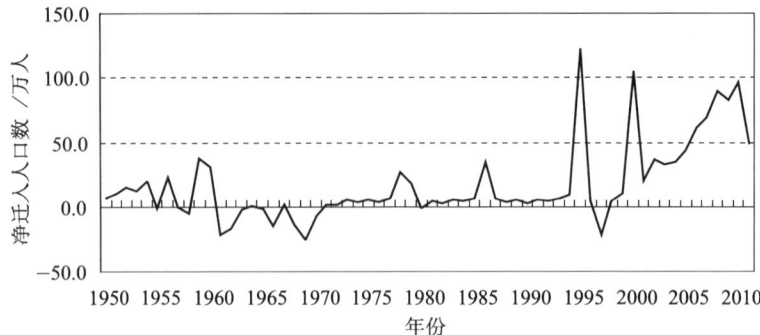

图 4-10　北京市净迁入人口规模（1950~2011 年）

资料来源：根据以下三个来源的数据计算得到，1950~1977 年数据引自《中国人口 北京市分册》（李慕真，1987）62~63 页；1949~1977 年数据引自《中国常用人口数据集》（姚新武和尹华，1994）；1978~2011 年数据引自 2012 年《北京统计年鉴》

考虑总人口规模后，1950~2011 年北京市净迁入率反映的规律与净迁入人口规模相一致，如图 4-11 和表 4-3 所示。

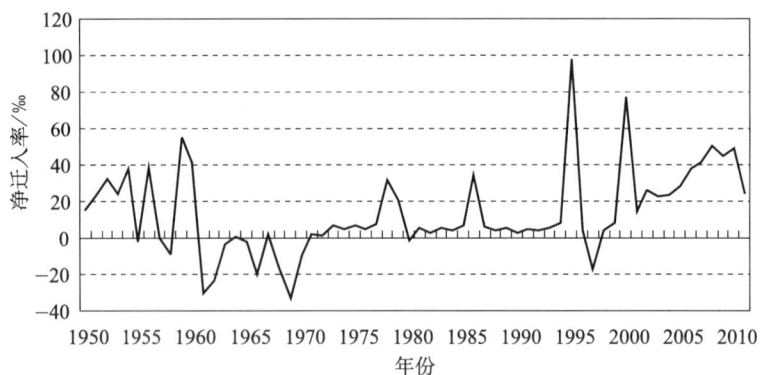

图 4-11　北京市净迁入率（1950~2011 年）

资料来源：根据以下三个来源的数据计算得到，1950~1977 年数据引自《中国人口 北京市分册》（李慕真，1987）62~63 页；1949~1977 年数据引自《中国常用人口数据集》（姚新武和尹华，1994）；1978~2011 年数据引自 2012 年《北京统计年鉴》

表 4-3 北京市常住人口迁移变动（1950～2011 年）

年份	净迁入人口数/万人	净迁入率/‰	年份	净迁入人口数/万人	净迁入率/‰
1950	6.6	15.3	1981	4.9	5.3
1951	10.5	23.3	1982	2.4	2.5
1952	15.5	32.6	1983	5.4	5.6
1953	12.1	24.0	1984	4.2	4.3
1954	20.4	37.7	1985	6.5	6.6
1955	−1.3	−2.4	1986	35.3	34.4
1956	23.0	38.4	1987	6.6	6.3
1957	−0.1	−0.2	1988	4.1	3.8
1958	−5.5	−8.7	1989	5.9	5.5
1959	37.9	55.3	1990	3.1	2.9
1960	30.5	41.7	1991	5.6	5.1
1961	−21.9	−30.3	1992	4.6	4.1
1962	−17.0	−23.5	1993	6.5	5.8
1963	−2.6	−3.5	1994	9.4	8.4
1964	0.7	0.9	1995	122.6	98.0
1965	−1.7	−2.1	1996	4.9	3.9
1966	−15.2	−19.8	1997	−21.7	−17.5
1967	1.7	2.1	1998	4.7	3.8
1968	−13.6	−17.4	1999	10.5	8.3
1969	−25.6	−33.4	2000	105.2	77.1
1970	−7.4	−9.6	2001	20.4	14.7
1971	1.6	2.0	2002	36.9	25.9
1972	1.4	1.7	2003	33.3	22.9
1973	5.4	6.7	2004	35.2	23.6
1974	3.8	4.7	2005	43.6	28.4
1975	5.6	6.8	2006	61.0	38.1
1976	4.1	5.0	2007	69.4	41.4
1977	6.2	7.4	2008	89.2	50.3
1978	27.5	31.5	2009	82.8	44.5
1979	18.6	20.8	2010	96.1	49.0
1980	−1.2	−1.3	2011	48.6	24.1

资料来源：根据以下三个来源的数据计算得到，1950～1977 年数据引自《中国人口 北京市分册》（李慕真，1987）62～63 页；1949～1977 年数据引自《中国常用人口数据集》（姚新武和尹华，1994）；1978～2011 年数据引自 2012 年《北京统计年鉴》

2. 常住外来人口

1958～1977 年由于户口制度几乎将人牢牢地固定在户口所在地，人口自由迁移基本无法实现。改革开放之后，外来人口逐步增多。1978～2011 年，常住外来人口规模经历了 5 个发展阶段，如图 4-12 和表 4-4 所示。

1978～1985 年是第一阶段，常住外来人口规模保持在 16.8～26.5 万人。

1985 年，北京市人民政府颁布《北京市人民政府关于暂住人口户口管理的规定》（京政发 119852166 号文件），加强了对城镇暂住人口的登记、管理。统计数据显示，1986 年常住外来人口增至 56.8 万人，此后常住外来人口规模增长受到了此项政策的抑制，1986～1994 年常住外来人口规模在 53.8～63.2 万人。

1995 年北京市开始施行《北京市外地来京务工经商人员管理条例》和《北

京市外地来京人员户籍管理规定》等一系列政策，目标是对人口规模进行控制，标志着外来人口规模发展进入第三个阶段，1995年常住外来人口达到180.8万人。1997~1999年常住外来人口规模略有下降，不过仍然保持在154万人以上。

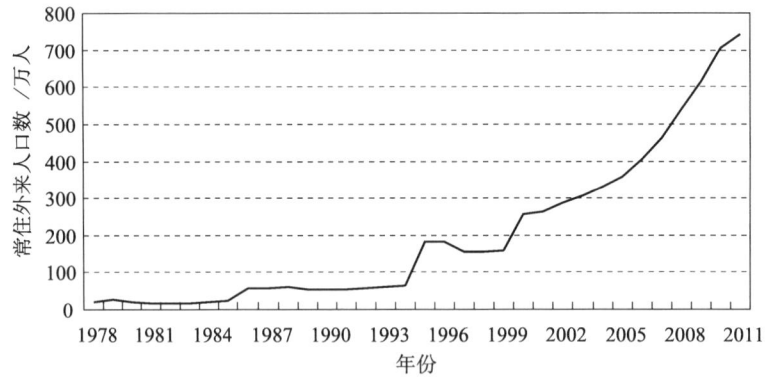

图 4-12　北京市常住外来人口规模（1978～2011年）

资料来源：2012年《北京统计年鉴》

表 4-4　北京市常住外来人口（1978～2011年）

年份	人口数/万人	比例/‰	年份	人口数/万人	比例/‰
1978	21.8	2.5	1995	180.8	14.5
1979	26.5	3.0	1996	181.7	14.4
1980	18.6	2.1	1997	154.5	12.5
1981	18.4	2.0	1998	154.1	12.4
1982	17.2	1.8	1999	157.4	12.5
1983	16.8	1.8	2000	256.1	18.8
1984	19.8	2.1	2001	262.8	19.0
1985	23.1	2.4	2002	286.9	20.2
1986	56.8	5.5	2003	307.6	21.1
1987	59.0	5.6	2004	329.8	22.1
1988	59.8	5.6	2005	357.3	23.2
1989	53.9	5.0	2006	403.4	25.2
1990	53.8	5.0	2007	462.7	27.6
1991	54.5	5.0	2008	541.1	30.6
1992	57.1	5.2	2009	614.2	33.0
1993	60.8	5.5	2010	704.7	35.9
1994	63.2	5.6	2011	742.2	36.8

资料来源：2012年《北京统计年鉴》

2000~2005年，常住外来人口规模进入快速增长期，从2000年的256.1万人增加到2005年的357.3万人，增加了101.2万人，后者是前者的1.4倍，年均增长速度为5.7%。

2005年北京市人大常委会废止了《北京市外地来京务工经商人员管理条例》，此举意味着在法律上取消了外来人口迁入的门槛限制，此后外来人口规模进入了加速膨胀期，年均增长速度由 2000~2005 年的 5.7% 提升到 2006~2010 年的 11.8%，速度翻了 1 倍，年均增长量由 23.6 万人增加到 75.3 万人，后者增长量是前者的 3.2 倍，2010 年常住外来人口规模达到 704.7 万人。

考虑总人口规模后，1978~2011 年北京市常住外来人口占总人口的比例与其人口规模相一致，也呈现出 5 个发展阶段，如图 4-13 和表 4-4 所示。

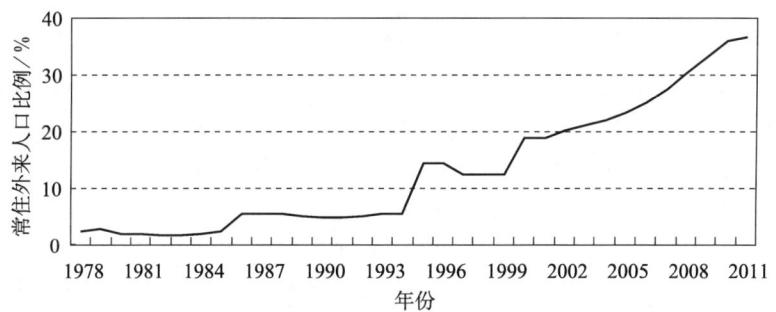

图 4-13 北京市常住外来人口占总人口比例（1978~2011 年）
资料来源：2012 年《北京统计年鉴》

第二节 人口结构特征与发展趋势

年龄和性别是人口最基本的自然特征，人口由不同的年龄与性别构成，人口年龄和性别结构优化是实现人口均衡的保障基础。

一、年龄结构

年龄是以年为单位度量人从出生到某一年所存活的时间长度（查瑞传，1991）。每一个人在某一个观察时点上都有一个相应的年龄，某一地区的人分布在各个年龄上，形成该地区的人口年龄结构。

1. 年龄中位数

年龄中位数是反映人口年龄状况的综合指标。把全体人口按年龄从小到大的顺序排列，把人口分成相等的两个部分的那个年龄值就是年龄中位数。年龄中位数的提高或下降能够反映出年龄较长或较轻的人口占总人口比例的变动情况。按照美国人口普查局 1971 年出版的《人口学方法与资料》（The Methods and Materials of Demography）一书的划分标准（本节中如无特别注明，年轻型、成年型、老年型人口划分标准均以此书为准），年龄中位数低于 20 岁的人口一般被认为是年轻型人口，介于 20 和 30 岁之间是成年型人口，大于 30 岁是老年型人口。

到 20 世纪 80 年代末之前，北京市人口为成年型人口。1953 年第一次人口普查时，北京市人口年龄中位数为 23.4 岁，一半的人年龄小于 23.4 岁，一半的人年龄大于 23.4 岁。1964 年第二次人口普查时，年龄中位数有所下降，降到 20.7 岁，接近年轻型人口的边界。1982 年第三次人口普查时，年龄中位数再度提升，升至 27.3 岁。

1990 年第四次人口普查时，按照年龄中位数的标准，北京市开始进入老年型人口社会，此时年龄中位数达到 30.5 岁。北京市属于先老地区，全国是在 1998 年年龄中位数超过 30 岁，也就是说，北京市比全国平均水平提前 8 年进入老年型人口社会。2000 年，北京市人口年龄中位数进一步提高到 34.5 岁，此后不断提升，到 2004 年达到一个峰值 38.1 岁，随后开始下降，2010 年时降到 35.6 岁，但仍然处于老年型社会（图 4-14 和表 4-5）。

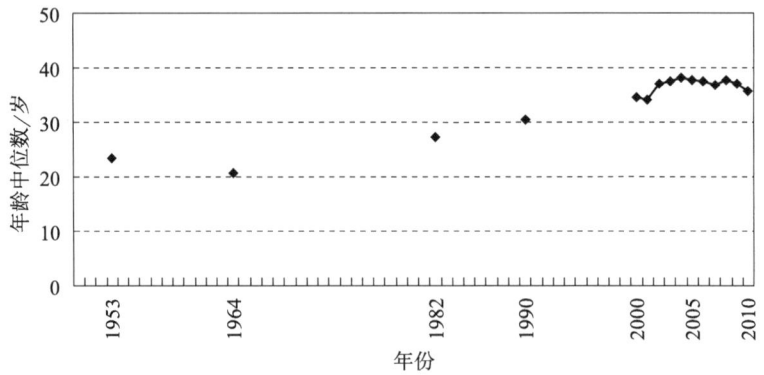

图 4-14 北京市人口年龄中位数（1953～2010 年）

资料来源：1953、1964、1982、1990 年数据引自《中国人口年龄性别结构》（范菁菁，1994）；2000 年数据引自《北京市 2000 年人口普查资料》（北京市第五次人口普查办公室，2002）；2001～2010 年数据分别引自 2002～2011 年《北京统计年鉴》

表 4-5　1953～2010 年北京市人口年龄中位数

年份	年龄中位数/岁	年份	年龄中位数/岁
1953	23.4	2004	38.1
1964	20.7	2005	37.7
1982	27.3	2006	37.5
1990	30.5	2007	36.9
2000	34.5	2008	37.7
2001	34.0	2009	37.1
2002	37.1	2010	35.6
2003	37.5		

资料来源：1953、1964、1982、1990 年数据引自《中国人口年龄性别结构》（范菁菁，1994）；2000 年数据引自《北京市 2000 年人口普查资料》（北京市第五次人口普查办公室，2002）；2001～2010 年数据分别引自 2002～2011 年《北京统计年鉴》

2. 年龄构成

国际上通常把0～14岁人口定义为少年儿童人口，15～64岁人口定义为劳动适龄人口，65岁及以上人口定义为老年人口。年龄构成是指少年儿童人口、劳动适龄人口和老年人口分别占总人口的比例。少年儿童人口比例和老年人口比例是判别人口年龄结构类型的重要指标。劳动适龄人口比例是分析一个地区人力资源状况的基本指标之一。少年儿童人口比例反映的是一个地区的活力。一般比例在40%以上的为年轻型人口，30%以下为老年型人口，介于二者之间为成年型人口。1953年，北京市少年儿童人口比例为30.1%，属于成年型人口。1964年，北京市少年儿童人口比例大幅提升，达到41.5%，迈入年轻型人口队列。1982年，此比例大幅下降，几乎是1964年的一半，仅为22.4%，如果按照少年儿童比例进行评估，此时北京市人口已经成为老年型人口，而全国2001年时少年儿童比例才降到22.5%，北京市又比全国平均水平提前了19年。80年代、90年代，北京市少年儿童比例基本保持在20%上下。2000年之后，这个比例不断缩减，2003年减到1990年20.2%的一半，为10.6%，到2010年进一步减少到8.6%。换言之，在北京10个人中，1964年时有4个少年儿童，1990年时只有2个，到2010年时已不到1个，少年儿童的比例在快速减少。

人口年龄结构的变动在一般情况下就如同跷跷板，如果以劳动适龄人口为支点，少年儿童人口比例下降，往往会使老年人口比例上升（邬沧萍，1999）。《人口学方法与资料》一书认为老年人口比例在5%以下的人口是年轻型人口，10%以上的人口是老年型人口，介于二者之间的是成年型人口。由于划分老年型和成年型人口的10%标准比起其他指标显然偏高，所以研究者常选用联合国7%的标准。按照联合国标准划分，在1953年和1964年，北京市老年人口比例均低于5%，属于年轻型人口；1982～1990年，处于5%～7%之间，是成年型人口；1991年北京市老年人口比例达到7.1%，步入老年型人口社会，全国在1997年时老年人口比例才达到此值。1991～1999年，北京市老年人口比例不断上升，处于人口老龄化过程中。2000年、2001年和2010年略有小幅回降，2002～2009年基本保持在10.1%～11.2%。这个比例是常住人口中老年人口的比例。

由于目前社会和医疗保障主要面向户籍人口，掌握户籍人口老龄化程度，有助于相关部门制定规划与政策措施。2011年，北京市户籍人口1277.9万人，其中65岁及以上的老年人口有180.2万人，占总人口的14.1%。如果把北京市户籍人口作为一个国家或地区，它将在世界最老的国家或地区排名中位列第11位，仅次于加拿大（14.4%）。北京市户籍人口不但老龄化严重，高龄化也非常严重。65岁及以上老年人口中，85岁及以上的高龄老年人占9.0%，而同时期全国高龄老年人的比例仅为0.58%，北京市是全国平均水平的15.5倍。更为严峻的是，40～59岁的人口规模非常庞大，达到445.5万人，占户籍总人口的34.9%，未来50年北京市将面临更为严峻的老龄化考验。目前，青壮年劳动力流入北京，大大有利于缓解北京市老龄化程度。

劳动适龄人口是社会的主体，也是生产者主体。北京市劳动适龄人口比例基本呈现增长态势，1953年占66.6%，1964年减少到54.4%，1982年又回升至72.0%，此后一直在70%以上，2007年达到80.2%，2010年时提升到82.7%。北京劳动力资源丰富，处于全国领先地位。全国劳动适龄人口比例近10年基本在71.2%～74.5%，和北京1982～1997年的水平相近（图4-15和表4-6）。

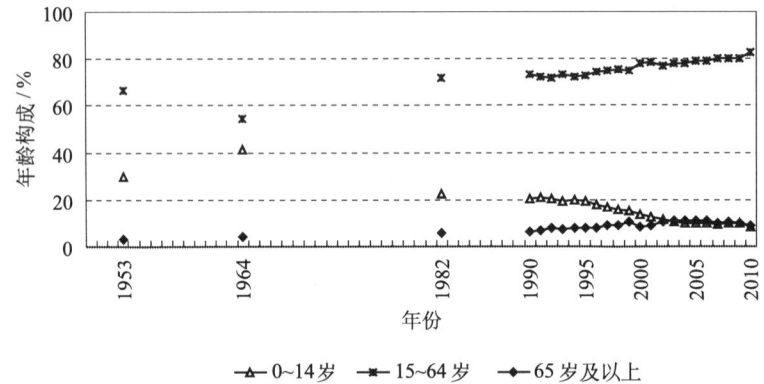

图4-15 北京市人口年龄构成（1953～2010年）

资料来源：1953、1964、1982、1990年数据引自《中国人口年龄性别结构》（范菁菁，1994）；1991～1999年数据引自《1990年以来中国常用人口数据集》（庄亚儿和张丽萍，2004）；2000年数据引自《北京市2000年人口普查资料》（北京市第五次人口普查办公室，2002）；2001～2010年数据分别引自，2002～2011年《北京统计年鉴》

表4-6 北京市人口年龄构成（1953～2010年）

年份	0～14岁人口比重/%	15～64岁人口比重/%	65岁及以上人口比重/%
1953	30.1	66.6	3.3
1964	41.5	54.4	4.1
1982	22.4	72.0	5.6
1990	20.2	73.5	6.3
1991	20.7	72.3	7.1
1992	20.5	71.6	8.0
1993	19.5	73.1	7.3
1994	20.1	72.3	7.7
1995	19.6	72.5	7.8
1996	17.8	74.4	7.8
1997	16.5	74.7	8.8
1998	15.7	75.3	9.0

续表

年份	0~14岁人口比重/%	15~64岁人口比重/%	65岁及以上人口比重/%
1999	15.0	74.8	10.3
2000	13.6	78.0	8.4
2001	12.3	78.7	8.9
2002	11.4	77.8	10.8
2003	10.6	78.2	11.2
2004	10.0	78.9	11.1
2005	10.2	79.0	10.8
2006	9.9	78.9	11.2
2007	9.6	80.2	10.2
2008	9.7	80.0	10.3
2009	9.9	79.9	10.1
2010	8.6	82.7	8.7

资料来源：1953、1964、1982、1990年数据引自《中国人口年龄性别结构》（范菁菁，1994）；2000年数据引自《北京市2000年人口普查资料》（北京市第五次人口普查办公室，2002）；2001~2010年数据分别引自2002~2011年《北京统计年鉴》。

3. 抚养比

劳动适龄人口与具有劳动能力或在业人口不完全一致，由于具有劳动能力和在业人口绝大部分都属于劳动适龄人口，因此可以用劳动适龄人口近似地代替有劳动能力的或在业的人口（查瑞传，1991），用他们表示抚养人口。相应地，少年儿童人口和老年人口绝大部分不具有劳动能力或不在业，用他们表示被抚养人口。于是，从年龄角度可以分析抚养和被抚养人口之间的相对关系，这样不仅可以反映出人口年龄结构状况，也能够大致上体现人口作为生产者和消费者之间的关系，映射出人口与经济发展的关系。

少年儿童抚养比是指某一人口中少年儿童人口数与劳动适龄人口数之比，它反映每100名劳动适龄人口需要负担多少名少年儿童。1964年，北京市少年儿童抚养比非常高，每10个成年人需要抚养7~8个少年儿童。此后，少年儿童抚养比迅速下降，1982年降到31.1%，每10个成年人只需要抚养3个少年儿童。2000年进一步降到17.4%，每10个成年人抚养不到2个少年儿童。2004年减少到12.6%，此后5年基本保持稳定，2010年又有所下降，降到10.4%，每10个成年人仅需要抚养1个少年儿童，少年儿童抚养压力大大减缓。

老年人口抚养比是指某一人口中老年人口数与劳动适龄人口数之比，它反映每100名劳动适龄人口需要负担多少名老年人。与少年儿童抚养比相比较，情况正好相反，北京市老年人口抚养比几乎一直处于增长状态，只是增长幅度相对较小，增长速度相对缓慢。老年人口抚养比从1953年的5.0%到1992年的11.1%，40年时间翻了一倍多，到2003年增长到14.3%，此后有所减少，到2010年时老年人口抚养比为10.5%，即10个成年人抚养1个老年人。

总抚养比是指某一人口中非劳动适龄人口与劳动适龄人口数之比，非劳动适龄人口数为少年儿童人口数与老年人口数之和，它反映每100名劳动适龄人口需要负担多少名非劳动适龄人口。1964～2010年，由于少年儿童抚养比持续下降且幅度较大，老年人口抚养比虽处于增长状态但是幅度较小，所以总抚养比呈现下降态势，从1964年的83.7%减少到2000年的28.2%，到2010年又减少到20.9%（图4-16和表4-7）。

"人口红利"是指劳动适龄人口规模大于非劳动适龄人口规模，即多个处于劳动适龄的人养活一个非劳动适龄的人的现象。"红利期"是地区财政最好的时期，是地区上项目搞建设的最好时期，是发展教育投资基本公共服务体系的最好时期，是建立完善社会保障机制的最好时期，是劳动力供应充足和高储蓄率刺激经济发展的最好时期（中共中央党校教务部，国家人口和计划生育委员会宣教司，2009）。北京市过去30年和现在都正处于这个时期。

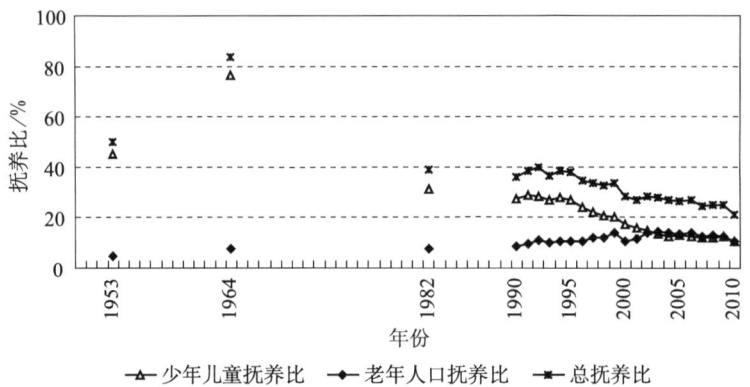

图 4-16　北京市人口抚养比（1953～2010年）

资料来源：1953、1964、1982、1990年数据引自《中国人口年龄性别结构》（范菁菁，1994）；2000年数据引自《北京市2000年人口普查资料》（北京市第五次人口普查办公室，2002）；2001～2010年数据分别引自2002～2011年《北京统计年鉴》

表 4-7　北京市人口抚养比（1953～2010年）

年份	少年儿童抚养比/%	老年人口抚养比/%	总抚养比/%
1953	45.2	5.0	50.1
1964	76.2	7.5	83.7
1982	31.1	7.8	38.9
1990	27.4	8.6	36.1
1991	28.6	9.8	38.4
1992	28.6	11.1	39.7
1993	26.7	10.0	36.8
1994	27.8	10.6	38.4
1995	27.0	10.8	37.8
1996	24.0	10.4	34.4
1997	22.1	11.8	33.9

续表

年份	少年儿童抚养比/%	老年人口抚养比/%	总抚养比/%
1998	20.9	12.0	32.9
1999	20.0	13.7	33.7
2000	17.4	10.8	28.2
2001	15.7	11.3	27.0
2002	14.7	13.9	28.6
2003	13.5	14.3	27.8
2004	12.6	14.1	26.7
2005	12.9	13.7	26.6
2006	12.6	14.2	26.8
2007	12.0	12.7	24.7
2008	12.1	12.9	25.0
2009	12.4	12.6	25.1
2010	10.4	10.5	20.9

资料来源：1953、1964、1982、1990年数据引自《中国人口年龄性别结构》（范菁菁，1994）；2000年数据引自《北京市2000年人口普查资料》（北京市第五次人口普查办公室，2002）；2001~2010年数据分别引自2002~2011年《北京统计年鉴》

二、性别结构

性别是人的一项重要特征，研究人口的性别结构是人口均衡过程分析的一项重要内容。性别结构通常分为两类，一类是分别以出生、死亡和尚存人口作为总体的性别结构，如出生人口和死亡人口性别比，尚存总人口和分年龄人口的性别结构等，这是性别结构分析的基本内容，本部分将重点分析讨论。另一类是以某一社会经济特征人口作为总体的性别结构，比如在业人口的性别结构、不同婚姻状况人口的性别结构、迁移人口的性别结构等，这属于人口社会经济特征，通常不作为独立的人口性别结构进行分析（查瑞传和乔晓春，1991），故本章暂不分析此内容。

性别比是考察人口性别结构最常用的指标。性别比指某一时点人口中，以女性人口为100时的男女人口数之比，即通常表示为每100位女性对应的男性人数。性别比基本是在100左右变动。当性别比大于100时，男性人口多于女性；当性别比小于100时，女性人口多于男性。100是男女人口数相等的平衡点，即均衡状态（翟振武等，1993）。

1. 总人口性别比

20世纪50年代初期，北京市总人口性别比奇高，1951年最高，可达到136.2。之后，经过自然变动和迁移变动，总人口性别比下降，1964年降到105.6，1982年进一步降到103.1，趋向于均衡。2000年以后总人口性别比又有所升高，男性人口规模再次多于女性人口，人口性别结构变得不均衡。2005~

2007年，总人口性别比再度保持均衡，在97～103。此后，性别比又开始上升，2010年时达到106.8，总人口性别比又一次失衡（图4-17和表4-8）。

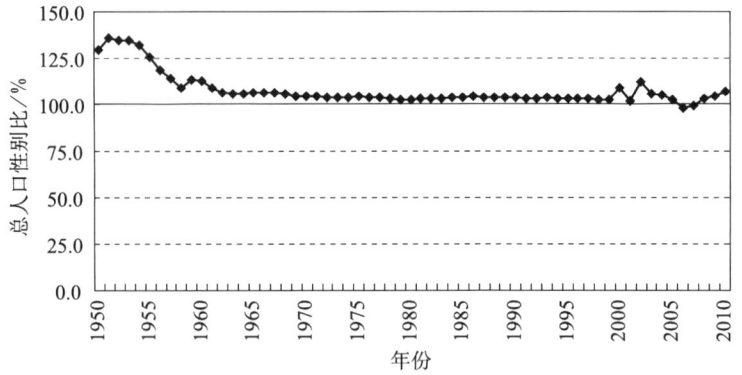

图4-17 北京市总人口性别比（1950～2010年）

资料来源：1950～1989年数据引自《中国常用人口数据集》（姚新武和尹华，1994）；1990～1999年数据引自《1990年以来中国常用人口数据集》（庄亚儿和张丽萍，2004）；2000年数据引自《北京市2000年人口普查资料》（北京市第五次人口普查办公室，2002）；2001～2010年数据分别引自2002～2011年《北京统计年鉴》

表4-8 北京市总人口性别比（1950～2010年）

年份	性别比	年份	性别比	年份	性别比
1950	129.2	1971	104.4	1992	103.3
1951	136.2	1972	103.9	1993	103.9
1952	134.9	1973	104.1	1994	103.2
1953	134.7	1974	104.0	1995	103.1
1954	132.1	1975	104.2	1996	103.1
1955	125.4	1976	103.9	1997	103.0
1956	118.9	1977	103.6	1998	102.7
1957	113.8	1978	103.3	1999	102.6
1958	109.3	1979	102.8	2000	108.9
1959	113.8	1980	102.5	2001	102.2
1960	113.1	1981	102.9	2002	112.3
1961	109.0	1982	103.1	2003	106.1
1962	106.3	1983	103.5	2004	105.0
1963	106.1	1984	103.7	2005	102.6
1964	105.6	1985	103.8	2006	97.9
1965	106.4	1986	104.2	2007	99.1
1966	106.7	1987	104.1	2008	103.4
1967	106.3	1988	103.9	2009	104.4
1968	105.8	1989	103.8	2010	106.8
1969	104.8	1990	103.6		
1970	104.5	1991	103.4		

资料来源：同上图

2. 分年龄人口性别比

受出生人口性别比高于 100 的惯性影响，0～14 岁少年儿童性别比一般高于 100。由于男性死亡率高于女性，所以随着年龄的增长，分年龄性别比会越来越接近 100，15～64 岁劳动适龄人口性别比均衡值为 100，伴随年龄的进一步增长，分年龄性别比继续减少，65 岁及以上老年人口性别比通常小于 100。1953～2010 年，北京市少年儿童人口性别比在 105.2～114.5，处于偏高的不均衡状态。1953 年，劳动适龄人口性别比奇高，高达 155.6，5 个人中 3 男 2 女，女性非常少，到 1964 年时劳动适龄人口性别比已降到 107.1，趋向均衡，1982 年、2001 年、2005～2007 年劳动适龄人口性别比处于均衡状态，其他年份略高于均衡状态。老年人口性别比在 1990 年代以前相对较低，1990 年之后有所上升，2000～2010 年在 89.1～97.8，这表明男性老年人口增多，趋向均衡发展（图 4-18 和表 4-9）。

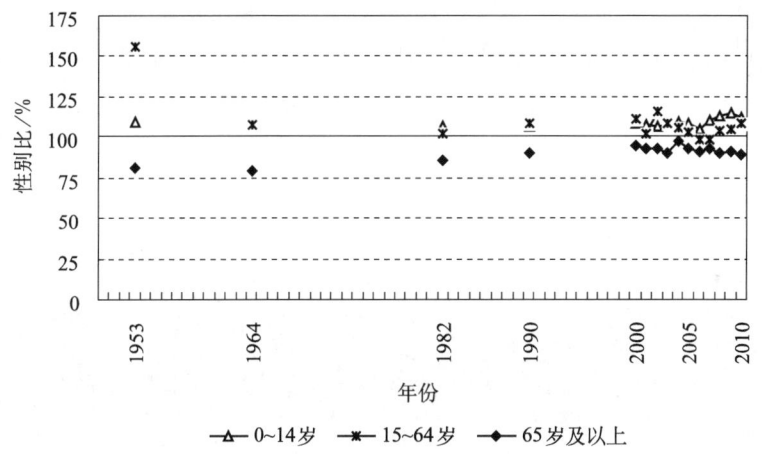

图 4-18 北京市分年龄人口性别比（1953～2010 年）

资料来源：1953、1964、1982、1990 年数据引自《中国人口年龄性别结构》（范菁菁，1994）；2000 年数据引自《北京市 2000 年人口普查资料》；(北京市第五次人口普查办公室，2002)，2001～2010 年数据分别引自 2002～2011 年《北京统计年鉴》

表 4-9 北京市分年龄人口性别比（1953～2010 年）

年份	0～14 岁人口性别比/%	15～64 岁人口性别比/%	65 岁及以上人口性别比/%
1953	109.1	155.6	80.7
1964	107.1	107.1	79.2
1982	107.0	102.5	85.7
1990	106.7	108.7	90.2
2000	108.4	110.8	94.4
2001	107.8	102.5	92.6
2002	106.8	116.1	92.8

续表

年份	0~14岁人口性别比/%	15~64岁人口性别比/%	65岁及以上人口性别比/%
2003	107.6	108.4	89.9
2004	109.0	105.6	97.8
2005	108.8	103.1	93.0
2006	105.2	98.0	90.9
2007	110.1	98.6	93.0
2008	112.8	104.1	90.1
2009	114.5	105.0	90.8
2010	111.7	108.3	89.1

资料来源：1953、1964、1982、1990年数据引自《中国人口年龄性别结构》（范菁菁，1994）；2000年数据引自《北京市2000年人口普查资料》；（北京市第五次人口普查办公室，2002），2001~2010年数据分别引自2002~2011年《北京统计年鉴》

3. 出生人口性别比

出生人口性别比是指不满周岁婴儿的性别比。从世界自然情况来看，大多数地区出生人口性别比在103~107，如图4-19中阴影部分所示。1982年和1990年北京市常住人口出生性别比处于正常范围，即在均衡状态中。2000年和2010年常住人口出生性别比分别高达110.6和112.1，常住人口出生性别比处于失衡状态，但仍低于全国绝大部分省（自治区、直辖市）。如图4-19和表4-10所示。

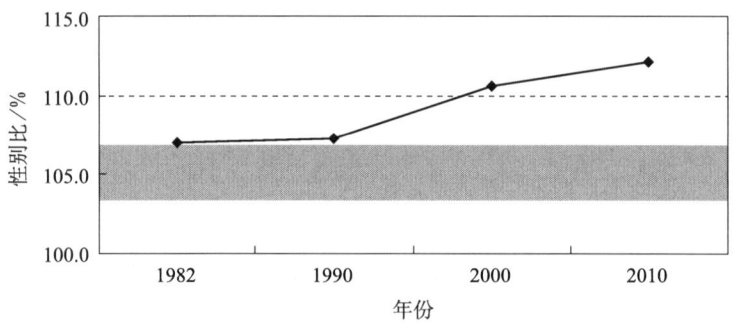

图4-19 北京市常住人口出生性别比（1982~2010年）
资料来源：第三次、第四次、第五次和第六次北京市人口普查资料

表4-10 北京市常住人口出生性别比（1982~2010年）

年份	比例/%		性别比/%
	男	女	
1982	51.7	48.3	107.0
1990	51.8	48.2	107.3
2000	52.5	47.5	110.6
2010	52.9	47.1	112.1

资料来源：第三次、第四次、第五次和第六次北京市人口普查资料

4. 死亡人口性别比

死亡人口性别比是在一定时期（通常是一年）某地区男性死亡人口规模与女性死亡人口规模之比，一般前者大于后者，性别比大于100。死亡人口性别比趋向于100，是实现人口均衡的一种表现。北京市死亡人口性别比一直升高，从1982年的114.5增加到2010年的136.6，失衡越来越严重（图4-20和表4-11）。

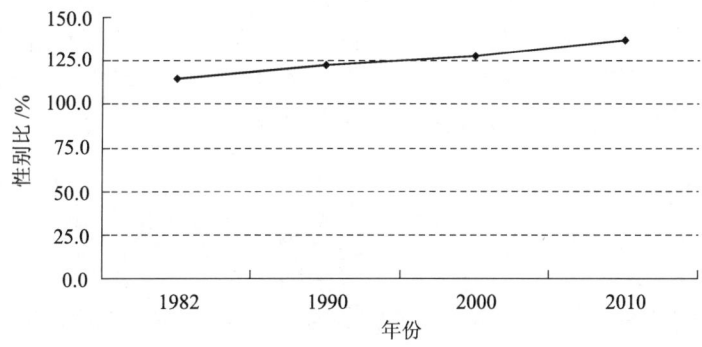

图 4-20　北京市死亡人口性别比（1982～2010年）
资料来源：第三次、第四次、第五次和第六次北京市人口普查资料

表 4-11　北京市死亡人口性别比（1982～2010年）

年份	比例/%		性别比/%
	男	女	
1982	53.4	46.6	114.5
1990	55.0	45.0	122.2
2000	56.1	43.9	127.8
2010	57.7	42.3	136.6

资料来源：第三次、第四次、第五次和第六次北京市人口普查资料

三、年龄性别结构

年龄和性别是人口分组的最基本标志，可以单独按这两个标志划分人口总体，分别反映人口总体的性别构成和年龄构成；也可以将这两个标志结合起来，综合分析不同性别的年龄构成和不同年龄的性别构成状况（查瑞传，1991）。人口年龄性别金字塔是把人口年龄性别结构用条形图的形式表示，形象地反映出人口的年龄性别状况、类型和未来发展趋势。在人口年龄性别金字塔比例图中，每一条代表一个年龄组，年龄按从小到大的顺序由图形的最底部向高处排列，中轴线左侧代表男性，右侧代表女性，左侧的条代表男性在相应年龄组人口占总人口的比例，右侧的条代表女性在相应年龄组人口占

总人口的比例。

1953年北京市人口年龄性别金字塔如图4-21所示，总体呈现两个正三角形叠加的形状，并且左侧明显多于右侧。分年龄看性别结构可以发现，0~59岁各年龄组均是男性人口明显多于女性，特别是20~24岁年龄组，性别比高达184.0，相邻的15~19岁和25~29岁年龄组性别比也分别达到175.5和162.0，青年人口性别比严重失衡容易导致婚姻挤压。分性别看年龄结构可以发现，无论男性还是女性，都是0~4岁人口多，这是新中国成立后补偿性生育导致；5~9岁和10~14岁人口相对减少，这些人出生的年代正逢战乱时期；15~19岁人口开始增多；20~24岁人口达到峰值，男性最多，女性是仅次于0~4岁人口规模；25岁及以上男女两性人口都呈减少趋势。

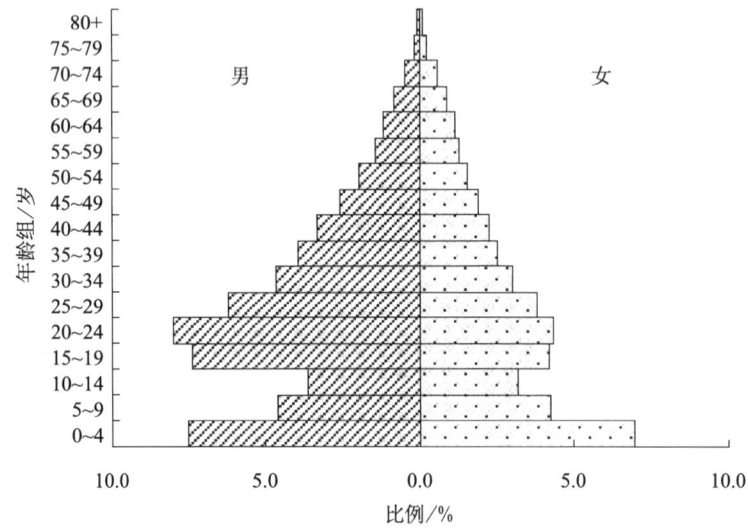

图4-21　1953年北京市人口年龄性别金字塔
资料来源：北京市第一次人口普查资料

1964年北京市人口年龄性别金字塔如图4-22所示，性别结构相对均衡，底部加强。分年龄的性别比趋向于100，最高的是30~34岁年龄组，性别比为114.6，比1953年近似同一组的20~24岁组的184.0大幅减少；最低的是80岁及以上年龄组，性别比为60.6，比1953年的80岁及以上组的性别比55.9更接近100，趋向均衡。男性和女性人口年龄构成基本一致，新中国成立之初15年的补偿性生育导致0~14岁人口规模庞大，其比例无论在男性人口中还是女性人口中均可达到41%，特别是1963年的生育高峰使得0~4岁组人口格外多；15~24岁人口相对较少；25~29岁人口达到一个小高峰；此后，随着年龄增长，人口规模缩减。

第四章 北京市人口内部均衡发展

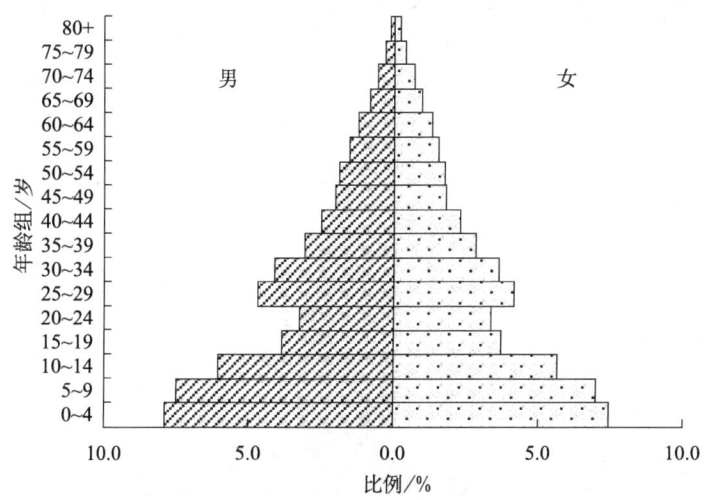

图 4-22　1964 年北京市人口年龄性别金字塔
资料来源：北京市第二次人口普查资料

1982 年北京人口年龄性别金字塔如图 4-23 所示，性别结构平衡，年龄结构优化，总体处于均衡状态中。各年龄组的性别比基本符合人口发展规律，0~4 岁组人口性别比为 107.3，年龄越大性别比越小；20~34 岁各年龄组的性别比处于均衡水平；35~44 岁女性略多于男性；45~64 岁男性多于女性；65 岁及以上女性相比男性，越来越多。男性和女性的年龄结构基本一致，年龄性别金字塔底部收缩，0~14 岁人口比例减少，这一方面是因为补偿性生育期已过，国家提倡"晚、稀、少"的计划生育政策；另一方面 30~39 岁人口比例相对较小，相应地子女数比例也小。

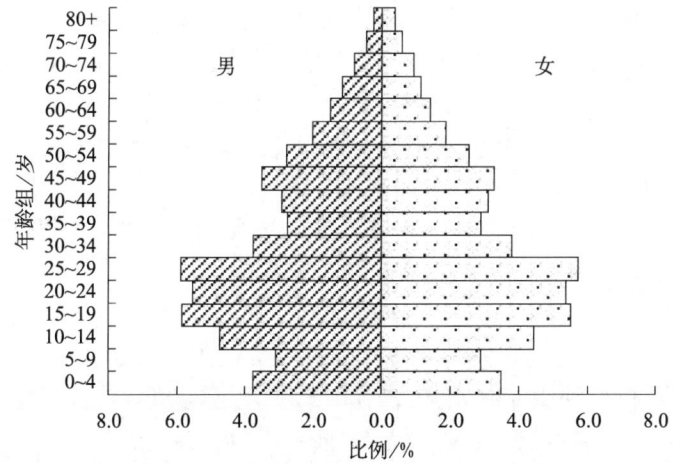

图 4-23　1982 年北京市人口年龄性别金字塔
资料来源：北京市第三次人口普查资料

113

1990年北京人口年龄性别金字塔如图4-24所示，基本保持均衡状态。分年龄的性别结构大多数符合人口均衡水平，仅是15～29岁人口性别比偏高，为118.3。无论男性还是女性，0～9岁人口比例增加，尽管当时实行严格的计划生育政策，但是20～34岁人口比例过大，保持人口惯性，生育子女数自然相对较多。受到政策影响，0～4岁和5～9岁人口比例还是比20～24、25～29和30～34岁人口比例少了1/3左右。

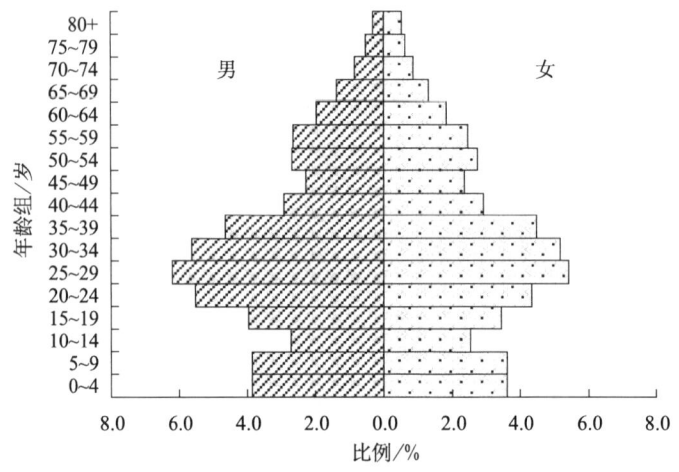

图4-24 1990年北京市人口年龄性别金字塔
资料来源：北京市第四次人口普查资料

2000年北京人口年龄性别金字塔如图4-25所示，呈现左偏的橄榄球形状。0～44岁各年龄组性别比都高于正常水平，15～39岁均衡水平应在100上下，事实上都在110以上，20～24岁性别比最高，达到126.6；到45岁及以上，人口性别比才处于均衡状态中。此时，不仅性别结构出现失衡，年龄结构也处于失衡状态。0～14岁人口比例再度缩小，15～49岁人口比例膨胀，50岁及以上人口比例逐步缩小，呈现橄榄球形状，人口处于由于少年儿童人口比例减少而形成的底部老龄化状态。

2010年北京人口年龄性别金字塔如图4-26所示，人口结构失衡趋向严重。与2000年相比较，更多的年龄组表现出性别比失衡，0～54岁各年龄组的性别比都在105以上，而且大部分年龄组的性别比在110以上，40～44岁人口性别比最高，为114.5。性别比失衡状态在部分年龄段得到缓解。例如，20～24岁和25～29岁人口性别比分别为108.1和105.8，而2000年时处于这2个年龄组的年轻人性别比分别为126.6和116.5，青年人口性别比的下降有助于消减婚姻挤压，维持社会稳定。再比如，2000年20～24岁人口性别比高达126.6，主要是通过人口迁移变动的调整，到2010年相应的30～34岁人口性别比降到

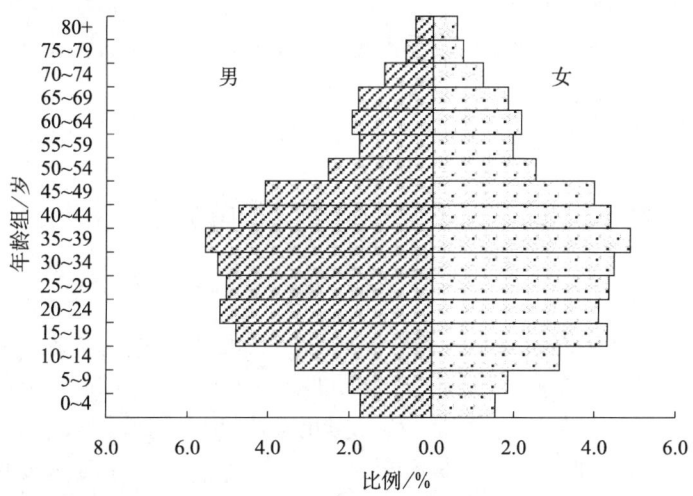

图 4-25 2000 年北京市人口年龄性别金字塔
资料来源：北京市第五次人口普查资料

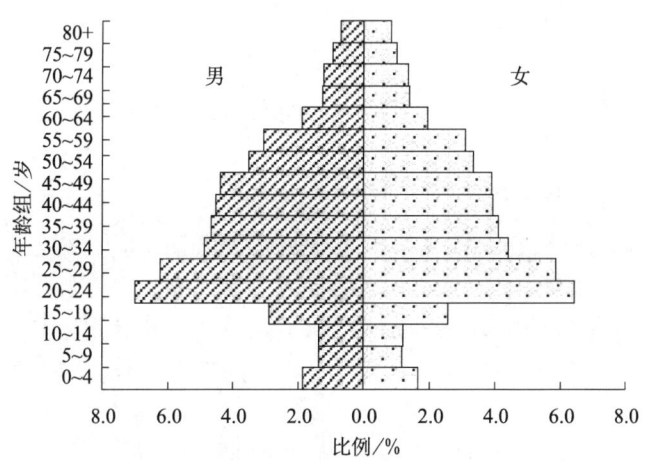

图 4-26 2010 年北京市人口年龄性别金字塔
资料来源：北京市第六次人口普查资料

110.0，下降了 16.6%，趋于平衡。

与 2000 年相比较，2010 年北京市人口年龄性别金字塔的底部进一步收缩，0~14 岁人口比例从 13.6%减少到 8.6%，顶部有所膨胀，65 岁及以上老年人口比例由 8.4%增加到 8.7%，底部老龄化现象更为凸显。无论男性还是女性，20~29 岁人口比例都显著多于其他年龄组，这既有助于增加社会的活力，也有助于提高生产力。

从六次人口普查的北京市人口年龄性别金字塔可以看出，1953 年和 1964 年人口年龄性别结构趋向于均衡状态，1980年和1990年人口年龄性别结构基本处于均衡状态，2000年和2010年开始出现失衡，年龄结构趋向于底部老龄化的失衡状态，性别结构趋向于偏高的失衡。

第三节 人口素质特征与发展趋势

人口素质也称作人口质量，是指人口总体的健康素质、科学文化素质及思想素质，反映了人口总体认识和改造世界的条件和能力（刘铮，1986）。健康素质是人口素质的自然条件和基础，科学文化素质和思想道德素质是人口素质的核心（乔晓春等，2000）。人口素质全面提升是实现人口均衡的重要保障。由于暂时缺乏统一的衡量尺度，难以进行思想道德素质的测量与比较，故本书着重分析健康素质和科学文化素质，暂未分析思想道德素质。

一、健康素质

健康素质即健康水平，可以用平均预期寿命、婴儿死亡率和孕产妇死亡率等指标进行测度。

1. 平均预期寿命

平均预期寿命是假定一批人从出生开始就按照某一时期的分年龄人口的死亡率发生死亡，平均每个人可以存活的年数。它不受人口年龄结构影响，但却又综合了各年龄的死亡水平，全面地反映了人口的死亡状况或存活状况，是运用最为广泛的人口健康素质衡量指标。平均预期寿命不断提升是实现人口均衡的重要体现。

北京市人口平均预期寿命一直处于逐年上升状态，如图4-27所示，从1989年的72.6岁增加到1999年的76.9岁，再到2000年的77.5岁，2005年时突破80岁达到80.1岁，到2012年时已经达到81.4岁，22年增加了8.7岁，年均增加0.4岁，如表4-12所示。2012年，北京市人口平均预期寿命在世界国家和地区排行榜中可位居第四，仅次于日本（82.6岁）、意大利（81.9岁）和法国（81.5岁）。

北京市人口平均预期寿命长期高于全国平均水平，并且有逐步拉大差距的趋势，1990年时北京市人口平均预期寿命比全国多4.3岁，到2000年时高4.7岁，2010年北京比全国已经高出5.4岁。在全国31个地区中，上海市人口平均预期寿命一直处于第一位，北京市位居第二，但是二者的差距在缩小，1990年和2000年北京市比上海市少2.0岁，到2010年时则仅相差0.1岁，2000~2010年北京市人口平均预期寿命增长速度显著快于上海。

1989~2012年，男性和女性人口平均预期寿命均处于增长态势，女性人口平均预期寿命高于男性，而且年均增长量也多于男性，女性平均每年增加0.41岁，男性为0.38岁。1990年和2000年，北京市男性和女性人口平均预期寿命都仅次于上海市，位居第二。2010年，北京市男性人口平均预期寿命超过上海市0.08岁，位居第一，女性仍仅次于上海市，但是差距也由2000年的2.03岁减少到2010年的0.23岁。

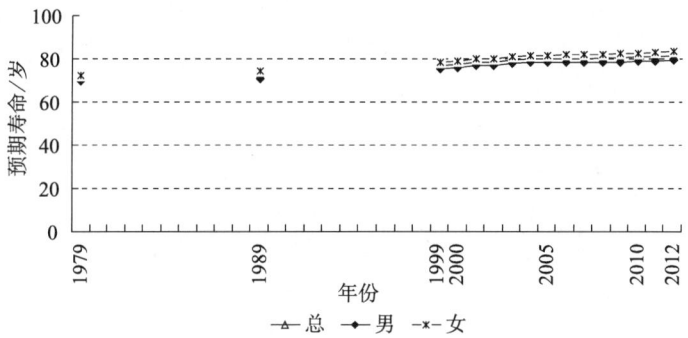

图4-27　北京市户籍人口平均预期寿命（1979~2012年）
资料来源：北京市公共卫生信息网站，http://www.phic.org.cn/tonjixinxi/

表4-12　北京市户籍人口平均预期寿命（1979~2012年）

年份	总人口/岁	男性人口/岁	女性人口/岁
1979		69.51	72.26
1989	72.61	70.91	74.43
1999	76.93	75.37	78.55
2000	77.46	75.81	79.15
2001	78.29	76.76	79.86
2002	78.63	77.15	80.14
2003	79.62	78.10	81.14
2004	79.87	78.24	81.51
2005	80.09	78.47	81.76
2006	80.07	78.36	81.82
2007	80.24	78.47	82.07
2008	80.27	78.46	82.15
2009	80.47	78.63	82.37
2010	80.81	79.09	82.60
2011	81.12	79.16	83.17
2012	81.35	79.35	83.43

资料来源：北京市公共卫生信息网站，http://www.phic.org.cn/tonjixinxi/

2. 婴儿死亡率

婴儿是指年龄不满一周岁的儿童。婴儿死亡率指在一定时期内新出生的活产婴儿中，不满周岁死亡的婴儿占全部活产婴儿的比例。婴儿死亡率是衡量一个地区社会经济水平、人口健康素质和社会保障及医疗卫生事业发展水平的重要指标。婴儿死亡率下降是人口发展趋向均衡的表现。

1949～2012 年，北京市婴儿死亡率基本处于下降状态，趋向于人口均衡发展（图 4-28，表 4-13）。1949～1975 年是一个快速大幅下降的阶段，从 1949 年的 117.6‰ 下降到 1975 年的 12.4‰，减少了 105.2‰。1995～2000 年再次出现较大幅度下降，由 11.5‰ 减少到 5.36‰，减少了一半还多。2000 年之后下降缓慢，2012 年婴儿死亡率为 2.87‰，同时期世界上婴儿死亡率低于这个值的国家仅有日本（2.4‰）和新加坡（2.3‰）。

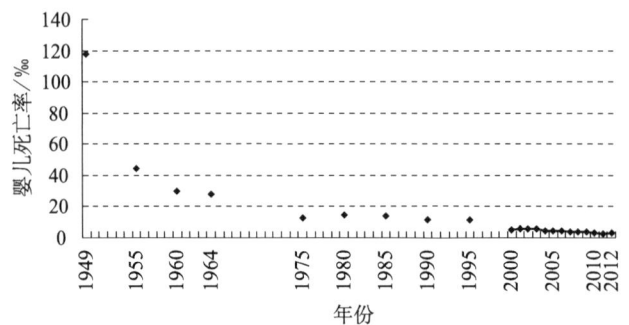

图 4-28　北京市户籍人口婴儿死亡率（1949～2012 年）
资料来源：北京市公共卫生信息网站，http://www.phic.org.cn/tonjixinxi/

表 4-13　北京市户籍人口婴儿死亡率（1949～2012 年）

年份	婴儿死亡率/‰	年份	婴儿死亡率/‰
1949	117.60	2002	5.56
1955	44.50	2003	5.89
1960	29.80	2004	4.61
1964	27.90	2005	4.35
1975	12.40	2006	4.66
1980	14.80	2007	3.89
1985	13.90	2008	3.70
1990	11.70	2009	3.49
1995	11.50	2010	3.29
2000	5.36	2011	2.84
2001	6.01	2012	2.87

资料来源：北京市公共卫生信息网站，http://www.phic.org.cn/tonjixinxi/

3. 孕产妇死亡率

孕产妇死亡率是指某一时期某地区每出生 10 万个活产婴儿会有多少名孕产妇死亡。联合国 2000 年通过的八个千年发展目标之一就是改善孕产妇健康，即

1990～2015年期间将孕产妇死亡率减少3/4。

北京市孕产妇死亡率从1949年的685.0人/10万人减少到1955年的40.0人/10万人，到1990年进一步降到25.0人/10万人，2000年又降到9.7人/10万人，此后，孕产妇死亡率在6.1～18.5人/10万人，2012年降到6.1人/10万人（图4-29，表4-14）。按照联合国提出的千年发展目标，孕产妇死亡率降至1990年的1/4，达到6.3人/10万人水平，北京市在2012年就实现了此目标，提前了3年。在亚洲，近10年北京市孕产妇死亡率水平与日本（6人/10万人）、韩国（14人/10万人）和新加坡（14人/10万人）等国家相近。

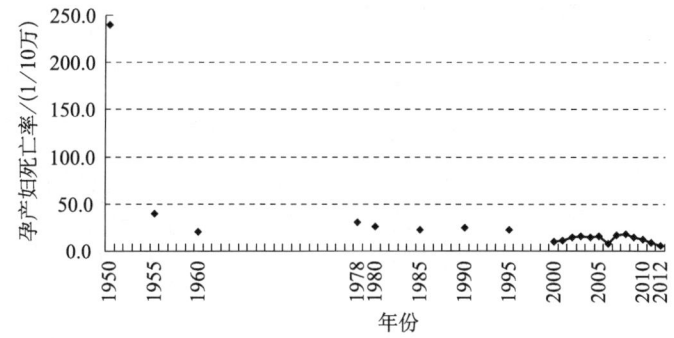

图4-29　北京市户籍人口孕产妇死亡率（1950～2012年）
资料来源：北京市公共卫生信息网站，http://www.phic.org.cn/tonjixinxi/

表4-14　北京市户籍人口孕产妇死亡率（1949～2012年）

年份	孕产妇死亡率/（1/10万）	年份	孕产妇死亡率/（1/10万）
1949	685.00	2002	15.10
1950	240.00	2003	15.60
1955	40.00	2004	15.20
1960	20.00	2005	15.90
1978	31.00	2006	7.87
1980	26.30	2007	16.74
1985	22.90	2008	18.52
1990	25.00	2009	14.55
1995	22.30	2010	12.14
2000	9.70	2011	9.09
2001	11.70	2012	6.05

资料来源：北京市公共卫生信息网站，http://www.phic.org.cn/tonjixinxi/

二、科学文化素质

科学文化素质是指某时期某地区人口的文化知识、科学技术水平、生产经验和劳动技能等。生产经验和劳动技能等暂时未有统一测量指标，目前多选用人口接受学校教育状况的指标反映科学文化素质，如文盲率、受教育程度构成和平均受教育年限等。科学文化素质提升是人口趋向均衡的重要体现。

1. 文盲率

北京市文盲人口规模持续缩减，人口素质提升，人口向均衡化发展。2010年文盲人口为33.3万人，比1982年减少了81.4万人，年均减少3.0万人。文盲率也由1982的16.0%减少到2010年的1.9%，减少了14.1%，年均减少0.5%（图4-30和表4-15）。北京市的文盲率一直大大低于全国平均水平，2010年全国文盲率为4.08%，是北京市的2.1倍。

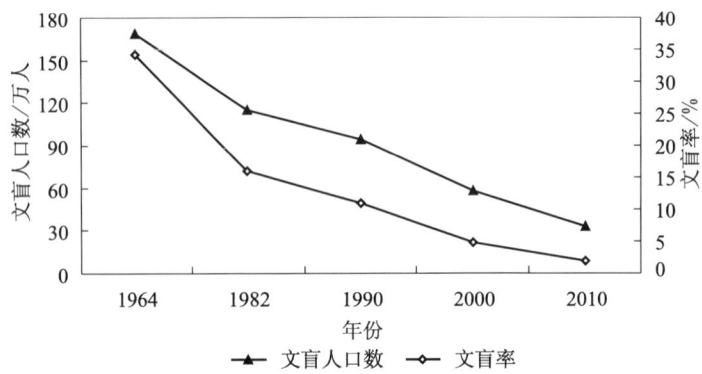

图4-30　北京市文盲人口数和文盲率（1964～2010年）

注：1964年的文盲人口数为12周岁及以上文盲和半文盲人口数，1982年、1990年、2000年、2010年的文盲人口数为15周岁及以上文盲和半文盲人口数。文盲率是指15周岁及以上人口中，文盲人口和半文盲人口所占比重

资料来源：2012年《北京统计年鉴》

表4-15　1964～2010年北京市文盲人口数和文盲率

年份	文盲人口数/万人	文盲率/%
1964	168.9	34.2
1982	114.7	16.0
1990	94.3	10.9
2000	57.8	4.9
2010	33.3	1.9

注：1964年的文盲人口数为12周岁及以上文盲和半文盲人口数，1982年、1990年、2000年、2010年的文盲人口数为15周岁及以上文盲和半文盲人口数。文盲率是指15周岁及以上人口中，文盲人口和半文盲人口所占比重

资料来源：2012年《北京统计年鉴》

2. 受教育程度构成

历次人口普查数据显示，北京市人口受教育结构呈现全面提升的态势。每10万人拥有的各种受教育程度的人口变化趋势如图4-31和表4-16所示，小学人口数呈现快速下降的趋势，由1964年的31 883人减少到9956人，减少了2/3还多。而初中、高中和中专在1964～2000年呈增加态势，分别由1964年的

11 768人和4513人增加到2000年的34 380人和23 165人，初中人口数翻了3倍，高中和中专人口数翻了5倍；2010年这2个受教育程度的人口数均有不同程度的减少，初中人口数为31 396人，比2000年减少了2984人，高中和中专人口数也减少了1945人降至21 220人。大专及以上人口数一直保持迅猛增长，特别是2000～2010年增长迅速，由16 839人增加到31 499人，10年间几乎翻了一倍，在国内属于领先水平，是全国平均水平8930人的3.5倍。

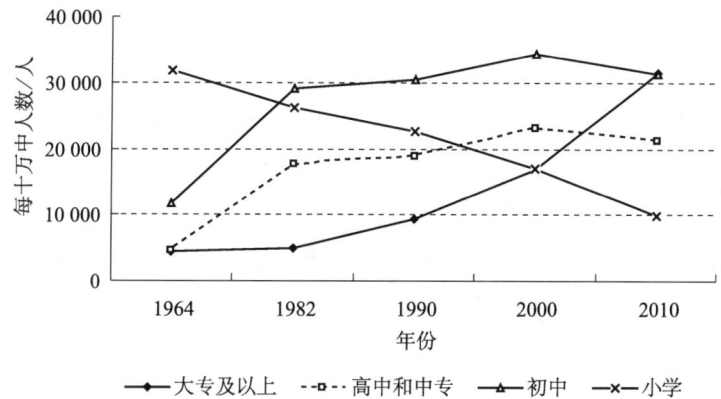

图4-31　北京市人口每十万人口拥有的各种受教育程度人口（1964～2010年）
资料来源：2012年《北京统计年鉴》

表4-16　北京市人口受教育程度构成（1964～2010年）

年份	每10万人口拥有的各种受教育程度人口/人				受教育程度构成/%			
	大专及以上	高中和中专	初中	小学	大专及以上	高中和中专	初中	小学
1964	4 359	4 513	11 768	31 883	8.3	8.6	22.4	60.7
1982	4 866	17 646	29 086	26 197	6.3	22.7	37.4	33.7
1990	9 300	18 978	30 551	22 579	11.4	23.3	37.5	27.7
2000	16 839	23 165	34 380	16 963	18.4	25.4	37.6	18.6
2010	31 499	21 220	31 396	9 956	33.5	22.6	33.4	10.6

资料来源：2012年《北京统计年鉴》

与此相应，小学人口比例不断下降，由1964年的60.7%下降到1982年的33.7%，到2010年减少至10.6%；初中、高中和中专人口比例先上升后下降，分别由1964年的22.4%和8.6%上升到2000年的37.6%和25.4%，然后下降到2010年的33.4%和22.6%；大专及以上比例不断上升，从1964年的8.3%上升到2000年的18.4%，之后快速上升，到2010年达到33.5%，此时，3个人中就有1人接受过大专及以上教育，如图4-32和表4-16所示。

3. 平均受教育年限

平均受教育年限是反映受教育程度的综合性指标，表示每人平均接受学校教育的年数，平均受教育年限的提升是人口均衡发展的重要体现之一。北京市

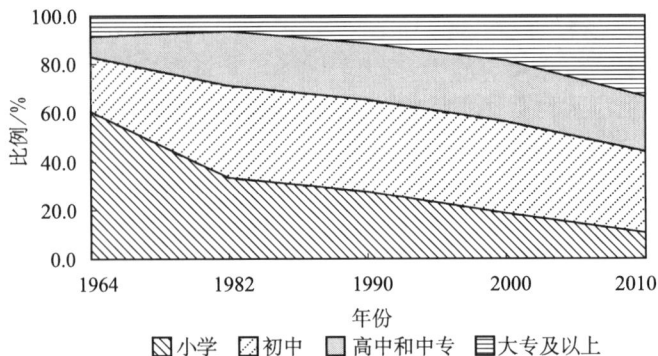

图 4-32　北京市人口受教育程度构成（1964～2010 年）
资料来源：2012 年《北京统计年鉴》

人口平均受教育年限从 1964 年的 5.3 年逐步增加到 2010 年的 11.5 年，46 年间翻了一番多，从小学五年级提升到高中二年级，如图 4-33 所示。2010 年全国人口平均受教育年限为 8.8 年，北京市比全国多 2.7 年。

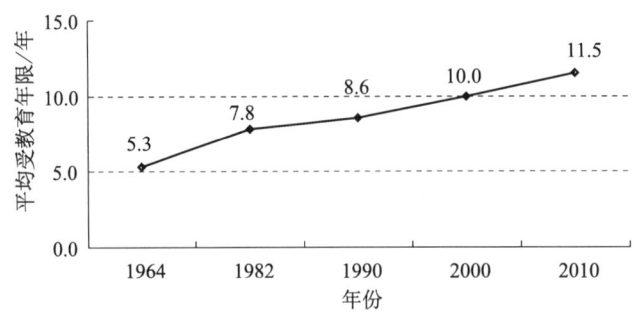

图 4-33　北京市人口平均受教育年限（1964～2010 年）
资料来源：2012 年《北京统计年鉴》

第四节　人口内部均衡发展状况评判

人口内部均衡表现为人口规模适度、人口结构合理和人口素质全面提升，以及各要素之间的力量作用平衡。1950～2011 年北京市人口发展呈现如下特点。

一、人口规模状况

北京市人口规模再三突破适度目标，自然增长趋向均衡，迁移增长趋向严重不均衡。

北京市人口规模大，增速快。按照现有区划面积，1950年时总人口为429.9万人，1986年超过1000万人，2000年开始快速增长，2007年进一步提速，到2011年多达2018.6万人，并且有进一步增长的趋势。目前，北京市人口规模相当于一个澳大利亚的全国人口，相当于两个捷克的人口，三个以色列的人口，或四个新加坡的人口。北京市人口不仅规模庞大，增长也非常迅速，北京在全国31个省（自治区、直辖市）中是人口增长率最高的地区。

北京市人口规模问题，一直是北京城市建设发展战略中具有重要地位的大问题（杜午禄，1997）。人口规模过大是长期困扰北京的一个大问题（黄荣清等，2011）。从制定第一个五年规划开始，北京市就明确了"必须采取有效措施"，"控制北京市人口的盲目增加，减少城市人口"的思路。此后，北京市从来没有停止过控制人口的努力，甚至提出过"北京人口任何时候都不要超过1000万人"的严格要求。1986年就突破了1000万人，而且此后人口规模只增不减。《北京城市总体规划（1991~2010）》提出，2010年北京市常住人口控制在1250万左右，仅仅4年后，1995年就已达到1250万人。《北京城市总体规划（2004~2020）》又提出，2020年北京的总人口规模要控制在1800万人。5年后，2009年北京市总人口已达到1860.0万人。北京市人口适度目标的调控历史始终是步步为营，节节败退（段成荣等，2011）。

事实上，北京市人口规模的发展对社会经济产生了巨大拉动作用（姜向群和秦艳艳，2011），积极作用不容忽视。同时，人口规模庞大且增长迅速的现状也产生了消极作用，具体可分为两类：一类是人口相对过大，由于人口规模增长过快导致的对城市基础设施、公共服务体系和城市环境等带来的负面影响，这类问题可以通过增加投入、提高城市管理水平等手段逐步改善并加以解决，通常是时期性的问题。例如，北京的交通拥堵问题，可以认为主要是人口相对过大引起的，通过调整北京的产业布局、人口分布、增加公共交通网络和改变人们的出行方式等，交通拥堵问题应该可以逐步解决。另一类是人口绝对过大，由人口规模过大带来的，并且按照现在的科技水平、经济条件又难以解决的问题。譬如，北京的水资源问题，每年靠从河北、山西、天津等自身都缺水的地方调水，或者大量超采地下水甚至不惜以环境的破坏为代价来维持北京的正常运转（黄荣清等，2011）。北京的人口规模，既有相对过大问题，又有绝对过大问题，尤其是绝对过大的问题是相当长的时期都难以解决的问题，所以，近几十年来学界和官方基本达成共识，认为北京市的人口控制是非常必要的。

北京市人口自然增长趋向均衡状态，对人口规模增长影响作用越来越小。北京市的人口增长中，自然增长发挥着重要的影响作用，是人口规模增长的内在因素，90年代以前是人口增长的主要因素，在相当长的一段时期内人口的自然增长率一直在10.0‰以上。90年代以后，自然增长率降至4.0‰以下，2003年还曾出现负增长。自然增长对北京市人口规模增长的作用变得越来越小。

迁移增长趋向严重不均衡状态，对人口规模增长影响作用越来越大。人口迁移增长是人口规模扩大的外在因素，自70年代以来，北京市人口几乎一直是进大于出，而且增幅日益上升。1990年以后，人口迁移增长成为北京市人口增长的主导因素，占92.0%以上。特别是2000年以后，人口净迁入率基本在20.0‰以上。常住外来人口规模一直呈现增加趋势，1990年北京市常住外来人口53.8万人，占总人口总数的5.0%；到1995年外来人口规模就突破100万人，达到180.8万人，比例提升至14.5%；到2011年时北京市常住外来人口已经达到742.2万人，占常住总人口的36.8%。

二、人口结构状况

人口年龄结构正在偏离均衡，性别结构常常处于失衡状态。

从1964年至今，北京市人口年龄结构发展态势为少年儿童人口（0~14岁）减少，劳动适龄人口（15~64岁）和老年人口（65岁及以上）增加，人口越来越老，偏离均衡态势。少年儿童人口比例从1964年的41.5%降到1990年的20.2%，2003年进一步降到10.6%，2006年之后再未超过10.0%，2010年已经低到8.6%。少年儿童人口比例过低，导致地区人口易老化，缺少活力，人口年龄结构发展不均衡。劳动适龄人口保持较高比例，人口红利还将进一步发挥作用。1980~2006年，劳动适龄人口比例在70%~80%之间波动，2007年之后增加到80%以上。总抚养比较低，并且呈下降趋势。

老年人口比例呈增长态势，90年代初北京市提前进入老龄化社会，比全国水平领先了近10年。北京这样一个由于人口革命、科技教育、医疗健康发展与人口长寿引发的人口老龄化，应视为首都人口物质、健康生活质量提高和社会进步的成果，是北京市社会发展的重大成就之一（王树新，2003）。值得注意的是，大量青壮年外来人口的涌入，弱化了北京市老龄化程度。事实上，户籍人口不仅老龄化程度比较高，2011年65岁及以上户籍老年人口占户籍总人口的14.1%，而且高龄化程度也非常高，同年85岁及以上户籍人口占65岁及以上户籍人口的9.0%。不容忽视的是，2011年40~59岁户籍人口占户籍总人口的34.9%，未来50年北京市可能将面临更为严峻的老龄化考验，需要未雨绸缪。

北京市总人口性别比仅在1982、2005~2007等少数年份处于或接近于均衡状态，在92~102的正常值域范围内，其他绝大多数年份总人口性别比都高于正常值，表现出男多女少的不均衡状态。尤其是出生性别比的失衡最为严重，2000年达到110.6，2010年进一步攀升至112.1，超过103~107的正常值域范围，但仍低于全国绝大部分省（自治区、直辖市）。有研究发现，出生性别比偏高会降低人口的规模，加速老龄化，出生性别比作为性别比的起点对总人口性别比和婚配性别比都产生直接的影响（陈卫和李敏，2010）。

北京市人口性别年龄金字塔由1953年的金字塔型逐步变为2010年的橄榄球型，充分体现了人口年龄性别结构向不均衡方向的发展。

三、人口素质状况

人口的健康和文化教育素质全面提升。

北京市人口的健康素质发展趋势符合人口均衡发展趋势，1950～2011年北京市人口健康素质一直处于全面提升的状态中。具体而言，①预期寿命不断增长，从1989年的72.6岁增加到2012年的81.4岁，22年增加了8.7岁，年均增加0.4岁，北京市人口平均预期寿命长期高于全国平均水平，并且有逐步拉大差距的趋势。②婴儿死亡率持续下降，从1949年的117.6‰下降到1975年的12.4‰，2012年又大幅下降到2.87‰，已经达到世界极低水平。③孕产妇死亡率不断下降，从1949年的685.0人/10万人减少到1990年的25.0人/10万人，2012年又降到6.1人/10万人，提前3年实现联合国提出的千年发展目标。

北京市人口的文化教育素质也在不断提升。①文盲率由1982的16.0％减少到2010年的1.9％。②小学受教育程度人口比例大幅减少，初中及以上人口比例大幅上升，特别是大专及以上人口迅猛增长，在国内处于领先水平。③平均受教育年限从1964年的5.3年逐步增加到2010年的11.5年，46年间翻了一番多，2010年北京市人口平均受教育年限比全国多2.7年。

总体而言，在1950～2011年的发展历程中北京市人口部分方面处于或趋向于均衡，如自然增长率、人口健康素质、人口文化教育素质等，部分方面正在远离均衡状态，如净迁入率、总人口性别比、出生性别比、年龄结构等，达到总体全面均衡任务还十分艰巨。

参 考 文 献

阿瑟·哈伯特，托马斯·凯恩.2001.人口手册.汤梦君译.北京：中国人口出版社
北京市第五次人口普查办公室.2002.北京市2000年人口普查资料.北京：中国统计出版社
陈卫，李敏.2010.中国出生性别比偏高的长期人口后果.人口与发展，(4)：33-37，52
杜午禄.1997.城市人口规模要与城市功能发展相适应.北京社会科学，(3)：29-32
段成荣.2011.北京市人口规模调控：历史和现实的可能性.人口与经济，(3)：24-36
范菁菁.1994.中国人口年龄性别结构.北京：中国人口出版社

黄荣清，段成荣，陆杰华，等.2011.北京人口规模控制.人口与经济，(3)：24-36

姜向群，秦艳艳.2011.以科学、合理的功能定位认识北京市的人口规模问题.北京社会科学，(2)：53-57

跨世纪的中国人口北京卷编委会.1994.跨世纪的中国人口：北京卷.北京：中国统计出版社

李慕真.1987.中国人口 北京分册.北京：中国财政经济出版社

刘铮.1985.人口理论教程.北京：中国人民大学出版社

刘铮.1986.人口学辞典.北京：人民出版社

乔晓春，李建民，陈卫，等.2000.人口学教程.北京：人民教育出版社

王树新.2003.北京市人口老龄化与积极老龄化.人口与经济，(4)：1-7+13

邬沧萍.2003.社会老年学.北京：中国人民大学出版社

姚新武，尹华.1994.中国常用人口数据集.北京：中国人口出版社

游允中.2000.六十亿世界人口.北京：中国人口出版社

查瑞传.1991.人口普查资料分析技术.北京：中国人口出版社

翟振武，刘爽，段成荣.1993.常用人口统计公式手册.北京：中国人口出版社

中共中央党校教务部，国家人口和计划生育委员会宣教司.2009.人口理论概要.北京：中共中央党校出版社

庄亚儿，张丽萍.2004.1990年以来中国常用人口数据集.北京：中国人口出版社

第五章

北京市人口与经济社会均衡发展

一定数量人口的存在,是一切社会结构体系存在和发展的前提。从经济发展角度来看,人口是经济活动的主体,可以通过改变劳动力的数量、质量投入来促进或延缓经济的发展,二者均衡发展要求人口再生产的数量增长、结构配置、素质提高等同产业结构的调整、劳动生产率的提高,以及就业人口的吸纳和增长匹配。同时,从公共服务角度,人口发展需要公共服务的支撑,公共服务的状况也制约着人口的发展,二者均衡体现为公共服务体系完善、结构合理、质量水平满足人口的需求。

第一节 人口发展与经济增长的均衡关系

在经济学的生产函数中,劳动投入是经济增长的重要要素,更有劳动力经济学,专门研究劳动力与生产的关系及劳动力再生产过程,说明人口和经济的发展关系备受关注。二者均衡关系的判断关系到城市的现实发展。本节从总量和结构等方面探讨人口与经济的匹配关系。

一、人口参与经济活动的现状分析

在正式开始人口与经济关系的分析之前,先研究一下与经济活动有关的人口同总人口的关系。选取劳动参与率和就业人口占总人口比重两个指标,分别用于描述可以参与经济活动的人口的经济参与意愿情况,以及正在参与经济活动的人口在总人口中的占比情况,前者突出反映劳动力的经济活跃程度,后者更多反映的是总人口中在创造经济价值的人口比重情况。

1. 劳动参与率的现状及变化特征

根据世界银行的定义，劳动参与率是指年龄在15岁及以上的人口中从事经济活动的人口比率，用来衡量人们参与经济活动的状况。人口数量一定的情况下，投入到经济中的劳动力数量是不固定的，劳动参与率越高，相当于投入到经济活动中的劳动力数量越多，越利于经济发展；反过来，劳动参与率越低，越不利于经济发展。经济活动人口是指在一定时期内，为各种经济生产和服务活动提供劳动的15岁及以上年龄的人口，包括就业和失业两部分人口。其中，就业人口指从业人员；失业人口是指有劳动能力，在一定时期内没有工作，但有就业意愿并正积极寻找工作机会的人口，限于数据可得性，用年末实有城镇登记失业人员代替失业人口，误差在可接受范围内。

总体上，北京市的劳动参与率经历了先增后减的过程（图5-1），根据世界银行的统计，2010年北京市的劳动参与率低于世界上绝大多数国家[①]，比世界平均水平64.16%低6.2个百分点。从数据数值看（图5-1，表5-1），2000～2011年，北京市的劳动参与率一直维持在52%以上，2000～2001年劳动参与率为52%左右，2002～2003年为55%左右，2004年达到峰值64.95%，此后逐年降低，到2009年低过60%，2010年低至57.96%后开始回升，2011年为58.74%。从增长率的变化情况看，除个别年份外，劳动参与率波动不大（-5%～5%）（图5-1）。

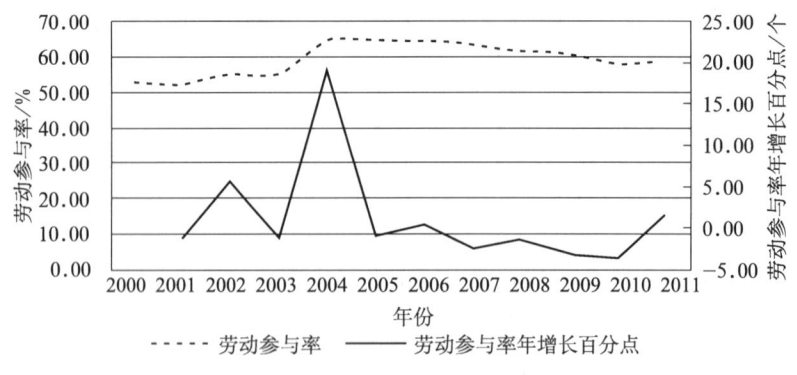

图5-1 2000～2011年北京市劳动参与率及其变化情况

---

① 世界银行统计了214个国家的劳动生产率，有184个国家有数据，其中135个国家的劳动生产率高于北京市。较理想状况是比较北京市同其他主要城市的劳动生产率，但鉴于数据可得性，此处对比北京市同世界其他国家的劳动生产率

表 5-1 2000~2011 年北京市就业人口、失业人口、经济活动人口、劳动适龄人口及劳动参与率

年份	就业人口/万人	失业人口/万人	经济活动人口/万人	劳动适龄人口/万人	劳动参与率/%
2000	619.3	3.3	622.6	1178.5	52.83
2001	628.9	5.2	634.1	1214.1	52.23
2002	679.2	6.0	685.2	1243.8	55.09
2003	703.3	7.0	710.3	1302.6	54.53
2004	854.1	6.5	860.6	1325.0	64.95
2005	878.0	10.6	888.6	1381.0	64.34
2006	919.7	10.4	930.1	1442.1	64.50
2007	942.7	10.6	953.3	1514.6	62.94
2008	980.9	10.3	991.2	1599.2	61.98
2009	998.3	8.2	1006.5	1675.0	60.09
2010	1031.6	7.7	1039.3	1793.1	57.96
2011	1069.7	8.1	1077.8	1834.9	58.74

资料来源：劳动适龄人口数据来自于 2002~2012 年的《北京统计年鉴》，其他数据来自于 2012 年《北京统计年鉴》

2. 就业人口比重的现状及变化特征

就业人口（即从业人员）占总人口的比重可以衡量全社会人口中正在从事经济活动的人口情况。该指标与劳动参与率的区别在于，劳动参与率衡量的是 15 岁及以上人口中在参与经济活动的和有意愿、有能力参与经济活动人口数占该年龄段人口总数的比重。首先，它没有直观反映正在从事经济活动的人口的经济活动参与状况（因加入了失业人口）；其次，劳动参与率没有反映劳动人口与总人口关系，即在计算劳动参与率的时候，分母中不包括 14 岁及以下少年儿童人口数。

北京市 2000~2011 年就业人口与总人口的比值呈现先增后减并逐渐趋于平稳的趋势（图 5-2，表 5-2）。其中，2000~2003 年比值小于 50%，2004 年比值激增到 57.22%，此后直至 2011 年都维持在 52% 以上。总体上，就业人口和总人口关系较为稳定。

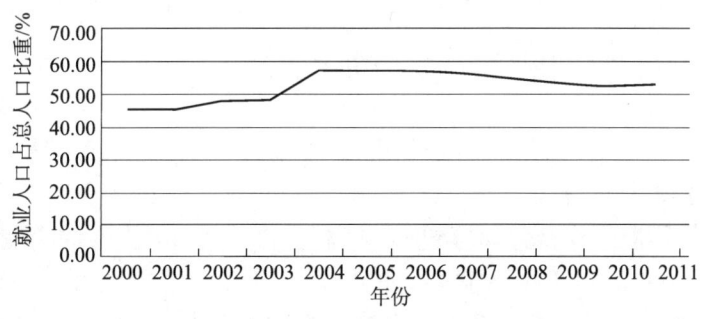

图 5-2 2000~2011 年北京市就业人口占总人口比重

表 5-2　2000～2011 年北京市总人口和就业人口的数量及增长状况

年份	总人口		就业人口		就业人口/ 总人口/（%）	就业人口增速 与人口增速之比/%
	总量/万人	增速/%	总量/万人	增速/%		
2000	1363.6	8.46	619.3	0.11	45.42	0.01
2001	1385.1	1.58	628.9	1.55	45.40	0.98
2002	1423.2	2.75	679.2	8.00	47.72	2.91
2003	1456.4	2.33	703.3	3.55	48.29	1.52
2004	1492.7	2.49	854.1	21.44	57.22	8.60
2005	1538.0	3.03	878.0	2.80	57.09	0.92
2006	1601.0	4.10	919.7	4.75	57.45	1.16
2007	1676.0	4.68	942.7	2.50	56.25	0.53
2008	1771.0	5.67	980.9	4.05	55.39	0.71
2009	1860.0	5.03	998.3	1.77	53.67	0.35
2010	1961.9	5.48	1031.6	3.34	52.58	0.61
2011	2018.6	2.89	1069.7	3.69	52.99	1.28

资料来源：2012 年《北京统计年鉴》

计算就业人口年增长率与总人口年增长率之比，当比值大于 1 时，就业人口占总人口比重会增加，反之则会减少。总体来看，2001 年、2003 年、2005～2011 年比值介于 0 和 2 之间（图 5-3，表 5-2），就业人口增长与总人口增长关系较为协调平稳。

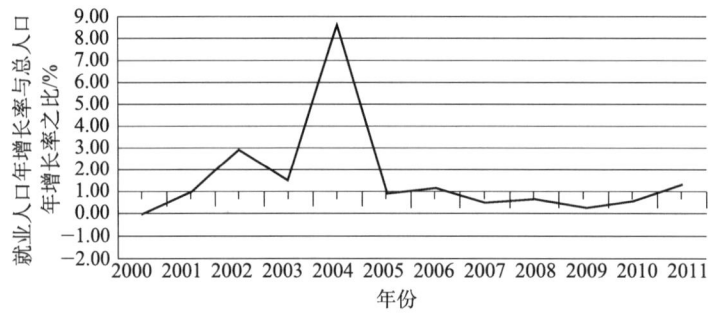

图 5-3　2000～2011 年北京市就业人口年增长率与总人口年增长率之比

二、人口与经济增长的互动关系

下面从总量和结构两个角度分析人口和经济增长的关系。总量上，选取人口增长与经济增长的弹性系数作为测度指标；结构上，分析了北京市人口红利现状及 21 世纪以来的变化情况。

1. 人口与经济增长的协调发展关系

用人口增长与经济增长的弹性系数衡量人口和经济的协调关系。弹性系数是指某个地区在某个时期的人口增长率与同一时期的经济增长率的比值，常被用于衡量人口与经济协调发展的程度。当弹性系数大于或等于1时，人口与经济发展的关系为"社会停滞级"，0.21~0.99为"社会渐进级"，0.2及以下为"社会协调发展级"（胡春春，2012）。弹性系数越低，表明人口与经济发展的协调度越高。

2001~2011年，北京市的人口增长与经济增长弹性系数都小于1（图5-4，表5-3）。以2005年为界，前后可以分为两个时期：第一个时期为2001~2005年，增长弹性系数不超过0.2，处于社会协调发展级，人口和经济关系协调；第二个时期为2006~2010年，增长弹性系数大于0.2小于0.99，为社会渐进级，人口和经济的关系较不协调，有待改善。但到2011年，增长弹性系数回落到0.2以下，为0.19，并且，从2009年开始，增长弹性系数直线下降，表明人口与经济发展在2011年达到均衡并有继续维持均衡状态的趋势。

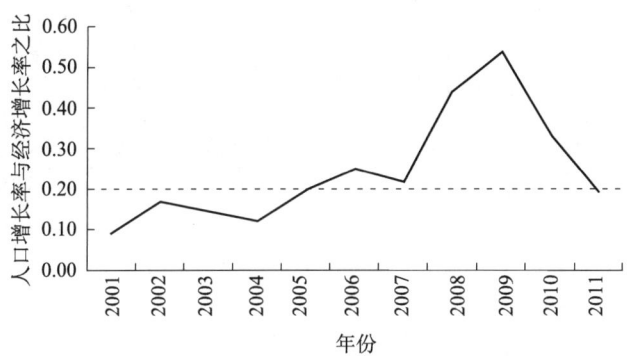

图5-4 2001~2011年北京市人口增长与经济增长的弹性系数
资料来源：2012年《北京统计年鉴》

表5-3 2001~2011年北京市人口与经济总量、增长率及增长弹性系数

年份	总人口/万人	人口增长率/%	GDP/亿元	GDP增长率/%	人口增长与经济增长的弹性系数
2001	1 385.1	1.58	3 708.0	17.28	0.09
2002	1 423.2	2.75	4 315.0	16.37	0.17
2003	1 456.4	2.33	5 007.2	16.04	0.15
2004	1 492.7	2.49	6 033.2	20.49	0.12
2005	1 538.0	3.03	6 969.5	15.52	0.20
2006	1 601.0	4.10	8 117.8	16.48	0.25
2007	1 676.0	4.68	9 846.8	21.30	0.22
2008	1 771.0	5.67	11 115.0	12.88	0.44
2009	1 860.0	5.03	12 153.0	9.34	0.54
2010	1 961.9	5.48	14 113.6	16.13	0.34
2011	2 018.6	2.89	16 251.9	15.15	0.19

资料来源：2012年《北京统计年鉴》

2. 人口红利及其对经济增长的影响

人口红利的概念是由安德鲁·梅森于1997年提出的，随后联合国人口基金会

在《世界人口现状1998》报告中使用了人口红利一词,此后,布鲁姆与威廉姆森将"中间大、两头小"的人口结构视为人口红利。人口红利的概念至今无定论,但基本认同人口红利包含两大基本要素:一是劳动年龄人口数量较多,二是社会抚养负担较轻(雷晓康和张楠,2011)。一般用抚养比来衡量人口红利,以瑞典1957年生命表人口为基准,将少年儿童抚养比、老年人口抚养比及总抚养比分别低于30%、23%、53%(以65岁为老年起始年龄)时的人口发展水平确定为人口红利期。其中,总抚养比是被抚养人口(0~14岁和65岁及以上人口)与15~64岁人口的比值,老年人口抚养比是65岁及以上人口与15~64岁人口之比,少年儿童人口抚养比是0~14岁人口与15~64岁人口之比。陈友华(2005)以此为标准,进一步细分人口红利期,将其分为人口暴利、人口高利、人口红利和人口微利四种类型(表5-4),以65岁作为老年起始年龄,总抚养比在53%及其以下均有人口红利,其中,总抚养比小于44%存在人口暴利,在44%~47%为人口高利,在47%~50%有人口红利,在50%~53%还有人口微利。

表5-4 基于瑞典1957年生命表人口基础的人口红利盈亏平衡与人口负债期的界定标准

指标	人口红利/%				盈亏平衡/%	人口负债/%			
	微利	红利	高利	暴利		微债	负债	高债	极高债
总抚养比	50~53	47~50	44~47	<44	53~59	59~32	32~65	65~68	>68
少年儿童抚养比	28.5~30	27~28.5	25.5~27	<25.5	30~33	33~34.5	34.5~36	36~37.5	>37.5
老年人口抚养比	21.5~23	20~21.5	18.5~20	<18.5	23~26	26~27.5	27.5~29	29~30.5	>30.5

对照表5-4,北京市2011年的总抚养比、少年儿童抚养比和老年人口抚养比分别为22.10%、11.11%和10.99%,处于人口红利期,并属于人口暴利型。2000~2011年(图5-5,表5-5),总抚养比均低于44%,说明从21世纪以来,北京市一直处于人口红利期,并属人口暴利型。其中,总抚养比总体上呈现下降趋势(图5-6);少年儿童抚养比同总抚养比变化趋势相同;而老年人口抚养比呈现先增后减的态势,结果是,2011年(10.99%)同2000年(10.81%)的老年人口抚养比基本一致。

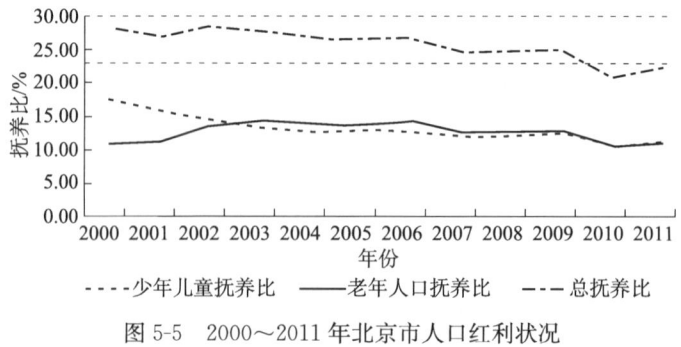

图5-5 2000~2011年北京市人口红利状况

表 5-5　2000～2011 北京市少年儿童、劳动适龄人口、老年人口比重及抚养比情况

年份	少年儿童抚养比/%	老年人口抚养比/%	总抚养比/%	人口比重/%		
				少年儿童人口	劳动适龄人口	老年人口
2000	17.42	10.81	28.23	13.59	77.99	8.43
2001	15.68	11.30	26.99	12.35	78.75	8.90
2002	14.70	13.86	28.56	11.44	77.99	10.78
2003	13.50	14.32	27.82	10.56	78.24	11.20
2004	12.62	14.10	26.71	9.96	78.92	11.12
2005	12.92	13.66	26.58	10.21	79.00	10.79
2006	12.58	14.18	26.76	9.93	78.89	11.19
2007	12.01	12.72	24.73	9.63	80.17	10.20
2008	12.12	12.85	24.98	9.70	80.01	10.29
2009	12.44	12.64	25.08	9.94	79.95	10.11
2010	10.41	10.54	20.94	8.60	82.68	8.71
2011	11.11	10.99	22.10	9.10	81.90	9.00

资料来源：2002～2012 年《北京统计年鉴》

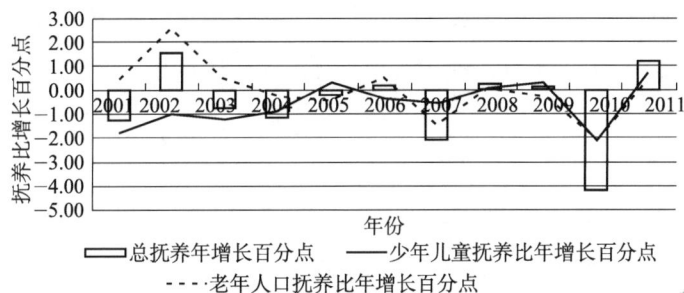

图 5-6　2001～2011 年北京市少年儿童、老年人口和总抚养比增长情况

人口红利通过人口年龄结构转变所带来的庞大劳动力数量来刺激经济增长，这种刺激来源于三个方面：一是劳动力规模和分工效应，即劳动力供给数量上升，分工效应增强，提高总产出和人均收入水平；二是劳动参与率，年龄结构优势带来高劳动参与率，促进储蓄和投资，进而促进经济增长；三是劳动力质量，质量提高可促进生产率提升，从而增加产出（雷晓康和张楠，2011）。

此外，兑现人口红利，进而促进经济增长需要满足一定条件：首先，人力资源要被充分利用，即充分就业，未充分就业的劳动力不仅不能发挥其优势，反而会成为社会的负担人口（于学军，2006）；其次，劳动力能够自由流动，城市是一个开放系统，人口自由流动可快速实现劳动力的动态平衡；最后，劳动力素质的提高，劳动力数量占绝对优势时，劳动力的低成本、充分就业可推动经济增长，但如果劳动力数量减少，就必须以劳动力质量取代数量，通过提高劳动生产率促进经济增长（雷晓康和张楠，2011）。

采用柯布-道格拉斯生产函数来衡量人口红利对经济的贡献，函数如下。

$$Y = AL^{\alpha}K^{\beta}$$

两边取对数得到

$$\ln Y = \ln A + \alpha \ln L + \beta \ln K + u$$

加入抚养比 f_o 以衡量人口红利对经济的作用（陈志科和邓文志，2012），得到

$$\ln Y = \ln A + \alpha \ln L + \beta \ln K + \gamma f_o + u$$

其中，因变量 Y 为经济产出，用地区生产总值代表；L 为劳动力投入，采用从业人员数表示；K 是资本投入，用全社会固定资产投资总额表示；A 是全要素生产率参数；f_o 是总抚养比；α 为劳动力投入的产出弹性系数；β 为资本投入的产出弹性系数；γ 为总抚养比对经济增长的边际影响参数；u 为随机误差项。参数赋值见表5-6。

表5-6 各变量赋值

年份	地区生产总值/亿元	从业人员数/万人	全社会固定资产投资总额/亿元	总抚养比
2000	3 161.7	619.3	1 297.4	0.28
2001	3 708	628.9	1 530.5	0.27
2002	4 315	679.2	1 814.3	0.29
2003	5 007.2	703.3	2 157.1	0.28
2004	6 033.2	854.1	2 528.3	0.27
2005	6 969.5	878.0	2 827.2	0.27
2006	8 117.8	919.7	3 371.5	0.27
2007	9 846.8	942.7	3 966.6	0.25
2008	11 115	980.9	3 848.5	0.25
2009	12 153	998.3	4 858.4	0.25
2010	14 113.6	1 031.6	5 493.5	0.21
2011	16 251.9	1 069.7	5 910.6	0.22

利用SPSS15.0进行多元线性回归，得到回归方程如下：

$$\ln Y = -0.082 + 0.433\ln L + 0.825\ln K - 2.012 f_o$$

回归结果显示，总抚养比与经济增长负相关，二者边际影响参数为-2.01，即在其他要素保持不变的情况下，总抚养比每下降1个单位，经济约增长2个百分点。由此可以得出，抚养比越低，经济增长效果越明显的结论。表明现阶段，在总抚养比较低的情况下，北京市经济中确实存在抚养比降低所带来的经济发展。劳动力投入与经济增长正相关，在其他要素不变的情况下，劳动力每增加1个百分点，经济增长0.43个百分点，因此，现阶段，增加劳动力投入仍会促进北京市的经济发展。

三、与经济匹配的适度人口规模测算

适度人口规模是指一定目标下的适宜人口数量，经济适度人口就是满足经济与人口均衡发展的人口规模，是综合了人口数量、质量、结构和经济等因素后得到的合理人口规模（彭宇柯，2011）。采用目前研究经济适度人口较为成熟的方法EOP-MM模型进行分析，以人口平衡方程式为基础，推导过程如下。

$$P(t) = P_u(t) + P_a^m(t) + P_a^f(t) + P_o(t)$$

其中，$P(t)$ 为 t 年总人口，$P_u(t)$ 为 t 年少年儿童人口，$P_a^m(t)$ 是 t 年劳动适龄人口中的男性人口，$P_a^f(t)$ 是 t 年劳动适龄人口中的女性人口，$P_o(t)$ 是老年人口。又有人力资源公式如下：

$$\text{LS}(t) = w_1 P_u(t) + w_2 P_a^m(t) + w_3 P_a^f(t) + w_4 P_o(t) \\ + (1-w_2) P_a^m(t) + (1-w_3) P_a^f(t)$$

其中，$\text{LS}(t)$ 为 t 年劳动力总量，$w_1 P_u(t)$ 表示少年儿童在业人口，$w_4 P_o(t)$ 表示老年在业人口，$w_2 P_a^m(t)$ 和 $w_3 P_a^f(t)$ 分别代表劳动适龄在业男女人口，$(1-w_2) P_a^m(t)$ 和 $(1-w_3) P_a^f(t)$ 分别代表处于待业、就学、伤残、全职照顾家庭状态的劳动适龄男女人口。

设 $L(t)$ 是 t 年经济活动人口，则有：

$$L(t) = w_1 P_u(t) + w_2 P_a^m(t) + w_3 P_a^f(t) + w_4 P_o(t) = 就业人口 + 失业人口$$

定义 $\text{NL}(t)$ 为 t 年社会上所有的间接、潜在的劳动力资源，即劳动适龄人口中未就业的人口，则：

$$\text{NL}(t) = (1-w_2) P_a^m(t) + (1-w_3) P_a^f(t)$$

人力资源总量 $\text{LS}(t)$ 为社会所有的间接、潜在的劳动力资源与经济活动人口之和，即

$$\text{LS}(t) = L(t) + \text{NL}(t)$$

若令 k 为劳动适龄人口中非在业人口占总人力资源总量的比例，则有

$$\text{LS}(t) = L(t) + k\text{LS}(t)$$

即

$$L(t) = (1-k)\text{LS}(t)$$

人均国内生产总值（GDP）是国内生产总值和人口总量的线性函数，即

$$\frac{\text{GDP}}{P(t)} = F[\text{GDP}, P(t), t]$$

国内生产总值 GDP 取决于各产业劳动力的投入 $L_i(t)$ $(i=1, 2, 3)$ 和相应劳动生产率 $X_i(t)$ 的变化，GDP 等于三次产业产值之和，于是有如下公式：

$$\text{GDP}(t) = \sum_{i=1}^{3}\left[L_i(t) \times \frac{Y_i(t)}{L_i(t)}\right] = \sum_{i=1}^{3}[L_i(t) \times X_i(t)]$$

其中，$Y_i(t)$ 为第 i 产业的产值，人均国内生产总值为

$$\frac{\text{GDP}(t)}{P(t)} = \frac{L(t)}{P(t)} \times \sum_{i=1}^{3}\left[\frac{L_i(t)}{L(t)} \times X_i(t)\right]$$

根据上面各式，可推导出适于经济发展的人口规模的理论模型：

$$P^*(t) = P(t_o) \times \left[\frac{y(t_o)}{y(t)}\right] \times \left[\frac{P_u(t)}{P_u(t_o)}\right]^{m_1} \times \left[\frac{P_o(t)}{P_o(t_o)}\right]^{m_2}$$

$$\times \left[\frac{\mathrm{SHL}(t)}{\mathrm{SHL}(t_o)}\right]^{m_3} \times \left[\frac{k(t)}{k(t_o)}\right]^{1-\frac{\mathrm{LS}(t)}{L(t)}} \times \prod_{i=1}^{3}\left[\frac{X_i(t)}{X_i(t_o)}\right]^{d_i}$$

其中，$P^*(t)$ 表示预测期的合理人口规模，$P(t_o)$ 表示基期人口规模；$y(t_o)$ 表示基期的人均 GDP，$y(t)$ 表示预测期的人均 GDP；$P_u(t_o)$ 是基期的少年儿童人口，$P_u(t)$ 表示预测期的少年儿童人口；$P_o(t_o)$ 表示基期的老年人口，$P_o(t)$ 表示预测期的老年人口；$\mathrm{SHL}(t)$ 表示预测期的劳动适龄人口，$\mathrm{SHL}(t_o)$ 表示基期的劳动适龄人口；$k(t)$ 表示预测期的劳动适龄人口中非在业人口占人力资源总量的比例参数，$k(t_o)$ 表示基期的劳动适龄人口中非在业人口占人力资源总量的比例，劳动适龄人口中非在业人口等于劳动适龄人口总数减去劳动适龄就业人口和失业人口；$\mathrm{LS}(t)$ 是预测期的人力资源总量，即老年在业人口、少年儿童在业人口与劳动适龄人口之和，在业人口等于该年龄组就业人口加上失业人口；$L(t)$ 是预测期的经济活动人口，即就业人口与失业人口之和；$X_i(t_o)$ 表示基期的第 i 产业的劳动生产率，$X_i(t)$ 表示第 i 产业的劳动生产率；幂指数 m_1、m_2、m_3 分别表示少年儿童在业人口、老年在业人口、劳动适龄在业人口占在业人口总量的比率，d_i 表示第 i 产业增加值占 GDP 的比重。

少年儿童人口是指 0~14 岁人口，根据国家有关法律规定，企业雇用应当接受义务教育的未成年人，劳动部门有权对其责罚，使得少年儿童人口就业受到限制，另外，目前北京市对该数据无统计，因此将少年儿童人口占经济活动人口的比率 m_2 赋值为 0，则 $m_2=1-m_3$。选定 2000 年为基期，参数赋值情况见表 5-7。

表 5-7 参数赋值情况

指标	第一产业产值比重/%	第二产业产值比重/%	第三产业产值比重/%	第一产业劳动生产率/（元/人）	第二产业劳动生产率/（元/人）	第三产业劳动生产率/（元/人）
2000 年	0.025	0.327	0.648	10 760	48 695	61 525
2010 年	0.009	0.24	0.751	20 129	168 451	140 968
指标	人口规模/人	人均 GDP/（元/人）	少年儿童人口/人	劳动适龄人口/人	老年人口/人	经济活动人口/人
2000 年	13 163 610	24 127	1 978 090	10 027 090	1 158 430	7 294 460
2010 年	18 494 750	73 856	1 767 260	14 989 220	1 738 270	10 204 550
指标	人力资源总量/人	非在业劳动适龄人口占人力资源总量比例	少年儿童在业人口占在业人口总量的比例	劳动适龄人口在业人口占在业人口总量的比例	老年人口在业人口总量的比例	劳动适龄人口非在业人口占人力资源总量的比例
2000 年	10 091 100	0.278	0.000	0.991	0.009	0.2 778
2010 年	15 033 420	0.321	0.000	0.996	0.004	0.3 212

资料来源：北京市 2000 和 2010 年人口普查长表数据，其中，人均 GDP、三次产业产值比重和三次产业劳动生产率数据来自 2012 年《北京统计年鉴》

按照上述数据和公式计算得到北京市 2010 年的经济适度人口规模为 2531 万人，高于实际人口规模 1849 万人，从经济发展角度，意味着北京还可容纳更多人口和就业。但这一结果并不意味着北京市要通过大量扩增人口来实现人口与经济的适度发展。事实上有三种途径可以促进人口与经济的均衡：一是适度增加人口，尤其劳动力人口；二是提高劳动生产率，即通过提高生产效率实现人口与经济发展相适应；三是提高就业比重和工作年限，提高个体的经济产量，相当于增加人力资源总量。

四、小结

1. 劳动参与率持续降低，但就业人口比重趋稳

北京市的劳动参与率总体上在减少，且低于世界上大多数国家，说明劳动适龄人口参与经济活动的意愿度相对较低。就业人口占总人口的比重也同样是先增后减并逐渐企稳，即能够创造价值的人口比例趋稳。

2. 人口红利水平很高，劳动力资源充沛，极大地刺激了经济的增长

北京市属于人口红利中的暴利型，劳动力资源潜力较大。现阶段北京市总抚养比较低，人口红利发挥了较强的经济促进作用，表明劳动力投入仍是经济增长的引擎。然而，从长远发展考虑，北京市应加大力度提升劳动力的素质水平，将劳动生产率的提高培育为新的经济增长动力。

3. 人口与经济发展总体上处于均衡状态，但人力资本仍需提升

一般情况下，人口增速越低于经济增速，人口和经济关系越协调，但增速间差距过大也表明可能存在劳动力不足的潜在问题。现阶段，北京市人口增长速度慢于经济增长速度，关系较均衡。但适合现在经济发展的人力资源或人力资本仍有较大提升空间，可通过提高劳动生产率等方式促使人口和经济发展关系更为均衡。

第二节 就业与产业发展的匹配关系

根据配第-克拉克定律，随着经济的发展，人均国民收入水平的提高，第一产业国民收入和劳动力的相对比重逐渐下降；第二产业国民收入和劳动力的相对比重上升，经济进一步发展；第三产业国民收入和劳动力的相对比重也开始上升。基于上述规律，本节分析了北京市产值结构与各产业/行业就业结构的关系，以期从产值与就业角度判断人口和经济的均衡状况。

一、分产业就业现状

就业情况的分析包括从业人员的产业与行业分布、分行业的从业人员素质

水平两部分内容，通过这些分析可以得到目前就业吸纳能力、劳动生产率较高的行业类别，作为调节产业和就业人口关系的基础判断依据。

1. 三次产业的就业现状及变化特征

北京市三次产业中（图 5-7，表 5-8），就业吸纳能力最强的是第三产业，第二产业次之，第一产业对就业的吸纳能力最弱，且随时间发展，三次产业从业人员比开始趋稳。2000~2011 年，第一产业和第二产业的从业人员比重逐年下降，而第三产业逐年上升，三次产业的从业人员比重从 2000 年的 11.80∶33.60∶54.60 演变为 2011 年的 5.52∶20.49∶73.99，第三产业占据绝对优势。三次产业从业人员比重开始趋稳，第一产业低于 6%，第二产业约为 20%，第三产业不低于 70%。

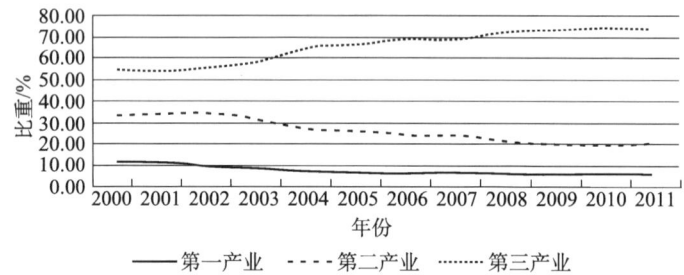

图 5-7　2000~2011 年北京市三次产业从业人员比重

表 5-8　2000~2011 年北京市三次产业从业人员数、比重、增长率

年份	从业人员数/万人			从业人员比重/%			从业人员同比增长率/%		
	第一产业	第二产业	第三产业	第一产业	第二产业	第三产业	第一产业	第二产业	第三产业
2000	72.9	208.2	338.2	11.80	33.60	54.60	-2.15	-3.70	3.14
2001	71.2	215.9	341.8	11.30	34.30	54.40	-2.33	3.70	1.06
2002	67.6	235.3	376.3	10.00	34.60	55.40	-5.06	8.99	10.09
2003	62.7	225.8	414.8	8.90	32.10	59.00	-7.25	-4.04	10.23
2004	61.5	232.8	559.8	7.20	27.30	65.50	-1.91	3.10	34.96
2005	62.2	231.1	584.7	7.10	26.30	66.60	1.14	-0.73	4.45
2006	60.3	225.4	634.0	6.60	24.50	68.90	-3.05	-2.47	8.43
2007	60.9	228.1	653.7	6.50	24.20	69.30	1.00	1.20	3.11
2008	63.0	207.4	710.5	6.43	21.20	72.40	3.45	-9.07	8.69
2009	62.2	199.6	736.5	6.23	19.98	73.78	-1.27	-3.76	3.66
2010	61.4	202.7	767.5	6.00	19.60	74.40	-1.29	1.55	4.21
2011	59.1	219.2	791.4	5.52	20.49	73.99	-3.75	8.14	3.11

资料来源：2012 年《北京统计年鉴》

从增长速度看（表 5-8，图 5-8），2000~2011 年，第一产业和第二产业从业人员增长率均介于-10% 和 10% 之间。其中，第一产业增长率以负值居多，从业人员数日趋缩减；第二产业则时正时负，从业人员数波动式发展，总量变化

不大，一直维持在200万上下；第三产业的从业人员数一直是正增长，增长率多数时间高于3%，增速较快，2011年为791.4万人，比2000年增加了453.2万人，增长高达134%。

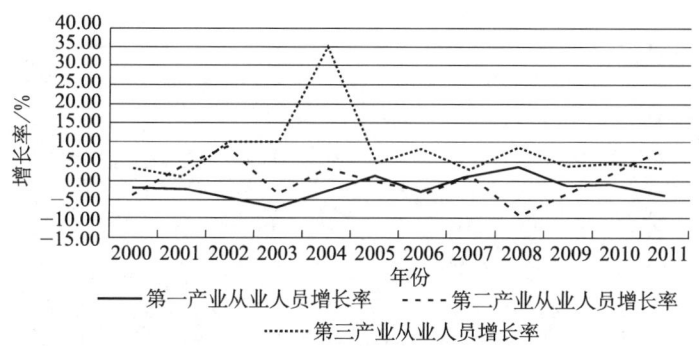

图5-8　2000~2011年北京市三次产业从业人员增长率

2. 各行业部门的就业现状及变化特征

根据北京市统计年鉴，国民行业分20个门类，包括农、林、牧、渔业，采矿业，制造业，电力、燃气及水的生产和供应业，建筑业，交通运输、仓储和邮政业，信息传输、计算机服务和软件业，批发与零售业，住宿和餐饮业，金融业，房地产业，租赁和商务服务业，科学研究、技术服务与地质勘查业，水利、环境和公共设施管理业，居民服务和其他服务业，教育，卫生、社会保障和社会福利业，文化、体育与娱乐业，公共管理与社会组织，国际组织。在北京市的统计年鉴中，无国际组织从业人员数据，因此排除国际组织，本部分分析的行业有19个门类，另外，限于数据可得性，从业人员指的是全市法人单位从业人员。

从图5-9和表5-9可知，2011年，北京市从业人员比重最高的行业是制造业，为15.27%，批发与零售业（12.50%）、租赁和商务服务业（10.57%）次之；比重最低的行业为农、林、牧、渔业，仅为0.33%；此外，比重低于2%的行业还有采矿业（0.75%），电力、燃气及水的生产和供应业（1.02%），水利、环境和公共设施管理业（1.12%），居民服务和其他服务业（1.73%）；其他行业从业人员比重介于2%和8%之间。除去农、林、牧、渔业，从业人员比重最高的行业（制造业）是比重最低行业（采矿业）的20.36倍，差距很大。

从增长速度看（图5-10，图5-11，表5-9），2011年从业人员数增长速度最快的行业为采矿业，电力、燃气及水的生产和供应业，增长率分别达到了47.82%和30.99%；负增长最大的行业为农、林、牧、渔业，增长率为-31.82%，但由于这些行业从业人员基数较小，因此实际变化量并不大。除此，增长较快的行业有金融业，信息传输、计算机服务和软件业，交通运输、仓储和邮政业,建筑业,增长率均达到10%以上;负增长幅度较大的行业为租赁和商务服务业,增长率为-14.68%。

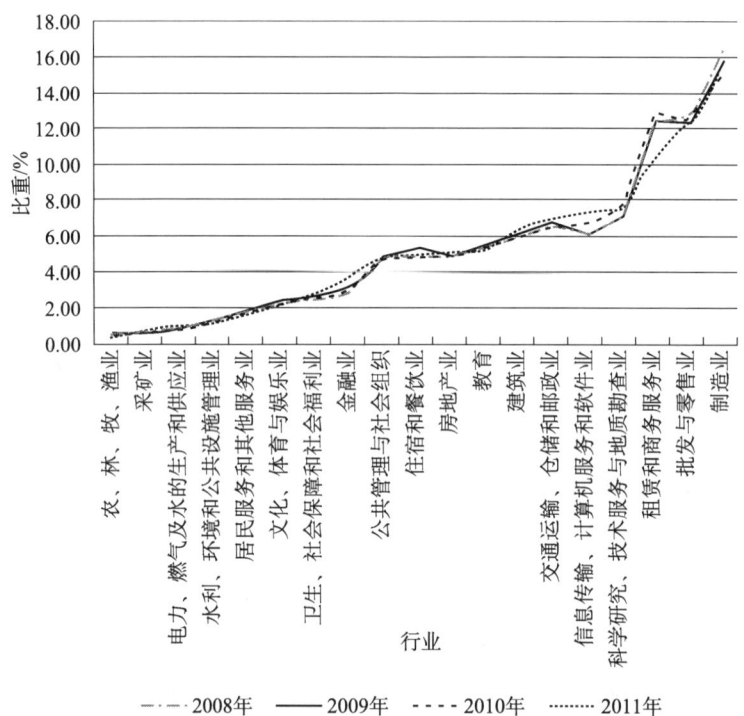

图 5-9 2008~2011 年北京市分行业从业人员比重

表 5-9 2008~2011 年北京市分行业从业人员及增长情况

行业	全市法人单位年末从业人员数/万人				全市法人单位年末从业人员比重/%				全市法人单位年末从业人员增长率/%		
	2008年	2009年	2010年	2011年	2008年	2009年	2010年	2011年	2009年	2010年	2011年
农、林、牧、渔业	4.55	4.08	4.40	3.00	0.56	0.50	0.51	0.33	-10.51	7.97	-31.82
采矿业	5.15	5.14	4.60	6.80	0.63	0.63	0.53	0.75	-0.17	-10.52	47.83
电力、燃气及水的生产和供应业	6.89	6.85	7.10	9.30	0.85	0.83	0.82	1.02	-0.60	3.62	30.99
水利、环境和公共设施管理业	9.58	9.73	10.00	10.20	1.18	1.18	1.16	1.12	1.57	2.79	2.00
居民服务和其他服务业	13.72	14.73	16.30	15.70	1.69	1.79	1.88	1.73	7.40	10.62	-3.68
文化、体育与娱乐业	18.46	19.50	19.60	19.70	2.27	2.37	2.27	2.17	5.64	0.50	0.51

续表

行业	全市法人单位年末从业人员数/万人				全市法人单位年末从业人员比重/%				全市法人单位年末从业人员增长率/%		
	2008年	2009年	2010年	2011年	2008年	2009年	2010年	2011年	2009年	2010年	2011年
卫生、社会保障和社会福利业	19.74	21.22	21.90	23.90	2.43	2.58	2.53	2.63	7.53	3.19	9.13
金融业	23.19	25.81	27.90	33.40	2.86	3.14	3.22	3.68	11.31	8.10	19.71
公共管理与社会组织	38.94	40.00	41.10	43.10	4.80	4.86	4.75	4.75	2.74	2.74	4.87
住宿和餐饮业	43.80	43.75	42.20	44.70	5.40	5.32	4.88	4.92	−0.12	−3.55	5.92
房地产业	39.46	40.10	42.40	46.40	4.86	4.88	4.90	5.11	1.63	5.73	9.43
教育	43.32	44.45	45.00	46.90	5.33	5.41	5.20	5.17	2.62	1.23	4.22
建筑业	48.00	49.08	52.60	58.70	5.91	5.97	6.08	6.47	2.26	7.17	11.60
交通运输、仓储和邮政业	54.83	55.83	56.50	63.30	6.75	6.79	6.53	6.97	1.82	1.20	12.04
信息传输、计算机服务和软件业	48.80	50.60	58.40	66.70	6.01	6.15	6.75	7.35	3.69	15.42	14.21
科学研究、技术服务与地质勘查业	55.66	58.07	65.30	67.90	6.86	7.06	7.55	7.48	4.33	12.45	3.98
租赁和商务服务业	100.05	102.12	112.40	95.90	12.32	12.42	12.99	10.57	2.06	10.07	−14.68
批发与零售业	103.64	101.26	105.50	113.50	12.76	12.31	12.19	12.50	−2.30	4.19	7.58
制造业	134.17	129.95	132.10	138.60	16.52	15.80	15.27	15.27	−3.15	1.66	4.92
总计	811.95	822.28	865.30	907.70	100.00	100.00	100.00	100.00	1.27	5.23	4.90

资料来源：2011年和2012年《北京统计年鉴》。

从各行业从业人员比重的变化来看，2009~2011年，比重一直上升的行业有金融业，房地产业，建筑业，信息传输、计算机服务和软件业，与北京市大力发展的行业类别较一致。从就业角度，相比其他行业，一直在衰退的有农、林、牧、渔业，水利、环境和公共设施管理业，制造业。

通过就业结构的分析，可以清晰看出北京市就业吸纳能力强的行业，以及各行业吸纳能力随时间的变化趋势。无疑农、林、牧、渔业在不断衰落，就业吸纳能力极弱；制造业容纳了最多的就业人口，但就业吸纳能力有一定的衰退；第三产业中部分生产性服务业呈现良好的就业增长势头。

3. 分行业的就业人员素质现状分析

利用2008年北京市经济普查年鉴数据，分析除农、林、牧、渔业和国际组织外的18个行业门类从业人员素质情况。由于不同行业对从业者素质要求的内容不同，行业间从业人员的学历、技术职称、技能等级有较大差别。

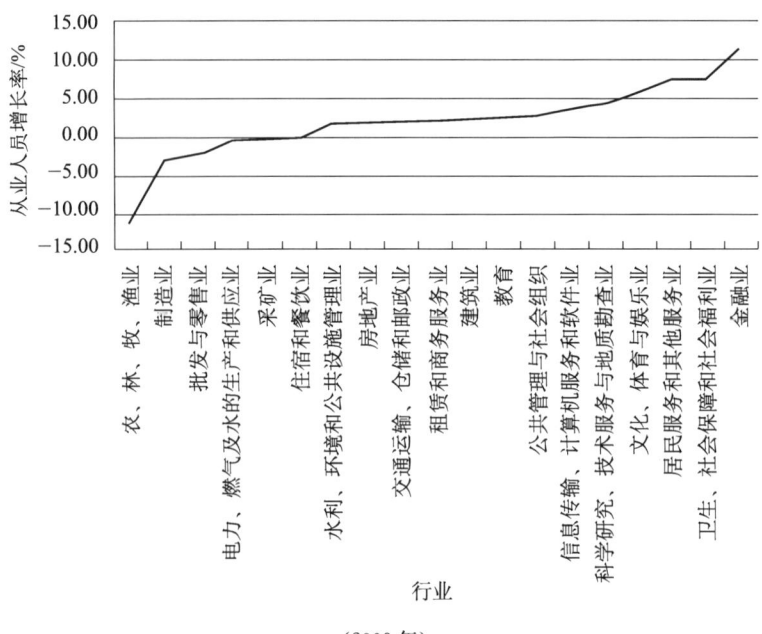

(2009年)

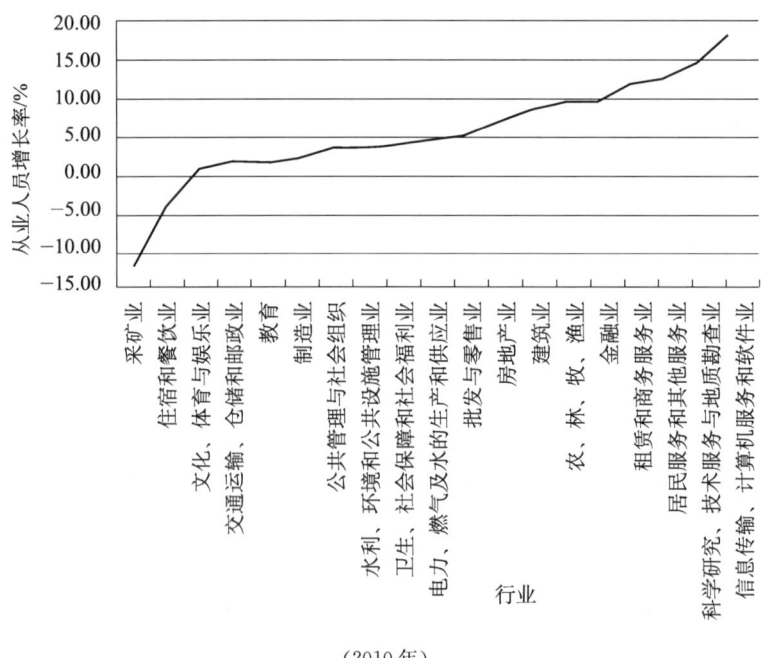

(2010年)

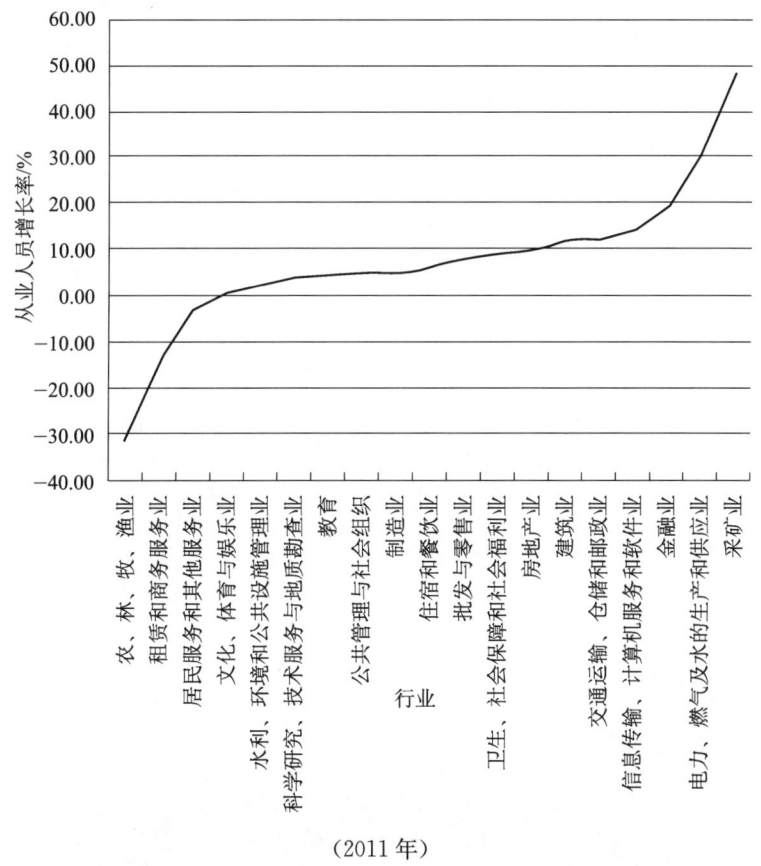

图 5-10 2009～2011年北京市分行业从业人员增长率

从学历角度统计各行业大学本科及以上从业人员占比情况（图5-12，表5-10），比重超过50%的行业有信息传输、计算机服务和软件业，教育，科学研究、技术服务和地质勘查业，公共管理和社会组织，即这些行业所需劳动力知识水平较高；此外，金融业，文化、体育和娱乐业的劳动力学历也较高，大学本科及以上从业人员比重在45%以上；对学历要求最低的行业为住宿和餐饮业（5.57%）；比重低于10%的行业还有居民服务和其他服务业，交通运输、仓储和邮政业。

专业技术职称分为高级技术职称、中级技术职称和初级技术职称。2008年北京市有技术职称的从业人员情况见图5-13和表5-11，有技术职称的从业人员占比最高的行业为卫生、社会保障和社会福利业，高达69.68%，按比重排序，向下依次为教育（59.98%），科学研究、技术服务和地质勘查业（48.74）；此外，比重30%～40%的行业有三个，分别为文化、体育和娱乐业，建筑业，金融

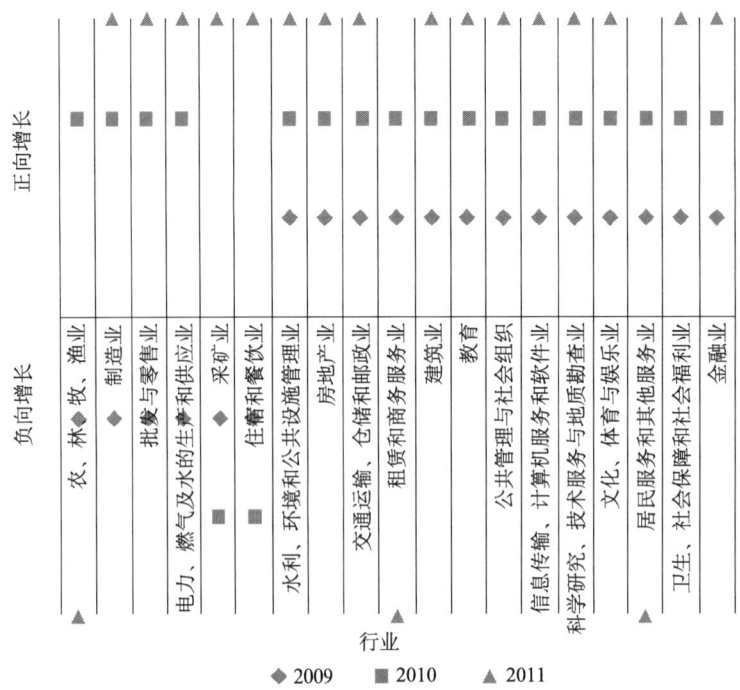

图 5-11　2009~2011年北京市分行业从业人员增长方向

注：坐标轴以上代表正向增长，坐标轴以下代表负向增长，距坐标轴远近同其数值大小无关，本图仅用于反映各行业从业人员的增长方向

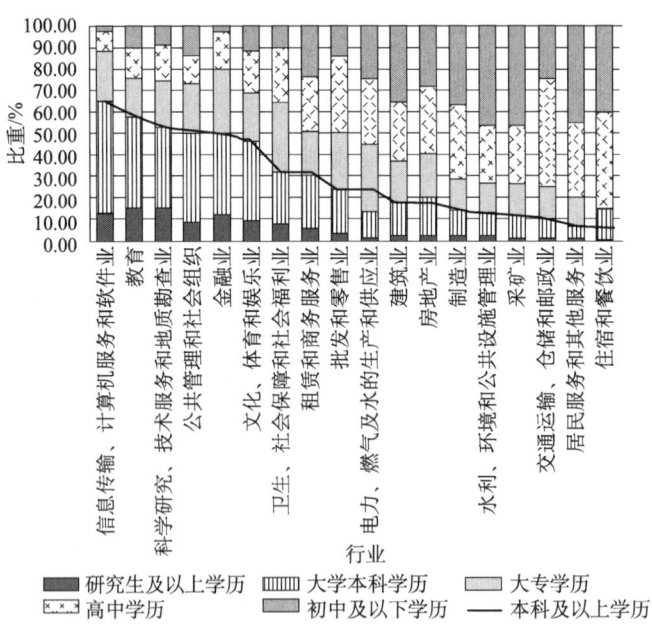

图 5-12　2008年北京市法人单位分行业从业人员学历水平

表 5-10　2008 年北京市法人单位分行业从业人员学历

行业	研究生及以上学历		大学本科学历		大专学历		高中学历		初中及以下学历	
	数量/人	比重/%	数量/人	比重/%	数量/人	比重/%	数量/人	比重/%	数量/人	比重/%
采矿业	597	1.16	5 482	10.66	7 214	14.03	14 298	27.80	23 845	46.36
制造业	28 996	2.15	167 332	12.42	195 420	14.51	460 972	34.22	494 182	36.69
电力、燃气及水的生产和供应业	1 584	2.35	13 975	20.76	14 508	21.55	20 699	30.75	16 550	24.59
建筑业	7 368	1.35	88 240	16.13	110 214	20.15	148 027	27.06	193 158	35.31
交通运输、仓储和邮政业	4 053	0.58	63 249	9.09	108 824	15.65	349 695	50.28	169 622	24.39
信息传输、计算机服务和软件业	58 025	12.44	245 083	52.55	111 716	23.95	41 834	8.97	9 751	2.09
批发和零售业	29 958	3.18	201 322	21.34	253 209	26.84	329 027	34.88	129 912	13.77
住宿和餐饮业	1 776	0.40	23 265	5.18	63 250	14.07	180 510	40.16	180 690	40.20
金融业	30 160	12.00	95 145	37.87	77 014	30.65	42 956	17.10	5 988	2.38
房地产业	7 916	1.93	63 277	15.44	91 783	22.39	132 030	32.21	114 862	28.02
租赁和商务服务业	58 346	6.09	245 760	25.64	191 623	19.99	233 884	24.40	228 929	23.88
科学研究、技术服务和地质勘查业	85 038	15.07	214 100	37.93	123 093	21.81	95 469	16.91	46 714	8.28
水利、环境和公共设施管理业	1 459	1.57	10 415	11.23	12 761	13.76	25 051	27.01	43 070	46.43
居民服务和其他服务业	950	0.67	8 396	5.96	18 430	13.07	48 789	34.61	64 397	45.68
教育	66 002	15.32	182 739	42.42	78 297	18.17	60 210	13.98	43 586	10.12
卫生、社会保障和社会福利业	16 101	8.06	48 150	24.11	64 906	32.50	50 567	25.32	19 991	10.01
文化、体育和娱乐业	17 297	9.28	68 566	36.79	41 892	22.48	37 369	20.05	21 229	11.39
公共管理和社会组织	31 832	8.69	153 945	42.01	82 944	22.63	47 403	12.94	50 336	13.74

资料来源：《北京经济普查年鉴 2008》

业；20%～30%的有两个行业，为电力、燃气及水的生产和供应业，信息传输、计算机服务和软件业；比重低于10%的行业为住宿和餐饮业（7.69%），交通运输、仓储和邮政业（7.01%）。中高级技术职称比重最高的为教育（43.43%），科学研究、技术服务和地质勘察业（34.69%），卫生、社会保障和社会福利业（31.06%），文化、体育和娱乐业（24%）次之，有5/9的行业比重不足10%。

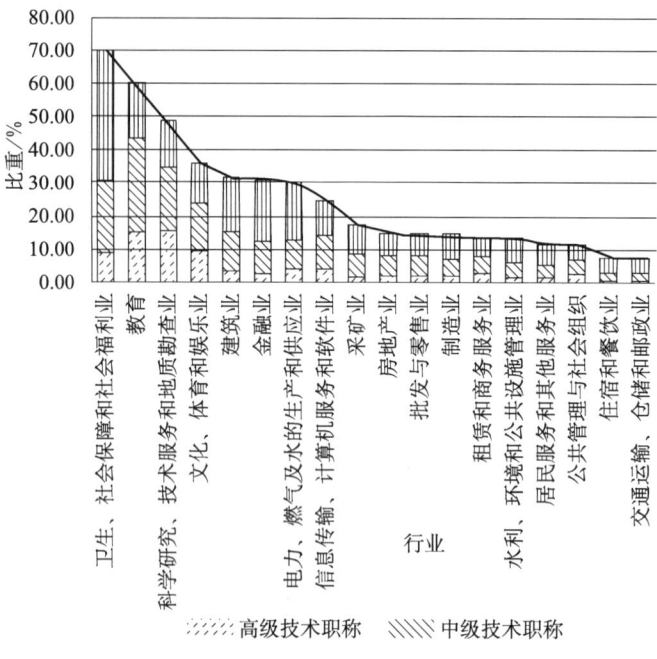

图 5-13　2008 年北京市法人单位分行业从业人员专业技术职称情况

表 5-11　2008 年北京市法人单位分行业从业人员专业技术职称

行业	高级技术职称		中级技术职称		初级技术职称		合计
	数量/人	比重/%	数量/人	比重/%	数量/人	比重/%	比重/%
采矿业	1 099	2.14	3 408	6.63	4 596	8.94	17.71
制造业	25 927	1.92	67 923	5.04	99 643	7.40	14.36
电力、燃气及水的生产和供应业	2 733	4.06	5 818	8.64	11 493	17.07	29.77
建筑业	21 387	3.91	62 200	11.37	89 679	16.39	31.67
交通运输、仓储和邮政业	3 075	0.44	18 271	2.63	27 389	3.94	7.01
信息传输、计算机服务和软件业	19 140	4.10	47 529	10.19	47 687	10.22	24.51
批发和零售业	20 552	2.18	53 881	5.71	62 829	6.66	14.55
住宿和餐饮业	3 209	0.71	10 524	2.34	20 833	4.63	7.68
金融业	7 191	2.86	23 962	9.54	47 183	18.78	31.18
房地产业	7 665	1.87	26 207	6.39	27 585	6.73	14.99
租赁和商务服务业	26 473	2.76	49 517	5.17	53 316	5.56	13.49
科学研究、技术服务和地质勘查业	87 633	15.53	108 144	19.16	79 324	14.05	48.74
水利、环境和公共设施管理业	1 645	1.77	4 038	4.35	6 530	7.04	13.16

续表

行业	高级技术职称		中级技术职称		初级技术职称		合计
	数量/人	比重/%	数量/人	比重/%	数量/人	比重/%	比重/%
居民服务和其他服务业	2 254	1.60	5 513	3.91	8 831	6.26	11.77
教育	65 889	15.29	121 217	28.14	71 288	16.55	59.98
卫生、社会保障和社会福利业	17 602	8.81	44 436	22.25	77 118	38.61	69.67
文化、体育和娱乐业	18 023	9.67	26 696	14.33	22 338	11.99	35.99
公共管理和社会组织	9 275	2.53	15 992	4.36	17 459	4.76	11.65

资料来源：《北京经济普查年鉴2008》

国家劳动保障部门颁发的职业资格证书包括高级技师、技师、高级工、中级工、初级工五个等级，分别对应职业资格一级、二级、三级、四级、五级。从职业资格角度看，2008年，北京市拥有初级及以上技能等级从业人员比重最高的行业为电力、燃气及水的生产和供应业，比重为50.25%；比重超过20%的行业，按照比重由高到低的顺序依次为采矿业（45.16%），交通运输、仓储和邮政业（32.88%），水利、环境和公共设施管理业（29.50%），建筑业（23.17%）；比重最低的行业为金融业（3.20%）；此外，还有8个行业的比重不足10%（图5-14，表5-12）。

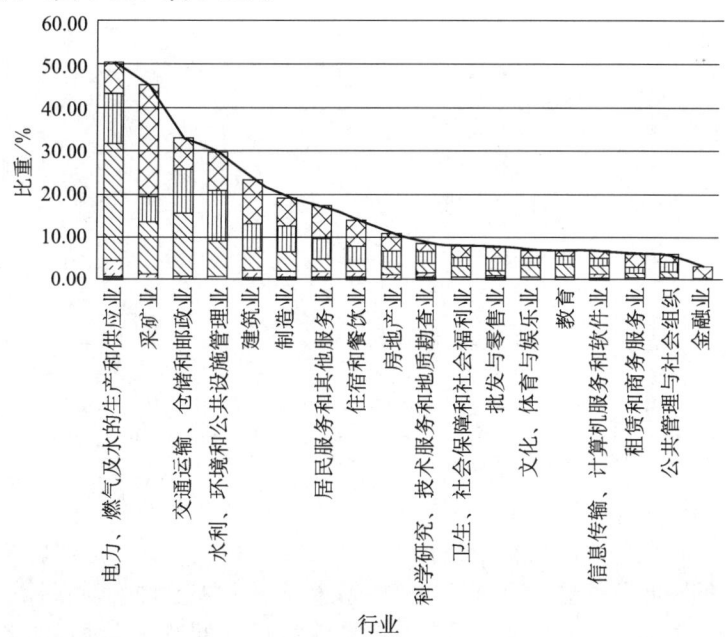

图5-14　2008年北京市法人单位分行业从业人员技能等级情况

表 5-12　2008 年北京市法人单位分行业从业人员技能等级情况表

行业	高级技师 数量/人	高级技师 比重/%	技师 数量/人	技师 比重/%	高级工 数量/人	高级工 比重/%	中级工 数量/人	中级工 比重/%	初级工 数量/人	初级工 比重/%	合计 比重/%
采矿业	142	0.28	561	1.09	6 301	12.25	2 996	5.82	13 226	25.71	45.16
制造业	8 640	0.64	18 350	1.36	59 714	4.43	81 061	6.02	86 864	6.45	18.90
电力、燃气及水的生产和供应业	489	0.73	2 706	4.02	17 814	26.46	8 004	11.89	4 812	7.15	50.25
建筑业	2 783	0.51	8 097	1.48	25 405	4.64	34 572	6.32	55 905	10.22	23.17
交通运输、仓储和邮政业	535	0.08	6 494	0.93	99 411	14.29	70 966	10.20	51 230	7.37	32.88
信息传输、计算机服务和软件业	2 440	0.52	4 407	0.94	9 074	1.95	8 279	1.78	8 151	1.75	6.94
批发和零售业	3 392	0.36	6 067	0.64	12 670	1.34	26 615	2.82	25 565	2.71	7.88
住宿和餐饮业	2 852	0.63	5 185	1.15	10 086	2.24	17 267	3.84	26 930	5.99	13.86
金融业	355	0.14	197	0.08	594	0.24	822	0.33	6 077	2.42	3.20
房地产业	1 354	0.33	2 931	0.72	9 088	2.22	13 778	3.36	17 867	4.36	10.98
租赁和商务服务业	2 144	0.22	3 701	0.39	10 986	1.15	14 144	1.48	29 436	3.07	6.30
科学研究、技术服务和地质勘查业	3 600	0.64	6 667	1.18	14 443	2.56	12 582	2.23	10 571	1.87	8.48
水利、环境和公共设施管理业	138	0.15	541	0.58	7 709	8.31	10 930	11.78	8 041	8.67	29.50
居民服务和其他服务业	1 199	0.85	2 296	1.63	3 748	2.66	6 321	4.48	10 980	7.79	17.41
教育	716	0.17	1 887	0.44	12 958	3.01	8 947	2.08	5 667	1.32	7.00
卫生、社会保障和社会福利业	222	0.11	992	0.50	5 308	2.66	4 275	2.14	5 391	2.70	8.11
文化、体育和娱乐业	414	0.22	1 181	0.63	4 764	2.56	3 398	1.82	3 444	1.85	7.08
公共管理和社会组织	391	0.11	793	0.22	6 748	1.84	7 911	2.16	5 679	1.55	5.87

资料来源：《北京经济普查年鉴 2008》

事实上，一个行业的从业人员并不需要在学历、技术职称、技能等级水平上全部达到较高水平，往往一方面素质水平较高即可。因此，选取各行业三种素质从业人员比重最高的一个百分比作为该行业从业人员的素质指标，统计结果见表 5-13。结果显示，从业人员素质水平最低的有制造业、居民服务和其他服务业、房地产业、住宿和餐饮业。

表 5-13　2008 年北京市各行业从业人员素质水平

行业	学历（本科及以上）/%	技术职称（初级及以上）/%	技能等级（初级及以上）/%	最大值/%
卫生、社会保障和社会福利业	32.17	69.68	8.11	69.68
信息传输、计算机服务和软件业	64.99	24.51	6.94	64.99
教育	57.74	59.98	7.00	59.98
科学研究、技术服务和地质勘查业	53.00	48.74	8.48	53.00
公共管理和社会组织	50.70	11.66	5.87	50.70
电力、燃气及水的生产和供应业	23.11	29.77	50.25	50.25
金融业	49.87	31.18	3.20	49.87
文化、体育和娱乐业	46.07	35.98	7.08	46.08
采矿业	11.82	17.71	45.16	45.16
交通运输、仓储和邮政业	9.67	7.01	32.88	32.88
租赁和商务服务业	31.73	13.49	6.30	31.73
建筑业	17.48	31.67	23.17	31.68
水利、环境和公共设施管理业	12.80	13.16	29.50	29.50
批发和零售业	24.52	14.55	7.88	24.51
制造业	14.57	14.36	18.90	18.90
居民服务和其他服务业	6.63	11.77	17.41	17.41
房地产业	17.37	14.99	10.98	17.37
住宿和餐饮业	5.58	7.68	13.86	13.86

将第三产业分为生产性服务业（BUS）、生活性服务业（PER）和社会公共服务业（SOC）三类，其中，生产性服务业包括房地产业，交通运输、仓储和邮政业，科学研究、技术服务和地质勘查业，信息传输、计算机服务和软件业，租赁和商务服务业，金融业；生活性服务业包括住宿和餐饮业，居民服务和其他服务业，批发和零售业；社会公共服务业包括文化、体育和娱乐业，卫生、社会保障和社会福利业，公共管理和社会组织，教育，水利、环境和公共设施管理业。另外，将建筑业，制造业，采矿业，电力、燃气及水的供应业统称为第二产业（IND）。

整理从业人员学历、技术职称、技能等级水平前五和后五的行业，见表 5-14。可以看到，学历水平最高的五个行业中有三个生产性服务业和两个社会公共服务业；最低的五个行业以生活性服务业为主，其他三种类型服务业各有一个行业。技术职称水平最高的五个行业以社会公共服务业为主，此外还包含了生产性服务业中的科学研究、技术服务和地质勘查业，第二产业的建筑业；而最低的五个行业中有两个生活性服务业、两个社会公共服务业和一个生产性服务业。技能等级水平最高的五个行业中有三个属于第二产业，水平最低的五个行业分别有两个社会公共服务业和三个生产性服务业。总体上，生活性服务业从业人员素质水平偏低,生产性服务业在学历上占优,社会公共服务业在学历和技术职称上优势较大,而第二产业从业人员技能等级水平较高,上述结果与各类型行业特征相符。

表5-14 2008年北京市各行业从业人员素质水平前五名与后五名

前五位			后五位		
行业	类别	比重/%	行业	类别	比重/%
学历(本科及以上)					
信息传输、计算机服务和软件业	BUS	64.99	水利、环境和公共设施管理业	SOC	12.80
教育	SOC	57.73	采矿业	IND	11.82
科学研究、技术服务和地质勘查业	BUS	53.00	交通运输、仓储和邮政业	BUS	9.68
公共管理和社会组织	SOC	50.70	居民服务和其他服务业	PER	6.63
金融业	BUS	49.87	住宿和餐饮业	PER	5.57
技术职称(初级及以上)					
卫生、社会保障和社会福利业	SOC	69.68	水利、环境和公共设施管理业	SOC	13.17
教育	SOC	59.98	居民服务和其他服务业	PER	11.77
科学研究、技术服务和地质勘查业	BUS	48.74	公共管理和社会组织	SOC	11.66
文化、体育和娱乐业	SOC	35.98	住宿和餐饮业	PER	7.69
建筑业	IND	31.68	交通运输、仓储和邮政业	BUS	7.01
技能等级(初级及以上)					
电力、燃气及水的生产和供应业	IND	50.25	教育	SOC	7.00
采矿业	IND	45.16	信息传输、计算机服务和软件业	BUS	6.94
交通运输、仓储和邮政业	BUS	32.88	租赁和商务服务业	BUS	6.30
水利、环境和公共设施管理业	SOC	29.50	公共管理和社会组织	SOC	5.87
建筑业	IND	23.17	金融业	BUS	3.20

二、分产业就业与产值关系分析

产业或行业的产值与就业人员数量和素质相关,综合反映为劳动生产率水平的高低,水平越高,则相同数量就业人口创造的经济价值越大。目前,北京市总的劳动生产率水平尚可且增长迅速,但三次产业间差距明显,尤其是第一产业,生产率过低。从就业饱和程度,亦即继续吸纳就业人口的能力看,第一和第二产业饱和,产业结构偏离度与均衡状态的差距拉大,三次产业就业扩张效应突出,且产业结构偏离度趋近均衡状态。分行业分析结果显示,不同行业的产业结构偏离程度不同,但多数行业都在朝理想的均衡状态趋近。

1. 分产业劳动生产率的比较

劳动生产率是指劳动者在一定时期内创造的劳动成果同其劳动消耗量的比值,是衡量经济发展水平和生产力水平的核心指标,也是经济持续增长的引擎。

劳动生产率高意味着同样数量的劳动力可以创造更多的经济价值。在粗放型经济增长方式下，劳动力通过规模效应可显著推动经济增长，这时即便劳动生产率不高，经济总量规模也很可观，然而，当经济发展方式转为集约化发展，尤其人口红利逐渐消退的情况下，劳动力数量将减少，高劳动生产率将成为经济新的增长动力。因此，从经济持续发展的角度讲，劳动生产率至关重要。劳动生产率的计算公式为

劳动生产率＝产值/从业人员数。

总体上，2000～2011年，北京市的社会劳动生产率增长迅速（图5-15），三次产业中，第一产业劳动生产率最低，且增长缓慢，第二产业和第三产业劳动生产率较高，增速较快。社会劳动生产率年均增长10.6％，由2000年的51 082元/人增长至2011年的154 684元/人，涨幅达到203％；第一产业劳动生产率增长缓慢，2011年仅为22 622元/人，是社会劳动生产率的15％；第二产业劳动生产率较高，增长迅速，2011年达到177 886元/人，2004年开始超过社会劳动生产率；第三产业劳动生产率一直高于社会劳动生产率，呈显著上升趋势，增速较快，2011年为158 603元/人。

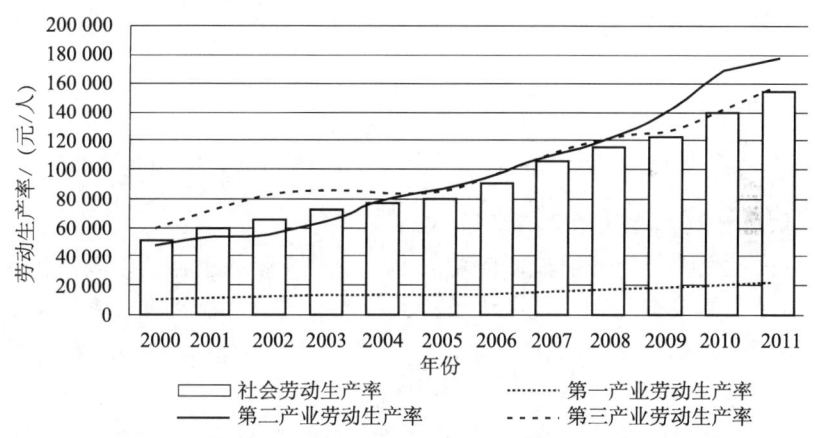

图5-15　2000～2011年北京市三次产业和社会总的劳动生产率

资料来源：2012年《北京统计年鉴》

计算三次产业两两的劳动生产率的比值（图5-16），比值越趋近于1，两个产业的劳动生产率越接近，反之，劳动生产率差别越大。2000～2011年，第一产业与第二产业和第三产业的劳动生产率差距日趋加大，到2011年，其劳动生产率仅是其他两个产业的13％和14％；以2005年为分界点，第二产业的劳动生产率开始超过第三产业，且差距有缓慢扩大的趋势。总的来说，在劳动力资源短缺的情况下，为了创造更多的经济价值，应当大力发展第二产业和第三产业，但反过来讲，第一产业也急需提高劳动生产率，以缩减同其他产业间的差距。

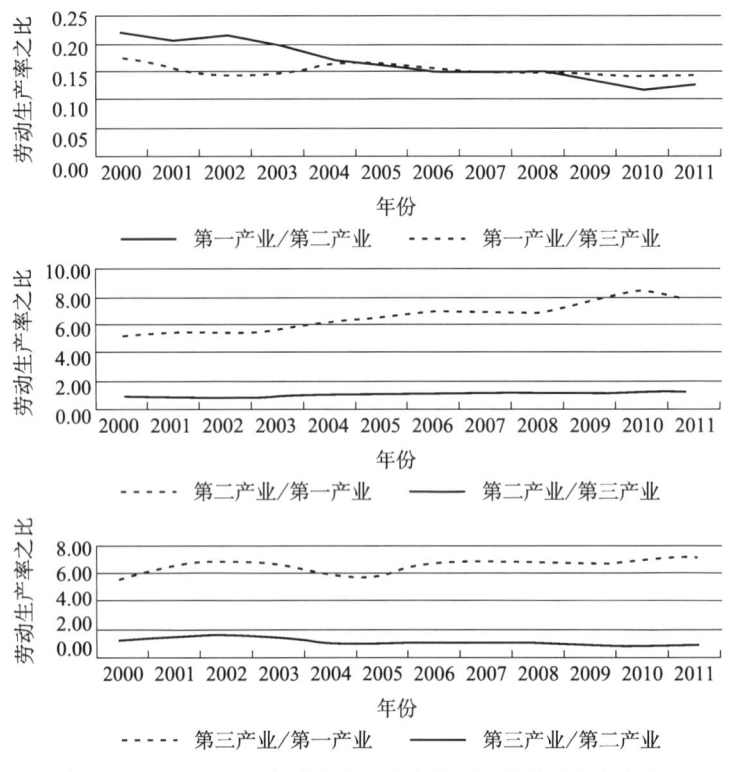

图 5-16 2000~2011 年北京市三次产业两两的劳动生产率之比

2. 分产业的就业吸纳能力分析

就业弹性反映了经济增长每提高 1 个单位所带来的就业的增长，反映了各产业对劳动力的吸纳能力，也揭示了扩大就业的潜力领域。弹性系数越大，劳动力吸纳能力越强；反之，吸纳能力越弱（刘丹等，2012）。计算公式如下：

$$\ln L_i = a + b \ln Y_i$$

其中，L_i 是 i 产业的从业人员数，Y_i 是 i 产业的增加值，回归系数 b 为就业弹性系数。参数赋值见表 5-15。

利用 SPSS15.0 进行一元线性回归，设定 F 检验显著性水平为 5%。三次产业的回归结果如下：

第一产业：$\ln L_1 = 5.199 - 0.229 \ln Y_2$；

第二产业：$\ln L_2 = 5.695 - 0.040 \ln Y_2$；

第三产业：$\ln L_2 = 1.804 + 0.526 \ln Y_2$。

第一产业和第二产业就业弹性系数为负，说明存在劳动力过剩与滞留现象，就业比重过高。其中，第二产业虽为负值但数额较小，表明劳动力过剩与滞留现象不突出。第三产业则呈现出相对较高的就业弹性，劳动就业扩张效应突出，这和第三产业中劳动密集型产业较多的特征是相一致的。

表 5-15 参数赋值

年份	产值/亿元			从业人员/万人			产值取对数			从业人员取对数		
	第一产业	第二产业	第三产业	第一产业	第二产业	第三产业	第一产业	第二产业	第三产业	第一产业	第二产业	第三产业
2000	79.3	1033.3	2049.1	72.9	208.2	338.2	4.37	6.94	7.63	4.29	5.34	5.82
2001	80.8	1142.4	2484.8	71.2	215.9	341.8	4.39	7.04	7.82	4.27	5.37	5.83
2002	82.4	1250.0	2982.6	67.6	235.3	376.3	4.41	7.13	8.00	4.21	5.46	5.93
2003	84.1	1487.2	3435.9	62.7	225.8	414.8	4.43	7.30	8.14	4.14	5.42	6.03
2004	87.4	1853.6	4092.2	61.5	232.6	559.8	4.47	7.52	8.32	4.12	5.45	6.33
2005	88.7	2026.5	4854.3	62.2	231.1	584.7	4.49	7.61	8.49	4.13	5.44	6.37
2006	88.8	2191.4	5837.6	60.3	225.4	634.0	4.49	7.69	8.67	4.10	5.42	6.45
2007	101.3	2509.4	7236.1	60.9	228.1	653.6	4.62	7.83	8.89	4.11	5.43	6.48
2008	112.8	2626.4	8375.8	63.0	207.4	710.5	4.73	7.87	9.03	4.14	5.33	6.57
2009	118.3	2855.5	9179.2	62.2	199.6	736.5	4.77	7.96	9.12	4.13	5.30	6.60
2010	124.4	3388.4	10600.8	61.4	202.7	767.5	4.82	8.13	9.27	4.12	5.31	6.64
2011	136.3	3752.5	12363.1	59.1	219.2	791.4	4.91	8.23	9.42	4.08	5.39	6.67

资料来源：2012年《北京统计年鉴》。

3. 就业和产业的匹配关系

库兹涅茨和钱纳里等通过多国统计实证研究指出，随着工业化进程发展，人均国民生产总值达到一定程度，各部门产值比重与就业比重将逐步趋于接近。（库兹涅茨，1985）。其内在原理是，如果各产业是完全竞争的、劳动力是自由流动的，那么劳动力就会从劳动力过剩、低劳动生产率的产业向劳动生产率较高和收益较高的产业转移，最终各产业结构偏离度趋于零，达到均衡状态。一般用结构偏离系数来衡量就业和产值结构之间的偏离状况，即某一产业的就业比重与产业增加值比重的差异程度，计算公式如下：

$$V_i = \frac{\mathrm{GDP}_i/\mathrm{GDP}}{L_i/L} - 1;$$

全产业的结构偏离系数公式为

$$V = \sum_{i=1}^{n} \left(\frac{\mathrm{GDP}_i}{\mathrm{GDP}} \Big/ \frac{L_i}{L} \right)^2 - n;$$

其中，V_i 为 i 产业或行业的结构偏离系数，GDP_i 为 i 产业或行业增加值，L 是从业人员总数，L_i 为 i 产业或行业的从业人员数，V 为总的结构偏离系数，n 为产业或行业数目。

结构偏离系数为零时，该产业的产值结构与就业结构处于均衡状态，系数为正表明就业份额小于产值份额，系数为负表明就业份额大于产值份额。

分析2000～2011年北京市三次产业的结构偏离情况，结果见图5-17和

表 5-16。总的结构偏离系数较大且为负,表明同理想状态相比,就业的份额大于产值的份额,产业与就业结构不均衡。分产业来看,第三产业结构偏离系数最小,就业和产值几近于均衡状态,尤其在 2004 年及之后,偏离系数均在 0.06 以下;第二产业经历了由就业份额高于产值份额到就业份额小于产值份额的转变,就业与产值较不均衡,2011 年的偏离系数为 0.13;第一产业是三次产业中最不均衡的产业,偏离系数总体上变化不大,基本处于-0.8~-0.9,就业份额显著大于产值份额。这样的结果表明,第一产业劳动生产率较低,且 10 多年间,同其他产业相比,劳动生产率相对变化不大;第二产业的生产率经历了由低到高的变化过程,有资本取代劳动力的趋势;第三产业呈现稳态均衡。

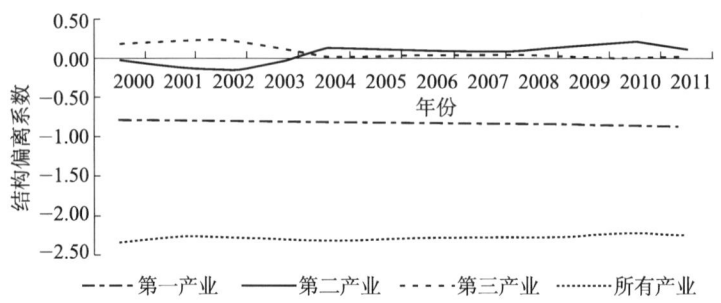

图 5-17　2000～2011 年北京市三次产业结构偏离系数

表 5-16　2000～2011 年北京市三次产业结构偏离系数

年份	第一产业	第二产业	第三产业	所有产业
2000	-0.79	-0.03	0.19	-2.34
2001	-0.81	-0.10	0.23	-2.29
2002	-0.81	-0.16	0.25	-2.26
2003	-0.81	-0.07	0.16	-2.31
2004	-0.81	0.13	0.04	-2.33
2005	-0.82	0.11	0.05	-2.32
2006	-0.83	0.12	0.04	-2.29
2007	-0.85	0.05	0.06	-2.28
2008	-0.84	0.11	0.04	-2.27
2009	-0.84	0.18	0.02	-2.26
2010	-0.85	0.22	0.01	-2.23
2011	-0.86	0.13	0.03	-2.25

资料来源:2012 年《北京统计年鉴》

为使分析结果更有现实指导意义,计算 2008～2011 年的分产业门类的结构偏离系数,其中,从业人员数据用的是法人单位年末从业人员,从业人员和产值数据的行业分类稍有差别,为使数据具有可比性,进行如下处理:将第二产业分为工业和建筑业两类,其中工业包括采矿业,制造业,电力、燃气及水的生产及供应业;第一产业即农、林、牧、渔业,从业人员多数属于非法人单位,所用全市法人单位年末从业人员中第一产业从业人员统计偏差较大,因此分析中去除农、林、牧、渔业;另外,国际组织无数据,不做分析。故而,此处分析的行业为16类,而非20类。

结果见图5-18和表5-17。2011年,北京市就业和产值最均衡的行业为批发与零售业,科学研究、技术服务与地质勘查业,以及文化、体育与娱乐业,结构偏离系数在-0.1～0.1;最不均衡的行业为金融业,结构偏离系数高达2.72,就业份额显著低于产业份额,表明劳动生产率最高,相同产值要求下,吸纳劳动力能力最弱;此外,除金融业,工业,信息传输、计算机服务和软件业,房地产业外,其他行业的结构偏离系数均为负,表明其他行业就业份额都大于产值份额,劳动生产率相对较低。从发展趋势上看,2008～2011年,结构偏离系数变化较大的行业有金融业和房地产业,总体上偏离系数在向0趋近,即就业和产值结构向均衡方向移动,其他行业或是变化不大,或者缓慢趋向均衡。总体来看,虽然行业间的产业结构偏离系数差距较大,但从时间趋势上看,多数行业都朝理想的均衡状态趋近。

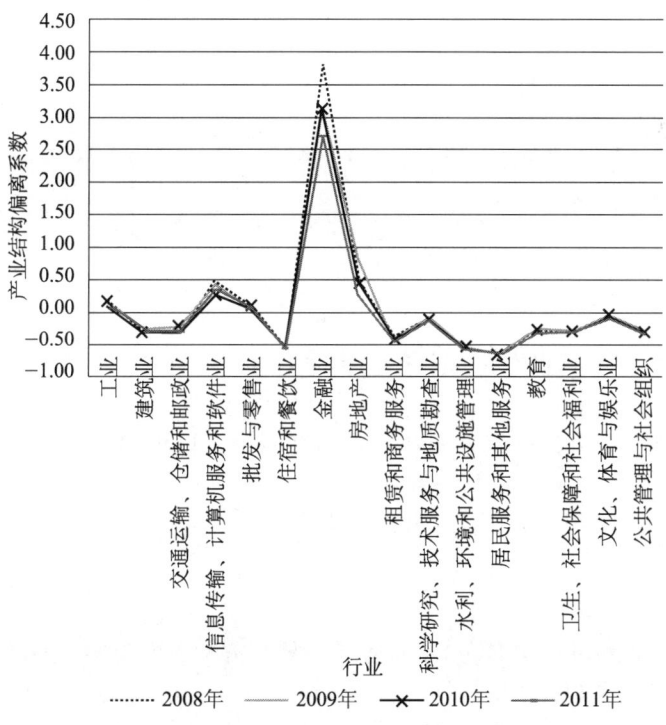

图5-18 2008～2011年北京市分行业产业结构偏离系数

表 5-17　2008～2011 年北京市分行业从业人员比重、产值比重和产业结构偏离系数

行业	全市法人单位年末从业人员比重/%				产值比重/%				产业结构偏离系数			
	2008年	2009年	2010年	2011年	2008年	2009年	2010年	2011年	2008年	2009年	2010年	2011年
工业	18.11	17.35	16.70	17.10	19.38	19.14	19.76	18.92	0.07	0.10	0.18	0.11
建筑业	5.94	6.00	6.11	6.49	4.50	4.59	4.46	4.37	−0.24	−0.23	−0.27	−0.33
交通运输、仓储和邮政业	6.79	6.82	6.56	7.00	4.53	4.62	5.09	5.02	−0.33	−0.32	−0.22	−0.28
信息传输、计算机服务和软件业	6.04	6.18	6.78	7.37	9.08	8.86	8.68	9.27	0.50	0.43	0.28	0.26
批发与零售业	12.84	12.38	12.25	12.55	12.97	12.67	13.50	13.28	0.01	0.02	0.10	0.06
住宿和餐饮业	5.43	5.35	4.90	4.94	2.49	2.18	2.27	2.16	−0.54	−0.59	−0.54	−0.56
金融业	2.87	3.15	3.24	3.69	13.81	13.32	13.32	13.75	3.81	3.22	3.11	2.72
房地产业	4.89	4.90	4.93	5.13	7.68	8.83	7.19	6.67	0.57	0.80	0.46	0.30
租赁和商务服务业	12.39	12.48	13.06	10.60	6.96	6.73	6.81	7.21	−0.44	−0.46	−0.48	−0.32
科学研究、技术服务与地质勘查业	6.89	7.10	7.59	7.51	6.42	6.79	6.73	7.05	−0.07	−0.04	−0.11	−0.06
水利、环境和公共设施管理业	1.19	1.19	1.16	1.13	0.54	0.56	0.54	0.54	−0.55	−0.54	−0.54	−0.53
居民服务和其他服务业	1.70	1.80	1.89	1.74	0.68	0.61	0.71	0.70	−0.60	−0.66	−0.63	−0.60
教育	5.36	5.43	5.23	5.18	3.65	3.69	3.69	3.76	−0.32	−0.32	−0.29	−0.27
卫生、社会保障和社会福利业	2.44	2.59	2.54	2.64	1.71	1.77	1.82	1.93	−0.30	−0.32	−0.28	−0.27
文化、体育与娱乐业	2.29	2.38	2.28	2.18	2.25	2.15	2.11	2.11	−0.02	−0.10	−0.08	−0.03
公共管理与社会组织	4.82	4.89	4.77	4.76	3.36	3.48	3.32	3.29	−0.30	−0.29	−0.30	−0.31

资料来源：2010 和 2012 年《北京统计年鉴》

三、产业结构调整对就业的影响

产业结构调整分为调整方向和调整速度两个具体内容，预期产业结构调整方向与就业正相关，产业结构调整速度与就业负相关，如果前者效应大于后者，则产业结构调整促进就业增长，反之则就业减少。产业结构调整与就业关系的计算公式（焦艳，2010）为

$$L=F(\text{STRE},\text{STRK})=a(\text{STRE})^{\alpha}(\text{STRK})^{\beta}$$

其中，L 为就业人数，STRE 代表产业结构调整方向，STRK 代表产业结构调整速度。公式两边取对数，得

$$\ln L=\ln a+\alpha\ln\text{STRE}+\beta\ln\text{STRK}$$

回归方程为

$$\ln L = C_1 + C_2 \ln \text{STRE} + C_3 \ln \text{STRK} + \varepsilon$$

产业结构调整方向指标 STRE 可以衡量产业结构由低级向高级演进的程度，用第三产业产值占 GDP 比重来度量。产业结构变动速度指标 STRK 可以衡量产业波动的剧烈程度，产业结构调整速度越快，产业波动越剧烈，经济波动也越明显，则结构性失业会越严重，其计算公式（张浩然和衣保中，2011）为

$$\text{STRK}_t = \sum_{i=1}^{3} \left| \frac{\text{GDP}_{it}}{\text{GDP}_t} - \frac{\text{GDP}_{it-1}}{\text{GDP}_{t-1}} \right|$$

其中，STRK_t 为 t 期的产业结构调整速度，GDP_{it} 为 t 期 i 产业的 GDP，GDP_t 为 t 期的国内生产总值，GDP_{it-1} 是 $t-1$ 期 i 产业的 GDP，GDP_{t-1} 为 $t-1$ 期国内生产总值。

选定 2000 年为基期，各参数赋值见表 5-18。

表 5-18 参数赋值

年份	产值比重/%			就业人数/万人	STRE	STRK	lnL	lnSTRE	lnSTRK
	第一产业	第二产业	第三产业						
2000	2.51	32.68	64.81	619.3	—	—	—	—	—
2001	2.18	30.81	67.01	628.9	0.67	1.47	6.44	−0.40	0.38
2002	1.91	28.97	69.12	679.2	0.69	1.40	6.52	−0.37	0.34
2003	1.68	29.70	68.62	703.3	0.69	0.47	6.56	−0.38	−0.76
2004	1.45	30.72	67.83	854.1	0.68	0.73	6.75	−0.39	−0.31
2005	1.27	29.08	69.65	878	0.70	1.20	6.78	−0.36	0.18
2006	1.09	26.99	71.91	919.7	0.72	1.53	6.82	−0.33	0.43
2007	1.03	25.48	73.49	942.7	0.74	1.07	6.85	−0.31	0.06
2008	1.01	23.63	75.36	980.9	0.75	1.27	6.89	−0.28	0.24
2009	0.97	23.50	75.53	998.3	0.76	0.07	6.91	−0.28	−2.71
2010	0.88	24.01	75.11	1031.6	0.75	0.33	6.94	−0.29	−1.10
2011	0.84	23.09	76.07	1069.7	0.76	0.67	6.98	−0.27	−0.41

资料来源：2012 年《北京统计年鉴》

利用 SPSS15.0 进行多元线性回归，设定 F 检验显著性水平为 5%。回归结果如下：

$$\ln L = 7.841 + 3.232 \ln \text{STRE} - 0.004 \ln \text{STRK}$$

结果显示，就业增长与产业结构调整方向正相关，与产业结构调整速度负相关，即产业结构由低级向高级演进的程度越大，越能促进就业的增长，且影响较大；产业结构波动越剧烈越不利于经济增长，但产业结构波动对就业增长的影响幅度较小。因此，从促进就业的角度讲，北京市应加快进行产业结构调整。

四、小结

(1) 立足长远发展和现实状况，第三产业吸纳就业的主力地位持续增强；

从素质角度，第三产业从业人员教育水平提高是发展重点，第二产业从业人员技能增强是需要着重考虑的方向。

三次产业中，第三产业就业吸纳能力最强；分行业看，制造业是就业吸纳主力，部分生产性服务业就业吸纳能力增势良好。此外，第二产业从业人员技能占优，第三产业学历和职称占优。从经济发展的客观规律和北京市产业转型升级的现实需求出发，在保持第二产业从业人员适当比重的基础上，增强第三产业就业吸纳能力，同时将提升第三产业从业人员教育水平和第二产业从业人员技能水平作为人口发展重点。

（2）第三产业就业与产值趋近均衡，第一产业和第二产业较不均衡。

北京市总的劳动生产率水平尚可且增长迅速，但三次产业间差距明显，第一产业生产率过低。从就业饱和程度，亦即继续吸纳就业人口的能力看，第一产业和第二产业饱和，产业结构偏离度与均衡状态之间的差距加大，第三产业就业扩张效应突出，且产业结构偏离度趋近均衡状态。分行业分析结果显示，不同行业的产业结构偏离程度不同，但多数行业都在朝理想的均衡状态趋近。

（3）产业结构调整有助于经济发展水平的提升，可促进就业与产业的均衡发展。

产业结构向高级演进可以较大程度促进就业的增长，但应注意调整的速度不宜过快、过于突然，以避免造成结构性失业。这与前面两点所能推断出的结论相似，即北京市从经济发展，以及就业和产业的均衡关系出发，都应将产业结构调整、产业结构高级化作为重要的发展策略。

第三节　公共服务与人口发展的匹配关系

北京市人口规模的快速增长对公共服务产生了广泛且复杂的影响，尤其是给与人口素质发展密切相关的教育资源、医疗资源的配置带来很大挑战和不确定性，也给住宅建设和交通体系带来极大压力。本节主要分析了21世纪以来北京市的教育资源与人口匹配关系的发展趋势、现状和问题，发现虽然户籍在校学生总体上在逐年减少。但非户籍学生逐年增长，并一定程度填补上由于户籍在校生减少而富余的教育资源，但非户籍学生难以预测和控制，因此，未来如何配置教育资源以与人口相匹配是一大难点。医疗资源配置与教育资源配置存在的挑战类似，北京市的医疗资源尤其高等级医疗资源不仅服务本地，更面向全国，目前，存在高等级医疗资源过度使用，而低等级医疗资源利用不足的问题。住宅与交通问题突出，住宅短缺，保障性住房作用有限，道路建设较快，但公共交通还有待提升。

一、教育资源与人口发展的匹配关系

教育是推动地区经济增长和发展的极其重要的因素，尤其是当劳动力数量开始减少时，需要通过教育提高劳动力素质，以提高劳动生产率作为推动经济增长的新引擎。宏观上，教育对国民经济发展有重要作用；微观上，教育水平高低也导致个人和家庭收入差异。

1. 教育投入的现状及变化

教育对经济增长的作用越来越大，已为世界各国公认，财政支出中教育支出的比重是衡量对教育重视程度的重要标准。通过分析（表 5-19），教育支出在北京市地方财政支出中占比最高，2011 年财政教育支出为 520.08 亿元，占地方财政支出的 11.37%，占 GDP 的 3.20%，且财政教育支出的增长速度高于地方财政支出的增长速度。2006~2011 年，北京市的财政教育支出占地方财政支出比重总体呈下降趋势，但占 GDP 比重在逐年增加；生均财政教育支出成倍增长，由 2006 年 7188.91 元/人，增长到 2011 年的 15 180.21 元/人，增长了 1 倍多。

表 5-19 2006~2011 年北京市财政教育支出状况

年份	GDP/亿元	地方财政支出/亿元	财政教育支出/亿元	全市各类学校在校学生数/人	财政教育支出/全市各类学校在校学生数/（元/人）	财政教育支出增长率/%	地方财政支出增长率/%	财政教育支出占地方财政支出比重/%	财政教育支出占GDP比重/%
2006	8 117.8	1 411.58	209.21	2 910 228	7 188.91	—	—	14.82	2.58
2007	9 846.8	2 067.65	263.00	3 195 763	8 229.77	25.71	46.48	12.72	2.67
2008	11 115.0	2 400.93	316.30	3 208 704	9 857.43	20.26	16.12	13.17	2.85
2009	12 153.0	2 820.86	365.67	3 214 354	11 376.09	15.61	17.49	12.96	3.01
2010	14 113.6	4 064.97	450.216	3 299 555	13 644.73	23.12	44.10	11.08	3.19
2011	16 251.9	4 574.94	520.08	3 426 025	15 180.21	15.52	12.55	11.37	3.20

资料来源：2012 年《北京统计年鉴》

对比全国及各省市生均财政教育支出状况，即平均每个在校学生得到的财政教育支出量，限于数据可得性，计算的在校学生包括高等学校普通本专科、中等职业学校、普通高中、初中、普通小学、特殊教育等几种教育类型，未包括幼儿教育等。计算结果可以近似反映各省市的教育支出相对数量关系，生均财政教育支出越高的省市，教育关注度越高。

2011 年，北京市的生均财政教育支出仅微弱地落后于上海市，位居全国第二，同全国平均水平和其他省市相比，拥有绝对的优势（图 5-19）。并且，通过前文的分析可知，北京市的生均财政教育支出呈快速增长趋势。从财政投入角度，北京市教育发展良好，生均投入充足，与北京市文化中心的定位相称。

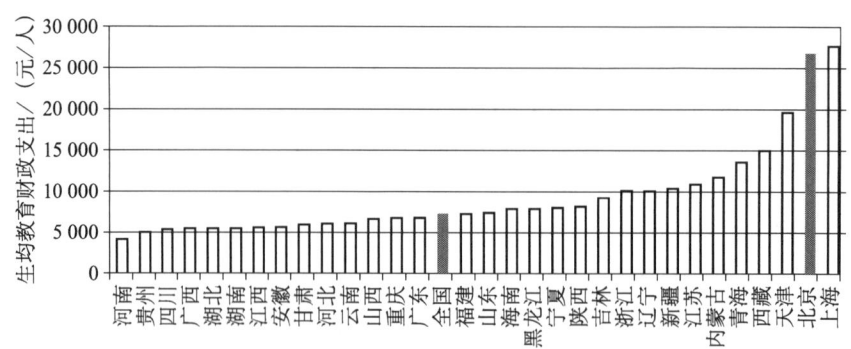

图 5-19　2011 年全国各省市生均财政教育支出
资料来源：2012 年《中国统计年鉴》

2. 教育资源承载力的现状及变化

用在校学生数反映教育资源的承载力水平，及其随时间的变化特征。按照类型划分，教育机构包括学前教育、义务教育、高中教育、普通高等教育等。

1）学前教育

2001~2011 年，北京市学前教育在园幼儿数呈波动式增长态势，承载力持续增强（图 5-20，表 5-20）。其中，非本市户籍幼儿的规模和所占比重都有所增长（图 5-21，表 5-20）。学前教育在园幼儿规模由 2001 年的 21.8 万人增长到 2011 年的 31.1 万人，10 年增长近 10 万人，增长率为 43.2%。在园幼儿中，非本市户籍幼儿规模有大幅增长，2007 年时为 5.1 万人，2011 年时增长到 7.9 万人，增长率达 55.1%，占全市在园幼儿总数的比例也由 23.8% 提高到 25.4%，约占在园幼儿规模的 1/4。

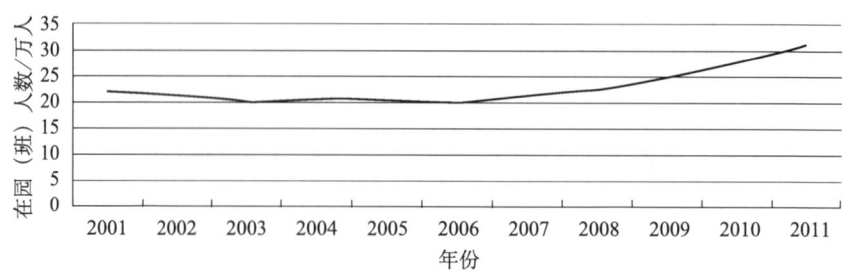

图 5-20　2001~2011 年北京市幼儿园在园学生规模变化

表 5-20 2001~2011 年北京市幼儿园在园学生情况

年份	在园（班）人数/万人	非本市户籍幼儿/万人	本市户籍幼儿/万人	非本市户籍幼儿比重/%	本市户籍幼儿比重/%
2001	21.8	—	—	—	—
2002	21.4	—	—	—	—
2003	19.9	—	—	—	—
2004	20.6	—	—	—	—
2005	20.2	—	—	—	—
2006	19.8	—	—	—	—
2007	21.4	5.10	16.3	23.83	76.17
2008	22.7	5.36	17.34	23.61	76.39
2009	24.8	6.03	18.77	24.31	75.69
2010	27.7	6.77	20.93	24.44	75.56
2011	31.1	7.91	23.19	25.43	74.57

资料来源：北京市人口和计划生育委员会《特大城市人口规模调控研究（以北京为例）课题报告汇编（公共资源承载篇）》

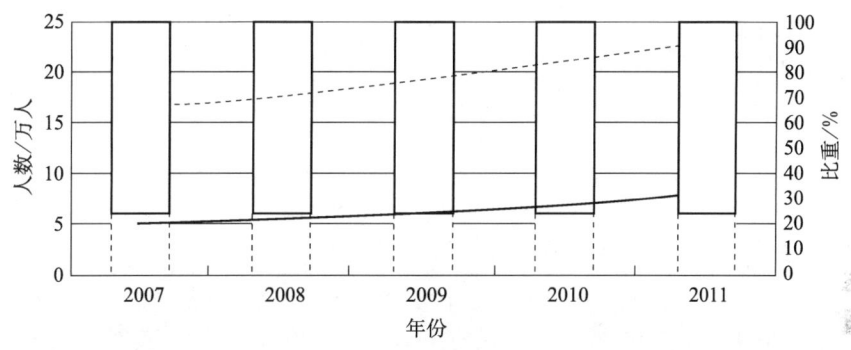

图 5-21 2007~2011 年北京市幼儿园在园学生中非户籍幼儿情况

2）义务教育

新世纪以来北京市义务教育在校生规模逐年递减（图 5-22，表 5-21），义务教育资源承载力需求呈下降趋势，尤其初中教育。2001~2010 年，北京市义务教育在校生规模逐年递减，由 129.4 万人减少到 96.3 万人，减少约 1/3；2011 年，义务教育在校生规模止跌回升，增长到 98.3 万人。其中，小学生的规模以 2009 年为界，之前在波动中呈下降态势，自 2009 年起出现了新一轮增长，由 64.7 万人增长到 2011 年的 68.0 万人；北京市初中在校生规模逐年下降，由 2001 年的 54.4 万人减少到 2011 年的 30.2 万人，减少了 44.5%，总体上，2007 年以后有企稳态势。

分户籍性质来看（图 5-23，图 5-24，表 5-21），户籍学生规模逐年递减，而非户籍学生规模逐年增长。非户籍义务教育在校生成为增长主力，一定程度上消

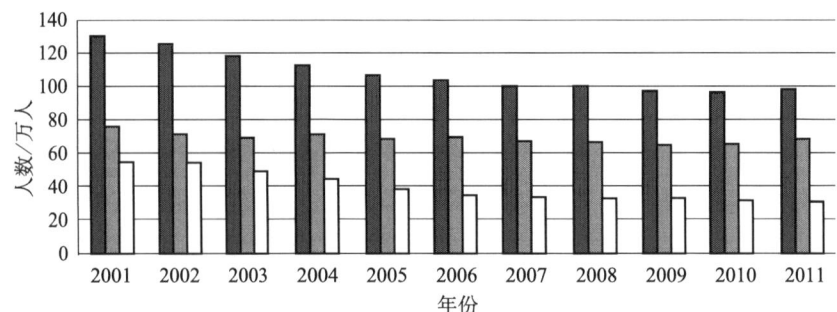

图 5-22 2001~2011 年北京市义务教育在校生规模变化

表 5-21 2001~2011 年义务教育在校学生情况

年份	义务教育在校学生数/万人	小学生在校学生数/万人	初中生在校学生数/万人	本市户籍义务教育在校学生数/万人	本市户籍小学在校学生数/万人	本市户籍初中在校学生数/万人
2001	129.4	74.9	54.4	119.0	66.4	52.6
2002	124.6	71.0	53.7	110.4	59.4	51.0
2003	117.9	69.1	48.8	100.0	54.7	45.3
2004	113.8	69.8	44.0	90.3	51.6	38.7
2005	105.9	68.5	37.4	81.6	49.4	32.2
2006	103.4	69.1	34.3	76.2	47.3	28.8
2007	100.0	66.7	33.3	71.1	43.8	27.3
2008	98.5	66.0	32.3	68.2	42.0	26.2
2009	96.6	64.7	31.9	64.8	39.6	25.3
2010	96.3	65.3	31.0	62.1	38.5	23.6
2011	98.3	68.0	30.2	61.3	39.1	22.2

年份	非本市户籍义务教育在校学生数/万人	非本市户籍小学在校学生数/万人	非本市户籍初中在校学生数/万人	非本市户籍义务教育在校学生比重/%	非本市户籍小学在校学生比重/%	非本市户籍初中在校学生比重/%
2001	10.3	8.5	1.9	7.96	11.35	3.49
2002	14.2	11.5	2.7	11.40	16.20	5.03
2003	17.9	14.5	3.4	15.18	20.98	6.97
2004	23.5	18.1	5.4	20.65	25.93	12.27
2005	24.3	19.1	5.2	22.95	27.88	13.90
2006	27.2	21.7	5.5	26.31	31.40	16.03
2007	28.9	22.9	6	28.90	34.33	18.02
2008	31.3	24.9	6.3	31.78	37.73	19.38
2009	31.8	25.1	6.6	32.92	38.79	20.69
2010	34.2	26.8	7.4	35.51	41.04	23.87
2011	37	28.9	8.1	37.64	42.50	26.82

资料来源：北京市人口和计划生育委员会《特大城市人口规模调控研究（以北京为例）课题报告汇编（公共资源承载篇）》

耗了由户籍学生减少带来的过剩义务教育承载力。一方面，2001年以来，北京市义务教育在校生中户籍学生规模逐年递减，而非户籍学生规模逐年增长。其中，户籍学生规模由2001年的119.0万下降到2011年的61.3万，减少了近一半。同期，本市户籍小学在校生规模由66.4万人下降到39.1万人，减少了41.1%；本市户籍初中在校生规模由52.6万人递减至22.2万人，减少了57.8%。另一方面，非户籍义务教育在校生规模逐年增长，由2001年的10.3万人增长到2011年的37.0万人，增长了2.6倍。其中，小学生由8.5万人增长到28.9万人，增长了2.4倍；初中生由1.9万人增长到8.1万人，增长了3.1倍。

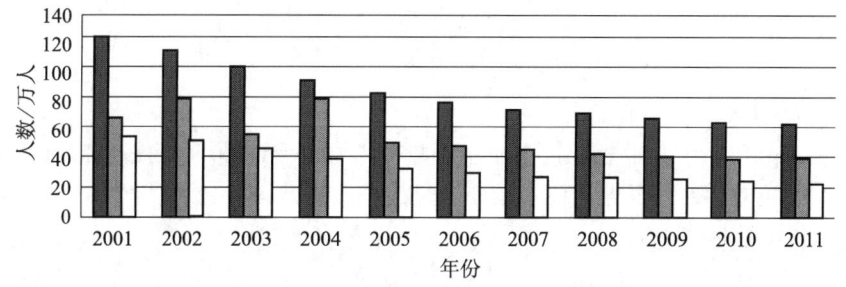

图5-23　2001~2011年北京市户籍义务教育在校生规模变化

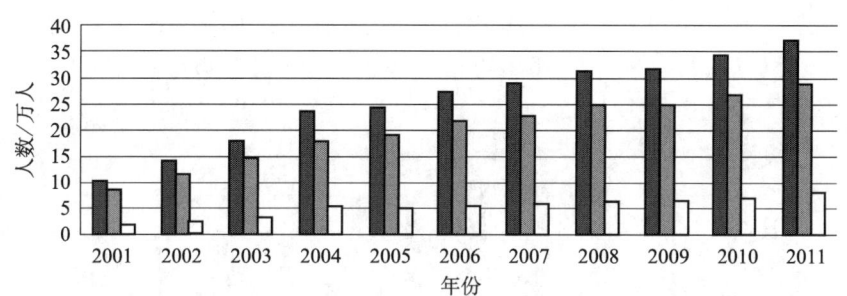

图5-24　2001~2011年非户籍义务教育在校生规模变化

越来越多的流动人口子女选择在京接受义务教育，非户籍在校生的比重目前已快接近40%。从比重来看（图5-25，表5-21），新世纪以来北京市义务教育在校生中非户籍学生的比重有了显著提升，由2001年的约8.0%提高到了2011年的约37.6%。其中，非户籍小学生所占比重提升幅度更大，由约11.4%提高到42.5%，非户籍初中生所占比重由约3.5%提高到约26.8%。可见，随着来京务工人员规模的增长，以及北京保障流动人口子女接受义务教育的政策不断完善，越来越多的流动人口子女选择在京接受义务教育，这一群体所占比重逐年提高。

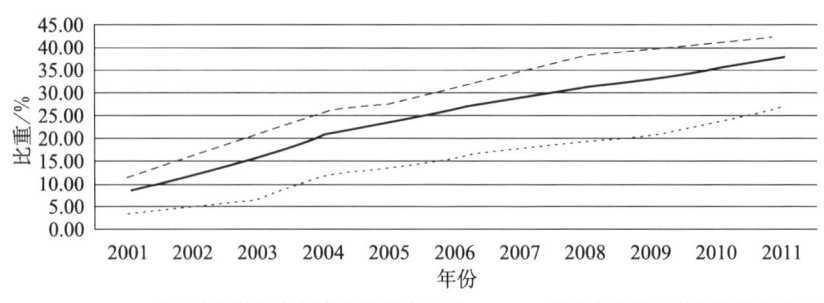

图 5-25 2001~2011 年非户籍义务教育在校生所占比重

3)高中教育

2001~2011 年,中职学校在校生规模的大幅下降,带动了北京市高中阶段在校生规模的下降,而普通高中在校生规模先增后减,2011 年与 2001 年时规模基本持平(图 5-26,表 5-22)。总体上,高中教育承载力需求逐年下降,尤其中职学校。其中,高中阶段在校生规模先增后减,2001 年为 46.6 万人,到 2005 年增长到 54.4 万人,此后逐年递减,2011 年减少到 40.9 万人,比 2001 年减少了 5.7 万人。同期,普通高中在校生规模也呈先增后减态势,2001 年为 19.8 万人,2005 时增长到 28.6 万人,此后逐年减少,2011 年减少到 19.5 万人,与 2001 年时规模基本持平;而中职学校在校生规模呈下降态势,由 26.8 万人减少到 21.4 万人,减少了 20.1%。

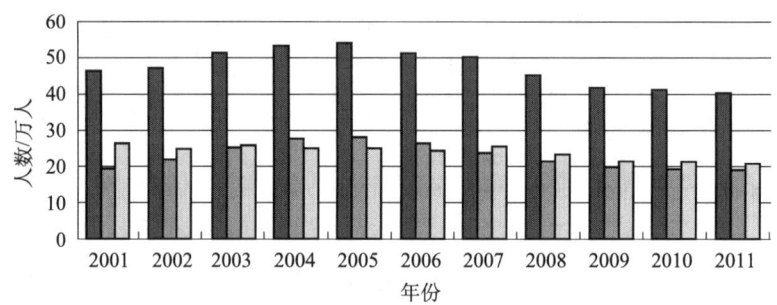

图 5-26 2001~2011 年高中阶段在校生规模变化

表 5-22 2001~2011 高中阶段在校学生情况

年份	高中阶段在校学生数/万人	普通高中在校学生数/万人	中等职业教育在校学生数/万人
2001	46.6	19.8	26.8
2002	47.8	22.5	25.2
2003	52.0	25.7	26.3

续表

年份	高中阶段在校学生数/万人	普通高中在校学生数/万人	中等职业教育在校学生数/万人
2004	54.0	28.3	25.7
2005	54.4	28.6	25.7
2006	51.9	26.8	25.1
2007	50.6	24.4	26.2
2008	45.8	21.9	23.9
2009	42.2	20.3	21.8
2010	41.8	19.8	21.9
2011	40.9	19.5	21.4

资料来源：北京市人口和计划生育委员会《特大城市人口规模调控研究（以北京为例）课题报告汇编（公共资源承载篇）》

3. 教育资源水平的评价

用生师比来衡量教育资源的水平，生师比是在校学生与教师总数之比，即平均每个教师对应的学生数。理论上，生师比越低，每个学生受到老师的教育关注越多，教师资源越充足，反之教师资源越少。然而，生师比并非越低越好，过低会造成教育资源浪费。

2011年，北京市小学生师比为13.4，低于全国平均水平17.7，高于吉林省、内蒙古自治区和黑龙江省，低于其他省（自治区、直辖市）。四个直辖市生师比均低于全国平均水平，其中北京市最低（图5-27，表5-23）。美国国家教育统计中心公布的数据①显示，2011年北京市的生师比低于美国2005年的19.4和纽约的17.5。

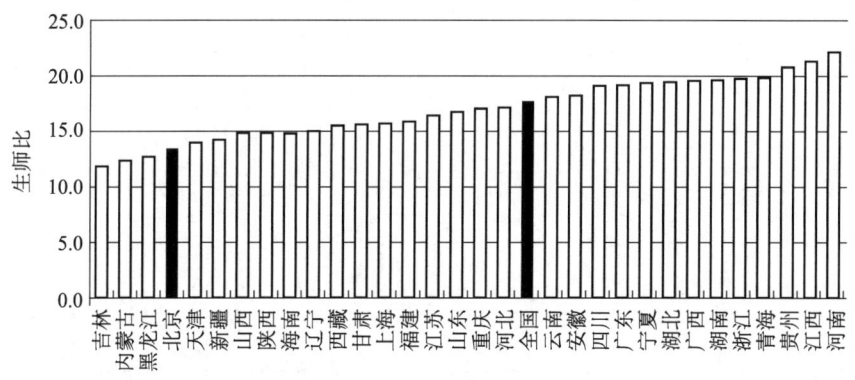

图5-27 2011年全国及各省（自治区、直辖市）小学教育生师比

---

① 资料来源：美国国家教育统计中心，http：//nces.ed.gov/pubs2007/pesenroll06/tables/table_6.asp

表 5-23 2011 年全国及各省（自治区、直辖市）小学、中学、高中的生师比

序列号	小学 全国及各省区	生师比	中学 全国及各省区	生师比	普通高中 全国及各省区	生师比
1	吉林	11.8	北京	9.9	北京	9.6
2	内蒙古	12.4	天津	10.1	上海	9.7
3	黑龙江	12.7	吉林	11.2	天津	12.2
4	北京	13.4	江苏	11.4	西藏	13.2
5	天津	13.8	新疆	11.5	江苏	13.3
6	新疆	14.2	辽宁	11.8	福建	13.6
7	山西	14.7	福建	11.8	山东	13.8
8	陕西	14.8	黑龙江	12.2	新疆	13.8
9	海南	14.8	河北	12.5	青海	13.9
10	辽宁	14.9	上海	12.5	浙江	14.2
11	西藏	15.5	湖南	12.5	河北	14.8
12	甘肃	15.6	内蒙古	12.7	黑龙江	14.9
13	上海	15.8	浙江	13.0	湖南	15.0
14	福建	15.8	陕西	13.0	山西	15.2
15	江苏	16.4	山东	13.1	云南	15.4
16	山东	16.7	湖北	13.2	辽宁	15.5
17	重庆	17.0	山西	13.8	内蒙古	15.8
18	河北	17.1	全国	14.4	全国	15.8
19	全国	17.7	西藏	15.0	宁夏	15.8
20	云南	18.1	青海	15.2	广东	16.1
21	安徽	18.2	甘肃	15.2	湖北	16.4
22	四川	19.0	安徽	15.5	江西	16.5
23	广东	19.0	重庆	15.5	甘肃	17.0
24	宁夏	19.3	海南	15.6	海南	17.1
25	湖北	19.4	宁夏	15.9	吉林	17.4
26	广西	19.5	四川	16.1	陕西	17.5
27	湖南	19.6	江西	16.4	广西	18.0
28	浙江	19.7	河南	16.6	河南	18.2
29	青海	19.8	广西	16.8	四川	18.3
30	贵州	20.7	云南	17.2	安徽	18.4
31	江西	21.3	广东	17.9	重庆	19.0
32	河南	22.0	贵州	19.2	贵州	19.0

资料来源：2012 年《中国统计年鉴》

2011 年，北京市中学和普通高中的生师比水平位居全国首位（图 5-28，图 5-29，表 5-23），在所有省（自治区、直辖市）中生师比数值最低。其中，中学生师比为 9.9，全国平均水平为 14.4，是北京的 1.5 倍，而美国 2005 年中学的

生师比为12.9，纽约为11.3，均高于北京；高中生师比为9.6，全国平均水平是15.8，为北京的1.6倍。

总体上，就数量而言，北京市小学、中学和普通高中教育资源充足，不仅生师比低于全国平均水平，还在各省（自治区、直辖市）中位居前列。但是，生师比水平过高（数值低），也可能存在教育资源过饱和的问题，造成资源浪费。

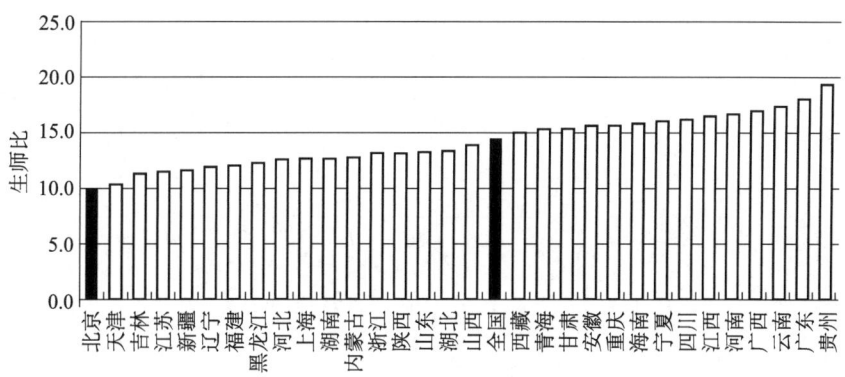

图5-28　2011年全国及各省（自治区、直辖市）中学教育生师比

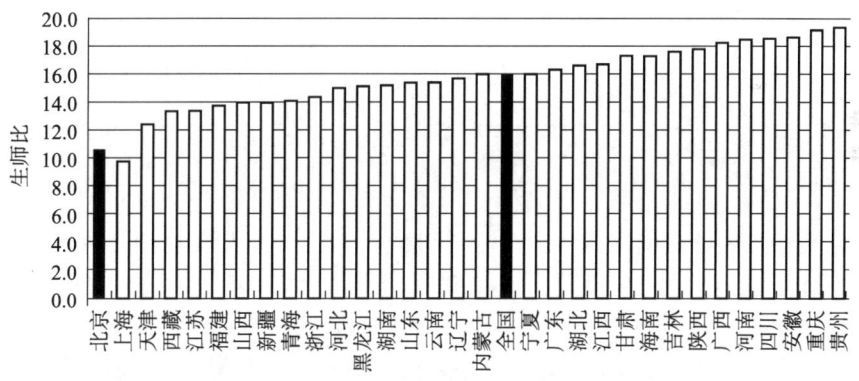

图5-29　2011年全国及各省（自治区、直辖市）普通高中教育生师比

二、医疗资源与人口发展的匹配关系

医疗是人最基本需求之一，极大影响人口的健康素质水平，较高的医疗水平也可吸引人口集聚，增强城市的竞争力。本节从总量、结构、使用效率等角度分析了北京市的医疗资源状况，认为虽然北京市的医疗资源数量、水平均处全国前列，但存在结构性短缺，高等级医院使用过于饱和等问题。究其原因，一方面，可能是高等级医院资源仍需增强；另一方面，也同人们的就医习惯相

关，不管自身病情如何，而盲目选择高等级医院就医。

1. 医疗资源总量现状及变化

2000～2011年，北京市医疗机构数近似呈倒 U 形（图 5-30），数量先减后增，2011年为9699个，比2000年（6176个）增加3523个，增长率为57.04%，总体增长幅度较大，医院数量大规模增长主要发生在2007年及之后（图 5-31）。

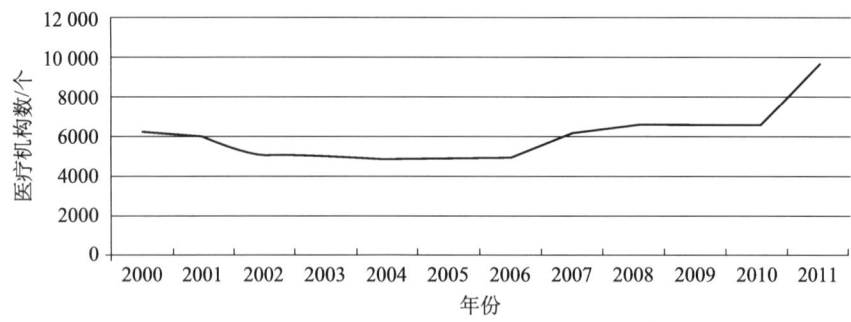

图 5-30　2000～2011 年北京市医疗机构数

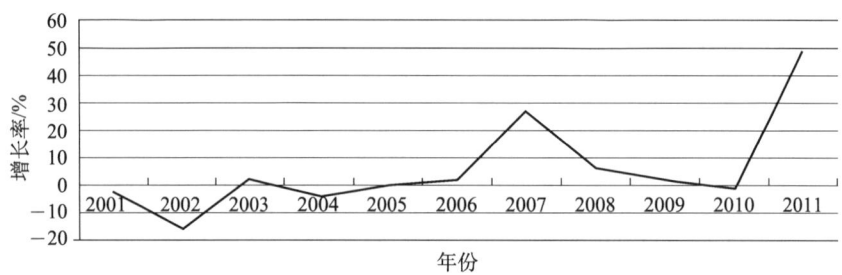

图 5-31　2001～2011 年北京市卫生机构数年增长率

卫生技术人员数量及执业水平逐年增加。2000～2011年，卫生技术人员从11.55万人增长到18.19万人，增加6.64万人，增长57.49%。其中，2003～2011年，持续保持正向增长（图 5-32，表 5-24），在2006年及之后，增长率一直在5%以上，增长迅速。在卫生技术人员中，执业（助理）医师和注册护士的比重没有明显变化规律，小幅度波动性增长或降低，一直维持在76%和80%之间（图 5-33，表 5-24），2000年比重为79.19%，2011年为78.36%，仅差0.83%。其中，执业（助理）医师数在2002年及之后逐年增长，但增长速度不及卫生技术人员的增速，因此，占卫生技术人员比重持续降低，2001年峰值44.94%后，每年平均减少0.66个百分点，到2011年比重降为38.34%；注册护士的变化情况与执业（助理）医师相反，除数量持续增长外，占卫生技术人员比重也未见下滑，但增长幅度不大，11年间平均年增长0.48个百分点，在2011年比重突破40%，为40.02%，同2000年（34.54%）相比，增长了5.58个百分点。

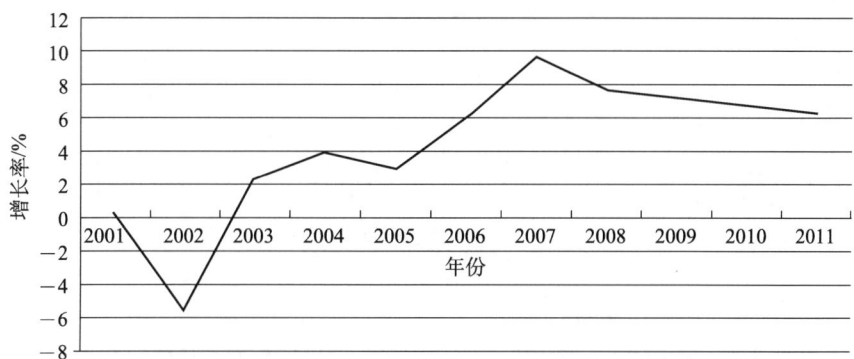

图 5-32 2001~2011 年北京市卫生技术人员年增长率

表 5-24 2000~2011 年北京市医疗资源情况

年份	卫生机构		卫生技术人员		执业（助理）医师		注册护士		执业（助理）医师与注册护士比重/%
	数量/个	增长率/%	数量/人	增长率/%	数量/人	占技术人员比重/%	数量/人	占技术人员比重/%	
2000	6 176	—	115 510	—	51 570	44.65	39 900	34.54	79.19
2001	5 969	−3.35	115 935	0.37	52 100	44.94	40 537	34.97	79.90
2002	4 998	−16.27	109 564	−5.50	47 236	43.11	38 879	35.49	78.60
2003	5 075	1.54	112 212	2.42	47 887	42.68	39 912	35.57	78.24
2004	4 835	−4.73	116 610	3.92	48 988	42.01	41 547	35.63	77.64
2005	4 818	−0.35	119 874	2.80	50 617	42.23	42 897	35.79	78.01
2006	4 878	1.25	126 904	5.86	52 795	41.60	45 647	35.97	77.57
2007	6 189	26.88	139 275	9.75	54 989	39.48	50 890	36.54	76.02
2008	6 523	5.40	149 916	7.64	58 773	39.20	55 349	36.92	76.12
2009	6 603	1.23	160 435	7.02	62 348	38.86	61 604	38.40	77.26
2010	6 539	−0.97	171 093	6.64	65 954	38.55	67 308	39.34	77.89
2011	9 699	48.33	181 938	6.34	69 749	38.34	72 812	40.02	78.36

年份	实有床位数		总诊疗人次		出院人数	
	数量/张	增长率/%	数量/万人	增长率/%	数量/万人	增长率/%
2000	71 245	—	—	—	—	—
2001	73 053	2.54	—	—	—	—
2002	75 188	2.92	—	—	—	—
2003	74 298	−1.18	2 205.7	—	45	—
2004	77 359	4.12	2 961.0	24.31	59.1	28.35
2005	79 067	2.21	3 077.9	7.11	65.6	9.62
2006	81 440	3.00	3 363.8	10.48	70.5	9.28
2007	83 736	2.82	3 732.2	9.94	77.8	8.95
2008	86 196	2.94	4 143.3	12.21	84.2	8.57
2009	90 100	4.53	4 439.3	9.32	92.5	8.41
2010	92 871	3.08	4 946.1	10.54	102.1	7.34
2011	94 735	2.01	5 554.1	11.89	113.1	10.45

资料来源：2012 年《北京统计年鉴》,《2007 年北京卫生工作统计资料简编》,《2012 年北京卫生工作统计资料简编》

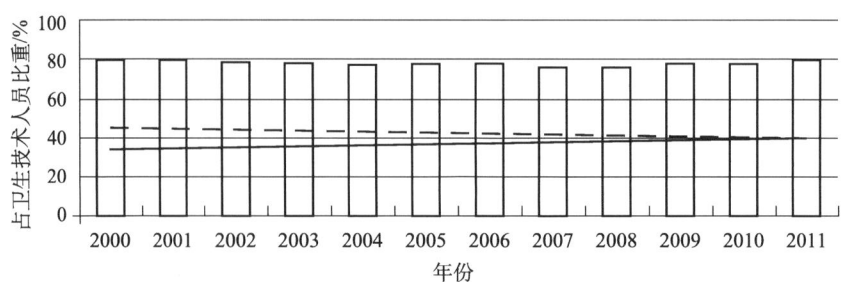

图 5-33　2000~2011 年北京市执业（助理）医师、注册护士占卫生技术人员比重

实有床位数增长稳定（图 5-34，表 5-24）。2011 年为 94 735 张，比 2000 年（71 245 张）多 23 490 张床位，增长了 1/3 左右。除个别年份外，实有床位增长率基本介于 2%~5%，远小于总诊疗人次和出院人数的增长率。如果假设需要住院的人次与总诊疗人次呈正比，则实有床位供给可能不足；另外，假设床位周转率不变或变化不大，由于出院人数的增长率高于实有床位增长率，也一定程度说明床位使用强度不断加大，可能存在床位紧缺的问题。

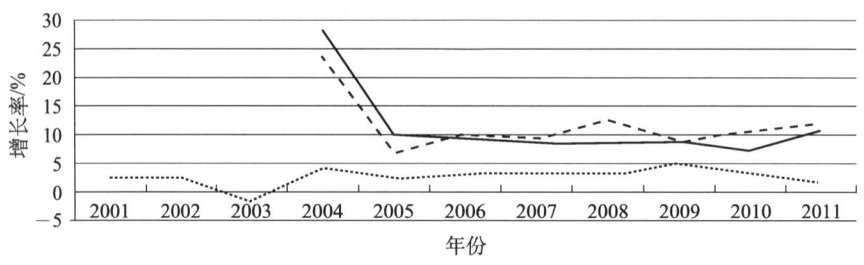

图 5-34　2001~2011 年北京市实有床位、总诊疗人次、出院人数增长率

2. 医疗资源水平分析及比较

千人指标指每千人拥有的资源数，本节分析的北京市医疗资源的千人指标包括每千人拥有执业（助理）医师数、每千人拥有注册护士数和每千人拥有医疗床位数，按照常住人口计算千人指标。用千人指标衡量和判断北京市的医疗水平，并同其他国家和地区相比，以判断北京医疗资源水平的相对状况。从指标变化情况可以得出北京市医疗资源随时间的增减趋势。千人指标越高，医疗资源越丰富；越低，则医疗资源越匮乏。此外，通过与其他发达国家和地区比较，可以横向判断北京医疗资源的相对丰裕程度。

2000~2011 年，北京市每千人拥有执业（助理）医师数先减少，后缓慢上升（图 5-35，表 5-25），2000 年为 3.78 人，2011 年为 3.46 人，减少了 0.32 人。

每千人拥有注册护士数总体上呈增长趋势（图 5-36，表 5-25），2002 年也经历了一次减少，之后一直攀升，2007 年突破 3 人，在 2011 年达到 3.61 人，比 2000 年（2.93 人）增加 0.68 人，涨幅 23%。每千人拥有医疗床位数一直在减少（图 5-37，表 5-25），2000 年为 5.22 张，2008 年低破 5 张，在 2011 年为 4.69 张，比 2000 年减少 0.53 张。总体上，相对于人口数量的变化，执业（助理）医师资源变化不大，注册护士在增加，而医疗床位显著减少。

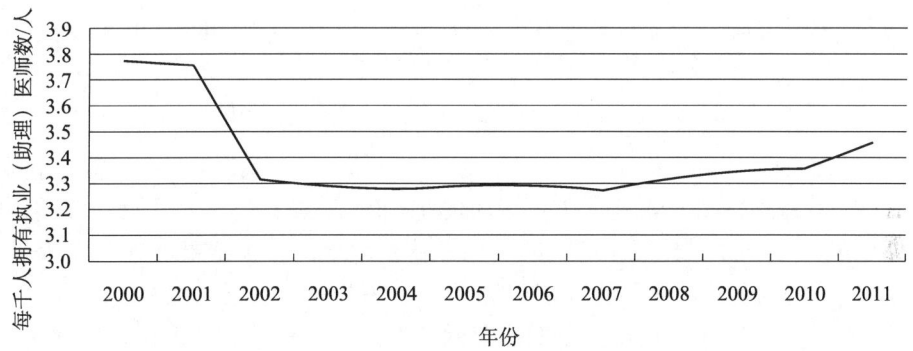

图 5-35　2000～2011 年北京市每千人拥有执业（助理）医师数

表 5-25　2000～2011 年北京市每千人拥有执业（助理）医师、注册护士、医疗床位数

年份	每千人拥有执业（助理）医师数/人	每千人拥有注册护士数/人	每千人拥有医疗床位数/张
2000	3.78	2.93	5.22
2001	3.76	2.93	5.27
2002	3.32	2.73	5.28
2003	3.29	2.74	5.10
2004	3.28	2.78	5.18
2005	3.29	2.79	5.14
2006	3.30	2.85	5.09
2007	3.28	3.04	5.00
2008	3.32	3.13	4.87
2009	3.35	3.31	4.84
2010	3.36	3.43	4.73
2011	3.46	3.61	4.69

资料来源：2012 年《北京统计年鉴》，其中人口数据用的是常住人口

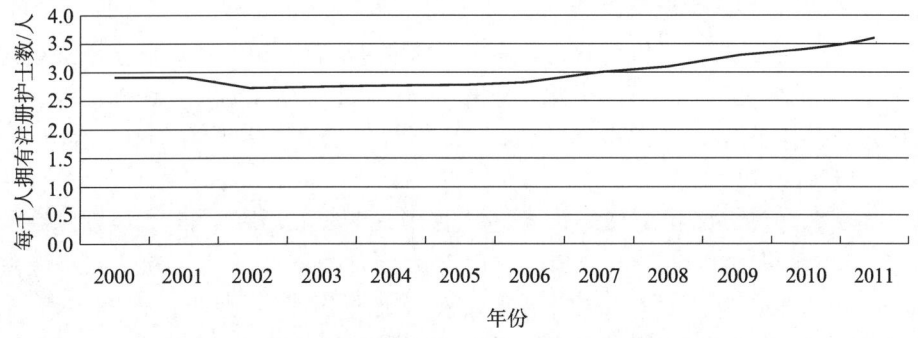

图 5-36　2000～2011 年北京市每千人拥有注册护士数

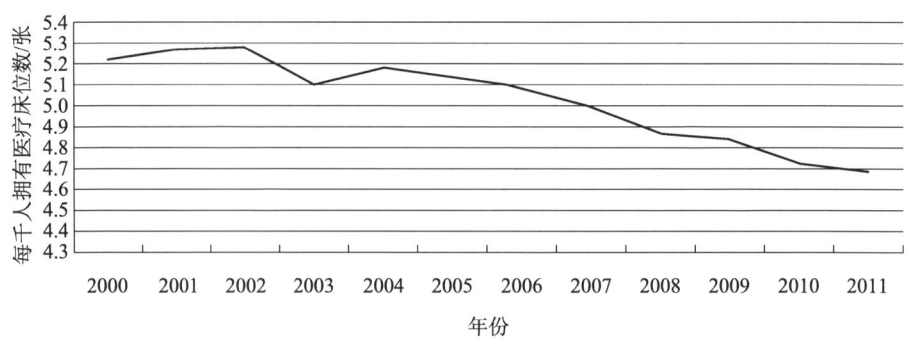

图 5-37　2000～2011 年北京市每千人拥有医疗床位数

将北京的医疗资源指标同中国平均水平、香港、澳门、美国、日本、法国、英国等国家和地区进行对比,需要说明的是,限于数据可得性,搜集到的各城市、地区、国家的千人指标对应的年份不同,因此,分析结果存在一定误差。结果显示(表5-26),北京的医疗资源总体上不是十分充足,其中,执业(助理)医师资源较充足,注册护士资源欠缺,医疗床位资源有提升空间。每千人拥有执业(助理)医师数北京是全国平均水平的 2.47 倍,且显著高于除法国以外的其他国家和地区;每千人拥有注册护士数较低,仅高于全国平均水平和澳门,与其他国家和地区差距较大;每千人拥有医疗床位数北京处于中等水平,远低于日本和法国,比香港少,但高于其他地区和国家。

表 5-26　医疗资源水平比较

国家与城市	美国	日本	法国	英国	中国	北京	香港	澳门
每千人拥有执业(助理)医师数/人	2.7	2.1	3.5	2.7	1.4	3.46	1.8	2.4
每千人拥有注册护士数/人	9.8	4.1	8.9	10.3	1.4	3.61	5.7	2.5
每千人拥有医疗床位数/张	3.1	13.9	7.2	3.9	3.0	4.69	5.0	2.1

注:其中中国数据为 2009 年,北京为 2009 年,香港和澳门为 2010 年,其他国家为 2000～2010 年
资料来源:《2011 中国卫生统计年鉴》,《2012 年中国卫生统计提要》,2012 年《北京统计年鉴》

3. 医疗资源结构及使用状况

数量上(表5-27),级别越高的医疗机构数量越少:2012 年,北京市三级医院 72 个,二级医院 100 个,一级医院 363 个。2008～2011 年,三级和二级医院数量几乎没有变化,一级医院有增加。2012 年,各级医疗机构数都有较大增长,尤其三级医院,增加了 21 家,使得三级、二级、一级医疗机构数的比重分别变为 13.46%、18.69% 和 67.85%。诊疗人次上(图5-38,表5-28),级别越高的医疗机构就诊人次越多,2012 年三级医院诊疗人次 8072.3 万人次,二级医院 4559.1 万人次,一级医院 3626.8 万人次,比重分别为 49.65%、28.04% 和 22.31%,2003～2011 年三个级别医院的诊疗人次占总诊疗人次比重变化不大,

基本保持为 41%～45%、30%～33%和 24%～29%。出院人数情况与总诊疗人次情况相似（图 5-39，表 5-29），三级医院占比最高，二级医院次之，一级医院最少，2012 年三者比重分别为 66.45%、27.73%和 5.82%。时间变化趋势上，除 2012 年外，三个级别的医院出院人数比重没有明显变化。综上，级别越高的医疗机构数量越少，承担的工作量越大。

表 5-27　2008～2012 年北京市各级医院医疗机构数量情况

医疗机构	医疗机构数/个					医疗机构数量比重/%				
	2008 年	2009 年	2010 年	2011 年	2012 年	2008 年	2009 年	2010 年	2011 年	2012 年
三级医院	50	50	51	51	72	10.68	11.09	10.60	10.10	13.46
二级医院	93	93	93	96	100	19.87	20.62	19.33	19.01	18.69
一级医院	325	308	337	358	363	69.44	68.29	70.06	70.89	67.85
总计	468	451	481	505	535	100.00	100.00	100.00	100.00	100.00

资料来源：《2012 年北京卫生工作统计资料简编》

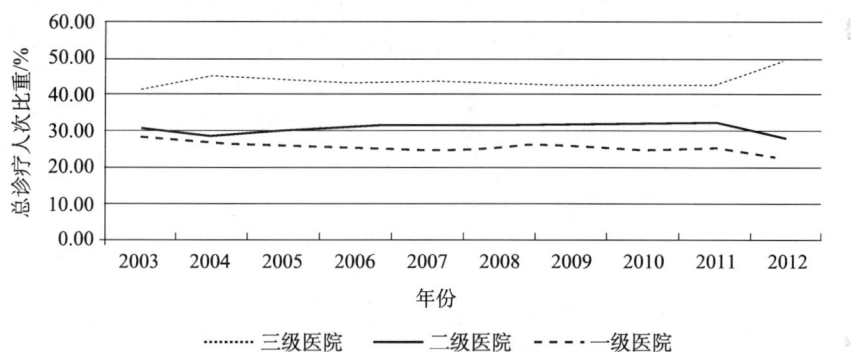

图 5-38　2003～2012 年北京市各级医疗机构总诊疗人次比重

表 5-28　2003～2012 年北京市各级医疗机构总诊疗人次比重 （单位：%）

医疗机构	2003 年	2004 年	2005 年	2006 年	2007 年	2008 年	2009 年	2010 年	2011 年	2012 年
三级医院	41.49	44.81	43.48	43.01	43.41	42.95	42.09	42.43	42.58	49.65
二级医院	30.21	28.86	30.12	31.55	32.08	31.57	31.87	32.18	31.97	28.04
一级医院	28.30	26.33	26.40	25.44	24.51	25.48	26.04	25.39	25.45	22.31

资料来源：《2007 年北京卫生工作统计资料简编》，《2012 年北京卫生工作统计资料简编》

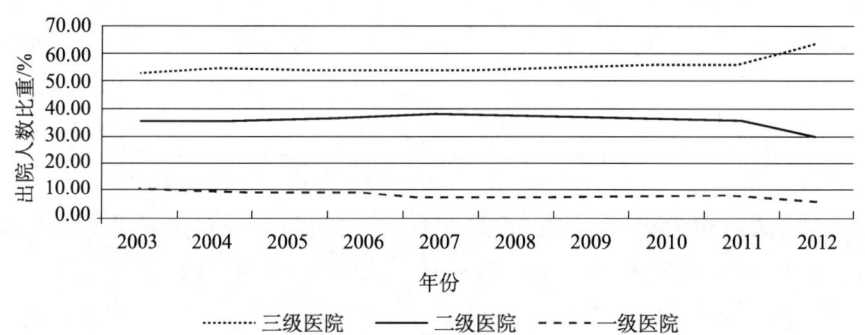

图 5-39　2003～2012 年北京市各级医疗机构出院人数比重

表 5-29　2003~2012 年北京市各级医疗机构出院人数比重　（单位：%）

医疗机构	2003年	2004年	2005年	2006年	2007年	2008年	2009年	2010年	2011年	2012年
三级医院	52.94	54.17	54.85	53.94	54.63	54.46	55.19	56.75	56.92	66.45
二级医院	35.29	35.11	34.78	35.96	37.50	37.45	36.58	35.35	34.57	27.73
一级医院	11.76	10.72	10.37	10.10	7.87	8.09	8.23	7.89	8.51	5.82

资料来源：《2007 年北京卫生工作统计资料简编》，《2012 年北京卫生工作统计资料简编》

前文从工作总量的角度分析了不同级别医院的工作情况，但未考虑不同级别医疗机构的规模和承载力是不同的，亦即从工作效率角度更能反映医院间的差异。选取医师人均每日担负诊疗人次、实有病床使用率和出院者平均住院日等指标衡量各级医院的工作效率。

2012 年，三级医院医师人均每日担负诊疗人次最多，为 11.55 人，二级医院和一级医院相近，分别为 10.49 人和 10.47 人。2003~2012 年，三个级别的医院的医师人均每日负担诊疗人次都有大幅增加，尤其三级和二级医院，涨幅达 100%。2011 年之前，一级医院医师人均每日负担诊疗人次最多，之后被二级和三级医院赶超，表明北京市诊疗压力持续增长，同时一级医院在诊疗上的绝对优势地位已让位给二级和三级医院，尤其是三级医院，因此，高等级医院诊疗压力较大，且有增长态势（图 5-40，表 5-30）。

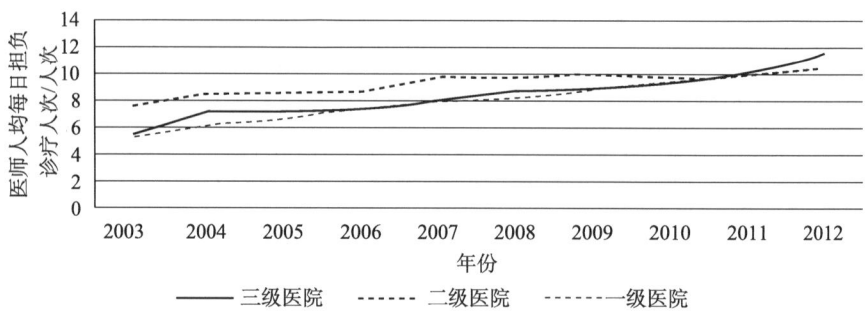

图 5-40　2003~2012 年北京市各级医疗机构医师人均每日担负诊疗人次

表 5-30　2003~2012 年北京市各级医疗机构医师人均每日担负诊疗人次

（单位：人次）

医疗机构	2003年	2004年	2005年	2006年	2007年	2008年	2009年	2010年	2011年	2012年
三级医院	5.51	7.16	7.11	7.46	8.07	8.66	8.84	9.40	10.10	11.55
二级医院	5.25	6.07	6.68	7.28	8.04	8.38	8.88	9.50	10.10	10.49
一级医院	7.63	8.51	8.59	8.78	9.69	9.81	10.01	9.70	9.90	10.47

资料来源：《2007 年北京卫生工作统计资料简编》，《2012 年北京卫生工作统计资料简编》

实有病床使用率上（图 5-41，表 5-31），一级同二级、三级医院有显著差距。2012 年，从高到低三个级别医院实有病床使用率分别为 94.24%、83.35 和 52.70%。发展趋势上，2003~2012 年，三个级别医院实有病床使用率均为正增长，增长幅度和趋势相近。总体而言，三级医院使用率过高，而一级医院又使用率过低，使用结构不合理。

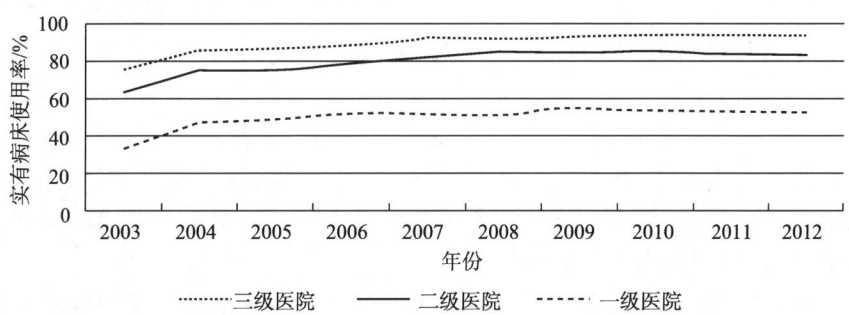

图 5-41 2003～2012 年北京市各级医疗机构实有病床使用率

表 5-31 2003～2012 年北京市各级医疗机构实有病床使用率 （单位:%）

医疗机构	2003年	2004年	2005年	2006年	2007年	2008年	2009年	2010年	2011年	2012年
三级医院	75.75	86.07	87.15	88.71	92.54	92.12	93.10	93.87	94.89	94.24
二级医院	63.90	75.50	75.20	77.90	82.37	85.13	84.98	85.38	84.03	83.35
一级医院	33.50	47.20	49.40	52.90	51.88	51.54	55.17	53.65	53.94	52.70

资料来源：《2007年北京卫生工作统计资料简编》，《2012年北京卫生工作统计资料简编》

2012 年，三级医院的出院者平均住院日为 10.9 日，二级和一级医院分别为 11.2 日和 14.3 日，表明高等级医院病床周转率更高，并且 2003～2012 年，二级医院和三级医院出院者平均住院日都在减少，一级医院波动式变化，但总体上数值较高（图 5-42，表 5-32）。

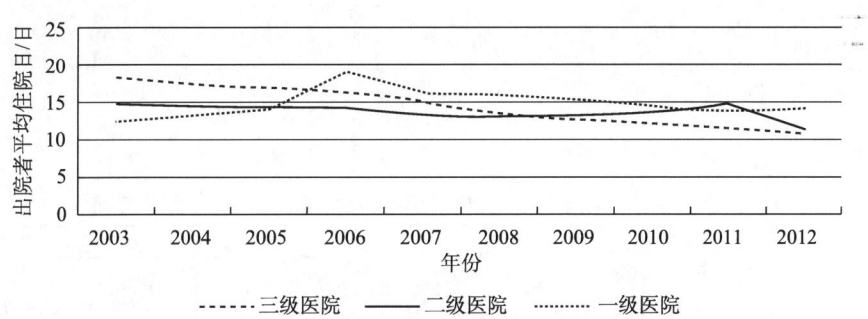

图 5-42 2003～2012 年北京市各级医疗机构出院者平均住院日

表 5-32 2003～2012 年北京市各级医疗机构出院者平均住院日

医疗机构	2003年	2004年	2005年	2006年	2007年	2008年	2009年	2010年	2011年	2012年
三级医院	18.4	17.6	16.9	16.5	15.3	13.5	12.7	12.3	11.5	10.9
二级医院	14.6	14.4	14.5	14.3	13.5	13.0	13.0	13.6	14.8	11.2
一级医院	12.5	13.5	14.3	19.1	16.2	16	15.4	14.4	13.8	14.3

资料来源：《2007年北京卫生工作统计资料简编》，《2012年北京卫生工作统计资料简编》

综上，三级医院存在超负荷运转现象，而低等级医院又利用不足，医疗资源虽然总量充足，但使用结构不合理。

三、住宅建设与人口发展的匹配关系

住房问题是北京市面临的一项重要社会问题。联合国人居宣言明确指出，享有适当的住房是居民的基本人权。住房不仅为人们提供日常安全生活的保障，而且也为人们创造一个相对独立与私密的个人空间，它也是满足人们生存与发展需要的不可或缺的基本物质条件。

根据北京市统计年鉴数据，2000～2011 年北京市住宅竣工面积基本保持在 1500 万～2700 万平方米/年（图 5-43，表 5-33），均值为 2217 万平方米/年，同人口增量相比，相当于每年新增人口人均得到 14～84 平方米的住房（图 5-44，表 5-33），从时间趋势上看，这一数值逐年降低，从 2001 年的 84 降至 2008 年的 20，之后稍有回升。

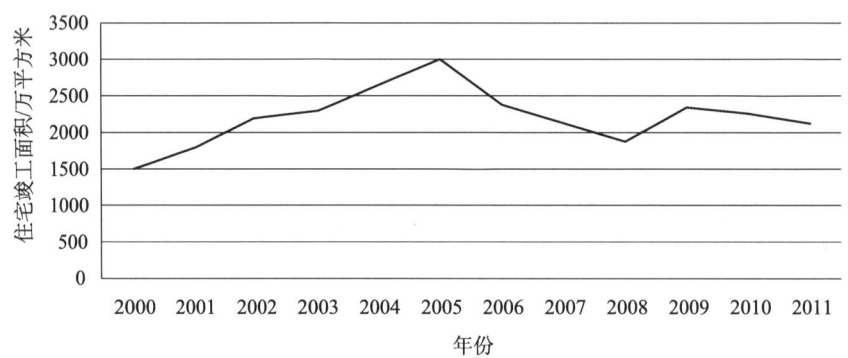

图 5-43　2000～2011 年北京市住宅竣工面积

资料来源：2012 年《北京统计年鉴》

表 5-33　2000～2011 年北京市全社会住宅竣工面积与人口变化情况

年份	住宅竣工面积/万平方米	人口/万人	新增住宅面积/新增人口/（平方米/人）	以 2000 年为基期		
				累计住宅竣工面积/万平方米	新增人口/万人	累计住宅竣工面积/新增人口/（平方米/人）
2000	1 499.7	1 363.6	14.1	—	—	—
2001	1 804.9	1 385.1	84.0	1 804.9	21.5	84.0
2002	2 191.4	1 423.2	57.5	3 996.3	59.6	67.1
2003	2 322.3	1 456.4	70.0	6 318.6	92.8	68.1
2004	2 649.5	1 492.7	73.0	8 968.1	129.1	69.5
2005	3 024.1	1 538.0	66.8	11 992.2	174.4	68.8
2006	2 391.6	1 601.0	38.0	14 383.8	237.4	60.6
2007	2 098.0	1 676.0	28.0	16 481.8	312.4	52.8
2008	1 871.1	1 771.0	19.7	18 352.9	407.4	45.1

续表

年份	住宅竣工面积/万平方米	人口/万人	新增住宅面积/新增人口/(平方米/人)	累计住宅竣工面积/万平方米	以2000年为基期	
					新增人口/万人	累计住宅竣工面积/新增人口/(平方米/人)
2009	2 369.6	1 860.0	26.6	20 722.5	496.4	41.8
2010	2 263.5	1 961.9	22.2	22 986.0	598.3	38.4
2011	2 121.8	2 018.6	37.4	25 107.8	655.0	38.3

资料来源：2012年《北京统计年鉴》

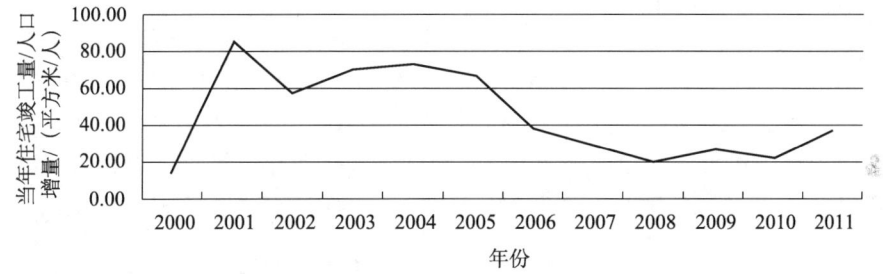

图5-44 2000～2011年北京市当年住宅竣工量与当年人口增量之比
资料来源：2012年《北京统计年鉴》

以2000年为基准时点，计算之后累计住宅竣工面积（即累计新增住宅）与新增人口（均与2000年比较）的相对关系，可以看到（图5-45，表5-33）累计新增住宅面积与新增人口的比值一直在下降，从2001年的84.0平方米/人，降至2011年的38.3平方米/人，降幅达到54%。因此随着北京市人口规模的持续扩大，住宅的供给落后于人口的增长。

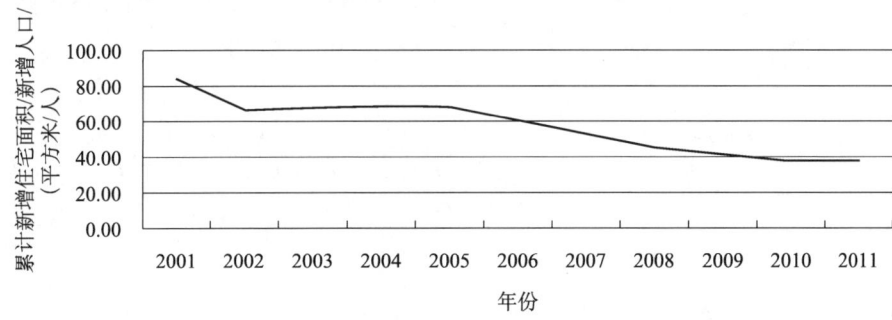

图5-45 2001～2011年北京市累计新增住宅面积与新增人口比值（以2000年为基期）
资料来源：2012年《北京统计年鉴》

保障性住房是针对目前上市的商品房而言的，包括政策性的租赁房、廉租房、经济适用房和限价房。根据2010年4月到5月国家统计局北京调查总队有关住房需求及满意情况的调查，北京市住房状况：72.8%的居民家庭拥有房产，其中政策性住房、商品房、旧有私房及自建房比重分别为35.1%、32.6%和

5.1%。虽然政策性住房比重高达35.1%，但并不能说明北京市的保障性住房已成为解决住房问题的最重要途径，因为，1998年之前，北京市住房供给主要为福利性分房，自1998年取消福利性分房制度后，商品房才开始大量进入住房市场，这种变化不可能在短期内迅速改变政策性住房为主的房屋产权状况。

2000~2011年，北京市的商品房竣工面积经历了先升后降的过程（图5-46，表5-34），2000年为1013.7万平方米，到2005年达到峰值，为2841.4万平方米，2011年降为1316.1万平方米，比2000年多302.4万平方米。经济适用房竣工面积先有短暂的上升，之后直线下降，2000年为184.9万平方米，2011年为74.6万平方米，降低了60%。且经济适用房与商品房竣工面积之比一直处于低位水平，并持续降低，2000年该比值为0.18，即经济适用房竣工面积约为商品房的1/5，2011年该比值为0.06，即经济适用房竣工面积仅为商品房的1/17左右。以经济适用房的建设来缓解北京市住房紧缺问题仍是杯水车薪。

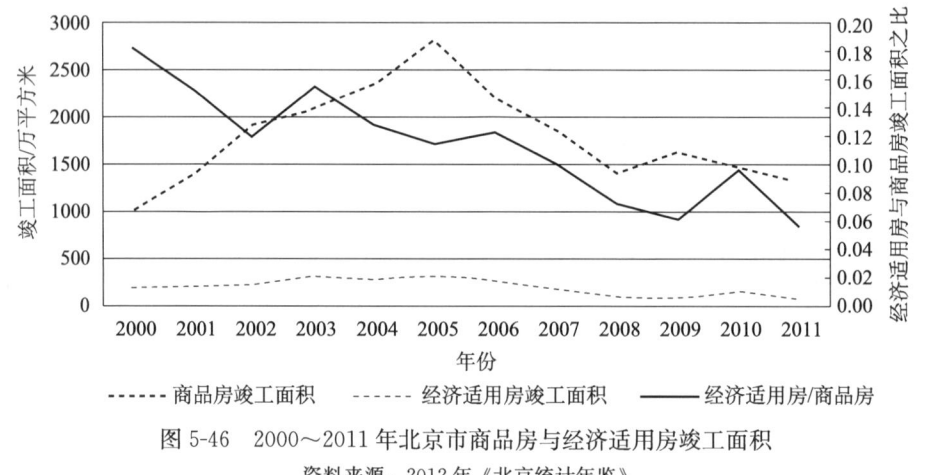

图5-46　2000~2011年北京市商品房与经济适用房竣工面积

资料来源：2012年《北京统计年鉴》

表5-34　2000~2011年北京市商品房、经济适用房竣工面积

年份	商品房竣工面积/万平方米	经济适用房竣工面积/万平方米	经济适用房/商品房
2000	1013.7	184.9	0.18
2001	1393.4	214.0	0.15
2002	1926.2	228.4	0.12
2003	2080.8	322.8	0.16
2004	2343.9	298.8	0.13
2005	2841.4	325.6	0.11
2006	2193.3	270.1	0.12
2007	1854.0	188.6	0.10
2008	1399.3	101.1	0.07
2009	1613.2	98.2	0.06
2010	1498.5	144.6	0.10
2011	1316.1	74.6	0.06

资料来源：2012年《北京统计年鉴》

四、城市交通发展与人口发展的匹配关系

近年来，北京市城市交通快速发展，以满足不断增长的人口和持续增加的机动车的需求，但随着人口的持续快速增长，北京的城市交通拥堵状况日益加剧，有限的城市交通资源和不断快速增长的人口之间的矛盾越来越突出。

2003～2011 年，北京市城市道路长度从 3055 千米增长为 6258 千米，增幅为 104.84%；道路面积从 5345 万平方米增长为 9164 万平方米，增长了 71.45%（图 5-47，表 5-35）。期间，道路面积占建成区面积的比重直线上升（图 5-48，表 5-35），从 5.75% 增长到 10.38%。总体上，城市道路建设不断加快，以满足日益增长的人口的需要。

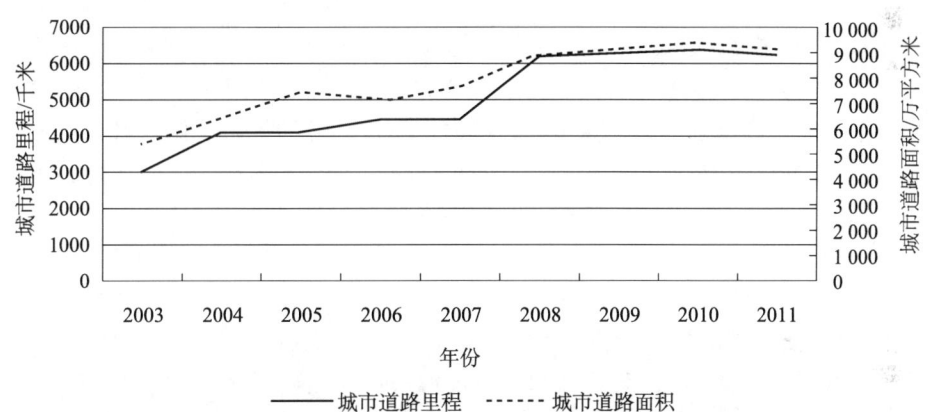

图 5-47　2003～2011 年北京市城市道路交通里程与面积

资料来源：2012 年《北京统计年鉴》，其中道路及桥梁 2003～2010 年统计范围为城八区和北京经济技术开发区。2011 年起城市道路及其附属设施统计数据不含北京经济技术开发区

表 5-35　2003～2011 年北京市城市道路里程及面积

年份	城市道路里程/千米	城市道路面积/平方千米	道路面积占建成区比重/%
2003	3055	5345	5.75
2004	4067	6417	6.90
2005	4073	7437	8.00
2006	4419	7258	7.80
2007	4460	7632	8.21
2008	6186	8941	9.61
2009	6247	9179	9.87
2010	6355	9395	10.10
2011	6258	9164	10.38

资料来源：2012 年《北京统计年鉴》

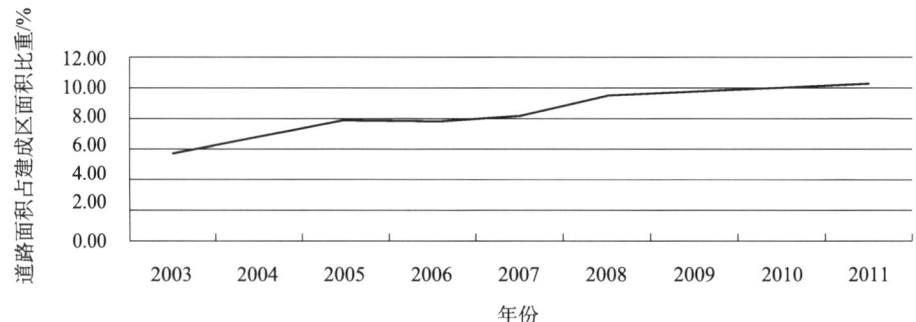

图 5-48 2003~2011 年北京市道路面积占建成区面积的比重

注：2003~2010 年道路面积和建成区面积指城八区加上北京经济技术开发区，2011 年不包括北京经济技术开发区。城八区面积为 883 平方千米，城八区加上北京经济技术开发区面积为 930 平方千米

同时，公共交通作为缓解大城市交通压力最有效的方式，近年来在北京也得到了快速发展。2000 年以来，北京市公共交通运营线路不断攀升（图 5-49，表 5-36），一定程度上分担了城市运营压力。轨道交通的大量建设也极大增强了公共交通的承载能力。2000 年以来，北京市地铁建设加速发展，轨道交通长度由 2000 年的 54 千米迅速增加到 2011 年的 372 千米（图 5-50，表 5-36），是 2000 年的近 7 倍。未来一段时间内，北京市轨道交通建设仍将快速发展。然而，虽然 2012 年北京市的公共交通比例达到 44%，是全国公共交通出行比例最高的城市，但同发达国家相比，还有很大差距，东京、巴黎、伦敦三个城市的公共交通出行比例为 60%，甚至 70% 以上（郭淑霞，2010），远高于北京市。

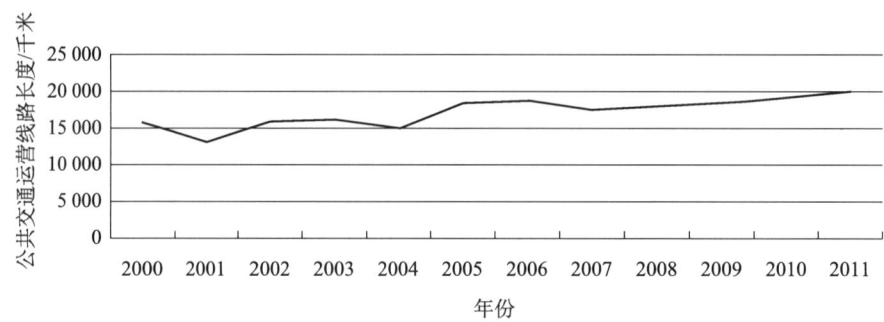

图 5-49 2000~2011 年北京市公共交通运营线路长度

资料来源：2012 年《北京统计年鉴》

表 5-36 2000~2011 年北京公共交通运营线路

年份	公共交通运营线路长度/千米	轨道交通运营线路长度/千米
2000	15 639	54
2001	13 180	54
2002	15 835	75

续表

年份	公共交通运营线路长度/千米	轨道交通运营线路长度/千米
2003	16 131	114
2004	15 247	114
2005	18 328	114
2006	18 582	114
2007	17 495	142
2008	18 057	200
2009	18 498	228
2010	19 079	336
2011	19 832	372

资料来源：2012年《北京统计年鉴》

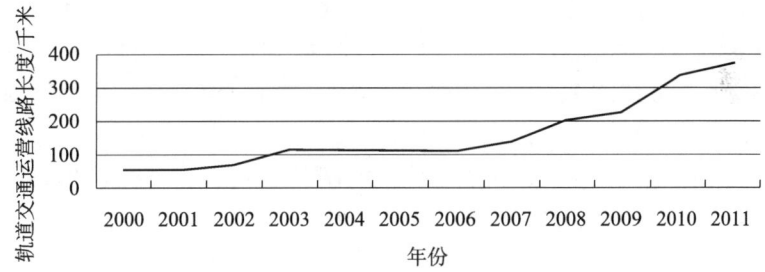

图5-50　2000～2011年北京市轨道交通运营线路长度

资料来源：2012年《北京统计年鉴》

此外，尽管北京市城市交通得到了长足发展，但要注意的是，随着流动人口的大量流入，交通设施短缺的压力仍然巨大。比如，目前北京六环路以内日出行总量已达3500多万人次，新增交通供给能力很快被人口增量所抵消。因此，解决城市交通问题，需要统筹考虑人口规模调控，促进城市交通发展和人口发展相协调。

五、小结

（1）教育资源充沛，但受流动儿童影响，未来资源需求具有很大不确定性，对资源配置提出挑战。

北京市的财政教育支出水平较高，并保持高速增长状态，且生师比水平全面超过其他省（自治区、直辖市），教师资源充沛。从承载力角度看，北京市各类教育资源承载力较强，具体而言，各类教育资源特征表现：学前教育需求中，户籍与非户籍在园幼儿数都在逐年增加；义务教育资源中，小学在校生规模开始止跌回升，初中在校生规模逐年下降，非户籍学生比重不断上升；高中教育在校生逐年下降。然而，对过去的把握并不一定能指导未来教育资源的配置，因为教育资源与人口发展息息相关,未来教育需求状况需结合人口出生、人口迁移和流动、人口年龄结构等诸多因素来判断,并且,伴随非户籍在校学生数的增加,人口的迁移和流动对各类教育资源配置带来很多不确定性和挑战。

(2) 医疗资源数量充足、水平较高,但高等级医院与低等级医院使用不合理,存在结构性失衡。

北京的医疗资源在总量和质量上都在全国处于较高水平。总量上,医疗机构数、卫生技术人员、床位数等资源持续增长,医疗资源承载力在逐年增长,并且每千人拥有执业(助理)医师数、每千人拥有注册护士数和每千人拥有医疗床位数等千人指标都大幅超过全国平均水平。然而,同其他发达国家和地区相比,每千人拥有的注册护士数处于较高水平,但其他两个千人指标仍有提升空间。在使用上,医院等级越高工作效率越高,且这种效率的提高随时间而加强,导致高等级医院可能存在过度使用的问题,而低等级医院的资源可能过于饱和,利用不充分。综合来看,北京市的医疗资源总量上较充足,但使用不合理,高等级医疗资源与人口需求不匹配。

(3) 住房问题依旧突出,保障性住房作用有限;城市交通快速发展,但交通设施短缺压力仍然巨大。

北京市的住宅需求具有极强的投资属性,高额投资回报率推高住宅需求和价格,以致刚性需求不能被充分满足,产生住宅紧缺的问题。虽然近些年在大力推进保障性住房建设与分配,但保障房占新增住宅的比例有限,保障范围也比较局限,并不能根治住房紧缺的问题。交通是另一大民生问题,"首堵"被广为诟病,虽然北京市在轨道交通和公共交通上做了很多工作和努力,但客观而言,同发达国家相比,公交出行率仍有很大提升空间。同时,新增交通资源很快被增长的人口快速抵消,造成交通设施短缺压力仍然巨大。

参考文献

陈友华.2005.人口红利与人口负债:数量界定、经验观察与理论思考.人口研究,(6):21-27

陈志科,邓文志.2012.人口转变、人口红利与经济增长的实证研究——基于湖南省面板数据的分析.特区经济,(12):190-192

郭淑霞.2010.北京城市公交汽车出行特征分析及对策.综合运输,(4):58-59

胡春春.2012.广东省四大区域人口与区域经济协调发展研究.统计科学与实践,(10):31-33

焦艳.2010.产业结构变动对就业效应的显著性分析.现代商业,(14):47-48

雷晓康,张楠.2011.近年我国人口红利问题的研究综述.理论学刊,(6):77-81

刘丹，张兵，徐孝昶．2012．我国产业结构与就业结构的协调度及对策研究．西北人口，(5)：19-28

彭宇柯．2011．经济适度人口规模研究——以湖南省为例．生产力研究，(9)：10-13

秦凤华．2011．低票价下地铁还值不值得投资？中国投资，(11)：68-71

西蒙·库兹涅茨．1985．各国经济的增长．北京：商务印书馆：128-211

于学军．2006．中国人口转变与"战略机遇期"．中国人口科学，(3)：9-14

张浩然，衣保中．2011．产业结构调整的就业效应：来自中国城市面板数据的证据．产业发展研究（双月刊），(5)：50-55

第六章

北京市人口与资源环境均衡发展

人口与资源环境的均衡发展是一个地区发展的重要前提。近年来，伴随着首都经济的快速增长，北京市人口规模从2000年的1363.6万人剧增到2011年的2018.6万人。巨大的人口规模必然会对有限的资源和生态环境造成压力，影响地区的可持续发展。北京市人口膨胀带来的资源紧缺、环境污染等一系列问题已经不容忽视。所以如何协调人口与资源、环境之间的关系，促进人口与资源、环境的均衡发展，已经成为摆在人们面前的重大问题。本章从土地资源、水资源的开发利用及其承载力方面系统分析了北京市人口与资源均衡发展的关系，并在对大气环境、水环境、生态环境现状分析的基础上进一步研究主要污染物的环境承载力问题，探讨北京市人口与环境均衡发展的关系。

第一节　北京市土地资源与人口均衡发展

本节对北京市土地资源的开发利用现状及其变化特征进行了分析，进而对未来基于土地资源约束的人口发展规模进行了讨论。本节数据主要来源于2003~2011年《中国环境统计数据》、2012年《北京统计年鉴》、2012年《中国统计年鉴》。

一、北京市土地资源开发利用状况及其承载力

1. 土地利用结构变动不大，人均土地面积不断下降

根据2008年国土资源部土地调查数据，北京市土地调查总面积为164.1万公顷。从土地利用来看，2010年农业用地116.3万公顷，占土地总面积的

70.86%；建设用地 34.1 万公顷，占土地总面积的 20.80%；未利用地 13.7 万公顷，占土地总面积的 8.34%（表 6-1）。与 2003 年相比，土地利用结构有所变化，农业用地面积基本呈下降趋势，从 2003 年的 111.8 万公顷减少为 2008 年的 109.6 万公顷，同时占土地总面积比例从 68.13%下降到了 66.79%，但 2010 年农业用地面积较之 2008 年增加了 6.7 万公顷，比重也增加了 4.07 个百分点。建设用地面积逐年扩大，从 2003 年的 30.9 万公顷增长到了 2010 年的 34.1 万公顷，同时占土地总面积比例从 18.83%上升到了 20.80%。未利用地面积逐年减少，尤其是 2010 年下降明显，2008 年与 2003 年相比减少 0.7 万公顷，2010 年与 2008 年相比减少 7 万公顷，所占比例降低了 4.34 个百分点。

表 6-1 北京市历年土地利用结构

用地类型		2003 年	2004 年	2005 年	2006 年	2007 年	2008 年	2010 年
农业用地	面积/万公顷	111.8	110.8	110.6	110.4	110.0	109.6	116.3
	比例/%	68.13	67.51	67.40	67.28	67.03	66.79	70.86
建设用地	面积/万公顷	30.9	32.0	32.3	32.7	33.3	33.8	34.1
	比例/%	18.83	19.48	19.68	19.93	20.29	20.60	20.80
未利用地	面积/万公顷	21.4	21.4	21.2	21.0	20.8	20.7	13.7
	比例/%	13.04	13.02	12.92	12.80	12.68	12.61	8.34

资料来源：2003~2008 年《中国环境统计数据》，2010 年数据来自《北京市"十二五"时期土地资源保护与开发利用规划》

在北京市农业用地中，以耕地、林地为主，2008 年耕地面积为 23.2 万公顷，林地面积为 68.7 万公顷，分别占农用地总面积的 21.17%和 62.68%，而园地和牧草地面积分别为 12.0 和 0.2 万公顷，合计占农用地总面积的 11%左右，其他农业用地占 5%（图 6-1）。在北京市建设用地中，以居民点及工矿用地为主，2008 年居民点及工矿用地面积为 27.9 万公顷，占建设用地总面积的 82.54%，而交通用地和水利设施用地分别为 3.3 万公顷和 2.6 万公顷，分别占建设用地总面积的 9.76%和 7.69%（图 6-2）。

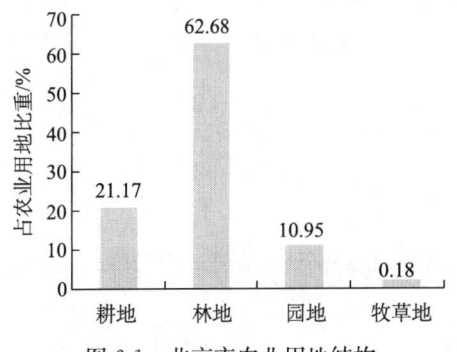

图 6-1 北京市农业用地结构
资料来源：2012 年《北京统计年鉴》

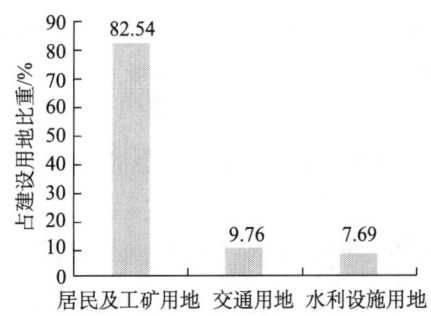

图 6-2 北京市建设用地结构
资料来源：2012 年《北京统计年鉴》

随着常住人口规模越来越大,北京市人均土地面积不断减少,从 2000 年的 1203 米²/人下降到 2007 年 979 米²/人,进而又下降到 2011 年的 813 米²/人;人口密度则不断增加,从 2000 年的 831 人/千米²增加到 2007 年的 1021 人/千米²,进而又增加到 2011 年的 1230 人/千米²(表 6-2)。

表 6-2　北京市历年人均土地面积及人口密度

年份	常住人口/万人	人均土地/(米²/人)	人口密度/(人/千米²)
2000	1363.6	1203	831
2001	1385.1	1185	844
2002	1423.2	1153	867
2003	1456.4	1127	888
2004	1492.7	1099	910
2005	1538.0	1067	937
2006	1601.0	1025	976
2007	1676.0	979	1021
2008	1771.0	927	1079
2009	1860.0	882	1133
2010	1961.9	836	1196
2011	2018.6	813	1230

资料来源:2012 年《北京统计年鉴》

2. 近年来耕地面积总量变动不明显,人均耕地面积持续下降

21 世纪以来,北京市年末实有耕地面积呈现下降趋势,尤其是在 2000~2004 年,从 32.9 万公顷下降到 23.6 万公顷,下降了 9.3 万公顷,2005 年以后则比较稳定,基本在 23 万公顷左右,2008 年为 23.2 万公顷,2010 年为 22.4 万公顷[①]。

从人均水平看,北京市年末人均实有耕地面积一直呈现下降趋势,从 2000 年的 0.36 亩[②]/下降到 2010 年的 0.17 亩,一直大大低于联合国确定的人均耕地警戒线 0.8 亩的水平(石忆邵等,2013)。与全国水平相比,北京市人均耕地面积也远远低于全国平均水平,2000 年全国人均耕地面积为 1.52 亩,北京不到全国平均水平的 1/4;2010 年北京更只有全国平均水平的 1/8,差距进一步扩大(图 6-3、表 6-3)。

3. 城市建设用地面积不断扩大,人均城市建设用地基本持续下降

北京市城市建设用地面积逐年扩大,从 2003 年的 12.39 万公顷扩大到了 2011 年的 14.26 万公顷,增长 1.87 万公顷,年均增长 1.77 个百分点。城市建设用地面积主要由居住用地、工业用地、公共设施用地、道路广场用地、绿地、

---

① 参见《北京市"十二五"时期土地资源保护与开发利用规划》

② 1 亩≈666.7m²

第六章 北京市人口与资源环境均衡发展

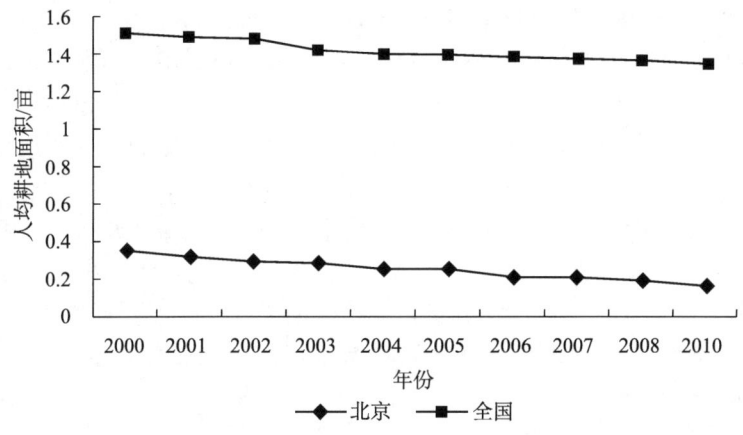

图 6-3 北京及全国人均耕地历年变化

资料来源：2000~2008 年数据来自 2012 年《北京统计年鉴》、2012 年《中国统计年鉴》，北京 2010 年数据来自《北京市"十二五"时期土地资源保护与开发利用规划》，全国 2010 年数据来自 http://finance.qq.com/a/20110225/002263.htm

表 6-3 北京及全国人均耕地面积历年情况

年份	北京耕地面积/万公顷	北京常住人口/万人	北京人均耕地面积/亩	全国人均耕地面积/亩	北京相当于全国的比重/%
2000	32.9	1363.6	0.36	1.52	23.81
2001	29.2	1385.1	0.32	1.50	21.08
2002	27.5	1423.2	0.29	1.49	19.45
2003	26.0	1456.4	0.27	1.43	18.73
2004	23.6	1492.7	0.24	1.41	16.82
2005	23.3	1538.0	0.23	1.40	16.23
2006	23.3	1601.0	0.22	1.39	15.71
2007	23.2	1676.0	0.21	1.38	15.05
2008	23.2	1771.0	0.20	1.37	14.34
2010	22.4	1961.9	0.17	1.36	12.59

资料来源：2000~2008 年数据来自 2012 年《北京统计年鉴》、2012 年《中国统计年鉴》，北京 2010 年数据来自《北京市"十二五"时期土地资源保护与开发利用规划》，全国 2010 年数据来自 http://finance.qq.com/a/20110225/002263.htm

对外交通用地、仓储用地、市政公用设施用地、特殊用地构成。2011 年，居住用地面积为 4.05 万公顷，占城市建设总用地面积的 28.40%；工业用地面积为 3.14 万公顷，占 22.02%；公共设施用地面积为 2.49 万公顷，占 17.46%；道路广场用地面积为 1.67 万公顷，占 11.71%；绿地面积为 1.47 万公顷，占 10.31%；对外交通用地面积为 0.51 万公顷，占 3.58%；仓储用地面积为 0.38 万公顷，占 2.66%；市政公用设施用地面积为 0.40 万公顷，占 2.81%；特殊用地的面积为 0.15 万公顷，占 1.05%（表 6-4）。从历年变化情况看，工业用地面积增幅最大,与 2003 年相比增长 1.36 万公顷,年均增长 7.35 个百分点。与 2003 年相比,居住用地面积、公共设施用地面积、仓储用地面积、市政公用设施用地面积分别增长 0.53 万、0.45 万、0.10 万、0.09 万公顷,年均增长 1.77%、2.52%、3.89%、3.24%。与 2003 年相比,绿地和特殊用地面积均有所减少,分别减少 0.28 万、0.40 万公顷,年均降低 2.16%、14.99%。随着城镇人口的增长,北京市人均城市建设用地面积基本表现出不断减少的趋势,从 2003 年的人均 107.6 平方米下降到了 2010 年的 78.5 平方米,2011 年略有上升,为 81.9 平方米(图 6-4),大大低于《城市用地分类与规划建设用地标准》(GB50137—2011)规定的首都规划人均城市建设用地指标应在 105.1~115.0 米^2/人范围之内的水平。

表 6-4 北京市历年城市建设用地面积结构 （单位：万公顷）

用地类型	2003 年	2004 年	2006 年	2007 年	2008 年	2009 年	2011 年
居住用地	3.52	3.66	3.64	3.72	3.73	3.83	4.05
公共设施用地	2.04	1.85	2.25	2.29	2.30	2.33	2.49
工业用地	1.78	1.97	2.82	2.88	2.90	2.91	3.14
仓储用地	0.28	0.29	0.39	0.39	0.38	0.38	0.38
对外交通用地	0.51	0.55	0.37	0.46	0.51	0.51	0.51
道路广场用地	1.65	1.70	1.34	1.35	1.45	1.59	1.67
市政公用设施	0.31	0.32	0.38	0.41	0.38	0.39	0.40
绿地	1.75	1.66	1.20	1.24	1.31	1.40	1.47
特殊用地	0.55	0.55	0.15	0.15	0.15	0.15	0.15
城市建设用地	12.39	12.54	12.54	12.89	13.11	13.50	14.26

资料来源:2003~2011 年《中国环境统计数据》

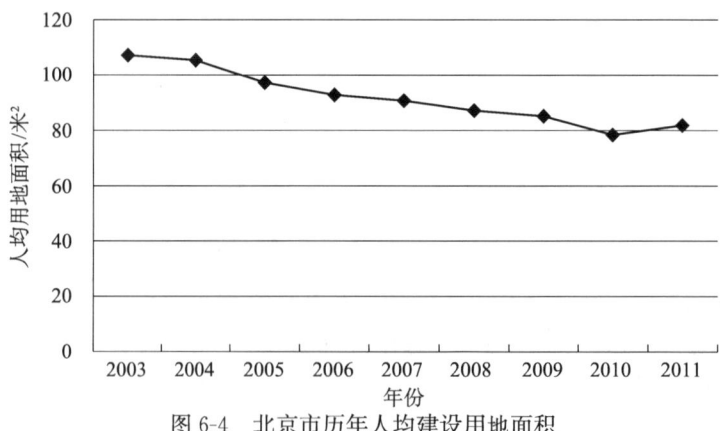

图 6-4 北京市历年人均建设用地面积

资料来源:2003~2011 年《中国环境统计数据》,北京 2010 年数据来自《北京市"十二五"时期土地资源保护与开发利用规划》

二、基于土地资源约束的北京市未来人口发展规模

2010年,北京市人均用地836米^2/人,略低于纽约(878米^2/人),远高于上海(275米^2/人)、伦敦(192米^2/人,2011年)、东京(169米^2)、香港(156米^2/人)、新加坡(138米^2/人)等世界大都市的水平(表6-5)。但是从土地资源条件看,各个城市有所不同。上海市和新加坡、东京等城市土地几乎全部为平原,香港丘陵山地占全港土地的80%以上,平地、台地仅占19%,北京市山地占到62%、平原面积只有38%(郭艳红,2010)。北京市实际平原面积为6236平方千米,如果分别按照上海、伦敦、东京2010年的人均用地标准测算,北京市可承载的最大人口规模分别为2268万、3248万、3690万人。根据北京自身的自然条件以及城市发展目标要求,未来北京市土地资源承载3200万人左右较为适宜。

表6-5 2010年世界部分大城市人均用地面积比较

部分城市	土地面积/千米^2	人口/万人	人口密度/(人/千米^2)	人均用地面积/(米^2/人)
中国香港	1104	707	6404	156
新加坡	700	508	7253	138
东京	2189	1297	5925	169
伦敦	1572	820	5219	192
纽约	17405	1983	1139	878
北京	16410	1962	1196	836
上海	6341	2303	3631	275

资料来源:北京、上海、香港、新加坡2010年数据来自2012年《中国统计年鉴》,东京指东京都,数据来自东京都政府网站 http://www.metro.tokyo.jp/CHINESE/PROFILE/overview03.htm,纽约指纽约大都市,数据来自美国2010年人口普查数据(U.S. Census Burea,2010),伦敦指大伦敦,数据来自伦敦国家统计办公室(ONS),为2011年底数据

根据相关规划,到2015年北京市建设用地总量控制在3614平方千米左右,新增建设用地控制在200平方千米以内[①]。到2020年北京市建设用地总规模为3817平方千米,其中城乡建设用地总量控制在2700平方千米以内[②]。2003年以来,北京市人均建设用地基本呈现下降趋势,从2003年的212米^2/人下降到2010年的174米^2/人。2008年,北京市人均建设用地为191米^2/人,全国为249米^2/人,上海仅为119米^2/人。根据其下降趋势并结合相关研究,北京未来人均建设用地将在150米^2/人左右,2015、2020

---

① 参见《北京市"十二五"时期土地资源保护与开发利用规划》
② 参见《北京市土地利用总体规划(2006—2020年)》

年北京市可承载的人口分别为2409万、2545万人。如果未来进一步提高建设用地集约利用程度,北京将承载更多的人口,但不应低于首都地区人均城市建设用地115米^2/人的标准,按其标准2015、2020年北京市可承载的人口分别为3143万、3319万人。

三、小结

随着常住人口规模越来越大,北京市人均土地面积不断减少,从2000年的1203米^2/人下降到2011年的813米^2/人。目前,北京市人均土地面积远高于伦敦、东京、香港等世界大都市的水平。尽管建设用地在北京土地总面积中的比例不断上升,但人均建设用地面积基本呈现下降趋势,从2003年的212米^2/人下降到2010年的174米^2/人。近年来北京市耕地面积总量变动不明显,人均耕地面积持续下降,从2000年的0.36亩/人下降到2010年的0.17亩/人,一直大大低于联合国确定的人均耕地警戒线0.8亩/人的水平,也远远低于全国平均水平,2000年北京不到全国平均水平的1/4;2010年北京更只有全国平均水平的1/8,差距进一步扩大。随着城镇人口的增长,北京市人均城市建设用地面积基本表现出不断减少的趋势,从2003年的人均107.6平方米下降到了2010年的78.5平方米,2011年略有上升为81.9平方米,大大低于《城市用地分类与规划建设用地标准》(GB50137—2011)规定的首都规划人均城市建设用地指标应在105.1~115.0米^2/人范围之内的水平。从土地资源角度考虑,北京市未来可承载的人口规模在2500万~3200万人左右。

第二节 北京市水资源与人口均衡发展

本节对北京市水资源的开发利用现状及其变化特征进行了分析,进而对未来基于水资源约束的人口发展规模进行了讨论。本部分数据主要来源于2003~2011年《中国环境统计数据》、2012年《北京统计年鉴》、2012年《中国统计年鉴》、2002~2011年《北京市水资源公报》。

一、北京市水资源开发利用状况及其承载力

1. 水资源总量波动变化,人均水资源量远低于全国平均水平

北京市水资源由入境地表水、境内地表水和地下水组成,地表水和地下水

主要靠降雨补给。北京属温带半干旱、半湿润季风气候区，多年平均降水量585毫米，时空分布极不均匀，降水年际丰枯交替，连丰、连枯时有发生。由于总体降水量不高，且不稳定，北京自产水资源量较低，且年际变化大。1998~2010年，北京遭遇13年连续干旱，年均降水量480毫米，为多年平均的82%；年均形成水资源总量21亿立方米，仅为多年平均的56%[1]。2011年北京市平均降水量552毫米，比2010年降水量524毫米多5%，比多年平均值585毫米少6%，是频率为55%的平水偏枯年[2]。2002年水资源总量仅为16.1亿立方米，较之2001年下降了3.1亿立方米，而后水资源量逐步上升，2006年上升为24.5亿立方米，2007年略有下降为23.8亿立方米，2008年上升最快达到近年来最大值34.2亿立方米，2009年又急剧降低为21.8亿立方米，之后又逐步升高，2011年北京市全年水资源总量为26.8亿立方米，比上年增长3.7亿立方米。

分水系来看，北京市共有蓟运河、潮白河、北运河、永定河、大清河五大水系，其中北运河水系水资源量最大，为9.1亿立方米，占全市水资源总量的34.0%；潮白河、蓟运河水资源量分别为6.6、4.1亿立方米，分别占水资源总量比例的24.6%、15.3%；永定河、大清河水资源量均为3.5亿立方米左右，占水资源总量比例的均为13%左右（图6-5、表6-6）。

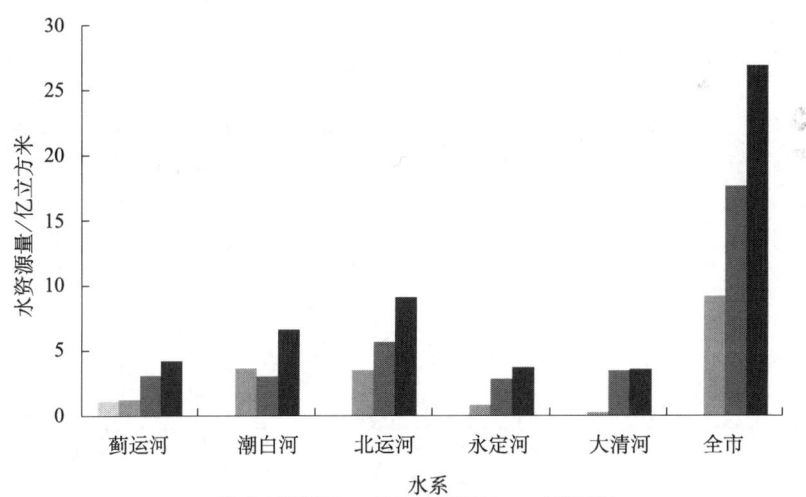

图6-5　2011年北京市流域分区水资源总量分布
资料来源：《北京市水资源公报2011》

---

[1] 北京市人民政府专家咨询委员会.2013.面向2030年的首都水战略研究报告
[2] 《北京市水资源公报2011》

表 6-6 2011 年北京市流域分区水资源总量分布

流域分区	面积 /平方千米	年降水量 /毫米	地表水资源量 /亿立方米	地下水资源量 /亿立方米	水资源量 /亿立方米	占全市水资源 总量比例/%
蓟运河	1 300	8.61	1.2	3.0	4.14	15.44
潮白河	5 510	30.00	3.6	3.0	6.55	24.43
北运河	4 250	24.76	3.5	5.6	9.06	33.79
永定河	3 210	14.31	0.8	2.8	3.54	13.20
大清河	2 140	12.90	0.2	3.4	3.52	13.13
北京市	16 410	90.58	9.2	17.6	26.81	100.00

注：因存在约数，故比例加总与总数不全一致

资料来源：《北京市水资源公报 2011》

从水资源构成来看，2011 年北京市地表水资源量约 9.2 亿立方米，占水资源总量的 34.3%；地下水资源量为 17.6 亿立方米，占水资源总量的 65.7%。从占水资源总量的比重变化来看，2001～2011 年地表水资源比重不断下降，从 2001 年的 40.6% 下降到了 2011 年的 34.3%，下降了 6.4%，平均每年下降 0.6 个百分点；地下水资源比重下降则更为明显，从 2001 年的 81.8% 下降到了 2011 年的 65.7%，下降了 16.1%，平均每年下降 1.6 个百分点（表 6-7）。尽管如此，北京仍旧大约有 2/3 的水来源于地下水，北京是世界上少有的以地下水为主要水源的城市之一。

表 6-7 北京市历年水资源情况

年份	水资源总量/ 亿立方米	地表水资源量/ 亿立方米	比重/%	地下水资源量/ 亿立方米	比重/%
2001	19.2	7.8	40.6	15.7	81.8
2002	16.1	5.3	32.9	14.7	91.3
2003	18.4	6.1	33.2	14.8	80.4
2004	21.4	8.2	38.3	16.5	77.1
2005	23.2	7.6	32.8	18.5	79.7
2006	24.5	6	24.5	18.5	75.5
2007	23.8	7.6	31.9	16.2	68.1
2008	34.2	12.8	37.4	21.4	62.6
2009	21.8	6.8	31.2	15.1	69.3
2010	23.1	7.2	31.2	15.9	68.8
2011	26.8	9.2	34.3	17.6	65.7

资料来源：2001～2009 年数据来自 2010 年《北京统计年鉴》，2010 和 2011 年数据来自 2012 年《北京统计年鉴》

2011 年北京市人均水资源量为 134.7 立方米，比上年增长 13.9 立方米。从变化趋势看，2001～2008 年人均水资源量基本呈上升趋势，从 2001 年的 139.7 立方米上升到 2008 年的 198.5 立方米，但 2002、2006 年出现过明显的下降，2009 年急剧降低为 120.3 立方米，2010 年也仅为 120.8 立方米，2011 年又有所上升。与全国水平相比，北京市人均水资源量远低于全国平均水平，2001 年北京不到全国的 1/15，2002 年更不到 1/19，2008 年最高是 1/10 左右，2011 年为

1/13 左右（图 6-6，表 6-8）。北京属于重度缺水城市，而且是资源性缺水城市，人均水资源量为 100 多立方米，仅相当于全国水平的 1/10～1/20，世界水平的 1/96，伦敦、纽约、东京等城市人均水资源量的 1/3～1/5[①]，远低于联合国规定的人均水资源 1700 立方米的警戒线，也远低于人均水资源 500 立方米的极度缺水线的标准（童玉芬，2011）。

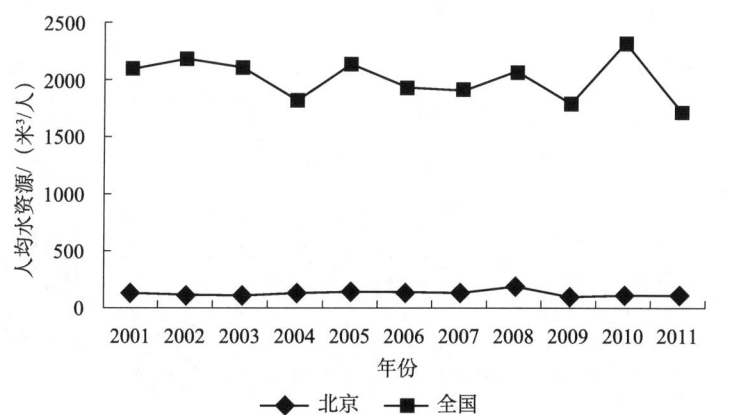

图 6-6 北京及全国人均水资源历年变化

资料来源：2012 年《北京统计年鉴》，2012 年《中国统计年鉴》

表 6-8 北京市历年人均水资源情况

年份	北京人均水资源/立方米	全国人均水资源/立方米	北京市相当于全国的比例/%
2001	139.7	2112.5	6.6
2002	114.7	2207.2	5.2
2003	127.8	2131.3	6.0
2004	145.1	1856.3	7.8
2005	153.1	2151.8	7.1
2006	140.6	1932.1	7.3
2007	145.3	1916.3	7.6
2008	198.5	2071.1	9.6
2009	120.3	1816.2	6.6
2010	120.8	2310.4	5.2
2011	134.7	1730.4	7.8

资料来源：2012 年《北京统计年鉴》，2012 年《中国统计年鉴》

2. 水资源缺口持续存在，再生水、南水北调供水比例不断增加

2001 年以来，北京市全年供水总量总体呈现下降趋势，但变化不是很大，基本在 34 亿～39 亿立方米之间，2011 年北京市供水总量为 36 亿立方米，比上年增加 0.8 亿立方米。对比北京市的水资源总量，北京实际供水存在较大缺口，

---

① 北京市人民政府专家咨询委员会 . 2013. 面向 2030 年的首都水战略研究报告

处于超负荷运转状态，成为威胁首都城市安全运行的首要障碍。2001年缺水19.7亿立方米，2011年缺水9.2亿立方米。随着首都经济社会的快速发展及人口的急剧膨胀，对水的需求越来越大，水资源的供需矛盾将进一步增大，当前，是以年均21亿立方米的水资源量，支撑着年均36亿立方米的用水需求[①]。这些缺口主要通过过度开采地下水，不断增加再生水、南水北调和应急用水来解决（图6-7、表6-9）。

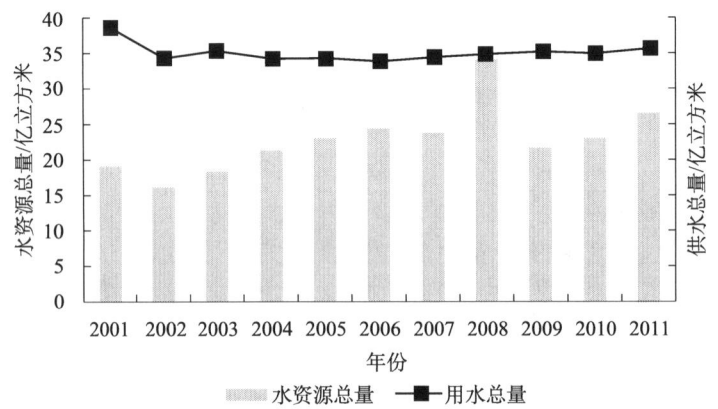

图6-7 近年来北京水资源总量及供水量变化情况

资料来源：2001~2009年数据来自2010年《北京统计年鉴》，2010和2011年数据来自2012年《北京统计年鉴》

表6-9 北京市历年水资源量与供水量比较 （单位：亿立方米）

	2001年	2002年	2003年	2004年	2005年	2006年	2007年	2008年	2009年	2010年	2011年
水资源总量	19.2	16.1	18.4	21.4	23.2	24.5	23.8	34.2	21.8	23.1	26.8
供水总量	38.9	34.6	35.8	34.6	34.5	34.3	34.8	35.1	35.5	35.2	36.0
缺口	-19.7	-18.5	-17.4	-13.2	-11.3	-9.8	-11.0	-0.9	-13.7	-12.1	-9.2
地表水资源量	7.8	5.3	6.1	8.2	7.6	6.0	7.6	12.8	6.8	7.2	9.2
地表水供水量	11.7	10.4	8.3	5.7	7.0	6.4	5.7	6.2	3.8	3.9	4.8
缺口	-3.9	-5.1	-2.2	2.5	0.6	-0.4	1.9	6.6	3.0	3.3	4.4
地下水资源量	15.7	14.7	14.8	16.5	18.5	18.5	16.2	21.4	15.1	15.9	17.6
地下水供水量	27.2	24.2	25.4	26.8	24.9	24.3	24.2	22.9	19.7	19.1	18.8
缺口	-11.5	-9.5	-10.6	-10.3	-6.4	-5.8	-8.0	-1.5	-4.6	-3.2	-1.2

资料来源：2001~2009年数据来自2010年《北京统计年鉴》，2010和2011年数据来自2012年《北京统计年鉴》

北京市水资源的供给来源于地表水、地下水、再生水、南水北调和应急用水。2001~2002年，北京市水资源供给来自于地表水和地下水，大致分别占30%和70%。2003年增加了2.1亿立方米再生水，占总供给水的5.9%，与此

---

① 北京市人民政府专家咨询委员会.2013.面向2030年的首都水战略研究报告

同时地表水供给量下降为 8.3 亿立方米，占总量的 23.2%，地下水供给量变化不大。2003~2008 年，水资源供给由地表水、地下水、再生水构成，再生水供给比例逐年增加，从 2003 年的 5.9% 上升到 2008 年的 17.1%，地表水和地下水供给量相应减少。2009 年北京市开始通过南水北调和应急供水保障供水来源，供给量分别为 2.6 亿立方米和 2.9 亿立方米，分别占总量的 7.3% 和 8.2%，地表水和地下水供给量分别下降为 10.7% 和 55.5%（图 6-8、表 6-10）。2010 年供水总量及各部分比例与 2009 年相比变动不大。2011 年，北京地表水、地下水、再生水、南水北调和应急用水五种供给水源占总供水量分别为 13.3%、52.2%、19.4%、7.2% 和 7.5%。

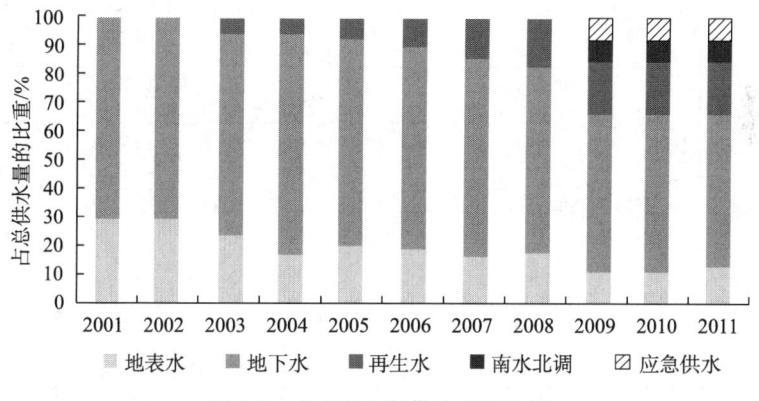

图 6-8　北京市历年供水来源比例

资料来源：2001~2009 年数据来自 2010 年《北京统计年鉴》，2010 和 2011 年数据来自 2012 年《北京统计年鉴》

表 6-10　北京市历年供水来源　　　　　　　　　　（单位：亿立方米）

供水来源	2001年	2002年	2003年	2004年	2005年	2006年	2007年	2008年	2009年	2010年	2011年
地表水	11.7	10.4	8.3	5.7	7.0	6.4	5.7	6.2	3.8	3.9	4.8
地下水	27.2	24.2	25.4	26.8	24.9	24.3	24.2	22.9	19.7	19.1	18.8
再生水	0	0	2.1	2.0	2.6	3.6	5.0	6.0	6.5	6.8	7.0
南水北调	0	0	0	0	0	0	0	0	2.6	2.6	2.6
应急供水	0	0	0	0	0	0	0	0	2.9	2.9	2.7
全年供水总量	38.9	34.6	35.8	34.6	34.5	34.3	34.8	35.1	35.5	35.2	36.0

资料来源：2001~2009 年数据来自 2010 年《北京统计年鉴》，2010 和 2011 年数据来自 2012 年《北京统计年鉴》

2011 年北京市实际地下水开采量 18.8 亿立方米，而当年地下水资源量为 17.6 亿立方米，已经超采。实际自 1999 年以来，北京市地下水位持续下降。北京市平原地区年末地下水平均埋深从 2001 年的 7.24 米下降到 2011 年的 24.94 米，地下水位下降 17.7 米，年均下降 1.8 米，尤其是 2002 年一年就下降了 10.08 米。2011 年地下水埋深大于 10 米的面积为 5470 平方千米，较 2001 年增加 2785 平方千米，年均增加 278.5 平方千米；地下水降落漏斗（最高闭合等水位线）面积 1058 平方千米，比 2001 年增加 23.8 平方千米，年均增加 238 平方千米（图 6-9、表 6-11）。漏斗中心主要分布在朝阳区的黄港、长店至顺义的米各庄一带[①]。地下水严重超采引发的板块沉降很可能诱发地下结构变化，进而引发或加剧地震等地质灾害。

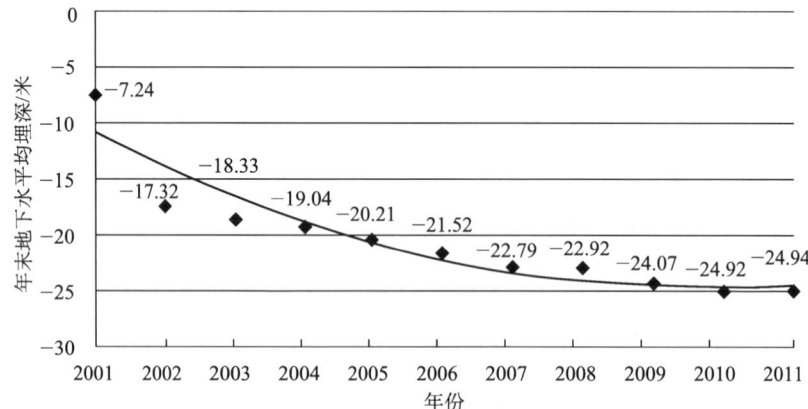

图 6-9　北京地区 2001～2011 年地下水平均埋深

资料来源：2002～2011 年《北京市水资源公报》，2001 年数据根据《北京市水资源公报 2002》推算而来

表 6-11　北京地区地下水平均埋深及地下水降落漏斗面积

年份	年末地下水平均埋深/米	地下水埋深大于 10 米的面积/平方千米	地下水降落漏斗面积/平方千米
2001	7.24	2685	820
2002	17.32	2960	865
2003	18.33	4108	908
2004	19.04	4748	977
2005	20.21	4900	998
2006	21.52	5050	1023
2007	22.79	5195	1028
2008	22.92	5251	1029
2009	24.07	5369	1047
2010	24.92	5466	1057
2011	24.94	5470	1058

资料来源：2002～2011 年《北京市水资源公报》，2001 年数据根据《北京市水资源公报 2002》推算而来

3. 用水需求总量相对稳定，用水结构变动大，人均用水量呈下降趋势

2001～2011 年北京市用水总量变化不大，用水结构变动却较大，农业用水和工业用水总量和比重呈下降趋势，生活用水量和环境用水量及其比重呈现出

---

① 参见《2011 年北京市水资源公报》

上升趋势。农业用水量从2001年的17.4亿立方米下降为2011年的10.9亿立方米，占总用水量比例从44.7%下降到了30.3%；工业用水从2001年的9.2亿立方米下降为2011年的5.0亿立方米，占总用水量比例从23.7%下降到了13.9%；生活用水量从2001年的12.0亿立方米上升到了2011年的15.6亿立方米，占总用水量比例从30.8%上升到了43.3%；环境用水量从2001年的0.3亿立方米上升到2011年的4.5亿立方米，占总用水量比例从0.8%上升到了12.5%（图6-10，表6-12）。从2005年开始，生活用水替代农业用水成为北京市用水最大的部分。而2010年，全国用水仍以农业用水为主，占到61.3%，其次是工业用水，占24.0%，生活用水占12.7%，生态用水占2.0%。

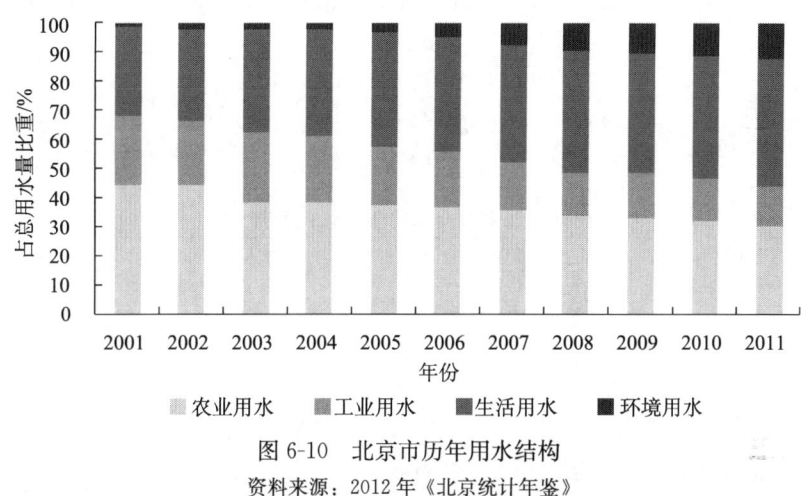

图 6-10 北京市历年用水结构
资料来源：2012年《北京统计年鉴》

表 6-12 北京市历年用水结构情况　　　　　　　（单位：亿立方米）

用水结构	2001年	2002年	2003年	2004年	2005年	2006年	2007年	2008年	2009年	2010年	2011年
农业用水	17.4	15.5	13.8	13.5	13.2	12.8	12.4	12.0	12.0	11.4	10.9
工业用水	9.2	7.5	8.4	7.7	6.8	6.2	5.8	5.2	5.2	5.1	5.0
生活用水	12.0	10.8	13.0	12.8	13.4	13.7	13.9	14.7	14.7	14.8	15.6
环境用水	0.3	0.8	0.6	0.6	1.1	1.6	2.7	3.2	3.6	4.0	4.5
用水总量	38.9	34.6	35.8	34.6	34.5	34.3	34.8	35.1	35.5	35.2	36.0

资料来源：2012年《北京统计年鉴》

2011年北京市人均用水量为178.3米³/人，比上年减少1.1米³/人。从变化趋势来看，2001年以来北京市人均用水量除2003年外均呈下降趋势，从2001年的280.8米³/人下降到2010年的179.4米³/人，人均下降了101.4立方米（图6-11、表6-13）。与全国相比，北京市人均用水量低于全国平均水平，由于近年来全国人均用水量逐年增加，北京市人均用水量与全国相比的比例基本在变小，2001年相当于全国平均水平的3/5多，2010年下降到不到全国平均水平的2/5。

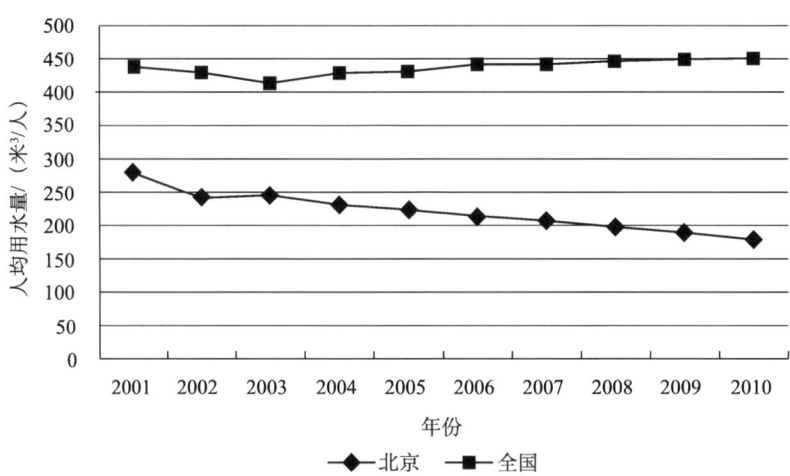

图 6-11 北京及全国人均用水量历年变化
资料来源：2012 年《北京统计年鉴》，2012 年《中国统计年鉴》

表 6-13 北京及全国历年人均用水量情况

年份	北京用水总量/亿立方米	北京人均用水量/立方米	全国用水总量/亿立方米	全国人均用水量/立方米	北京人均用水量相当于全国的比例/%
2001	38.9	280.8	5567.4	437.7	64.17
2002	34.6	243.1	5497.3	429.3	56.64
2003	35.8	245.8	5320.4	412.9	59.55
2004	34.6	231.8	5547.8	428.0	54.15
2005	34.5	224.3	5633.0	432.1	51.91
2006	34.3	214.2	5795.0	442.0	48.47
2007	34.8	207.6	5818.7	441.5	47.03
2008	35.1	198.2	5910.0	446.2	44.42
2009	35.5	190.9	5965.2	448.0	42.60
2010	35.2	179.4	6022.0	450.2	39.85

资料来源：2012 年《北京统计年鉴》，2012 年《中国统计年鉴》

2011 年北京市每日人均生活用水量为 212 升/日，比上年增加 5 升/日。从变化趋势看，2001 年以来北京每日人均生活用水量基本呈下降趋势，2003、2005、2011 年除外，从 2001 年的 237 升/日下降到 2010 年的 207 升/日，下降了 30 升/日（图 6-12，表 6-14）。北京市每日人均生活用水量均超过 200 升，根据相关研究已达到小康生活标准。与全国水平相比，北京市每日人均生活用水量高于全国平均水平，由于全国每日人均生活用水量在逐年增加，北京市每日人均生活用水量与全国相比的倍数基本在缩小，2001 年是全国的 1.84 倍，2010 年下降到全国的 1.33 倍。

第六章 北京市人口与资源环境均衡发展

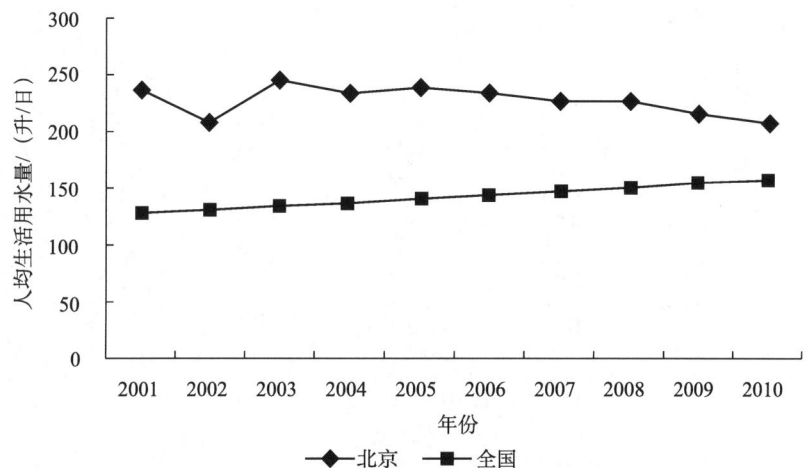

图 6-12 北京及全国人均生活用水历年变化

资料来源：2012 年《北京统计年鉴》，2012 年《中国统计年鉴》

表 6-14 北京及全国人均生活用水消耗情况

年份	北京生活用水/亿立方米	北京每日人均生活用水/立方米	北京人均生活用水/(升/日)	全国生活用水/亿立方米	全国每日人均生活用水/立方米	全国人均生活用水/(升/日)	北京每日人均生活用水相当于全国的倍数
2001	12.0	86.6	237	599.9	45.5	129	1.84
2002	10.8	75.9	208	618.7	47.2	132	1.58
2003	13.0	89.3	245	630.9	48.3	134	1.83
2004	12.8	85.8	235	651.2	49.0	137	1.72
2005	13.4	87.1	239	675.1	50.2	141	1.70
2006	13.7	85.6	235	693.8	51.8	145	1.62
2007	13.9	82.9	227	710.4	52.9	147	1.54
2008	14.7	83.0	227	729.3	53.9	150	1.51
2009	14.7	79.0	216	748.2	55.1	154	1.40
2010	14.8	75.4	207	765.8	56.2	156	1.33

资料来源：2012 年《北京统计年鉴》，2012 年《中国统计年鉴》

4. 水资源重复利用率不断上升，节约利用比例先上升后下降

2008 年以来，北京市水资源重复利用率呈增长趋势，从 2008 年的 12.35% 上升到 2011 年的 27.40%；水资源利用相对水平较低，远低于全国水平，2008 年全国水资源重复利用率为 76.83%，高出北京市 64.48%，随着北京市水资源重复利用率的提高，两者差距在逐年缩小，缩小为 2011 年的 52.80%（图 6-13）。而北京市水资源节约利用比例 2006～2008 年上升，2008 年以后却有所下降，从 2008 年的 9.15% 下降到 2011 年的 3.50%，下降了 5.65%；2006～2008 年高于全国平均水平，2009、2011 年却低于全国平均水平（图 6-14）。

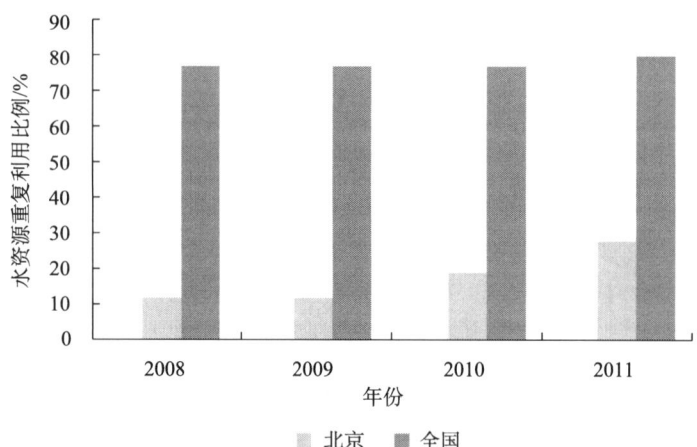

图 6-13 北京及全国水资源重复利用率

资料来源：2008~2011 年《中国环境统计数据》

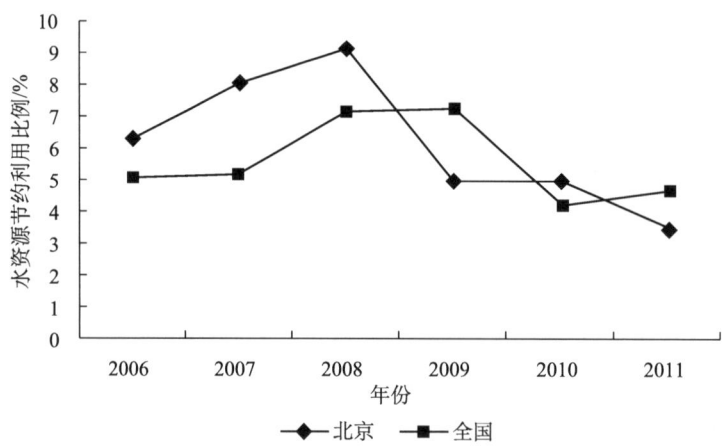

图 6-14 北京及全国水资源节约利用比例

资料来源：2006~2011 年《中国环境统计数据》

二、基于水资源约束的北京市未来人口发展规模

1999~2011 年，北京年均形成水资源总量 21 亿立方米，仅为多年平均的 56%，其中，形成地表水资源量 5.3 亿立方米、地下水资源量 15.7 亿立方米。通常地下水开采量不超过地下水资源量，像北京平原地区，一般开采系数应在 0.8~1.0。考虑地下水量逐年减少，大面积地下漏斗引发的地面沉降，以及由此带来生态环境脆弱，及地下水枯竭等灾难性危害，应严控地下水的开采，限

制或停止地下水超采，保持地下水源的可持续利用，北京市地下水开采系数取0.90，则2015、2020年地下水可供水量约为14亿立方米。

北京市1999～2011年年均形成地表水资源量仅为5.3亿立方米，国际上一般认为的对一条河流的开发利用不能超过其水资源量的40%的警戒线，以此开发率为参考，北京可利用地表水资源约为2.12亿立方米。目前北京水库蓄水为14亿立方米，到2020年若无大规模气候变化，可利用的水量的极限值约为7.7亿立方米。但实际上，由于上游各省市的经济社会发展，其对水资源的需求量与日俱增，水库入库量在逐年减少。综合近年北京地表水资源状况以及水库蓄水情况，取地表水资源量2.12亿立方米与现阶段水库年均入库量3.6亿立方米，2015、2020年北京地表水可供水量约为5.7亿立方米左右[①]。

根据北京市"十二五"时期水资源保护及利用规划，北京市2015年引水10亿立方米，再生水利用10亿立方米。根据《北京城市总体规划（2004—2020）》，北京市2020年引水12亿～14亿立方米，再生水利用8亿立方米以上。但是由于再生水主要用于补充绿化、河湖用水，扩大市政、工业、农业灌溉使用，为生活用水置换出新水资源，但不能替代新水用于生活饮用水。因此，再生水的使用具有一定的局限性。

综合以上，2015、2020年地下水、地表水及调水工程共可供水约分别为29.7亿立方米、33.7亿立方米，如果加上再生水分别可达39.7亿立方米、41.7亿立方米。北京市2011年人均用水为178.3米^3/人，而且呈下降趋势，按照2008年香港人均用水137米^3/人（2011年上海人均用水为133米^3/人）的标准计算，2015、2020年分别可承载人口规模为2898万人、3044万人。需要指出的是，如果从本地可供应的水资源量来看，北京市仅为19.7亿立方米，未来2020年北京市水资源的对外依存度超过50%。尽管可以通过跨流域调水和再生水利用来解决部分用水需求，但是由于受南水北调水源地水资源状况的影响，以及再生水本身所能使用领域的局限性，北京市水资源对人口的约束十分突出。

三、小结

北京属于重度缺水城市，而且是资源性缺水城市，人均水资源量为100多立方米，仅相当于全国水平的1/10～1/20，世界水平的1/96，伦敦、纽约、东京等城市人均水资源量的1/3～1/5，远低于联合国规定的人均水资源1700立方米的警戒线，也远低于人均水资源500立方米的极度缺水线的标准。随着首都经济社会的快速发展及人口的急剧膨胀，对水的需求越来越大，水资源的供需

---

① 北京市人民政府专家咨询委员会.2013.面向2030年的首都水战略研究报告

矛盾将进一步增大。目前，北京以年均21亿立方米的水资源量，支撑着年均36亿立方米的用水需求。这些缺口主要通过过度开采地下水，不断增加再生水、南水北调和应急用水来解决，2011年这些来源的水已经占到总供水量的34%以上。北京是世界上少有的以地下水为主要水源的城市之一，北京大约有2/3的水来源于地下水，而且地下水往往过度开采。自1999年以来，北京市地下水位持续下降。北京市平原地区年末地下水平均埋深从2001年的7.24米下降到2011年的24.94米，地下水位下降17.7米，年均下降1.8米。

北京市用水需求总量相对稳定，用水结构变动大，从2005年开始，生活用水替代农业用水成为北京市用水最大的部分。人均用水量下降明显，从2001年的280.8米^3/人下降到2010年的179.4米^3/人，由于近年来全国人均用水量逐年增加，北京市人均用水量与全国相比的比例基本在变小，2001年相当于全国平均水平的3/5多，2010年下降到不到全国平均水平的2/5。北京市人均生活用水量基本呈下降趋势，从2001年的237升/日下降到2010年的207升/日，均达到小康生活标准。由于全国人均生活用水量在逐年增加，北京市人均生活用水量与全国相比的倍数基本在缩小，2001年是全国的1.84倍，2010年下降到全国的1.33倍。从水资源角度考虑，北京市2020年可承载的人口规模在3000万左右。需要指出的是，2020年北京市水资源的对外依存度将超过50%。尽管可以通过跨流域调水和再生水利用来解决部分用水需求，但是由于受南水北调水源地水资源状况的影响，以及再生水本身所能使用领域的局限性，北京市水资源对人口的约束十分突出。

第三节　北京市环境与人口均衡发展

本节在对大气环境状况、水环境状况、生态环境状况的现状及其变化分析基础上，对北京市主要污染物的环境承载力进行了测算。本部分数据主要来源于：2012年《北京统计年鉴》、2012年《中国统计年鉴》、2003~2011年《中国环境统计数据》、2000~2012年《北京市环境状况公报》。

一、北京市大气环境状况及其承载力

（一）大气环境状况

1. 空气质量持续改善，主要污染物浓度呈下降趋势

2011年，北京全市空气质量二级和好于二级的天数达到286天，占全年总

天数的 78.4%，其中一级天数 74 天，同比增加 21 天；二级天数 212 天，三级天数 74 天，四级、五级天数 5 天①。历年来看，北京市天气状况不断转好，空气质量二级及好于二级的天数持续增长，从 2000 年的 177 天上升到了 2011 年的 286 天，相应比例由 48.4% 提升到了 78.4%（图 6-15、表 6-15）。

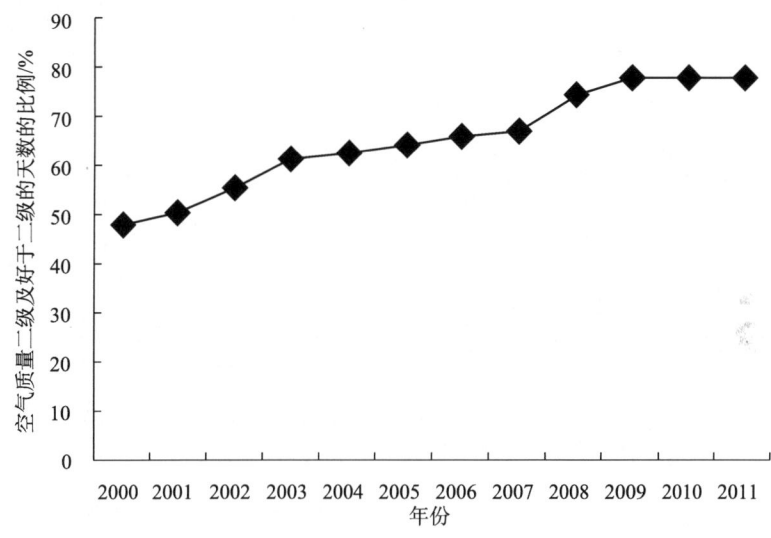

图 6-15　北京市空气质量二级及好于二级的天数及比例
资料来源：2012 年《北京统计年鉴》

表 6-15　北京市空气质量二级及好于二级的天数及比例

	2000年	2001年	2002年	2003年	2004年	2005年	2006年	2007年	2008年	2009年	2010年	2011年
天数/天	177	185	203	224	229	234	241	246	274	285	286	286
比例/%	48.4	50.7	55.6	61.4	62.6	64.1	66.0	67.4	74.9	78.1	78.4	78.4

资料来源：2012 年《北京统计年鉴》

2012 年，北京市空气中二氧化硫年平均浓度值为 0.028 毫克/米³，按照《环境空气质量标准》（GB3095—2012）达到国家二级标准；二氧化氮、可吸入颗粒物（粒径在 10 微米以下的颗粒物，通常称为 PM10）分别为 0.052 毫克/米³、0.109 毫克/米³，均超过国家二级标准，一氧化碳年平均浓度值为 1.4 毫克/米³②。从历年变化趋势来看，四种主要污染物的年平均浓度均呈下降趋势，表明北京市的空气质量正逐年改善。二氧化硫年平均浓度值从 2000 年的 0.071 毫克/米³ 下降到 2012 年的 0.028 毫克/米³，年均降低 8.8 个百分点；二氧化氮年平均浓度值从 2000 年的 0.071 毫克/米³ 降低到 2012 年的 0.052 毫克/米³，年均降低 2.9 个百

---

① 参见 2011 年《北京市环境状况公报》
② 参见 2012 年《北京市环境状况公报》

分点；可吸入颗粒物年平均浓度值从2000年的0.162毫克/米³下降到2012年的0.109毫克/米³，年均降低3.7个百分点；一氧化碳年平均浓度值从2000年的2.7毫克/米³下降到2012年的1.4毫克/米³，年均降低6.2个百分点（图6-16，表6-16）。分区县来看，昌平区、顺义区、怀柔区、平谷区、密云县和延庆县可吸入颗粒物年平均浓度值达到国家二级标准，其他区可吸入颗粒物年平均浓度值超标（图6-17）。

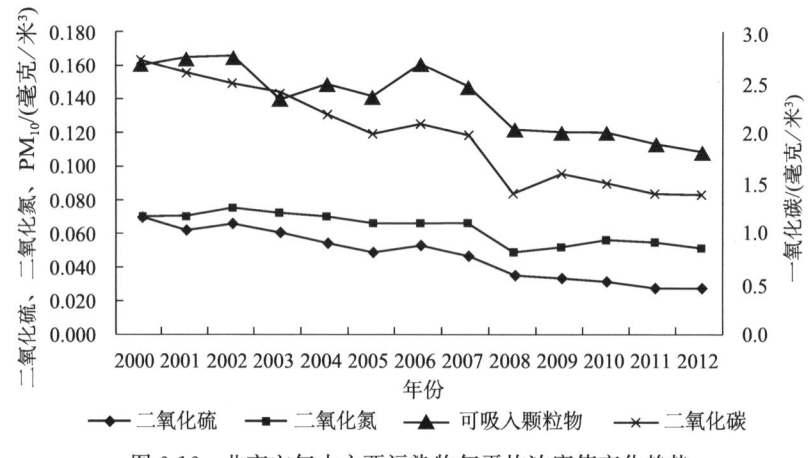

图6-16 北京空气中主要污染物年平均浓度值变化趋势

资料来源：2000~2012年《北京市环境状况公报》

表6-16 北京市空气中主要污染物年平均浓度值变化

（单位：毫克/米³）

年份	二氧化硫	二氧化氮	可吸入颗粒物	一氧化碳
2000	0.071	0.071	0.162	2.7
2001	0.064	0.071	0.165	2.6
2002	0.067	0.076	0.166	2.5
2003	0.061	0.072	0.141	2.4
2004	0.055	0.071	0.149	2.2
2005	0.05	0.066	0.142	2.0
2006	0.053	0.066	0.161	2.1
2007	0.047	0.066	0.148	2.0
2008	0.036	0.049	0.1222	1.4
2009	0.034	0.053	0.121	1.6
2010	0.032	0.057	0.121	1.5
2011	0.028	0.055	0.114	1.4
2012	0.028	0.052	0.109	1.4

资料来源：2000~2012年《北京市环境状况公报》

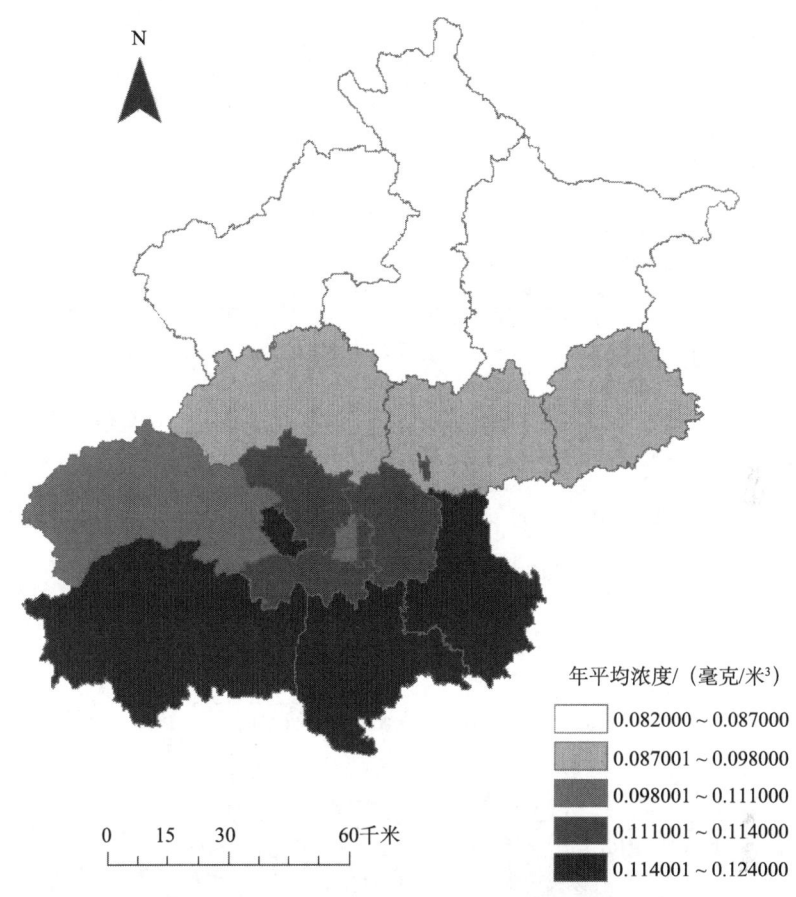

图 6-17 北京各区县空气中可吸入颗粒物年平均浓度值
资料来源：2012 年《北京市环境状况公报》

2. 主要污染物排放总量显著下降，减排工作居全国前列

2010 年，北京市二氧化硫排放总量 11.5 万吨，比 2005 年下降 39.8%，超额完成国家下达的 20.4% 的减排指标，削减幅度居全国首位[①]。2011 年，北京市二氧化硫排放总量 9.8 万吨，比 2010 年下降 14.8%。2011 年，生活二氧化硫排放总量 3.7 万吨，占全部二氧化硫排放总量的 37.8%，该比例与 2010 年相比有明显下降，下降了近 13 个百分点（表 6-17）。北京人均生活二氧化硫排放量呈现明显的下降态势，从 2005 年的 5.53 千克下降到 2011 年的 1.83 千克，2011 年仅相当于 2005 年的 1/3。全国人均生活二氧化硫排放量也呈下降趋势，但北京下降更为明显，其相当于全国平均水平的倍数从 2005 年的 1.90 倍下降到

---

① 参见《北京市环境保护和建设十二五规划》。

2011 年的 1.23 倍（图 6-18）。

表 6-17 北京及全国二氧化硫排放情况

	2005 年	2006 年	2007 年	2008 年	2009 年	2010 年	2011 年
北京二氧化硫排放量/万吨	19.1	17.6	15.2	12.3	11.9	11.5	9.8
北京生活二氧化硫排放量/万吨	8.5	8.2	6.9	6.5	5.9	5.8	3.7
北京生活二氧化硫比重/%	44.5	46.6	45.4	52.8	49.6	50.4	37.8
北京人均生活二氧化硫排放量/千克	5.53	5.12	4.12	3.67	3.17	2.96	1.83
全国人均生活二氧化硫排放量/千克	2.91	2.69	2.48	2.48	2.61	2.39	1.49
北京人均生活二氧化硫相当于全国的倍数	1.90	1.90	1.66	1.48	1.21	1.24	1.23

资料来源：2005～2011 年《中国环境统计数据》

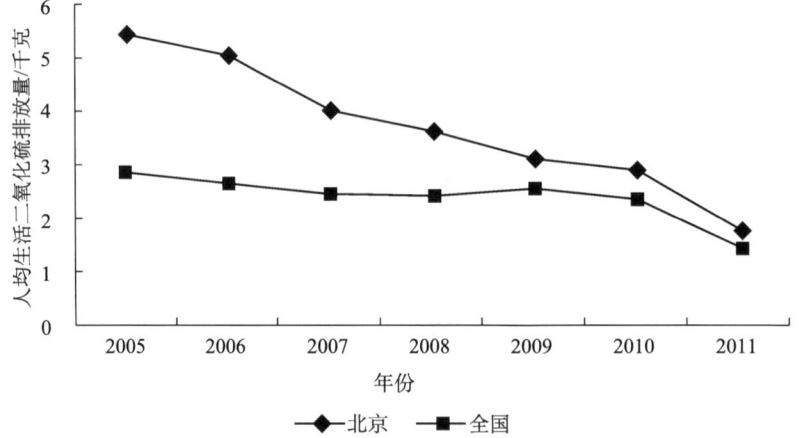

图 6-18 北京及全国人均生活二氧化硫排放量
资料来源：2005～2011 年《中国环境统计数据》

2011 年，北京市烟尘排放总量 6.1 万吨，较之 2010 年上升了 24.5%，北京烟尘排放量 2005～2009 年有所下降，但 2010、2011 年又有所上升。2011 年，生活烟尘排放总量 3.2 万吨，占全部烟尘排放总量的 52.5%，该比例呈下降趋势（表 6-18）。北京人均生活烟尘排放量基本呈现下降趋势，尤其是 2011 年就比 2010 年下降了 0.83 千克/人，几乎下降了一半。全国人均生活烟尘排放量持续下降 2010 年后又有所上升。2005～2007 年北京人均生活烟尘排放量低于全国水平，2008～2010 年高于全国水平，而 2011 年又低于全国平均水平，仅相当于全国平均水平的 1/2 左右（图 6-19）。

表 6-18 北京及全国烟尘排放情况

	2005 年	2006 年	2007 年	2008 年	2009 年	2010 年	2011 年
北京烟尘排放量/万吨	5.8	5.0	4.8	4.8	4.4	4.9	6.1
北京生活烟尘排放量/万吨	4.0	3.5	2.8	2.8	2.5	2.7	3.2
北京生活烟尘比重/%	69.0	70.0	58.3	58.3	56.8	55.10	52.5

第六章 北京市人口与资源环境均衡发展

续表

	2005年	2006年	2007年	2008年	2009年	2010年	2011年
北京人均生活烟尘排放量/千克	1.79	1.71	1.63	1.74	1.82	1.68	0.85
全国人均生活烟尘排放量/千克	2.93	2.19	1.67	1.58	1.34	1.38	1.59
北京人均生活烟尘排放相当于全国的倍数	0.61	0.78	0.98	1.10	1.36	1.22	0.53

资料来源：2005~2011年《中国环境统计数据》

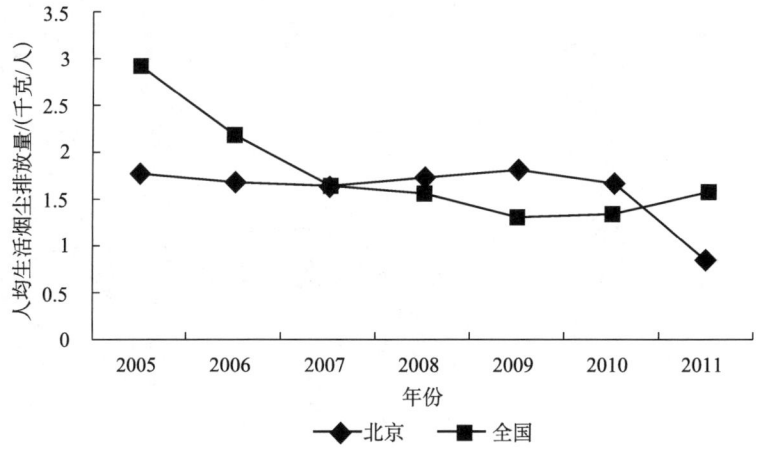

图6-19 北京及全国人均生活烟尘排放量
资料来源：2005~2011年《中国环境统计数据》

（二）大气主要污染物的环境承载力

从大气环境角度分析，主要污染物的环境承载力 $e_i = S_i/C_i$，e_i 为第 i 种污染物环境承载力，S_i 为第 i 种污染物环境标准值，C_i 为第 i 种污染物监测值。按照《环境空气质量标准》(GB3095—2012)，居住区、商业交通居民混合区、文化区、工业区和农村地区属于环境空气二类功能区，适用环境空气污染物二级浓度限值，而北京市大部分地区适用二级标准限值。二氧化硫年平均浓度二级浓度限值为0.06毫克/米^3，二氧化氮年平均浓度二级浓度限值为0.04毫克/米^3，可吸入颗粒物年平均浓度二级浓度限值为0.07毫克/米^3。根据相关研究，大气污染物的环境承载力大于2为具备较大的承载潜力，1~2为具备一定的承载潜力，0.5~1为超载，小于0.5为过度超载（胡麓华和张虹，2009）。北京市二氧化硫的环境承载力自2004年以来就一直大于1，而且此后除2006年外均呈现上升趋势，2011、2012年已超过2，属于具备较大的承载潜力（表6-19）。2000年以来北京市二氧化氮的承载力均小于1，说明北京市大气中的二氧化氮一直处于超载状态，不过基本呈现持续改善趋势，2008年北京举办奥运会期间为近年来最好状况，承载力达到0.82，2009、2010年略有下降，2011、2012年略有上升，均在0.7～0.8。2000年以来北京市可吸入颗粒物的承载力也均小于1，说明北京市大气中的可吸入颗粒物也一直处于超载状态，而且2000～2006年一直波动变化，时高时低，但均小于或等于0.5，为过度超载，2007年以来则持续上升，从2007年的0.47上升到2012年的0.64。

表6-19　北京市空气中主要污染物的环境承载力

年份	二氧化硫	二氧化氮	可吸入颗粒物
2000	0.85	0.56	0.43
2001	0.94	0.56	0.42
2002	0.9	0.53	0.42
2003	0.98	0.56	0.50
2004	1.09	0.56	0.47
2005	1.2	0.61	0.49
2006	1.13	0.61	0.43
2007	1.28	0.61	0.47
2008	1.67	0.82	0.57
2009	1.76	0.75	0.58
2010	1.88	0.70	0.58
2011	2.14	0.73	0.61
2012	2.14	0.77	0.64

二、北京市水环境状况及其承载力

（一）水环境状况

1. 地表水环境质量较为稳定

2012年北京市共监测地表水五大水系包括河流88条段，长2048.2千米。其中，Ⅱ类、Ⅲ类水质河长占监测总长度的53.6%；Ⅳ类、Ⅴ类水质河长占监测总长度的4.3%；劣Ⅴ类水质河长占监测总长度的42.1%。五大水系中，潮白河水系水质最好，达标河段长度百分比在90%以上；永定河水系、蓟运河水系达标长度百分比分别在70%、40%以上；大清河水系和北运河水系水质总体较差，达标长度百分比均在30%以下。城市下游不达标断面水体中化学需氧量、氨氮年均浓度值分别为61.6毫克/升和9.76毫克/升，与2011年相比，分别下降9.3%和17.3%[①]。

---

① 参见2012年《北京市环境状况公报》

第六章 北京市人口与资源环境均衡发展

从历年河流水质类型比例变化来看，北京市河流中Ⅱ类、Ⅲ类水质的比重从2005年的45%上升到2012年的53.6%，达标水质比例上升了近10个百分点，Ⅳ类、Ⅴ类水质比重由14.7%下降到4.3%，下降了10个百分点；劣Ⅴ类水质比重由40.3%上升到42.1%（图6-20、表6-20）。

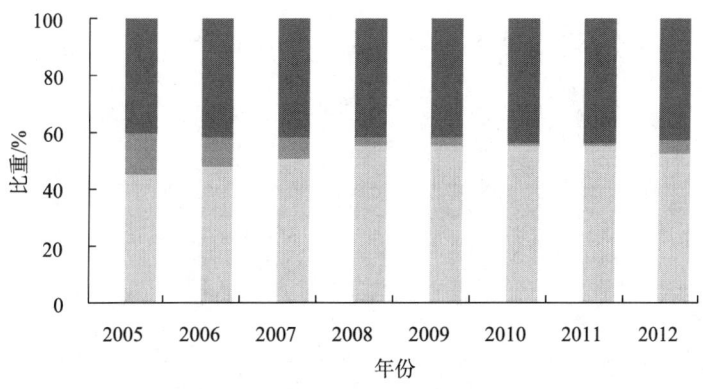

图 6-20　北京市历年河流水质类型比例
资料来源：2005~2012年《北京市环境状况公报》

表 6-20　北京市历年河流水质类型比例

年份	Ⅱ类、Ⅲ类/%	Ⅳ类、Ⅴ类/%	劣Ⅴ类/%
2005	45.0	14.7	40.3
2006	48.5	10.3	41.2
2007	50.7	8.0	41.3
2008	55.9	3.4	40.7
2009	55.8	3.0	41.2
2010	55.5	1.3	43.2
2011	55.1	1.3	43.6
2012	53.6	4.3	42.1

资料来源：2005~2012年《北京市环境状况公报》

2012年北京市共监测湖泊22个，水面面积720万平方米。其中，Ⅱ类、Ⅲ类水质湖泊占监测水面面积的44.9%，Ⅳ类、Ⅴ类水质湖泊占监测水面面积的40.5%；劣Ⅴ类水质湖泊占监测水面面积的14.6%[①]。主要污染物指标为化学需氧量、生化需氧量、总磷等。重点湖泊团城湖、后海、前海营养状况均为"中营养"，昆明湖等为"轻度富营养"。从历年湖泊水质类型比例变化来看，北京市湖泊水质总体呈现逐步优化的趋势。湖泊水中Ⅱ类、Ⅲ类比重从2005年的

---

① 参见2012年《北京市环境状况公报》

40.9%上升到2010年的76.2%,上升了约35个百分点,Ⅳ类、Ⅴ类水比重由2005年的33.7%下降到2010年的17.5%,下降了约16个百分点;劣Ⅴ类水下降19个百分点。2012年北京湖泊水呈现出严重的污染,水质下降,劣Ⅴ类水比重从2010年的6.3%上升到了2012年的14.6%(图6-21、表6-21)。

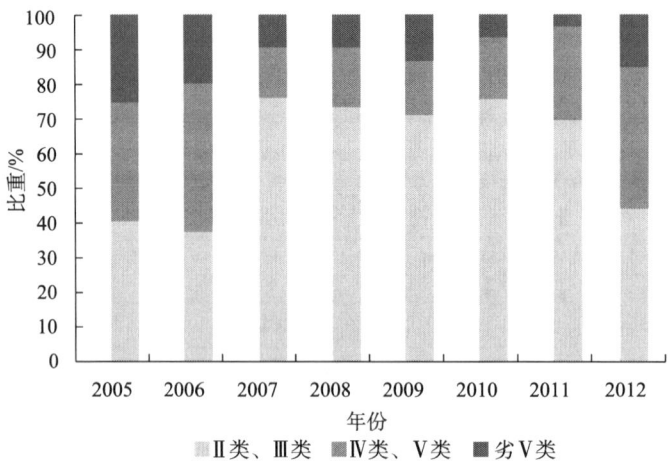

图6-21 北京市历年湖泊水质类型比例
资料来源:2005~2012年《北京市环境状况公报》

表6-21 北京市历年湖泊水质类型比例

	Ⅱ类、Ⅲ类/%	Ⅳ类、Ⅴ类/%	劣Ⅴ类/%
2005	40.9	33.7	25.3
2006	37.7	43.0	19.3
2007	76.8	14.2	9.0
2008	74.1	17.3	8.6
2009	72.1	15.3	12.6
2010	76.2	17.5	6.3
2011	69.7	27.5	2.8
2012	44.9	40.5	14.6

资料来源:2005~2012年《北京市环境状况公报》

2012年北京市共监测水库16座,平均总蓄水量为14.9亿立方米。其中,Ⅱ类、Ⅲ类水质水库占监测总库容的90.8%;Ⅳ类水质水库占监测总库容的9.2%[①]。主要污染物指标为总磷、化学需氧量、高锰酸盐指数和生化需氧量等。密云水库和怀柔水库水质符合饮用水源水质标准,营养级别属于中营养。官厅水库水质仍为Ⅳ类,不符合规划水质要求。从历年水库水质类型比例变化来看,

---

① 参见2012年《北京市环境状况公报》

北京市水库水质整体优良，几乎无劣Ⅴ类水质。Ⅱ类、Ⅲ类水比重从2005年的66.2%上升到了2011年的87.4%，升高21.2个百分点，Ⅳ类、Ⅴ类水比重相应下降（图6-22、表6-22）。

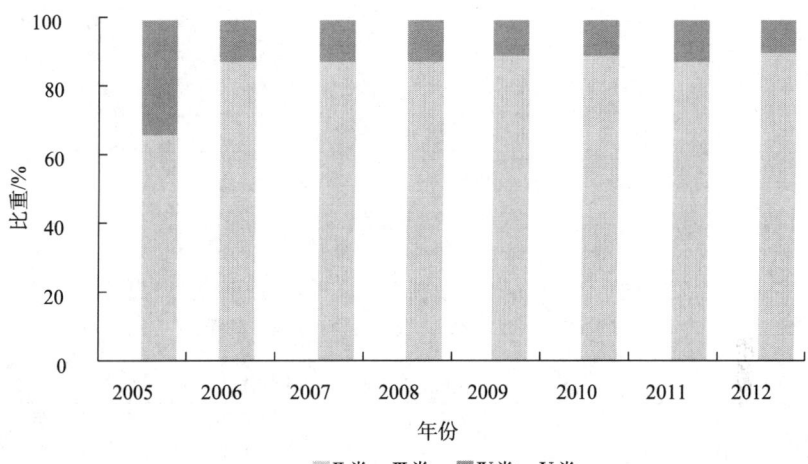

图 6-22 北京市历年水库水质类型比例

资料来源：2005~2012年《北京市环境状况公报》

表 6-22 北京市历年水库水质类型比例

年份	Ⅱ类、Ⅲ类/%	Ⅳ类、Ⅴ类/%
2005	66.2	33.9
2006	88.0	12.0
2007	88.8	11.2
2008	89.0	11.0
2009	89.9	10.1
2010	89.5	10.5
2011	87.4	12.6
2012	90.8	9.2

资料来源：2005~2012年《北京市环境状况公报》

2. 主要污染物排放量基本降低但2011年回升明显

从废水排放来看，2011年北京市废水排放总量为14.54亿吨，与2005年相比增长4.44亿吨，增长了44%。2011年，北京市城镇生活废水排放量为13.67亿吨，与2005年相比增长4.85亿吨，增长了55%；城镇生活废水在废水排放总量中占据90%左右的比重，该比例从2005年的87.33%增加到2011年的94.02%（图6-23、表6-23）。

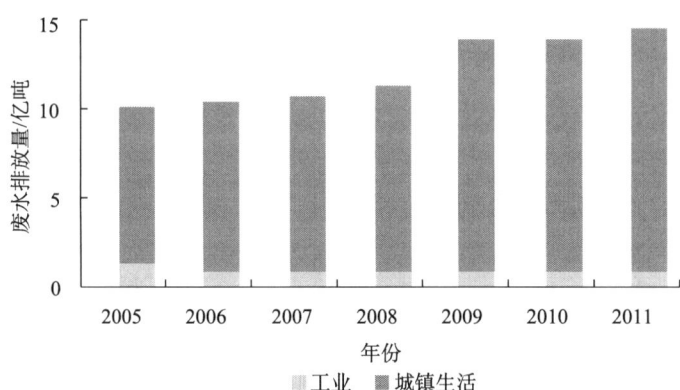

图 6-23 北京市历年工业废水与城镇生活废水排放情况

资料来源：2005~2011年《中国环境统计数据》

表 6-23 北京市历年废水排放情况

	2005年	2006年	2007年	2008年	2009年	2010年	2011年
废水排放总量/亿吨	10.10	10.50	10.78	11.33	14.08	13.64	14.54
工业废水排放量/亿吨	1.28	1.02	0.91	0.84	0.87	0.82	0.86
工业废水比重/%	12.67	9.71	8.44	7.41	6.18	6.01	5.91
城镇生活废水排放量/亿吨	8.82	9.48	9.87	10.49	13.21	12.82	13.67
城镇生活废水比重/%	87.33	90.29	91.56	92.59	93.82	93.99	94.02

资料来源：2005~2011年《中国环境统计数据》

2010年，北京市化学需氧量（COD）排放总量为9.20万吨，比2005年下降20.67%，超额完成国家下达的14.7%的减排指标，削减幅度位居全国第二[①]。2011年，化学需氧量排放总量快速上升到10.62万吨，比2010年增加了15.4%，已接近2007年的排放水平。而且，北京这些化学需氧量90%以上都是生活排放的，远高于全国60%~70%的平均水平。北京市人均化学需氧量排放量除2011年外均呈现下降趋势，从2005年的6.83千克/人下降到2010年的4.44千克/人，2011年又上升到4.91千克/人，其相当于全国平均水平的倍数也由2005年1.04倍下降到2010年的0.7倍，2011年又上升到1.04倍（图6-24、表6-24）。

2011年，北京市氨氮排放总量为1.59万吨，比2010年增加了0.38万吨，增加了23.9%。北京市这些氨氮90%以上都是生活排放的，远高于全国60%~80%的平均水平。北京市人均化学需氧量排放量除2011年外均呈现下降趋势，从2005年的0.81千克/人下降到2010年的0.60千克/人，2011年又上升到0.77千克/人，其相当于全国平均水平的倍数由2005年1.09倍下降到2011年的0.7倍（图6-25、表6-25）。

---

① 参见《北京市环境保护和建设十二五规划》

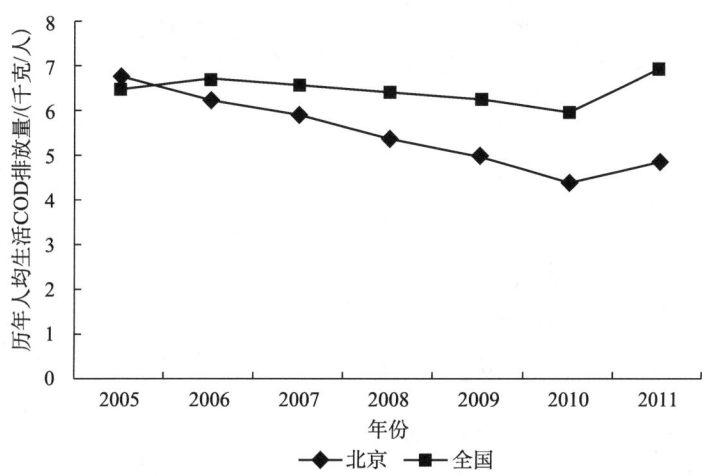

图 6-24 北京与全国历年人均生活 COD 排放量

资料来源：2005~2011 年《中国环境统计数据》

表 6-24 北京与全国历年化学需氧量排放量变化

		2005年	2006年	2007年	2008年	2009年	2010年	2011年
化学需氧量排放量/万吨	总量	11.60	10.99	10.65	10.12	9.88	9.20	10.62
	工业	1.10	0.93	0.66	0.49	0.49	0.49	0.71
	生活	10.50	10.06	9.99	9.63	9.39	8.71	9.91
占总量比重/%	北京工业	9.47	8.43	6.22	4.86	4.96	5.31	6.70
	全国工业	39.23	37.91	36.98	34.65	34.42	35.12	27.43
	北京生活	90.53	91.57	93.78	95.14	95.04	94.69	93.30
	全国生活	60.77	62.09	63.02	65.35	65.58	64.88	72.57
人均生活 COD 排放量/千克	北京	6.83	6.28	5.96	5.44	5.05	4.44	4.91
	全国	6.57	6.75	6.59	6.50	6.28	5.99	6.97

注：北京工业指北京市工业化学需氧量排放占总排放量的比重，北京生活指北京市生活化学需氧量排放占总排放量的比重，全国部分类似

资料来源：2005~2011 年《中国环境统计数据》

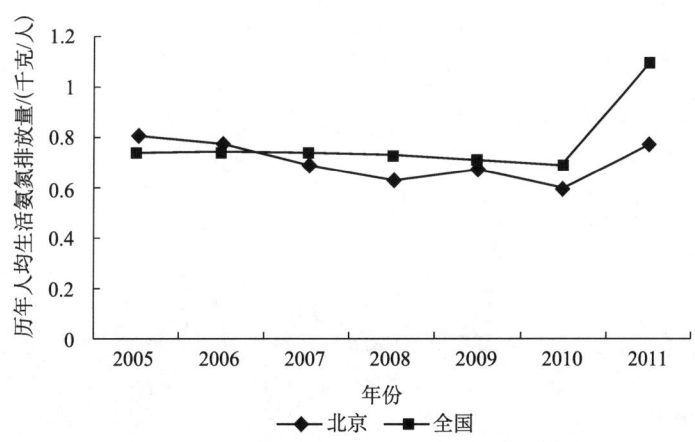

图 6-25 北京与全国历年人均生活氨氮排放量

资料来源：2005~2011 年《中国环境统计数据》

表 6-25　北京与全国历年氨氮排排放量

		2005 年	2006 年	2007 年	2008 年	2009 年	2010 年	2011 年
氨氮排放量/万吨	总量	1.37	1.31	1.24	1.18	1.31	1.21	1.59
	工业	0.12	0.07	0.07	0.04	0.05	0.04	0.04
	生活	1.25	1.24	1.17	1.14	1.26	1.17	1.55
占总量比重/%	北京工业	8.77	4.95	5.57	3.75	3.47	3.24	2.72
	全国工业	35.05	30.06	25.7	23.38	22.31	22.68	16.00
	北京生活	91.23	95.05	94.43	96.25	96.53	96.76	97.28
	全国生活	64.95	69.94	74.3	76.62	77.69	77.32	84
人均生活氨氮排放量/千克	北京	0.81	0.77	0.70	0.64	0.68	0.60	0.77
	全国	0.74	0.75	0.74	0.73	0.71	0.69	1.10

资料来源：2005～2011 年《中国环境统计数据》

3. 城市污水处理能力持续提高

2003 年以来，北京市产生城市污水基本逐年增加，从 2003 年的 10.88 亿吨增加到 2011 年的 14.55 亿吨。为改善水环境，促进污水资源化，北京市加快污水处理设施建设，污水收集和处理率在全国处于领先水平，污水处理率从 2003 年的 50.1% 提升到 2011 年的 81.7%，上升了 31.6 个百分点。污水处理率的提高为污水资源化创造了条件（图 6-26、表 6-26）。北京市污水再生利用量从 2003 年的 0.84 亿立方米上升到 2011 年的 7.10 亿立方米，污水再生利用率也从 2003 年的 7.7% 上升到 2011 年的 48.8%，上升了 41.1 个百分点。从 2004 年开始，北京市把再生水纳入全市水资源平衡之中，逐步加大再生水使用力度，应用范围也越来越广。到 2011 年年底，再生水利用量已达 7.10 亿立方米，占北京全市用水总量的 19.72%，再生水已成为北京的"第二水源"。

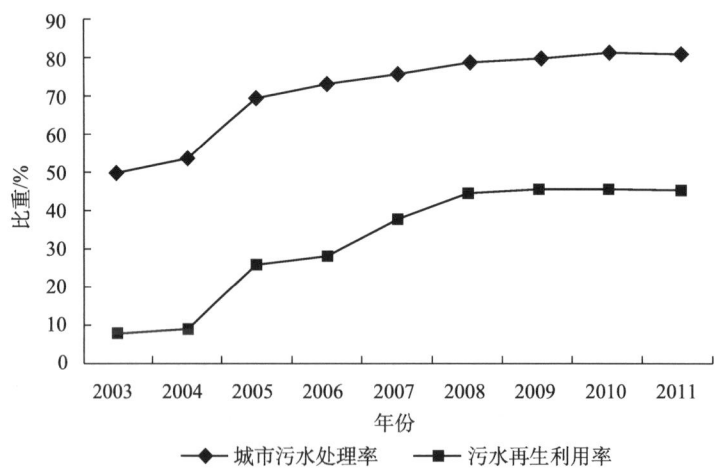

图 6-26　北京市城市污水处理和再生利用情况
资料来源：2012 年《北京统计年鉴》，2003～2011 年《中国环境统计数据》

表 6-26　北京市城市污水排放、处理和再生利用情况

年份	城市污水排放量/亿吨	污水处理量/亿吨	污水处理率/%	污水再生利用量/亿吨	污水再生利用率/%
2003	10.88	5.44	50.1	0.84	7.7
2004	10.20	5.50	53.9	0.94	9.2
2005	10.01	7.02	70.1	2.60	26.0
2006	12.91	9.53	73.8	3.61	27.9
2007	12.98	9.89	76.2	4.95	38.1
2008	13.21	10.43	78.9	6.00	45.4
2009	13.65	10.96	80.3	6.50	47.6
2010	14.17	11.63	82.1	6.80	48.0
2011	14.55	11.89	81.7	7.10	48.8

资料来源：2012 年《北京统计年鉴》，2003~2011 年《中国环境统计数据》

（二）地表水主要污染物的环境承载力

从水环境角度分析，主要污染物的环境承载力 $e_i=S_i*V/\mathrm{TC}_i$，e_i 为第 i 种污染物环境承载力，S_i 为第 i 种污染物环境标准值，V 为城市污水排放量，TC_i 为第 i 种污染物实际排放量。按照《污水综合排放标准》(GB8978—1996)，其他排污单位化学需氧量排放一级标准为100毫克/升，二级标准为150毫克/升，三级标准为500毫克/升；其他排污单位氨氮排放一级标准为15毫克/升，二级标准为25毫克/升。按照一级标准，北京市化学需氧量的环境承载力2005~2010年呈现上升趋势，从2006年开始就一直大于1，2010年达到1.54，具备一定的承载潜力，但2011年回落为1.37。北京市氨氮的环境承载力均大于1，2005~2008年呈现上升趋势，2008年达到1.68，2009年回落为1.56，2010年又上升到1.76，但2011年又回落为1.37（表6-27）。

表 6-27　北京市地表水主要污染物的环境承载力

	2005 年	2006 年	2007 年	2008 年	2009 年	2010 年	2011 年
化学需氧量排放容量（一级标准）/万吨	10.01	12.91	12.98	13.21	13.65	14.17	14.55
化学需氧量排放容量（二级标准）/万吨	15.01	19.37	19.47	19.81	20.48	21.25	21.83
化学需氧量承载力（一级标准）	0.86	1.18	1.22	1.31	1.38	1.54	1.37
化学需氧量承载力（二级标准）	1.29	1.76	1.83	1.96	2.07	2.31	2.06
氨氮排放容量（一级标准）/万吨	1.50	1.94	1.95	1.98	2.05	2.12	2.18
氨氮排放容量（二级标准）/万吨	2.50	3.23	3.25	3.30	3.41	3.54	3.64
氨氮承载力（一级标准）	1.10	1.48	1.57	1.68	1.56	1.76	1.37
氨氮承载力（二级标准）	1.83	2.46	2.62	2.80	2.61	2.93	2.29

三、北京市生态环境状况

1. 生态环境质量逐步改善

依据2006年《生态环境状况评价技术规范（试行）》，2012年北京市生态环

境质量指数（EI）为 67.5，较上年略有改善，但仍低于 2008 年的指数，生态环境质量级别为良①（表 6-28）。其中，位于北部、西北部的生态涵养发展区生态环境状况优于城市功能拓展区、城市发展新区和首都功能核心区。2012 年，首都功能核心区和城市功能拓展区实施了较大规模的小煤炉、燃煤锅炉改用清洁能源工程，污染物排放量下降幅度较大，生态环境质量指数同比提高；由于城市生态用水增加，水域面积扩大，特别是永定河的"四湖一线"工程建成，石景山区、门头沟区和丰台区等的生态环境质量指数有所增长。生态示范建设取得新进展，怀柔区、平谷区创建国家环保模范城区总体规划通过评审，14 个乡镇获得国家级生态乡镇命名，7 个镇、220 个村分别获得"北京郊区环境优美乡镇"、"北京郊区生态村"命名。

表 6-28　北京市历年生态环境质量指数（EI）情况

	2006 年	2007 年	2008 年	2009 年	2010 年	2011 年	2012 年
EI 指数	59.7	64.7	67.8	65.9	66.1	66.4	67.5
级别	良	良	良	良	良	良	良

资料来源：2006～2012 年《北京市环境状况公报》

2. 城市绿化不断提高

2011 年，北京市城市绿化覆盖率为 45.6%，比上年增长 0.6 个百分点；人均公园绿地面积为 15.3 米^2/人，比上年增加 0.3 米^2/人。从历年的变化来看，北京市城市绿化覆盖率、人均公园绿地面积呈不断上升趋势。城市绿化覆盖率从 2000 年的 36.5% 增长到了 2011 年的 45.6%，年均增长 2.0 个百分点，均高出全国平均水平；人均公园绿地面积从 2000 年的 9.7 米^2/人增长到 2011 年的 15.3 米^2/人，年均增长 4.2 个百分点，也均高出全国平均水平（图 6-27、表 6-29）。

3. 水土流失治理继续加强

北京市继续遏制土地退化，开展沙化、潜在沙化土地治理，实施生态清洁小流域建设，推动关停矿山生态修复，减少水土流失面积。2009 年第四次全国荒漠化和沙化监测数据显示北京沙化土地面积为 5.24 万公顷，占调查土地面积总量的 3.2%；与 2004 年第三次全国荒漠化和沙化监测数据相比，沙化土地面积减少了 0.22 万公顷，占比下降了 0.1 个百分点。与全国相比，2009 年北京沙化土地面积所占比例要低于全国平均水平 15 个百分点。2011 年，北京市水土流失治理面积为 57.98 万公顷，比 2010 年增加 3.7 万公顷，而且自 2005 年以来一直增加。2011 年，北京市造林面积 6.51 万公顷，比 2010 年减少 1.26 万公顷；2011 年，北京市森林面积达到 67.34 万公顷，自 2005 年以来持续增加；森林覆盖率也由 2006 年的 35.9% 增加到 2011 年的 37.6%；林木绿化率也从 2003 年的 47.5% 增长到了 2011 年的 54.0%（表 6-30，表 6-31）。

---

① 参见 2012 年《北京市环境状况公报》

第六章 北京市人口与资源环境均衡发展

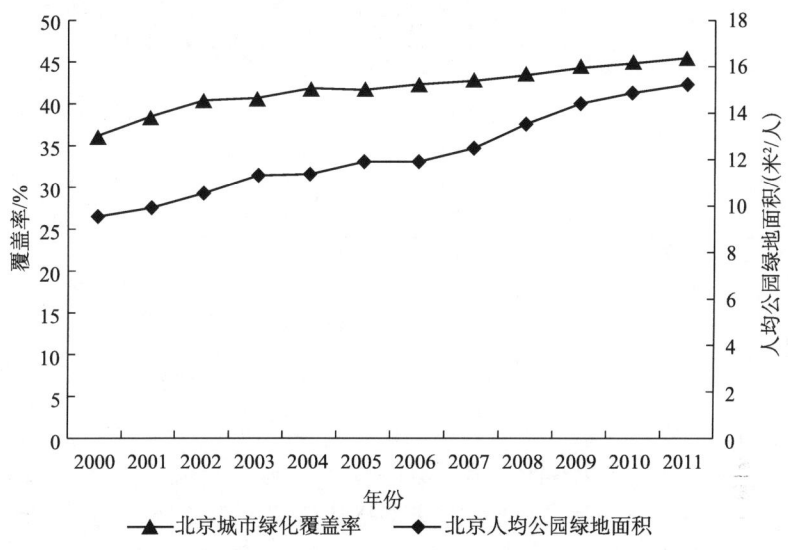

图 6-27 历年北京城市绿化情况

资料来源：2012 年《北京统计年鉴》，2000～2011 年《中国环境统计数据》

表 6-29 北京市历年生态绿化变化情况

年份	北京年末园林绿地面积/千公顷	北京人均公园绿地面积/(米²/人)	全国人均公园绿地面积/(米²/人)	北京与全国差距/(米²/人)	北京城市绿化覆盖率/%	全国城市绿化覆盖率/%	北京与全国差距/%
2000	26.68	9.7	3.7	6.0	36.5	28.2	8.3
2001	30.22	10.1	4.6	5.5	38.8	28.4	10.4
2002	32.57	10.7	5.4	5.3	40.6	29.8	10.82
2003	38.48	11.4	6.5	4.9	40.9	31.2	9.7
2004	36.76	11.4	7.4	4.1	41.9	31.7	10.2
2005	38.88	12.0	7.9	4.1	42.0	32.5	9.5
2006	45.50	12.0	8.3	3.7	42.5	35.1	7.4
2007	46.32	12.6	9.0	3.6	43.0	35.3	7.7
2008	46.99	13.6	9.7	3.9	43.5	37.4	6.1
2009	61.70	14.5	10.7	3.8	44.4	39.2	5.2
2010	62.67	15.0	11.2	3.8	45.0	38.6	6.4
2011	63.54	15.3	11.8	3.5	45.6	38.6	7.0

资料来源：2012 年《北京统计年鉴》，2000～2011 年《中国环境统计数据》

表 6-30 北京市沙化土地面积情况

	沙化土地面积/万公顷		沙化土地面积占土地总面积比例/%	
	2004 年	2009 年	2004 年	2009 年
北京	5.46	5.24	3.3	3.2
全国	17 396.63	17 310.77	18.3	18.2

资料来源：2004～2009 年《中国环境统计数据》

表 6-31　北京市水土流失治理情况

	2003年	2004年	2005年	2006年	2007年	2008年	2009年	2010年	2011年
水土流失治理面积/万公顷	67.26	66.87	37.13	39.13	42.23	45.44	51.18	54.28	57.98
本年造林面积/万公顷	47.17	31.53	12.19	12.77	10.74	9.12	10.15	7.77	6.51
森林面积/万公顷	—	—	61.92	62.60	63.66	64.14	65.89	66.61	67.34
森林覆盖率/%	—	—	—	35.9	36.5	36.5	36.7	37.0	37.6
林木绿化率/%	47.5	49.5	50.5	51.0	51.6	52.1	52.6	53.0	54.0

资料来源：2012 年《北京统计年鉴》，2003～2011 年《中国环境统计数据》

四、小结

北京市大气环境质量持续改善，主要污染物排放量与空气中污染浓度均呈下降趋势。北京市二氧化硫的环境承载力自 2004 年一直大于 1，而后基本呈现上升趋势，2011 年已超过 2，具备较大的承载潜力。2000 年以来，北京市二氧化氮、可吸入颗粒物的承载力均小于 1，一直处于超载状态，不过近年来均呈现持续改善趋势。

北京市地表水环境质量较为稳定，主要污染物排放量有所下降但 2011 年回升明显，城市污水处理能力持续提高，为污水资源化创造了条件，2009 年以来再生水已成为北京的"第二水源"。北京市化学需氧量的环境承载力自 2005 年以来呈现上升趋势，2006 年开始一直大于 1，2010 年达到 1.54，具备一定的承载潜力，但 2011 年出现了回落。北京市氨氮的环境承载力均大于 1，2005～2008 年期间呈现上升趋势，2009 年以后出现波动。可见，北京市主要污染物的环境承载力具备一定潜力，但二氧化氮、可吸入颗粒物一直处于超载状态，尤其可吸入颗粒物超载突出。

未来随着技术水平的提高及人们对于环境的关注加强，主要污染物人均排放量将进一步减少，环境中主要污染物浓度将进一步下降，大气环境、水环境、生态环境质量将进一步改善，人口与环境将更加协调发展。

参 考 文 献

郭艳红. 2010. 北京市土地资源承载力与可持续利用研究. 北京：中国地质大学（北京）博士学位论文
胡麓华，张虹. 2009. 长株潭城市群核心区大气环境承载力初探. 四川环境，28（5）：31-35
石忆邵，等. 2013. 城市综合承载力的研究进展及展望. 地理研究，32（1）：133-145
童玉芬. 2011. 北京市水资源人口承载力再辨析. 北京社会科学，（5）：22-28

第七章

北京市人口空间均衡发展

人口空间均衡是人口均衡发展的重要内容，主要指人口地区分布合理，即人口布局应与区域人居环境适宜性相一致，与区域自然资源承载力相适应，能够满足地区经济发展的需要，与区域产业发展相协调，并且与区域公共服务和基础设施水平等相匹配。本章通过分析北京市人口地区分布的现状特征与变化趋势，研究北京市人口地区分布与产业布局和区域功能定位之间的匹配关系，从而对北京市人口空间均衡发展进行评价，剖析人口地区分布存在的问题。

第一节 人口地区分布的现状特征与变化趋势

对北京市人口空间均衡发展进行评价，首先需要了解北京市人口地区分布的现状特征与变化趋势。本节使用北京市第六次人口普查资料和2009～2011年《北京区域统计年鉴》中分区县人口数据，分析北京市人口地区分布特征和变化趋势。其中，人口地区分布特征的分析所使用的数据全部来自于北京市第六次人口普查资料，对人口地区分布变化趋势的分析所用数据来自于2009～2011年《北京区域统计年鉴》。

一、人口地区分布的现状特征

1. 常住人口的地区分布

2010年，北京市共有常住人口1961.2万人。从地区分布来看（表7-1，图7-1），朝阳区、丰台区、石景山区及海淀区所组成的城市功能拓展区人口数量最多，达到955.4万人，占北京市常住人口总量的48.71%。其次是由房山区、通州区、顺义区、昌平区和大兴区组成的城市发展新区，其人口数量达到603.1万人，占北京市常住人口总量的30.75%。首都功能核心区虽然人口密度很高，但由于区域面积较小，常住人口总量只有216.3万人，只占全市总人口的11.03%。生态涵养发展区绝大部分是山区，人口总量也相对有限，只有186.4万人，只占北京市总人口的9.51%。

表7-1　2010年北京市人口区县分布

地区	常住人口/人	占全市比重/%	人口密度/（人/千米²）
首都功能核心区	2 162 568	11.03	23 253
东城区	919 253	4.69	21 887
西城区	1 243 315	6.34	24 379
城市功能拓展区	9 554 052	48.71	7 435
朝阳区	3 545 137	18.08	7 624
丰台区	2 112 162	10.77	6 902
石景山区	616 083	3.14	7 334
海淀区	3 280 670	16.73	7 629
城市发展新区	6 031 321	30.75	959
房山区	944 832	4.82	474
通州区	1 184 256	6.04	1 309
顺义区	876 620	4.47	867
昌平区	1 660 501	8.47	1 237
大兴区	1 365 112	6.96	1 318
生态涵养发展区	1 864 427	9.51	213
门头沟区	290 476	1.48	200
怀柔区	372 887	1.90	176
平谷区	415 958	2.12	438
密云县	467 680	2.38	210
延庆县	317 426	1.62	159

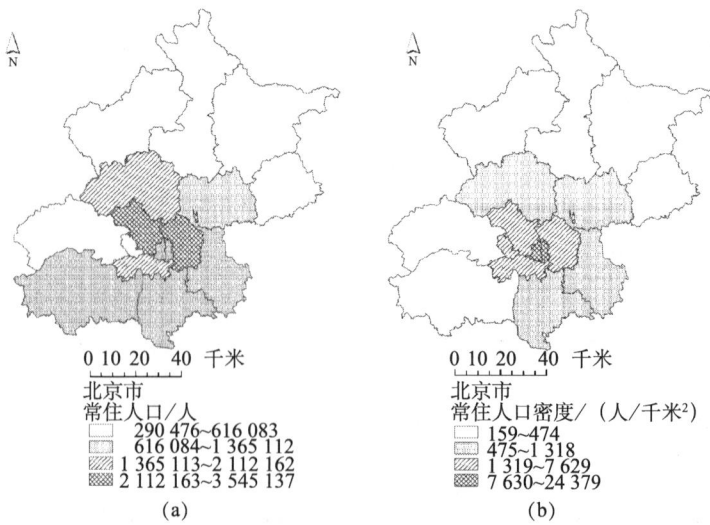

图7-1　北京市常住人口和人口密度的地区分布（2010年）

从人口密度来看（表 7-1，图 7-1），整体上呈现随到城市中心距离增加而衰减的趋势，即靠近城市中心人口密度高，远离城市中心人口密度低，而且东部各区县人口密度相对高于西部各区县。其中，东城区和西城区组成的首都功能核心区人口密度最高，达到 23 253 人/千米^2，远高于其他功能区。首都功能核心区、城市功能拓展区、城市发展新区和生态涵养发展区人口密度呈现明显的圈层分布，分别为 23 253 人/千米^2、7435 人/千米^2、959 人/千米^2、213 人/千米^2，且各功能区内部人口密度差异不大，分布相对均衡。

总体上，北京市人口地区分布呈现出靠近城市中心人口密集，远离城市中心人口稀疏，东部地区人口密集，西部地区人口稀疏的特点。其中，城市功能拓展区和城市发展新区是北京市常住人口的主要分布地区，集中了全市 79.46% 的人口。首都功能核心区人口分布最为密集，生态涵养发展区不仅人口总量较低，人口分布也较为稀疏。

2. 城乡人口的地区分布

2010 年，北京市市镇人口占全市总人口的 86%，城镇化水平已较高，且远高于全国其他地区。从城乡人口地区分布来看（表 7-2，图 7-2），市镇人口主要分布在城市中心地区，大多数市镇人口集中在城市功能拓展区，达到 945.6 万人，占全市的 56.09%，其次是城市发展新区，占全市的 24.36%。乡村人口则主要分布在远离城市中心的地区，且东部区县乡村人口数量要多于西部区县。乡村人口集中分布在城市发展新区，占全市乡村人口总量的 69.87%，生态涵养发展区乡村人口也占较大比重，占全市的 26.55%，而首都功能核心区和城市功能拓展区已基本是完全城镇化地区，城镇化水平达到 100% 和 99%。

表 7-2 2010 年北京市城乡人口地区分布

地区	市镇人口/人	占全市比重/%	乡村人口/人	占全市比重/%	城镇化水平/%
首都功能核心区	2 162 568	12.83	0	0.00	100
东城区	919 253	5.45	0	0.00	100
西城区	1 243 315	7.37	0	0.00	100
城市功能拓展区	9 455 535	56.09	98 517	3.58	99
朝阳区	3 532 257	20.95	12 880	0.47	100
丰台区	2 098 632	12.45	13 530	0.49	99
石景山区	616 083	3.65	0	0.00	100
海淀区	3 208 563	19.03	72 107	2.62	98
城市发展新区	4 107 269	24.36	1 924 052	69.87	68
房山区	635 282	3.77	309 550	11.24	67
通州区	724 228	4.30	460 028	16.71	61
顺义区	471 459	2.80	405 161	14.71	54
昌平区	1 310 617	7.77	3 498 84	12.71	79
大兴区	965 683	5.73	399 429	14.51	71
生态涵养发展区	1 133 320	6.72	731 107	26.55	61
门头沟区	248 547	1.47	41 929	1.52	86
怀柔区	253 088	1.50	119 799	4.35	68
平谷区	219 850	1.30	196 108	7.12	53
密云县	257 449	1.53	210 231	7.63	55
延庆县	154 386	0.92	163 040	5.92	49

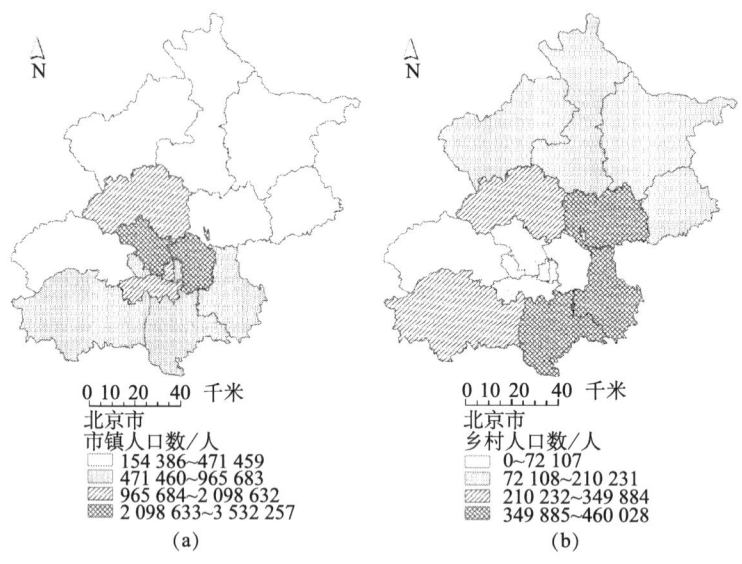

图 7-2 北京市市镇人口与乡村人口的地区分布

从城镇化空间格局来看（图 7-3），首都功能核心区和城市功能拓展区已基本是完全城镇化地区。除朝阳区、海淀区和丰台区有少部分乡村人口，其他区县都是完全城镇化地区。在城市发展新区中，城镇化水平较高的是昌平区和大兴区，城镇化率都在 70% 以上。生态涵养发展区中，门头沟区城镇化率较高，达到 86%，主要因为门头沟区乡村人口数量相比于其他山区区县要低很多。总体上，北部山区区县城镇化率较低，其中最高的是怀柔区，达到 68%，最低的是延庆县，仅为 49%。

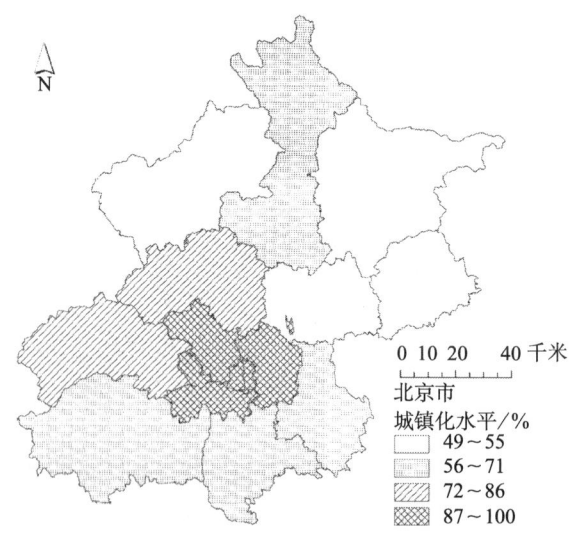

图 7-3 北京市城镇化空间格局

3. 不同年龄人口的地区分布

不同地区人口的年龄结构决定了本地区劳动力供给和社会负担水平,需要与区域经济社会发展水平相适应,以保证经济社会的持续健康发展。分析北京市不同地区人口的年龄结构(图7-4)发现,不同功能区域人口的年龄结构具有显著差异。总体上,城市功能拓展区和城市发展新区人口年龄结构比较相似,且十分接近北京市人口年龄结构,都是20~24岁人口占比最高,随后各年龄段人口占比逐次降低。两个地区的差别在于,城市功能拓展区20~29岁人口占比更高,而城市发展新区65岁及以上人口占比更低。相比之下,首都功能核心区和生态涵养发展区人口的年龄结构具有明显不同的特征。首都功能核心区除20~29岁人口占比很高外,45~59岁人口和70~89岁人口占比相比于其他区域也较高,形成了依次递减的3个波峰。而生态涵养发展区20~34岁人口占比相比于其他区域明显偏低,人口年龄结构中占比最高的是40~49岁人口,而非20~29岁人口,这是与其他三个区域明显不同的。

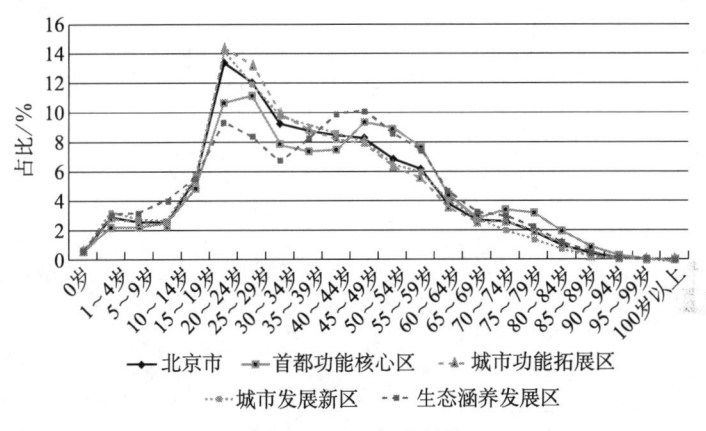

图 7-4 不同地区人口的年龄结构(2010年)

从不同年龄人口的地区分布来看(表7-3),城市发展新区和生态涵养发展区总人口占全市比重分别为30.75%和9.51%,而0~14岁少年儿童人口占全市比重分别为33.07%和12.10%,因此以总人口地区分布(各地区人口占全市总人口的比重)为基准,0~14岁少年儿童人口相对更多集中在城市发展新区和生态涵养发展区,15~64岁劳动适龄人口的地区分布基本与总人口的分布接近,城市功能拓展区和城市发展新区比重相比于基准略高。以总人口地区分布为基准,65岁及以上老年人口相对更多集中在首都功能核心区和生态涵养发展区,而城市发展新区作为外来人口分布相对集中的区域,老年人口占全市比重相对较低,全市30.75%的人口集中在城市发展新区,而老年人口仅有24.75%分布在这里。总体上,以总人口地区分布为基准,首都功能核心区少年儿童人口占全市比重相对偏低,而老年人口比重相对偏高,显示该区域人口少子化和老龄化程度都较高。而城市功能拓展区劳动适龄人口比重相对偏高,劳动力相对富集。城市发展新区少年儿童人口和劳动适龄人口比重相对偏高,而老年人口比重明显偏低,是老龄化程度最低、劳动力供给最丰富的区域。而生态涵养发展区少年儿童人口和老年人口比重明显偏高,而劳动适龄人口比重偏低,社会负担相对较重。

表 7-3 各地区不同年龄人口占全市比重

地区	人口占全市比重 / %			
	总人口	0~14 岁人口	15~64 岁人口	65 岁及以上人口
首都功能核心区	11.03	9.72	10.65	15.85
东城区	4.69	4.10	4.54	6.62
西城区	6.34	5.62	6.11	9.22
城市功能拓展区	48.71	45.10	49.12	48.41
朝阳区	18.08	15.89	18.32	17.89
丰台区	10.77	10.95	10.73	10.94
石景山区	3.14	3.27	3.09	3.48
海淀区	16.73	15.00	16.97	16.10
城市发展新区	30.75	33.07	31.14	24.75
房山区	4.82	6.06	4.68	4.86
通州区	6.04	6.33	6.08	5.35
顺义区	4.47	4.91	4.47	4.06
昌平区	8.47	8.16	8.79	5.66
大兴区	6.96	7.61	7.12	4.82
生态涵养发展区	9.51	12.10	9.08	10.99
门头沟区	1.48	1.75	1.41	1.87
怀柔区	1.90	2.54	1.83	1.91
平谷区	2.12	2.60	2.03	2.56
密云县	2.38	3.20	2.25	2.81
延庆县	1.62	2.01	1.55	1.84

二、人口增长及地区分布的变化趋势

1. 人口增长的地区差异

近年来,北京市常住人口仍保持相对较快增长,2005~2011 年常住人口年均增长率达到 4.64%,但是各地区间人口增长十分不平衡。其中,城市发展新区增长率最高,达到年均 7.35%,城市功能拓展区其次,年均增长率达到 4.72%,而生态涵养发展区年均增长率仅为 1.31%,首都功能核心区最低,仅为 0.78%(表 7-4)。未来北京市常住人口的增长仍将主要集中在目前处于较快发展期的城市发展新区和城市功能拓展区,而最早得到发展、目前已经处于比较成熟状态的首都功能核心区,由于其发展空间已经接近饱和,未来人口不会有较大增长。生态涵养发展区由于承担生态涵养的区域功能,不适宜大规模集聚人口,所以人口的增长率也不宜过高。

首都功能核心区中,东城区和西城区人口增长比较接近,年均增长率分别为0.95%和0.66%,均处于较低水平。城市功能拓展区的四个区人口的年均增长率均在5%左右,其中石景山区年均增长率较低,仅为3.23%,低于其他三个区的水平,而丰台区相对较高,达到5.56%。城市发展新区的五个区中,房山区的人口增长最慢,人口年均增长率仅为1.78%;昌平区的人口增长最快,人口年均增长率达到14.24%,是全市人口增长最快的地区;其他地区人口增长则比较接近,通州区、顺义区、大兴区人口年均增长率分别为6.29%、4.29%和8.29%。生态涵养发展区的五个区县人口增长率相对较低,人口增长相对较快的是怀柔区,人口年均增长率为2.39%,延庆县略低于怀柔区,为2.20%,而密云县、门头沟区和平谷区人口增长率分别为1.18%、1.00%、0.16%,人口增长相对缓慢。

总体上,北京市各地区人口增长存在一定差异,首都功能核心区和生态涵养发展区人口增长较为缓慢,而城市功能拓展区和城市发展新区人口增长相对较快。

表7-4 北京市各地区人口增长情况

地区	常住人口/万人		2005~2011年年均增长率/%
	2005年	2011年	
北京市	1538.0	2018.6	4.64
首都功能核心区	205.2	215.0	0.78
东城区	86.0	91.0	0.95
西城区	119.2	124.0	0.66
城市功能拓展区	748.0	986.4	4.72
朝阳区	280.2	365.8	4.54
丰台区	156.8	217.0	5.56
石景山区	52.4	63.4	3.23
海淀区	258.6	340.2	4.68
城市发展新区	411.6	629.9	7.35
房山区	87.0	96.7	1.78
通州区	86.7	125.0	6.29
顺义区	71.1	91.5	4.29
昌平区	78.2	173.8	14.24
大兴区	88.6	142.9	8.29
生态涵养发展区	173.2	187.3	1.31
门头沟区	27.7	29.4	1.00
怀柔区	32.2	37.1	2.39
平谷区	41.4	41.8	0.16
密云县	43.9	47.1	1.18
延庆县	28.0	31.9	2.20

2. 人口地区分布的变化趋势

2005~2011年,北京市常住人口从1538.0万增长至2018.6万,增长幅度达到31.25%。人口的快速增长也带来人口地区分布的不断变化。从四大功能区人口分布及变动情况来看（图7-5），城市发展新区的增幅最大,6年间增长了53.04%,其占全市份额也同时上升了4.44%；城市功能拓展区次之,总量增幅达31.87%,占全市份额也增长了0.23%；然而,首都功能核心区与生态涵养发展区尽管在总量上有一定比例的增长（增幅分别为4.78%和8.14%）,但其占全市份额分别下降了2.69%和1.98%。

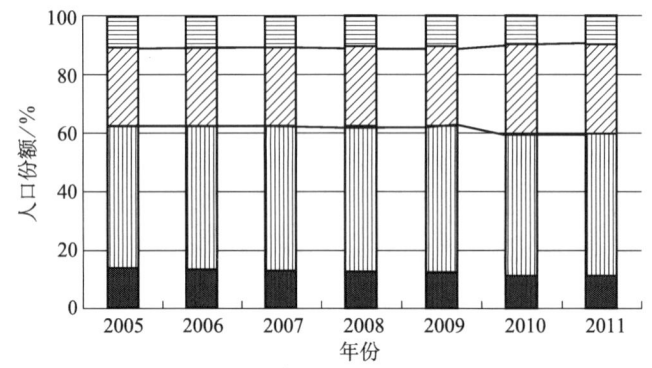

图7-5 北京市四大功能区常住人口分布情况
资料来源：2009~2011年《北京区域统计年鉴》

由此可见,北京市常住人口的地区分布呈现从城市中心区向郊区的转移趋势,并在城市功能拓展区和城市发展新区的近郊地区进一步集聚。2011年,城市功能拓展区与城市发展新区常住人口占全市比重都超过了1/3,两者之和超过了全市的80%,且仍有扩大的趋势。这说明伴随着北京城市扩张、产业布局调整和郊区住宅开发、道路基础设施建设等,城市功能拓展区与城市发展新区吸引了大量的人口集聚,发挥了较强的人口承载功能,使得北京人口在城市化过程中的郊区化现象从城市近边缘地区向远边缘地区延伸。

从区县分布来看（图7-6），尽管首都功能核心区的两个城区的人口总量在2005~2011年间有所增加（东城区由86.0万增至91.9万；西城区由119.2万增至124.3万），但其在全市的份额都持续下降,6年间份额减少了2.69%,可见北京市人口由城市中心区向外围转移的态势已比较明显。2005~2011年城市功能拓展区人口占全市份额增长0.23%,但其中四个区份额变动并不一致,其中丰台区份额上升最大,达0.55%；海淀区所占份额无明显变化；而朝阳区与石景山区所占份额则有所下降,分别下降了0.10%和0.27%。由此可见,城市功能拓展区人口总量虽仍持续提升,但其能够承载的人口已趋于稳定。城市发展新区人口占全市份额呈持续上升趋势，2005~2011年份额增长4.44%，是四个功能区中增长最多的。其中，大兴区、通州区和昌平区所占份额均有显著的提高，这三个地区不断提升的人口承载能力为疏散中心城区人口发挥了不容忽视的作用，推动全市人口形成合理布局；而房山区和顺义区人口增幅虽均超过10%，但占全市份额均有所下降，可见两区在吸引人口集聚方面相对较差。生态涵养发展区人口占全市份额呈现持续下降的趋势，尽管人口总量有一定的增长（以怀柔区、延庆县较为突出），但五个区县的常住人口份额总体上呈现出下降的趋势，其中门头沟区、平谷区、密云县和延庆县人口份额呈现持续下降，而怀柔区则有较大的波动。

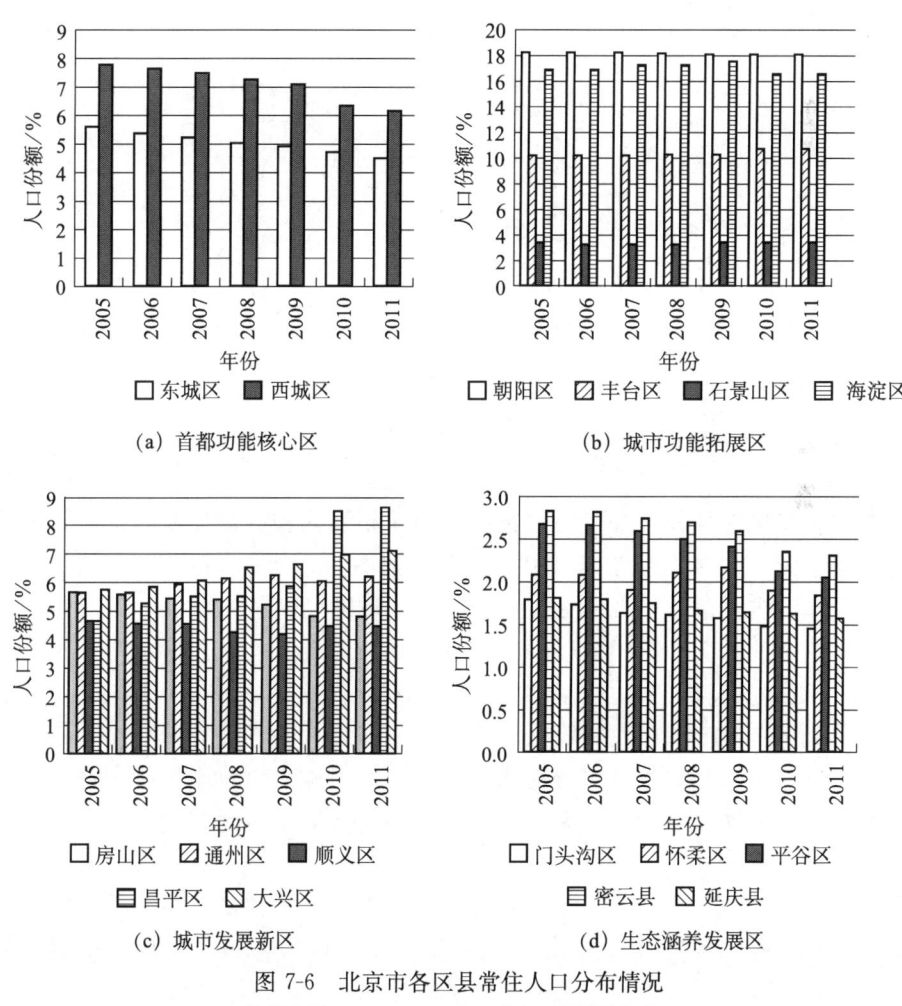

图7-6 北京市各区县常住人口分布情况

资料来源：2009~2011年《北京区域统计年鉴》

三、外来人口的地区分布与变化

根据《北京区域统计年鉴》中的数据，2011年北京市常住人口（2018.6万）中，外地来京人员（外来人口）达到742.2万人，占常住人口的36.77%。由图7-7可知，北京市外来人口占常住人口比重持续上升，由2005年的23.23%提高至2011年的36.77%。与2005年相比，2011年北京市外来人口增加了384.9万人，平均每年增加64.15万人，年均增长率达到12.96%，远高于常住人口4.64%的年均增长率。由此可见，外来人口增长已成为北京市人口快速增长的主要原因。

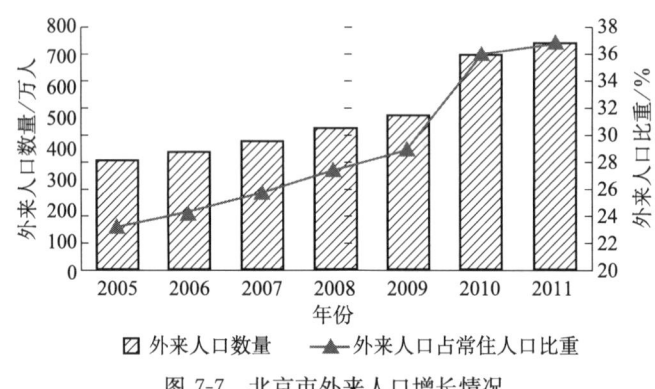

图7-7 北京市外来人口增长情况

资料来源：2009~2011年《北京区域统计年鉴》

外来人口的地区分布主要集中在城市功能拓展区和城市发展新区，两个功能区聚集了近90%的北京市常住外来人口（图7-8）。其中，城市功能拓展区外来人口最多，占全市外来人口总数的50%；城市发展新区次之，全市35%的外来人口聚集在此；而首都功能核心区与生态涵养发展区外来人口占全市比重相对较低。从变化趋势来看，城市功能拓展区与城市发展新区的外来人口份额呈持续上升趋势，其中城市发展新区外来人口份额扩大的趋势十分突出，而首都功能核心区和生态涵养发展区外来人口占全市份额略有波动，但基本稳定。由此可见，近年来城市功能拓展区和城市发展新区人口规模的扩大主要归因于其外来人口的集聚。

从区县分布来看，首都功能核心区中西城区外来人口的数量几乎是东城区的两倍。2005~2011年，两个城区的外来人口总量均有一定提升（东城区由36.4万增至53.4万；西城区由21.1万增至32.0万），但其外来人口占北京市常住人口的份额较少且已逐渐趋于稳定，份额的增减幅度均小于0.4%（图7-9）。与此同时，首都功能核心区外来人口的增长速度基本低于全市外来人口的增长速度，两城区外来人口增长呈现明显的一致性。由此可见，北京市外来人口较少聚集在首都功能核心区，且新增外来人口也较少进入这里。

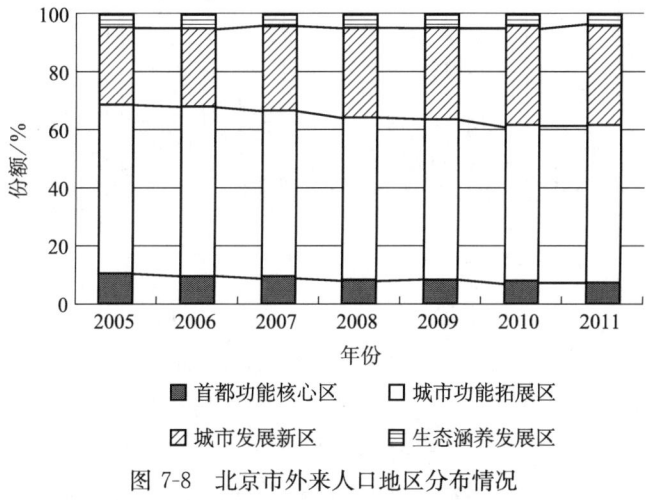

图 7-8 北京市外来人口地区分布情况

资料来源：2009～2011 年《北京区域统计年鉴》

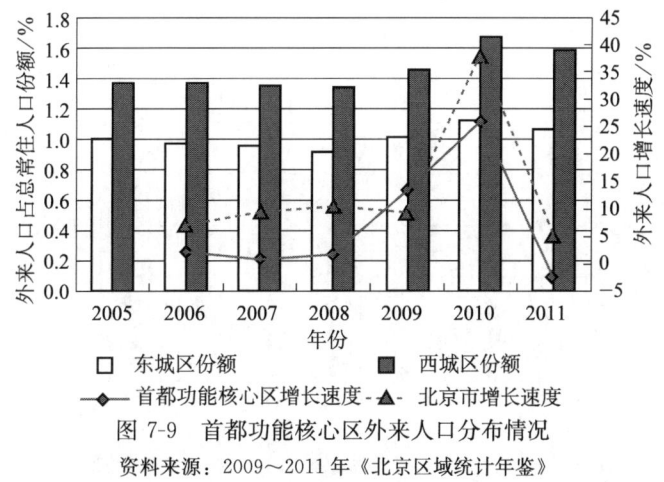

图 7-9 首都功能核心区外来人口分布情况

资料来源：2009～2011 年《北京区域统计年鉴》

城市功能拓展区中四个区外来人口数量存在较大的差异，朝阳区、海淀区、丰台区的外来人口数量大，全市超过 50% 的外来人口聚集于此。相比之下，石景山区的外来人口份额则较小，仅为全市外来人口的 2.8%。从外来人口占全市常住人口份额的变化来看，城市功能拓展区总体呈现出增长的趋势，其中朝阳区份额增长幅度最大，达 2.5%；海淀区与丰台区次之，均增加了 1.8%，石景山区无明显变化。城市功能拓展区呈现出较高的外来人口聚集程度，其外来人口数量和份额均仍呈现不断上升的发展趋势（图 7-10）。

2005～2011 年，城市发展新区外来人口占全市常住人口份额呈上升趋势

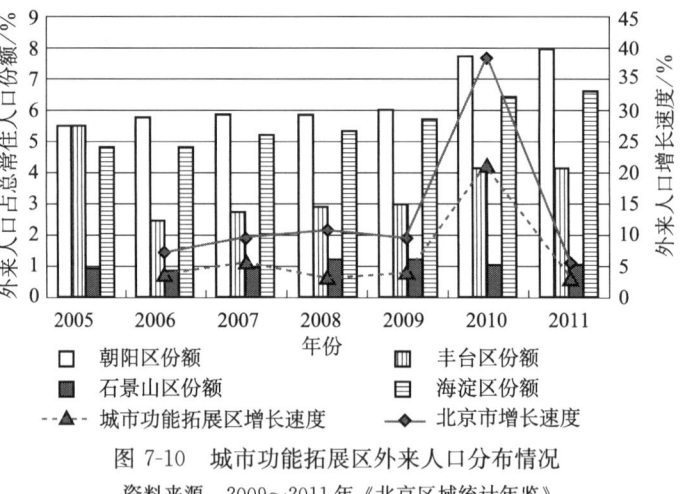

图 7-10 城市功能拓展区外来人口分布情况

资料来源：2009~2011年《北京区域统计年鉴》

（图7-11）。其中，昌平区、大兴区和通州区所占份额均有较显著的提高，外来人口对这三个区常住人口的增长有巨大的拉动作用。从外来人口增长速度上看，城市发展新区外来人口增长速度整体上高于北京市外来人口的增长速度，可见该地区是目前北京市外来人口主要流入的地区，在集聚和承载外来人口方面发挥了重要的作用。

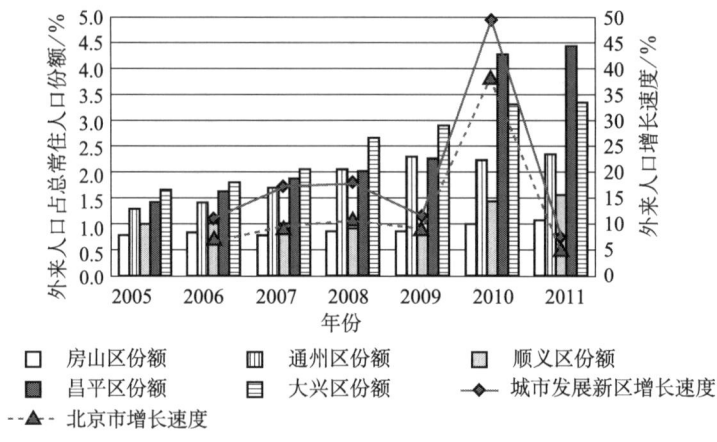

图 7-11 城市发展新区外来人口分布情况

资料来源：2009~2011年《北京区域统计年鉴》

尽管生态涵养发展区各区县外来人口总量仍有一定增长，但外来人口占全市常住人口比重在2009年以后呈现出稳定的趋势，其中门头沟区份额开始减少，而其余四区县的份额有一定波动。总体上，外来人口在生态涵养发展区集聚的程度还比较有限（图7-12）。

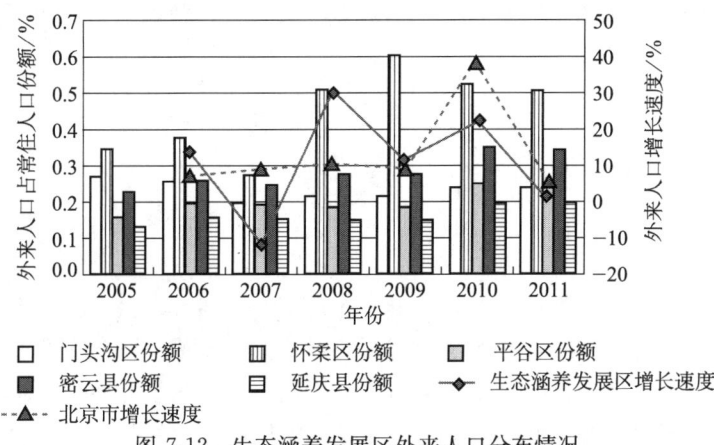

图 7-12 生态涵养发展区外来人口分布情况
资料来源：2009～2011 年《北京区域统计年鉴》

四、小结

目前，北京市人口地区分布及变化具有以下一些特征。

（1）人口地区分布整体上呈现随到城市中心距离增加而衰减的圈层结构。首都功能核心区人口密度最高，但人口总量仅占全市的 11.03%，而城市功能拓展区和城市发展新区是目前人口主要集中的地区，生态涵养发展区不仅人口总量较低，人口分布也相对稀疏。

（2）首都功能核心区和城市功能拓展区已基本是完全城镇化地区，市镇人口主要集中在城市功能拓展区，而乡村人口仍主要集中在城市发展新区。

（3）不同功能区人口的年龄结构明显不同，不同年龄人口的地区分布存在一定差异。以总人口地区分布为基准首都功能核心区少年儿童人口占全市比重相对偏低，而老年人口比重相对偏高，显示该区域人口少子化和老龄化程度都较高。而城市功能拓展区劳动适龄人口比重相对偏高，劳动力相对富集。城市发展新区少年儿童人口和劳动适龄人口比重相对偏高，而老年人口比重明显偏低，是老龄化程度最低、劳动力供给最丰富的区域。而生态涵养发展区少年儿童人口和老年人口比重明显偏高，而劳动适龄人口比重偏低，社会负担相对较重。

（4）人口地区分布变动呈现从城市中心区向郊区的转移趋势，并在城市功能拓展区和城市发展新区的近郊地区进一步集聚。城市功能拓展区与城市发展新区人口增长较快，使得北京人口在城市化过程中的郊区化现象从城市近边缘地区向远边缘地区延伸。

（5）外来人口的地区分布主要集中在城市功能拓展区和城市发展新区，且两个地区外来人口份额呈持续上升趋势。尤其是城市发展新区外来人口份额扩大趋势十分突出，近年来城市功能拓展区和城市发展新区人口快速增长主要归因于外来人口的集聚。

第二节　人口与产业（就业）地区分布的匹配特征

人口地区分布合理要求人口的地区分布能够与城市经济空间格局相适应，反映为城市内人口居住-就业的空间适配。近年来，随着人口和经济活动不断郊区化，北京市人口和经济活动的地区分布都发生了较为明显的变化，早期既已形成的居住-就业空间匹配的城市空间格局被打破，城市内居住-就业的空间错位越来越突出，成为人口地区分布中存在的突出问题，带来了城市大量的通勤及交通拥堵问题和城市环境问题等。

本节旨在分析北京市人口居住-就业空间匹配特征，并对其进行评价，以反映北京市人口地区分布与经济空间格局的适应性。本节使用的数据分别来自2008年北京市第二次经济普查资料和2010年北京市第六次人口普查资料，经济普查中采集的就业信息是基于工作地的，可以较好地反映就业岗位或产业活动在城市内的分布情况，而人口普查中采集的就业人口信息是基于居住地的，可以反映城市内就业人口的居住分布情况，比较两者可以揭示北京市人口居住-就业地区分布的匹配程度并进行评价。

一、人口居住与就业的地区分布

北京自20世纪90年代以来经历了快速的城市扩张。与此同时，伴随产业结构升级，城市经济空间格局也发生了巨大变化。随着城市扩张和产业布局调整，北京市居住-就业的空间错位正在加剧。一方面，住宅郊区化推动居住不断向郊区转移，另一方面，就业仍主要集中在城市中心区，从而加剧了北京市居住-就业的空间分离。为了反映北京市人口居住-就业的空间匹配特征，我们首先分析北京市常住就业人口居住地和就业岗位地区分布情况。其中，常住就业人口地区分布数据来自于北京市第六次人口普查资料，而就业岗位地区分布数据来自于北京市第二次经济普查资料。考虑到经济普查中就业数是指第二和第三产业法人单位从业人员数，因此我们将人口普查中就业人口数据中的农、林、牧、渔业和国际组织剔除。由于人口普查中就业人口数为长表抽样数据，按10%抽样比推算就业人口总数。同时，需要注意的是，第六次人口普查为2010年数据，而第二次经济普查为2008年数据，两组数据的年份不一致，但考虑到就业空间分布变动相对缓慢，我们以 2008 年数据代替反映 2010 年就业分布情况，并不会严重影响我们的分析结果。

第二次经济普查资料显示，2008 年北京市共有第二、第三产业从业人员 816.9 万，而第六次人口普查资料显示，2010 年北京市共有第二、第三产业常住就业人口 923.7 万。由于数据年份不一致，两组数据并不直接可比。因此，我们计算各区县就业岗位和就业人口占全市比重并进行比较（表 7-5）。为刻画各区县人口居住-就业的平衡性，我们采用赛维罗（Cervero）提出的就业-居住比（jobs-housing ratio，JHR）反映各区县就业岗位和就业人口的匹配关系（Cervero，1989）。JHR 可以近似的由本地区就业岗位与就业人口的比值来估算，由于就业岗位和就业人口数据来自不同年份普查资料，并不直接可比，因此用各区县就业岗位占全市比重和就业人口占全市比重的比值来近似估计。赛维罗提出，JHR 在 0.8～1.2 的地区属于人口居住-就业平衡区，即该地区就业人口与就业岗位基本匹配；JHR 大于 1.2 表示该地区就业岗位数量相比于就业人口较大，即就业岗位富余；JHR 小于 0.8 则表示该地区就业岗位数量相比于就业人口较小，即就业岗位供给不足。

由表 7-5 可见，首都功能核心区就业岗位占全市的 20.0%，而就业人口仅占全市的 10.2%，JHR 达到 2.0，显示就业岗位远远多于本地居住就业人口。而城市发展新区和生态涵养发展区 JHR 为 0.7，显示相比于本地居住就业人口，就业岗位供给略有不足。相比之下，城市功能拓展区就业岗位占全市的 53.7%，就业人口占全市的 51.1%，JHR 为 1.1，显示就业岗位与本地居住就业人口基本平衡。进一步按随到城市中心距离由近及远绘制各区县就业岗位和就业人口占全市的累积百分比曲线（图 7-13）。结果显示，首都功能核心区累积的就业岗位远远多于就业人口，而城市功能拓展区就业岗位和就业人口的累积曲线基本平行增长，说明就业岗位和就业人口的分布基本是平衡的，而城市发展新区累积的就业人口则远远多于就业岗位，使两条曲线逐渐贴近。这反映出，目前北京市的产业活动仍较多地集中在首都功能核心区和城市功能拓展区，但随着居住的郊区化，人口已较大程度由首都功能核心区向郊区转移，城市功能拓展区和城市发展新区是人口集聚的主要区域，因此造成尽管城市功能拓展区人口居住与就业相对平衡，但首都功能核心区仍过度集中了产业活动，而城市发展新区对产业的集聚能力则相对不足，这导致整体上人口居住-就业的不平衡。

表 7-5　北京市人口居住与就业的地区分布

地区	就业岗位占全市比重/%	就业人口占全市比重/%	就业-居住比（JHR）
首都功能核心区	20.0	10.2	2.0
原东城区	6.4	2.4	2.6
原西城区	8.6	3.4	2.5

续表

地区	就业岗位占全市比重/%	就业人口占全市比重/%	就业-居住比（JHR）
原崇文区	1.7	1.5	1.1
原宣武区	3.4	2.8	1.2
城市功能拓展区	53.7	51.1	1.1
朝阳区	19.0	19.9	1.0
丰台区	9.7	11.4	0.9
石景山区	2.4	3.1	0.8
海淀区	22.6	16.6	1.4
城市发展新区	20.4	30.8	0.7
房山区	2.4	4.2	0.6
通州区	3.6	6.3	0.6
顺义区	5.0	4.8	1.0
昌平区	3.6	8.7	0.4
大兴区	5.8	6.8	0.9
生态涵养发展区	5.9	7.9	0.7
门头沟区	1.1	1.2	0.9
怀柔区	1.4	1.8	0.7
平谷区	1.2	1.7	0.7
密云县	1.5	1.9	0.8
延庆县	0.7	1.2	0.6

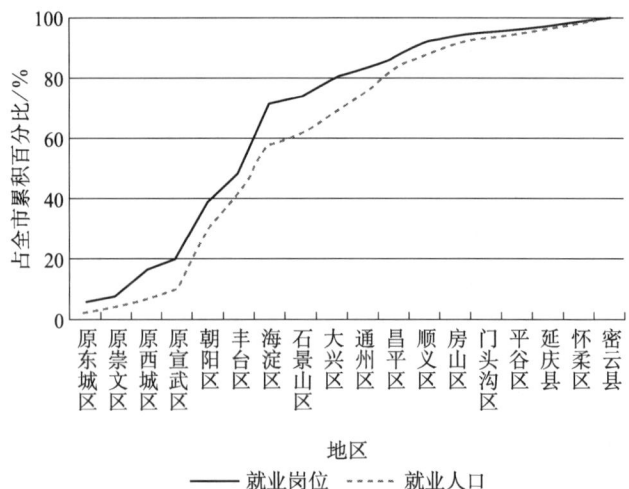

图 7-13 各区县就业岗位和就业人口占全市比重的累积分布

从区县来看，首都功能核心区中的原东城区和原西城区人口居住-就业的平衡程度最低，JHR 超过 2.5，显示这两个地区是产业活动高度集聚的区域，但本地居住的就业人口很少。相比之下，原崇文区和原宣武区 JHR 分别为 1.1 和 1.2，属人口居住-就业的平衡区。整体上，城市功能拓展区的各个区人口居住-就业基本平衡，唯一的例外是海淀区，JHR 达到 1.4，属于产业活动的集聚明显高于本地居住的就业人口，就业岗位相对富余。在城市发展新区，除顺义区和大兴区外，其他各区就业岗位相比于本地居住就业人口明显不足，其中最突出的是昌平区，JHR 仅为 0.4，显示人口居住-就业的严重不平衡，昌平区就业岗位仅占全市的 3.6%，但就业人口却占到全市的 8.7%，就业岗位相比于本地居住的就业人口严重不足。生态涵养发展区中，除门头沟区和密云县外，其他区县也都存在一定程度的就业供给不足。

二、人口居住与就业的空间匹配及行业差异

为进一步评价北京市人口居住与就业的空间匹配程度，我们使用马丁提出的空间错位指数（spatial mismatch index，SMI）分析北京市就业人口和就业岗位地区分布的匹配性（Martin，2004）。考虑不同行业就业人口和就业岗位地区分布的匹配程度是有差异的，我们针对 18 个行业门类分别计算居住-就业的空间错位指数。行业 j 的空间错位指数 SMI_j 计算如下：

$$\mathrm{SMI}_j = \frac{1}{2P_j} \sum_{i=1}^{n} \left| \left(\frac{e_{ij}}{E_j}\right) P_j - P_{ij} \right|$$

其中，P_{ij} 是 i 区县 j 行业的就业人口数，e_{ij} 是 i 区县 j 行业的就业岗位数，P_j 是北京市 j 行业总的就业人口数，E_j 是北京市 j 行业总的就业岗位数，n 是区县个数，为 18 个。SMI 可以反映就业人口和就业岗位地区分布的相似性，相似程度越高即空间匹配程度越高，SMI 越小，反之 SMI 较大。

由图 7-14 可见，总体上北京市第二、第三产业总就业人口和总就业岗位地区分布的空间错位指数为 0.16。在 18 个行业门类中，除制造业和教育外，其他各行业的 SMI 都高于 0.16。这说明单一行业就业人口和就业岗位地区分布的空间错位一般比总就业人口和总就业岗位的空间错位更加突出。从各行业 SMI 来看，空间错位程度最低的是制造业和教育。这主要因为，制造业是目前北京就业分散化程度最高的行业，就业的分散化导致该行业居住-就业的空间匹配，而教育则随人口相对均匀分布，所以居住-就业的空间匹配程度也较高。空间错位最严重的主要有 5 个行业，分别是金融业、采矿业、交通运输、仓储和邮政业、电力、燃气及水的生产和供应业，以及信息传输、计算机服务和软件业，SMI 均高于 0.4，而其他行业 SMI 都在 0.25 以下，显示这 5 个行业就业人口和就业

岗位的地区分布存在显著的空间分离。

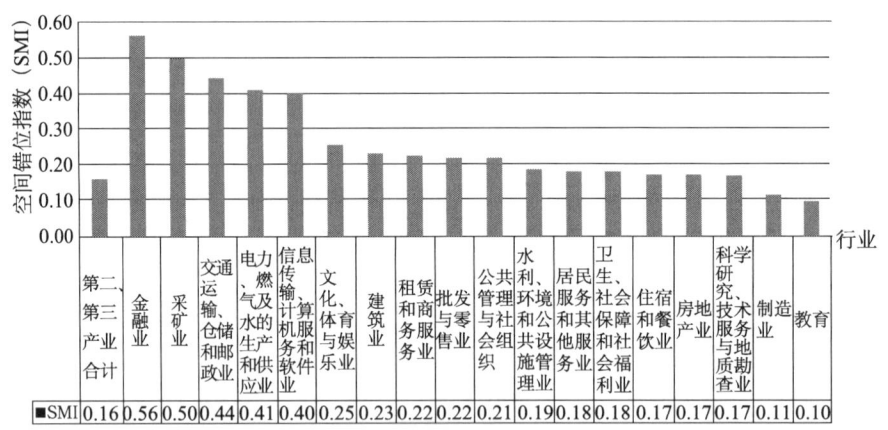

图 7-14 各行业人口居住与就业的空间错位指数

图 7-15 绘制了上述 5 个行业各区县就业人口和就业岗位占全市比重情况。比较这些行业就业人口和就业岗位在各区县的分布情况,可以发现这些行业人口居住-就业的空间错位主要是因为就业岗位往往集中分布在某一两个区县内,分布集中度较高,而就业人口分布集中度则较低,且集中分布的区县与就业岗位也有所不同。比如,采矿业的就业岗位主要集中在朝阳区和门头沟区,占全市的 71.4%,而就业人口则更多居住在房山区、门头沟区和密云县等。电力、燃气及水的生产和供应业就业岗位主要集中在原西城区和宣武区,占全市的 49.9%,而就业人口主要集中居住在朝阳区、丰台区和海淀区等。交通运输、仓储和邮政业就业岗位主要集中在丰台区和海淀区,占全市的 55.7%,而就业人口主要集中居住在朝阳区和丰台区。信息传输、计算机服务和软件业就业岗位高度集中在海淀区,占全市的 65.3%,而就业人口主要居住在海淀区及其周边的朝阳区和昌平区。金融业就业岗位高度集中在原西城区,占全市的 56.4%,但就业人口更多的居住在朝阳区、海淀区和丰台区。

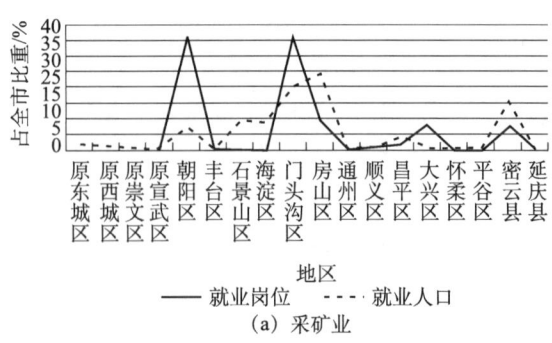

(a) 采矿业

第七章 北京市人口空间均衡发展

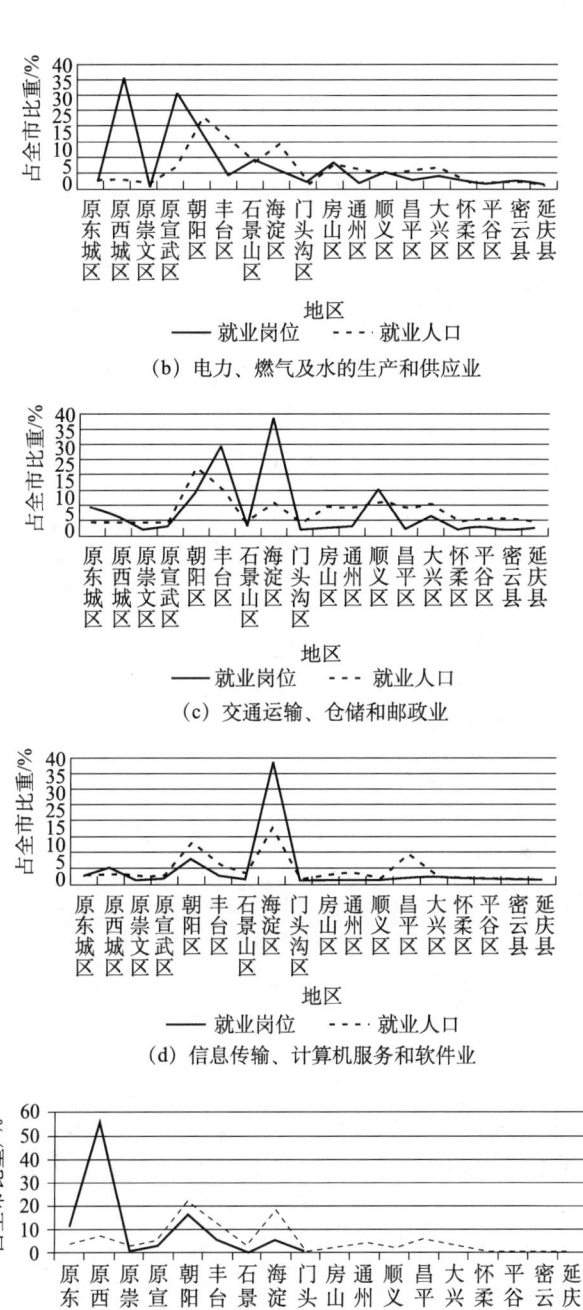

图 7-15 部分行业各区县就业人口和就业岗位占北京市比重

上述分析显示，北京市各行业人口居住-就业的空间错位可能主要是因为一些行业就业的地区分布过度集中导致的。我们进一步使用区位基尼系数测度各行业就业岗位和就业人口区县分布的集中程度，并将就业岗位和就业人口区县分布的区位基尼系数与空间错位指数进行相关分析（图7-16），发现就业人口分布的集中度与空间错位没有相关性，而就业岗位分布的集中度与空间错位的相关性很高，皮尔逊相关系数达到0.72，且在1%显著性水平下显著，说明就业岗位地区分布的过度集中可能是造成居住-就业空间错位的主要原因。

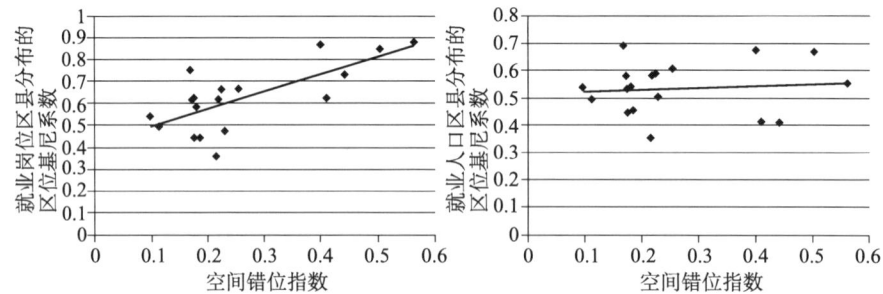

图7-16　各行业就业岗位和就业人口区位基尼系数与空间错位指数的散点图

注：区位基尼系数用于测度就业岗位或就业人口在各区县分布的集中程度，计算如下：
$Gini = \frac{1}{2(n-1)} \sum_{i=1}^{n} \sum_{j=1}^{n} |\lambda_i - \lambda_j|$，其中$\lambda_i$和$\lambda_j$分别表示区县$i$和$j$的就业岗位或就业人口在全市所占的比重，$n$为区县个数

三、各地区就业人口和就业岗位的行业结构匹配

对人口居住-就业空间匹配的行业分析显示，人口居住-就业的空间关系在不同行业间的确存在较大差异。因此，人口居住-就业的空间匹配并不只单纯表现为一定地域范围内从业者和就业岗位总量上的相当，更关键的是居住在本地的从业者和本地就业岗位之间在行业结构上也能相互匹配，因此我们需要进一步分析各地区就业人口和就业岗位的行业结构匹配特征。我们采用类似于空间错位指数的方法，将其中行业和地区对调，构造反映各地区就业人口和就业岗位行业结构匹配程度的结构相似系数。

由图7-17可见，在四大功能区中，尽管首都功能核心区和城市发展新区就业人口和就业岗位总量上存在分布不平衡（首都功能核心区就业富余，而城市发展新区就业供给相对不足），但本地就业人口和就业岗位的行业结构匹配相对较好。相反的，城市功能拓展区在就业人口和就业岗位总量的匹配上是平衡的，但存在一定程度的就业人口和就业岗位在行业结构上的错位现象。而生态涵养发展区不仅存在就业人口和就业岗位在总量上的不匹配，也存在相对明显的行

业结构上的不匹配。

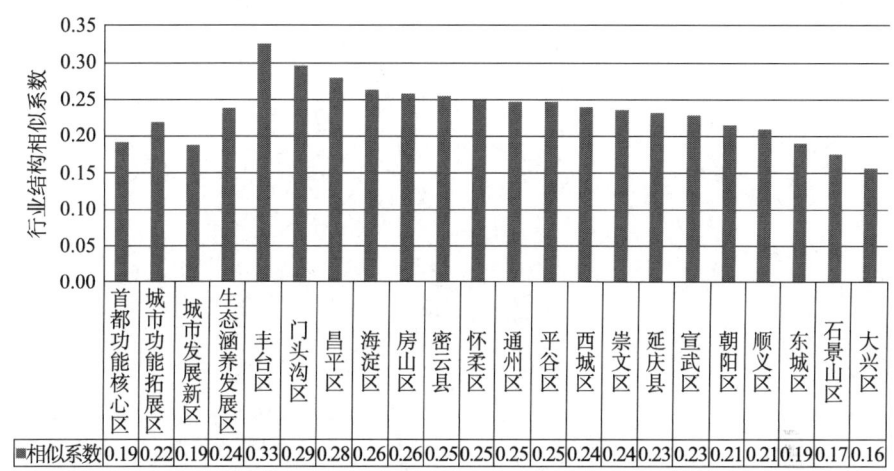

图 7-17　各地区就业人口和就业岗位行业结构相似系数

图 7-18 比较了四大功能区、就业人口和就业岗位的行业结构。由图可见，首都功能核心区就业人口和就业岗位的行业结构匹配相对较好，就业人口的行业结构中制造业，批发和零售业比重相比于就业岗位的行业结构偏高，而就业岗位的行业结构中金融业，租赁和商务服务业比重相比于就业人口的行业结构偏高。在城市功能拓展区，就业岗位的行业结构中租赁和商务服务业，科学研究、技术服务和地质勘查业，交通运输、仓储和邮政业比重相对偏高，而就业人口的行业结构中批发和零售业比重相对偏高。城市发展新区就业人口和就业岗位的行业结构匹配得最好，就业人口的行业结构中批发和零售业比重相对偏高，而就业岗位的行业结构中制造业比重相对偏高。生态涵养发展区与城市发展新区类似，就业岗位的行业结构中制造业比重相对偏高，而就业人口的行业结构中批发和零售业，交通运输、仓储和邮政业比重相对偏高。

从各个区县来看，就业人口和就业岗位行业结构匹配程度较高的是原东城区、石景山区和大兴区，而匹配程度较低的是丰台区、门头沟区和昌平区。由图 7-19 可见，丰台区就业岗位和就业人口行业结构的差异主要表现为就业岗位的行业结构中交通运输、仓储和邮政业，租赁和商务服务业比重相对偏高，而就业人口的行业结构中批发和零售业比重相对偏高。昌平区就业岗位的行业结构中制造业比重偏高，而就业人口的行业结构中批发和零售业比重偏高。门头沟区就业岗位的行业结构中采矿业和制造业比重偏高，而就业人口的行业结构中交通运输、仓储和邮政业比重偏高。

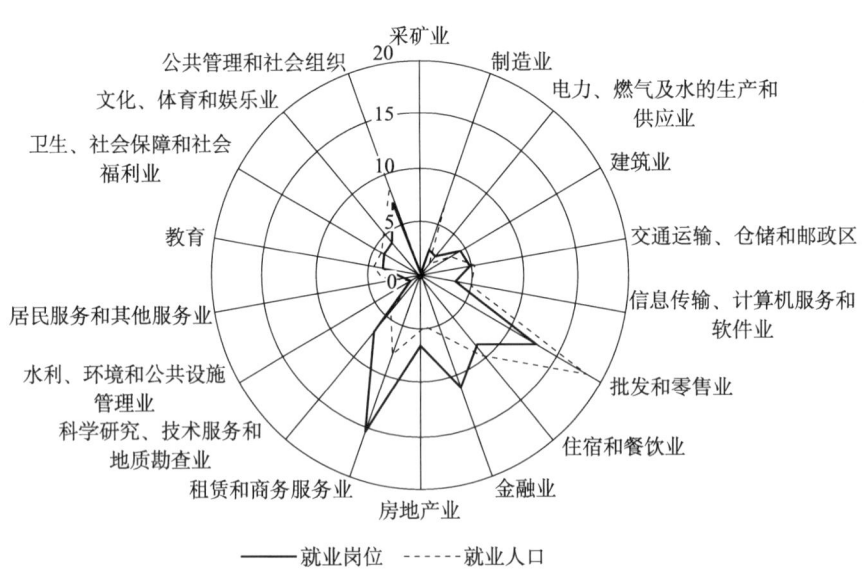

(a) 首都功能核心区

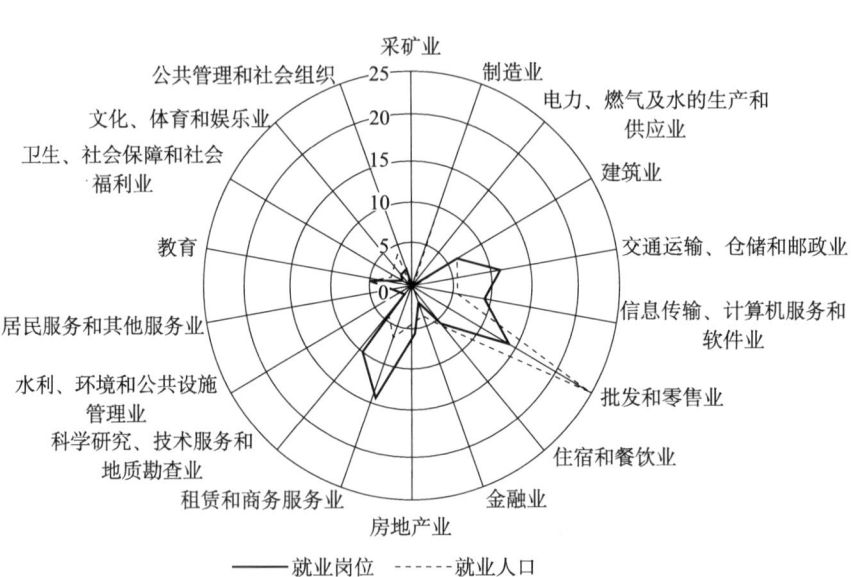

(b) 城市功能拓展区

第七章 北京市人口空间均衡发展

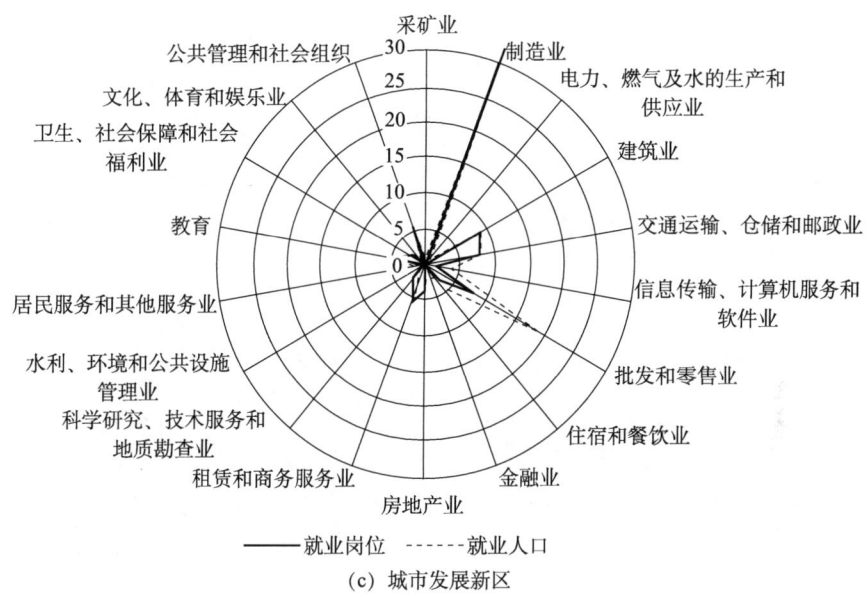

(c) 城市发展新区

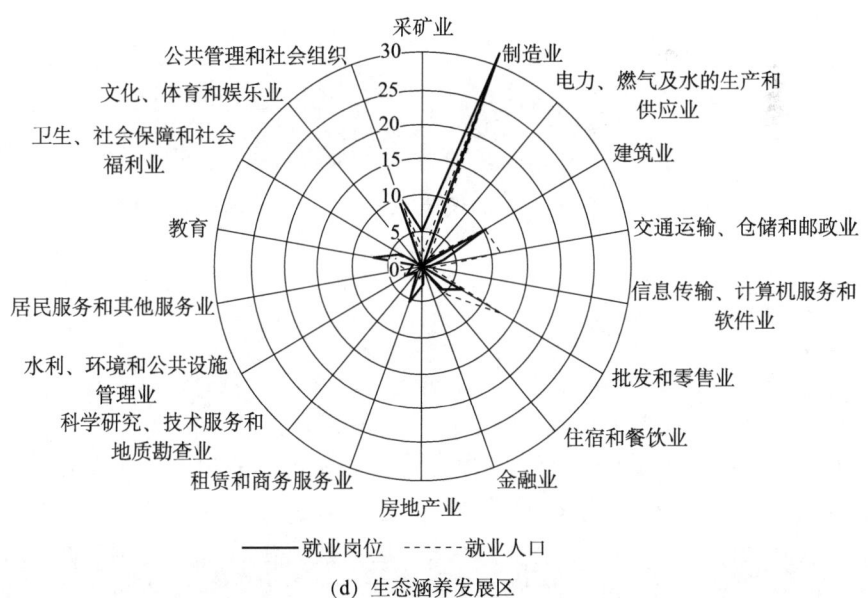

(d) 生态涵养发展区

图 7-18 各功能区域就业人口和就业岗位的行业结构

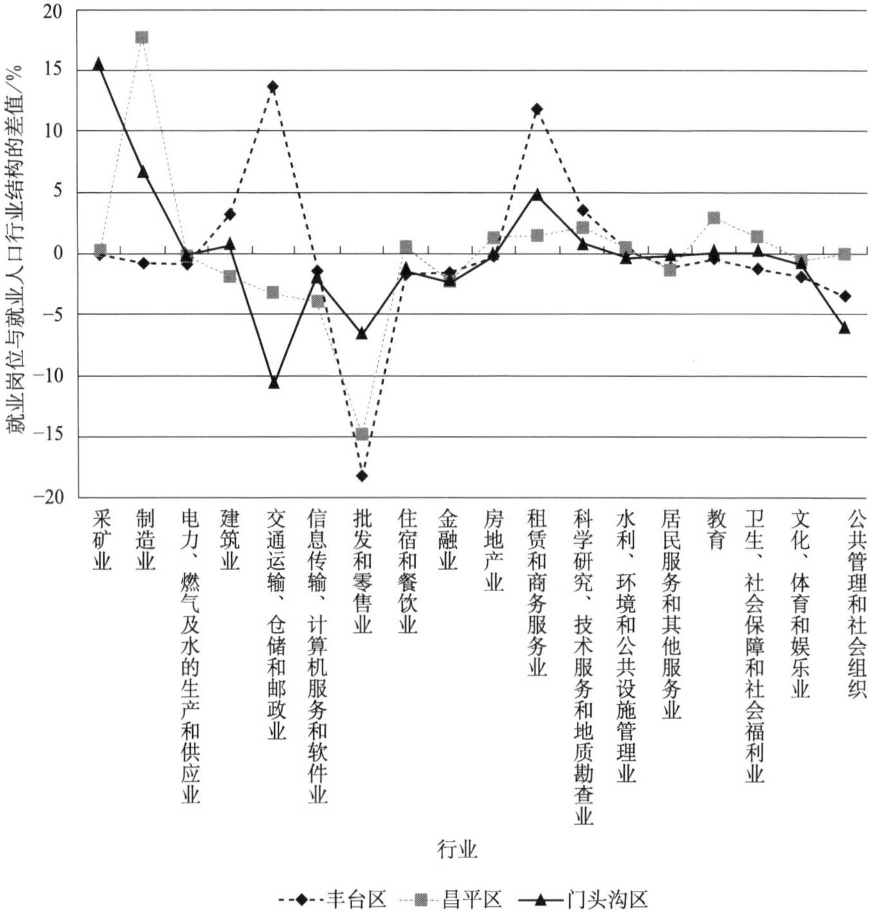

图 7-19 部分区县就业岗位与就业人口行业结构的差异

四、小结

通过对北京市人口居住-就业空间匹配特征的分析,我们发现如下几点。

(1) 目前,北京市人口居住-就业存在较为明显的空间错位,总体上表现为,产业活动较多集中在首都功能核心区和城市功能拓展区,但随着居住的郊区化,人口已较大程度由首都功能核心区向郊区转移,城市功能拓展区和城市发展新区是人口集聚的主要区域。因此造成尽管城市功能拓展区人口居住与就业相对平衡,但首都功能核心区仍过度集中了产业活动,而城市发展新区对产业的集聚能力则相对不足,这导致整体上人口居住-就业的不平衡。

（2）人口居住-就业的空间错位在不同行业间存在较大差异，空间错位较严重的有：金融业，采矿业，交通运输、仓储和邮政业，电力、燃气及水的生产和供应业，以及信息传输、计算机服务和软件业。各行业人口居住-就业的空间错位可能主要是一些行业就业的地区分布过度集中导致的。

（3）尽管首都功能核心区和城市发展新区就业人口和就业岗位总量上存在分布不平衡，但本地就业人口和就业岗位的行业结构匹配相对较好。相反的，城市功能拓展区在就业人口和就业岗位总量的匹配上是平衡的，但存在一定程度的就业人口和就业岗位在行业结构上的错位现象。而生态涵养发展区不仅存在就业人口和就业岗位在总量上的不匹配，也存在相对明显的行业结构上的不匹配。

第三节 人口地区分布与区域功能定位的匹配特征[①]

随着北京城市快速发展，北京市内各区县依托各自资源禀赋和发展条件形成了各自的区域特色。但区县间的盲目竞争导致区县功能定位取向雷同，区县比较优势难以充分发挥。为此，2005年北京市委、市政府出台了《关于区县功能定位及评价指标的指导意见》，提出按照北京市功能定位的要求，结合各区县资源禀赋、经济基础和发展条件，将各区县划分为四类功能区，即首都功能核心区、城市功能拓展区、城市发展新区和生态涵养发展区。功能区划的提出为明确北京市各区域功能定位，优化资源配置，实现协调可持续发展提供基础，也为引导人口合理布局，促进人口布局与区县功能定位相匹配提供了依据。从区域功能定位出发，人口地区分布应与本地区经济基础、社会发展水平和资源环境等相适应。本部分从北京市区县功能定位出发，分析和评价人口地区分布与区域经济社会发展水平和资源环境条件等的匹配特征。

一、北京市区县功能定位

首都功能核心区、城市功能拓展区、城市发展新区和生态涵养发展区是支撑北京市建设世界城市的重要功能区域，其功能定位充分说明了不同地区在北京市今后经济社会发展中的功能和作用。

---

① 本节内容部分改写自"区域功能定位对人口总量及分布的影响"研究报告，载于北京市第六次全国人口普查领导小组办公室、北京市统计局、国家统计局北京调查总队编，《北京市第六次全国人口普查课题汇编》，中国统计出版社，2012年

1. 首都功能核心区

首都功能核心区包括东城区和西城区，是首都功能和"四个服务"的最主要的载体，承担国家政治文化中心、金融管理中心和国际交往中心的职能，同时具有服务全国的会展、体育、医疗、商业和旅游等功能。该区域是全市城市化水平最高的地区，集中了大部分的市级和一些重要的区级商业中心。首都功能核心区的区域发展条件可以概括为以下几点。

（1）首都功能核心区是全国政治中心、文化中心的所在地，其古都历史文化、老城风貌等特色旅游资源丰富，是国家对外事务、国际旅游为特色的中外交往中心、国际交往功能密集区。

（2）首都功能核心区属于优化开发区域，多种功能高度集聚，初步形成以金融保险、信息咨询、文化旅游、体育休闲为主，生产性服务业、生活性服务业和公共服务业三业并举的现代服务业发展格局。

根据北京市"十二五"规划，首都功能核心区的总体功能定位为"首都'四个服务'职能的主要承载区、历史文化名城保护和集中展示区"，在此功能定位下，未来发展将坚持"风貌特征鲜明、管理服务优质、功能优化疏解、南北融合协调、产业发展高端"六大基本原则。

2. 城市功能拓展区

城市功能拓展区包括朝阳区、海淀区、丰台区和石景山区，是国家高新技术产业基地，国内外知名的高等教育和科研机构聚集区，著名的旅游、文化、体育活动区，也是中国与世界联系的重要节点。该区总部经济、现代服务业、高新技术产业、科教文化产业等发展迅速，文化旅游产业发达。城市功能拓展区的区域发展条件可以概括为以下几点。

（1）城市功能拓展区拥有全国顶级的高等科研院所及其智力资源，在科技创新资源投入、科技创新产出和科技创新贡献等方面有着明显优势地位，自主创新能力较强。

（2）城市功能拓展区的经济竞争力和经济集约化水平很高，经济结构相对优化，有潜力发展成为世界一流的商务区、科技园区、国家科技创新中心区、教育和体育中心区和文化"首善之区"。

根据北京市"十二五"规划，城市功能拓展区的总体功能定位为"首都面向全国和世界的服务功能重要承载区，首都经济辐射力和控制力的主要支撑区"，根据这一定位，在未来发展中，将着力实现产业高端化、发展国际化、城乡一体化。

3. 城市发展新区

城市发展新区包括通州区、顺义区、大兴区、昌平区和房山区，是北京市发展高新技术产业、现代制造业和现代农业的主要载体，是北京疏散城市中区产业与人口的重要区域，也是未来北京城市发展的重心所在。该区域涵盖多个规划新城、国家级和市级开发区，同时是全市重要的农副产品生产基地。城市发展新区的区域发展条件可以概括为以下几点。

（1）城市发展新区的新城建设地区属于重点开发区域，吸引市区次级功能向该区转移，为市区向国际城市功能跃迁准备条件，为其发展现代制造业和高新技术产业，形成新的产业集群，提供了空间与平台。

（2）城市发展新区具有较完善的公共服务体系、生活性服务体系以及生产性服务体系，分担了市区功能，吸引了大量的外来人口，来满足其产业发展的需求，培育了城市新的经济增长极。

（3）城市发展新区的功能完备、环境优美、交通便捷的新城，可以借助反磁力系统，承接中心城区人口和功能转移，解决北京市社会经济发展难题的同时，通过发展现代都市农业、调整产业结构，实现自身的快速发展。

根据北京市"十二五"规划，城市发展新区的总体功能定位为"首都战略发展的新空间和推进新型城市化的重要着力区"，根据此功能定位，该区在未来发展中，将坚持加快发展、完善功能、壮大实力三大准则。

4. 生态涵养发展区

生态涵养发展区包括门头沟区、平谷区、怀柔区、密云县和延庆县，是北京的生态屏障和水源保护地，是环境友好型产业基地，是保证北京可持续发展的支撑区域，也是北京市民休闲游憩的理想空间。该区域生态质量良好、自然资源丰富，主要以山区为主，关键要解决保护生态环境与经济发展之间的矛盾，建立既能保障生态涵养功能又能实现绿色发展的新模式。生态涵养发展区的区域发展条件可以概括为以下几点。

（1）该区拥有良好的生态环境，已发展有特色的种植业、养殖业、旅游业、林果业等富民产业，合理布置一些绿色工业企业，有利于当地小城镇的建设与发展，构建农业循环经济链。

（2）该区是北京的生态屏障和水源保护地，是环境友好型产业基地，有利于开展生态教育、环境保护等科教活动。

根据北京市"十二五"规划，生态涵养发展区的总体功能定位为"'绿色北京'秀美自然风貌的展示区和生态友好型发展建设的示范区，首都最为宝贵的生态资源和水资源涵养保障区，市民休闲度假、户外运动的主题区域"，据此功能定位，该区在未来发展中，将持续加大生态保护力度，培育生态型产业。

二、人口地区分布与经济发展的匹配关系

从区县功能定位出发，各个区域承担不同的城市功能，因此也形成了不同

的产业基础和发展特色,并且按照功能定位的要求,将形成不同的产业发展重点。人口分布应能满足不同地区经济发展的需要,并与产业布局相协调。在本章第二节已对北京市人口和产业(就业)地区分布的匹配特征进行了详尽分析和评价。总体上,北京市的产业活动仍较多的集中在首都功能核心区和城市功能拓展区,但随着居住的郊区化,人口已较大程度由首都功能核心区向郊区转移,城市功能拓展区和城市发展新区是人口集聚的主要区域。尤其是城市发展新区,近年来人口快速增长,人口占全市的比重快速上升。因此,一方面首都功能核心区仍集中了大量产业活动,但居住的人口十分有限;另一方面,城市发展新区越来越多的集聚城市新增人口,但产业集聚能力仍相对不够,相比于本地居住的就业人口,就业岗位的供给相对不足。

表7-6进一步对比了北京市不同地区人口和经济的分布特征。从人口和地区生产总值的地区分布来看,首都功能核心区承载全市11.02%的人口,却创造全市23.25%的生产总值,而城市发展新区承载全市30.76%的人口,只创造全市21.22%的生产总值。这一方面反映了不同功能区产业结构差异带来的生产效率的巨大差距(比较两个区域的产业结构,可以发现,首都功能核心区产业结构以第三产业为主,而城市发展新区产业结构仍以第二产业为主),另一方面也在一定程度上反映出人口和经济分布在空间上存在一定程度的不匹配。

从人口红利的角度看,目前首都功能核心区人口老龄化相对突出,劳动年龄人口比重低于全市平均水平,在未来进一步经济发展和产业升级过程中,仍可能面临本地劳动力供给不足的问题,这将会由其他区域的劳动人口来补充,但会造成居住-就业的空间错位和长距离过度通勤问题。相比之下,城市发展新区人口红利相对充足,应进一步促进产业向该地区的集聚。但从人力资本情况来看,高学历人才目前仍主要集中在首都功能核心区和城市功能拓展区,而城市发展新区大专、大本以上学历人口比重仅为24.12%,远低于32.84%的全市平均水平,说明未来城市发展新区仍面临支撑经济发展的高素质人才不足的问题。

值得注意的是,生态涵养发展区按照功能定位不应作为未来人口和产业集聚的重点区域,目前其人口和经济在全市的比重也都较低。但尽管生态涵养发展区在功能定位上与城市发展新区有所不同,其发展却与城市发展新区存在同质化的倾向。在产业结构上,两个功能区及其内部的各区县极为相似,产业结构同质化的趋势比较明显。但同时,和首都功能核心区类似,生态涵养发展区人口老龄化也比较严重,劳动年龄人口比重明显低于全市平均水平,未来经济发展过程中将面临劳动力供给不足的问题。但与首都功能核心区不同的是,生态涵养发展区由于产业层次低、就业机会少,很难吸引周边区域劳动人口补充本地劳动力不足,这也将持续制约生态涵养发展区的发展。

表 7-6 不同地区人口和经济的分布特征

地区	地区生产总值占全市比重/%	三次产业增加值结构/%			常住人口占全市比重/%	人均国内生产总值/(元/人)	15～59岁人口（劳动年龄人口）比重/%	大学专科、本科及以上学历人口比重/%
		第一产业	第二产业	第三产业				
北京市	100.00	0.9	24.0	75.1	100.00	71 964	78.85	32.84
首都功能核心区	23.25	0.0	8.5	91.5	11.02	151 772	75.54	39.80
东城区	8.67	0.0	4.6	95.4	4.69	133 144	75.78	37.76
西城区	14.58	0.0	10.8	89.2	6.34	165 544	75.37	41.32
城市功能拓展区	46.81	0.1	15.5	84.4	48.72	69 144	79.92	40.13
朝阳区	19.87	0.0	11.4	88.5	18.08	79 103	80.22	37.94
丰台区	5.21	0.1	24.2	75.6	10.77	34 791	78.50	31.40
石景山区	2.09	0.0	43.0	57.0	3.14	47 966	77.56	36.22
海淀区	19.64	0.0	14.4	85.6	16.73	84 474	80.95	48.79
城市发展新区	21.22	2.5	50.6	46.9	30.76	49 644	79.76	24.12
房山区	2.63	3.9	64.0	32.1	4.82	39 310	75.51	17.74
通州区	2.44	4.3	48.6	47.1	6.04	29 120	78.72	23.02
顺义区	6.15	2.6	43.0	54.4	4.47	98 959	78.47	17.73
昌平区	2.83	1.4	49.1	49.5	8.47	24 074	82.49	35.56
大兴区	7.16	1.7	53.3	44.9	6.96	74 030	81.11	19.64
生态涵养发展区	3.98	8.2	48.4	43.4	9.50	30 121	74.30	15.22
门头沟区	0.61	1.6	51.4	46.9	1.48	29 802	74.03	18.39
怀柔区	1.05	4.6	60.6	34.9	1.90	39 668	75.93	15.41
平谷区	0.84	10.7	46.5	42.8	2.12	28 353	73.58	12.23
密云县	1.00	11.6	45.2	43.2	2.39	30 226	73.61	12.38
延庆县	0.48	12.7	28.1	59.3	1.62	21 347	74.60	20.18

三、人口地区分布与社会发展的匹配关系

人口发展需要包括教育、文化、卫生、体育等在内的公共服务的支撑，这是人口发展的社会基础。推进公共服务的发展和基本公共服务的均等化是促进人口均衡分布的重要力量。而地区公共服务水平的差距也会扭曲人口的地区分布，造成人口分布的不合理。这里，我们对北京市人口分布和地区公共服务设施水平的匹配关系进行评价。

表 7-7 列出了各地区基础教育资源的分布情况，这里我们使用在校学生数（在园儿童数），而非学校数量，主要考虑学校之间规模的差异，学生数更能反映本地区教育资源的规模，用各地区在校学生数占全市比重反映基础教育资源的地区分布情况。整体上，基础教育资源仍相对集中在首都功能核心区，尤其

是小学和普通中学，而目前首都功能核心区少年儿童人口占全市比重却相对较低，仅占全市的 9.72%。与少年儿童人口的地区分布相比，基础教育资源在首都功能核心区过度集中，而在城市功能拓展区略有不足，但在城市发展新区则存在明显缺口。城市发展新区少年儿童人口占全市的 33.07%，但基础教育资源仅占全市的 29% 左右。相比之下，生态涵养发展区的基础教育资源供给相对充足。

表 7-7　各地区在校学生数和少年儿童人口占全市比重

地区	在校学生数（在园儿童数）占全市比重/%			0～14 岁人口占全市比重/%
	普通中学	小学	幼儿园	
首都功能核心区	19.52	14.64	9.77	9.72
东城区	8.97	6.99	4.29	4.10
西城区	10.55	7.64	5.48	5.62
城市功能拓展区	38.35	44.38	49.33	45.10
朝阳区	9.84	12.88	17.45	15.89
丰台区	6.08	9.85	11.34	10.95
石景山区	2.87	3.16	3.57	3.27
海淀区	19.57	18.48	16.98	15.00
城市发展新区	28.12	29.42	28.93	33.07
房山区	6.18	5.69	8.11	6.06
通州区	6.02	7.33	4.88	6.33
顺义区	5.98	4.91	4.53	4.91
昌平区	4.30	5.36	5.80	8.16
大兴区	5.64	6.14	5.61	7.61
生态涵养发展区	14.01	11.56	11.97	12.10
门头沟区	1.61	1.82	1.89	1.75
怀柔区	2.72	2.27	2.23	2.54
平谷区	3.34	2.44	2.33	2.60
密云县	3.84	3.01	3.42	3.20
延庆县	2.50	2.03	2.10	2.01

表 7-8 列出了各地区公共文化、体育设施的分布情况，我们使用占全市比重反映地区分布，并与人口的地区分布进行对比。总体上，体育场地的分布与人口分布基本一致。但在文化设施上，如博物馆的分布仍高度集中在首都功能核心区，图书馆则较为集中在首都功能核心区和城市功能拓展区，而城市发展新区在文化设施上，相比于其承载的人口份额，仍存在较大差距。

表 7-8　各地区文体场馆资源和人口占全市比重

地区	博物馆数占全市比重/%	图书馆数占全市比重/%	图书馆总藏数占全市比重/%	体育场地数占全市比重/%	常住人口占全市比重/%
首都功能核心区	41.03	20.00	5.09	11.23	11.02
东城区	23.08	8.00	2.19	6.03	4.69
西城区	17.95	12.00	2.90	5.20	6.34

续表

地区	博物馆数占全市比重/%	图书馆数占全市比重/%	图书馆总藏数占全市比重/%	体育场地数占全市比重/%	常住人口占全市比重/%
城市功能拓展区	36.54	36.00	83.16	39.21	48.72
朝阳区	12.18	12.00	15.15	14.24	18.08
丰台区	6.41	8.00	1.43	6.05	10.77
石景山区	1.92	8.00	1.73	0.93	3.14
海淀区	16.03	8.00	64.84	18.00	16.73
城市发展新区	13.46	24.00	6.16	33.05	30.76
房山区	2.56	8.00	1.60	6.73	4.82
通州区	2.56	4.00	0.76	4.65	6.04
顺义区	0.64	4.00	1.06	9.88	4.47
昌平区	5.77	4.00	1.26	7.93	8.47
大兴区	1.92	4.00	1.47	3.85	6.96
生态涵养发展区	8.97	20.00	5.59	16.47	9.50
门头沟区	1.92	4.00	1.21	0.93	1.48
怀柔区	1.92	4.00	1.04	5.15	1.90
平谷区	0.64	4.00	1.71	3.98	2.12
密云县	0.64	4.00	1.00	4.05	2.39
延庆县	3.85	4.00	0.63	2.36	1.62

表 7-9 列出了各地区医疗卫生资源的分布情况，从医疗卫生机构数量的地区分布来看，与人口的地区分布基本一致，其中医院数量在城市发展新区和生态涵养发展区略有不足。但机构数量难以反映机构规模和诊疗水平，因此从医院诊疗人次数和卫生机构人员数量的地区分布来看，则显示出主要的医疗卫生资源仍高度集中在首都功能核心区，超过和接近30%的诊疗人次和卫生机构人员数集中在首都功能核心区，远远高于其承载的全市11.02%的人口份额，而城市发展新区和生态涵养发展区在高水平的医疗资源和医疗人员上仍存在巨大缺口，显示出实际上北京市医疗卫生资源与人口分布并不匹配。

表7-9 各地区卫生医疗资源和人口占全市比重

地区	医疗卫生机构数占全市比重/%	医院数占全市比重/%	医院诊疗人次数占全市比重/%	卫生机构人员数占全市比重/%	常住人口占全市比重/%
首都功能核心区	16.41	18.36	35.57	29.82	11.02
东城区	7.40	10.36	15.32	12.90	4.69
西城区	9.01	8.00	20.25	16.92	6.34
城市功能拓展区	42.41	49.09	40.75	43.68	48.72
朝阳区	18.12	23.45	18.52	19.21	18.08
丰台区	7.37	11.09	6.90	7.26	10.77
石景山区	2.94	3.45	2.65	3.20	3.14
海淀区	13.98	11.09	12.68	14.01	16.73
城市发展新区	30.60	24.55	17.83	18.80	30.76
房山区	7.22	4.91	4.87	3.75	4.82

续表

地区	医疗卫生机构数占全市比重/%	医院数占全市比重/%	医院诊疗人次数占全市比重/%	卫生机构人员数占全市比重/%	常住人口占全市比重/%
通州区	3.93	2.18	2.79	3.35	6.04
顺义区	4.21	2.18	2.41	2.86	4.47
昌平区	7.91	9.82	3.91	4.68	8.47
大兴区	7.34	5.45	3.85	4.15	6.96
生态涵养发展区	10.58	8.00	5.85	7.70	9.50
门头沟区	1.68	2.91	1.25	1.68	1.48
怀柔区	2.68	1.82	1.08	1.47	1.90
平谷区	1.73	0.91	1.26	1.82	2.12
密云县	3.18	1.45	1.35	1.74	2.39
延庆县	1.32	0.91	0.91	0.99	1.62

四、人口地区分布与资源环境的匹配关系①

地区的资源环境承载力是人口布局的重要约束条件，合理的人口分布应适应自然地理空间格局，与地区资源环境相协调。北京市属典型的暖温带半湿润季风气候，山水相济，气候宜人，其社会经济条件的物质积累基础和人居环境自然适宜性对于本地区的人口分布具有很重要的影响。

1. 人居环境、物质基础与人口分布的匹配特征

根据人居环境自然适宜性评价可知，"北京市人居环境以自然适宜为主要特征，全市95%以上的人口集聚在占地不足一半的比较适宜地区及高度适宜地区，超过全市面积一半的一般适宜地区集聚人口不足4%"（国家人口和计划生育委员会发展规划与信息司，2009）。北京市几乎没有不适宜地区，但高度适宜地区也很少，比例最高的是一般适宜地区，可人口主要集中在比较适宜地区。这说明北京市的人口分布受自然环境的影响还是很明显的。

由于北京市的首都职能和城市体系发展的开放性，北京市人居环境的单项限制因素最主要的是地形条件，因为水资源的调配和水环境的治理都使得整个北京市的人居用水状况差距不大；北京城区的气候状况与郊区的差异也不大，仅是气温略有差距，但还不能导致人口分布变动；在人为因素的能动性改造下，地被对于人口分布的影响更是显得微不足道。

由图7-20可见，北京市各区县空气质量差距不大，山区区县林木绿化率较高，但总体上环境状况对于人口分布影响不大。总体上，北京市的人口分布受

---

① 本节内容部分改写自北京市人口和计划生育委员会提供的《首都人口发展功能区定位及其政策取向研究报告》。

到人居环境自然适宜性制约,其集聚程度与物质积累基础分布格局相吻合,即地形条件和土地利用由城区向郊区呈现出城区建设用地—郊区城乡混合用地-远郊区农业用地的演化特征,常住人口的空间分布也呈现单中心集聚的圈层结构。

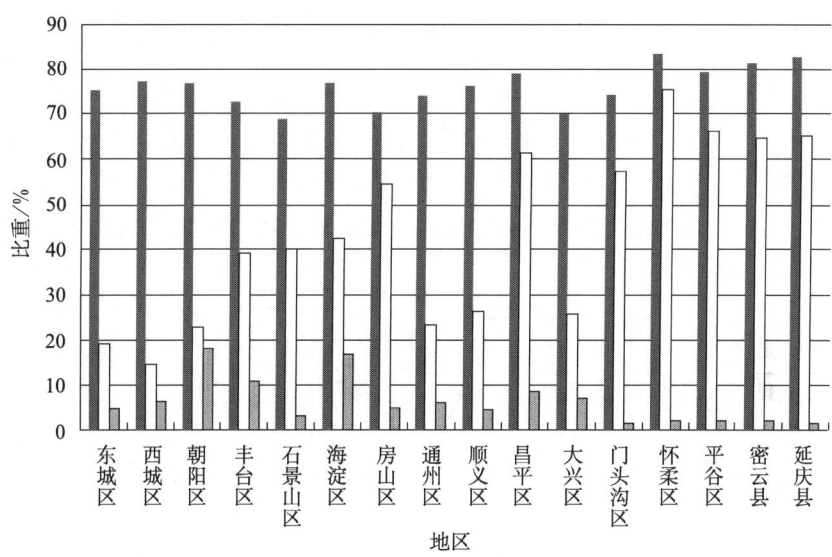

■ 空气质量二级及好于二级的天数占2010年天数比重　□ 林木绿化率　■ 常住人口占全市比重

图 7-20　北京市各区县的环境状况与人口地区分布（2010 年）
资料来源：北京市第六次人口普查资料，2011 年《北京区域统计年鉴》

2. 水资源对人口分布的影响和制约

北京市自身的水资源供给能力不高，但其水资源的外调，尤其是"南水北调"，使得人均水资源的供给与消费水平不低。随着北京市人口规模的持续扩大，北京市用水总量还会进一步增加，但人口发展与水资源有限性之间的矛盾会更加突出。水资源对于人口分布的影响和制约主要表现为以下两点。

一是北京市自身水资源补偿能力不足，水资源的过度使用加重了地区生态补偿负担，引起郊区的水源涵养及生态环境退化，从而影响本地区的环境容量，最终可能影响人口的分布变动。

二是北京市水资源供给只能保持低水平的紧平衡局面，超载和过载地区集中了全市 80% 以上的人口，而水源保护地区的人口承载压力相对较低，但整体人口分布的水资源制约性很大，使得今后北京市人口增长与分布趋向于极限，不利于城市发展和人类宜居。

3. 土地资源与人口分布的匹配特征

快速城镇化带来的不单是人口膨胀，还有城市用地的扩张和农业用地的锐减。北京市的土地资源承载力对于其人口的合理分布及今后的总量增长都有着明显的制约作用。总体上，北京市的人口城镇化速度要慢于土地城镇化速度，人口增长、土地非农化占用与生态建设用地之间的矛盾比较突出。

北京市人口的高度集聚导致了本地区的土地承载压力一直处于增加的趋势。粮食的地区自我供给仅限于一些不易运输的蔬菜蛋奶一类的都市农产品，至于其他的基本生活主食、大批蔬菜肉类等几乎全部由周边地区调入。而北京市的人均住房面积与房价也在一定程度上显示了本地区的土地资源承载压力，即"人多地少"。郊区可利用地和农业用地的存量不足、城区建设用地的再开发成本高和旧城改造的人口安置等使得北京市的人口与土地配置存在较大压力，需要更合理的空间管制与规划。

图 7-21 显示了北京市各区县人口和建设用地分布情况。总体上，首都功能核心区和城市功能拓展区的各区人口比重远远超过建设用地比重，其中最为突出的是朝阳区和海淀区。而城市发展新区和生态涵养发展区建设用地相比于本地人口则相对充裕。在城市发展新区中，房山区和顺义区建设用地比重远远高于人口比重，在生态涵养发展区中，密云县建设用地比重远远高于人口比重。

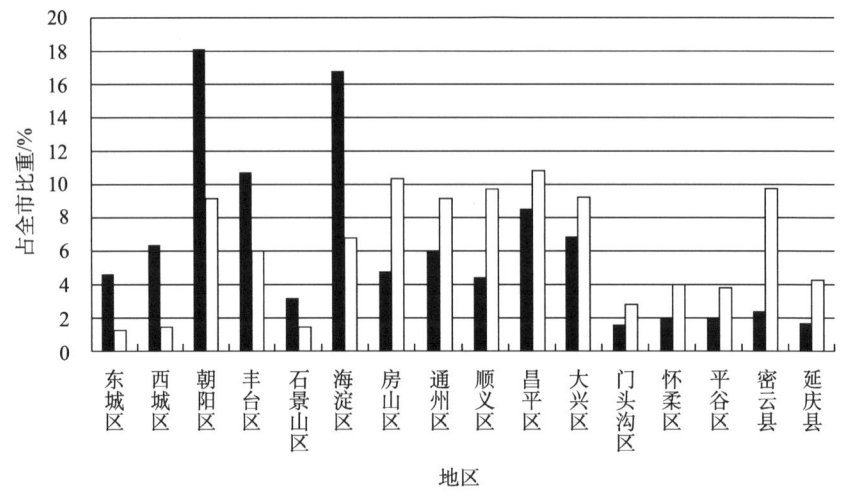

图 7-21 北京市各区县人口和建设用地分布情况（2010 年）
资料来源：北京市第六次人口普查资料，2011 年《北京区域统计年鉴》
注：建设用地数据为 2008 年数据

4. 能源消费与人口分布的匹配特征

从能源消费和人口分布的匹配上看（图 7-22），大部分区县人口占比超过能源消费量占比，除了石景山区、房山区和顺义区，这三个区是北京市重要的制造业大区，因此能源消耗也较大。总体上，首都功能核心区人口占比和能源消费量占比基本接近，而城市功能拓展区中除石景山区外，其他各区人口占比都大大超过能源消费量占比，这与这两个功能区产业结构特征有关。值得注意的是，从万元地区生产总值能耗上看，城市发展新区的各区普遍高于首都功能核心区和城市功能拓展区各区，说明城市发展新区产业发展的能源效率相对较低，产业结构调整的空间仍较大，而生态涵养发展区虽与城市发展新区在功能定位上不同，但万元地区生产总值能耗上与城市发展新区相似，在产业发展模式上与城市发展新区的同质化特征比较明显。

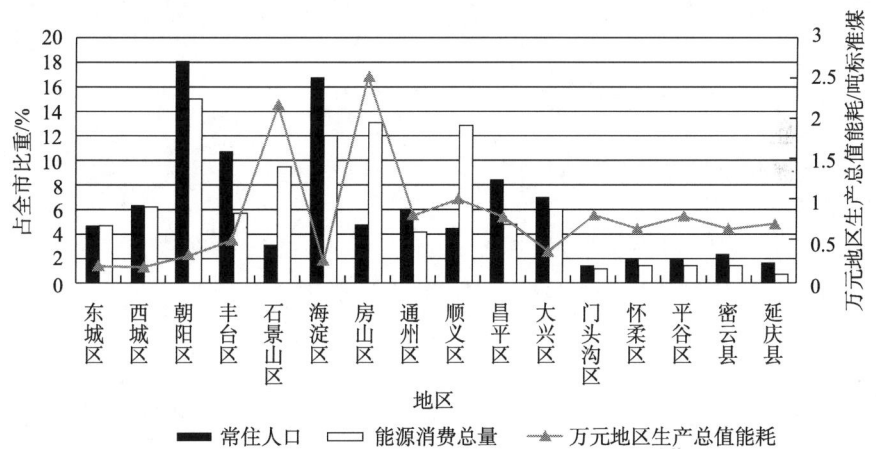

图 7-22 北京市各区县能源消费与人口分布情况（2010 年）

资料来源：北京市第六次人口普查资料，2011 年《北京区域统计年鉴》

五、小结

从北京市区县功能定位出发，人口地区分布应与本地区经济基础、社会发展水平和资源环境条件等相适应，通过对北京市人口地区分布与区域功能定位匹配关系的分析，我们发现总体上北京市人口地区分布基本符合区县功能定位，但也存在一些问题。

（1）经济活动仍过度集中在首都功能核心区和城市功能拓展区，但城市发展新区逐渐成为吸引外来人口集聚和人口增长的主要承载地区，会造成就业机会与人口居住之间的空间错位，加剧城市人口和经济布局的空间不匹配，从而带来城市交通拥堵和环境恶化等问题。

（2）教育、文化和医疗卫生等公共服务资源仍高度集中在首都功能核心区，城市功能拓展区和城市发展新区作为目前承载人口的主要区域，在公共服务资源上存在与人口分布不匹配的问题，尤其是城市发展新区在教育和医疗卫生资源上仍存在较大缺口。

（3）地区的资源环境承载力是人口布局的重要约束条件，北京市人口地区分布受自然环境的影响比较明显。水资源和土地资源仍将进一步制约和影响北京市人口地区分布，在能源消耗上，城市发展新区和生态涵养发展区存在能源效率较低的问题，尤其是生态涵养发展区万元地区生产总值能耗仍相对较高，经济发展模式与区域功能定位不相符。

参 考 文 献

国家人口和计划生育委员会发展规划与信息司.2009.人口发展功能区研究（下册）.北京：世界知识出版社

Cervero R. 1989. Jobs-housing balance and regional mobility. Journal of American Planning Association，55（2）：136-150

Martin R. 2004. Spatial mismatch and the structure of American metropolitan areas，1970-2000. Journal of Regional Science，44（3）：467-488

第八章

北京市人口均衡发展的思路与措施

第一节 促进北京市人口均衡发展的总体思路

一、人口均衡发展面临的主要问题

1. 人口规模持续快速增长

1950年,北京市总人口仅有429.9万人,到1986年时,首次超过1000万人。2000年以后,北京市人口持续快速增长,2011年人口总量突破2000万,达到2018.6万人,人口规模过大已严重影响北京市人口均衡发展。目前,北京市人口自然增长已趋向均衡,但人口迁移增长过快,是当前北京市人口快速增长的主要原因。2011年,北京市常住外来人口已达到742.2万人,占常住人口的36.8%。人口规模过大,外来人口增长过快,给城市基础设施、公共服务体系和城市环境等带来了巨大的压力,造成城市交通拥堵、公共服务水平下降、公共资源严重不足等问题,严重影响了北京市的经济社会协调发展。

2. 户籍人口老龄化问题突出

由于北京市外来人口增长较快,且外来人口主要以青壮年为主,弱化了北京市人口老龄化程度。但从户籍人口来看,人口老龄化问题仍相当突出。这主要表现在少年儿童人口比例的下降和户籍老年人口比例的上升:20世纪80~90年代,北京市少年儿童人口比例基本保持在20%上下,到2010年这一比例下降到8.6%,少年儿童人口占比呈现出锐减的趋势;与此同时,户籍人口中60岁及以上老年人口占比则呈现出迅速上升的趋势,2011年全市60岁及以上老年人

口为270.4万人，占常住人口的13.34%，只比2000年上升了0.7%，但是户籍人口中60岁及以上老年人口为249.9万人，占户籍人口的19.46%，与2006年相比平均每年增加9.1万人，年均增长率达到4.1%。户籍人口老龄化造成户籍人口中劳动年龄人口比重相对下降，对老年人赡养负担加重，养老压力加大，进而使得城市发展更加依赖外来人口的大量进入，人口管理面临着更加严峻的形势。政府用于老年人养老、医疗的财政支出增加，给北京市财政也带来了巨大的压力。

3. 人口地区分布不均衡

近年来，伴随着北京市人口规模持续增长，人口地区分布也出现了明显变化。人口分布从城市中心区向郊区转移的趋势十分明显，城市功能拓展区和城市发展新区成为人口集聚的主要区域，尤其是城市发展新区集聚了大量新增外来人口，成为北京市人口增长最快的地区。总体上，北京市人口地区分布相对于经济布局、公共服务资源分布等仍不够均衡，主要体现为这样几点。首先，北京市经济活动目前仍过度集中在首都功能核心区和城市功能拓展区，但城市发展新区逐渐成为吸引外来人口集聚和人口增长的主要地区，造成就业机会与人口居住之间的空间错位，加剧了城市人口和经济布局的空间不匹配，进而带来城市交通拥堵和环境恶化等问题。其次，教育、文化和医疗卫生等公共服务资源仍高度集中在首都功能核心区，城市功能拓展区和城市发展新区作为目前承载人口的主要区域，在公共服务资源上存在与人口分布不匹配的问题，尤其是城市发展新区在教育和医疗卫生资源上仍存在较大缺口。最后，水资源和土地资源仍将进一步影响和制约北京市人口地区分布，城市发展新区和生态涵养发展区存在能源效率较低的问题，尤其是生态涵养发展区万元地区生产总值能耗仍相对较高，经济发展模式与区域功能定位不相符。

4. 资源环境负载压力过重

随着北京市人口规模不断扩大，北京市人均土地面积不断减少，尽管建设用地在北京市土地总面积中的比例不断上升，但人均建设用地面积基本呈现下降趋势。同时，近年来北京市耕地面积总量变动不明显，但人均耕地面积持续下降，且远远低于全国平均水平。总体上，随着人口增长，北京市人地关系日趋紧张。此外，北京属于重度缺水城市，而且是资源型缺水城市，人均水资源占有量为100多立方米，仅相当于全国水平的1/10~1/20，世界水平的1/96，人均水资源占有量甚至远低于联合国规定的500立方米的极度缺水线的标准。目前，北京市以年均21亿立方米的水资源量，支撑着年均36亿立方米的用水需求。这些缺口主要通过过度开采地下水，不断增加再生水、南水北调和应急用水来解决，2011年这些来源的水已经占到总供水量的34%以上。首都经济社会的快速发展和人口的急剧膨胀导致对水的需求将越来越大，尽管可以通过跨流域调水和再生水利用来满足部分用水需求，但是由于受南水北调水源地水资源状况的影响，以及再生水本身所能使用领域的局限性，北京市水资源的供需矛盾仍将进一步扩大。

5. 产业结构升级效能受限

2011年，北京市三次产业结构从2000年的2.5∶32.7∶64.8调整到0.8∶23.1∶76.1，而同期，三次产业的就业结构也从2000年的11.8∶33.6∶54.6调整为5.5∶20.5∶74.0。对比三次产业结构和三次产业的就业结构可以发现，北京市新增的75%的流动人口都被第三产业所吸纳。当前，北京市高素质人才的总量、结构和素质等尚无法适应首都经济社会快速发展的需求，尤其是在先进制造业、现代服务业等技术含量相对较高的行业，高素质人才的短缺成为其进一步发展的一大瓶颈。由此可见，当前北京市产业结构的升级受人口发展影响较大，经济发展对人口的依赖程度较高，在未来一段时期内，产业结构的优化升级效能受限。

6. 公共服务供需矛盾凸显

流动人口的大量进入给北京市交通、教育、医疗等公共设施带来了巨大压力。六环路以内日出行总量已达3500多万人次，新增交通供给能力很快被人口增量所抵消。2011年，全市非户籍在园幼儿和义务教育阶段在校生人数占比分别达到25.43%和37.64%，其中小学生占比42.50%、初中生占比26.82%，学前及义务教育资源总量供给不足与区域供需矛盾并存。2010年，全市医疗机构6377个、诊疗人次1.4亿，和2000年相比，医疗机构增加6.2%、诊疗人次增加109.1%，其中三级医院中外地患者比例达3成以上。2010年，在京外来务工人员约为380万人，占全市流动人口的53.9%，其中以"80后"新生代农民工为主，16~30岁的占53.5%。这些新生代农民工已经成为产业工人的主体，由于北京城市教育、医疗、社会保障、保障性住房等公共服务供给能力有限，不能使他们及其家属完全融入城市生活，处于"半市民化"状态，长此下去，容易引发社会矛盾。

二、人口均衡发展的基本原则和总体思路

（一）基本原则

（1）坚持以人为本的原则。将人的全面发展作为人口均衡发展的根本立足点，强化人口的基础地位，倡导和实践优先投资于人的发展理念，加强社会管理，完善公共服务，提高家庭发展能力，切实保障人民群众的经济、政治和文化权益，为各类发展主体创造公平、良好的发展环境，使全体在京人口共享首

都经济社会的发展成果。

（2）坚持统筹协调的原则。人口发展应与城市发展统筹协调，将人口发展提升到世界城市和"首善之区"建设的战略高度，将人口规模、结构、素质和布局等要素作为发展的基础性因素，把握人口各要素之间、人口与经济社会及资源环境之间的互动关系；综合运用法律、教育、经济、行政手段推进人口发展，形成城乡一体、目标一致、相互衔接、良性互动的人口政策体系；把人口发展纳入国民经济和社会发展总体规划，强化人口发展规划的基础性作用，为产业布局、资源开发、生态建设、环境保护、基础设施建设、公共资源配置和公共财政分配提供支撑。

（3）坚持科学有序的原则。秉承科学发展的理念，把握人口与经济社会发展的阶段性特征，尊重和运用人口与经济社会发展的基本规律，适时完善人口发展政策。充分认识人口均衡发展的长期性、动态性，制定人口发展的长期规划，明确不同时期人口发展各领域的发展目标和工作重点，注重人口发展目标的时序性和有效性，建立人口科学发展的保障措施体系。

（4）坚持改革创新的原则。深化推进综合改革，不断加强理论建设、制度建设、能力建设和载体建设，不断推进管理创新、服务创新、科技创新和体制机制创新，建立和完善适应社会主义市场经济的人口工作体系。在全市整体指导的基础上，鼓励各区县积极探索解决人口问题的有效方法和途径，着力解决人口发展中出现的新情况、新问题；重视试点先行、以点带面的工作方式，转变政府职能，实现政府主导、部门合作和全社会共同参与。

（二）总体思路

促进北京市人口长期均衡发展，应坚持以科学发展观为指导，紧紧围绕首都城市性质和功能，以更好地履行"四个服务"① 职责和建设世界城市为目标，按照以人为本、统筹协调、科学有序、改革创新的原则，把人口均衡发展作为经济社会可持续发展的重大战略，统筹解决北京市人口均衡发展面临的关键问题，逐步完善政策，加强人口发展的宏观调控和政策引导，努力实现人口与经济社会相协调、与资源环境相匹配，走出一条有中国特色、统筹解决发展中大国首都人口发展问题的新路子。

加强人口规模调控，通过产业结构升级调节就业人口，建立准入措施调节流动人口，实施人口总量有序管理，确保人口数量符合首都城市功能，减轻首都人口压力；重视人口结构优化，积极应对户籍人口老龄化，落实首都人才优

---

① "四个服务"即为中央党政军领导机关的工作服务，为国家的国际交往服务，为科技和教育发展服务，为改善人民群众生活服务

先发展战略，引进高端人才，开发本市人力资源，加大人力资本投入力度，增强家庭和社会的老年人口抚养能力；全面提升人口素质，借助科技、教育、医疗卫生手段提高本地人口健康和科学文化水平，改善公共服务，吸引外来高素质人才；合理引导人口分布，推进实施人口功能区划分，依据区域资源环境条件，建立资源环境补偿机制，优化人口空间布局；切实转变经济社会发展方式，推进产业结构升级和创新能力提升，大力发展服务业，优化城市设施和产业的空间布局；提升首都资源环境发展潜力，利用技术进步、劳动力素质提升和管理创新提高资源使用效率，节能减排与环境保护并重，借助区域合作改善首都发展的整体环境，拓展首都人口发展空间；改革创新人口管理和服务体系，建立和完善人口发展的法律法规体系和综合管理服务平台。综合运用行政、法律、经济、社会保障等手段，努力实现人口与资源环境相协调、人口与经济和社会生态效益相统一。

第二节 促进北京市人口均衡发展的主要任务与措施

一、加强人口规模调控，实施人口总量有序管理

对于北京市而言，人口规模调控的主要任务是在科学发展观的指导下，坚持"以人为本"的理念，根据北京市功能定位，以保证经济社会发展为前提，以区域承载力和人口预警指标为标准，以实现人口、资源、环境的可持续发展为目标，采取政府和市场多层次的调控途径，设计分阶段的首都人口调控政策，通过"以业控人"、"管理调控"等方式和手段调控人口规模，并处理好"总量规模"与"结构分布"的关系、"疏解"与"吸引"的关系，"无序"与"有序"的关系、"近期"和"远期"的关系、"区外"与"区内"的关系。

继续落实基本国策，稳定适度低生育水平。为调控人口规模，需在未来一段时期内，继续严格执行人口和计划生育各项政策法规，完善计划生育法制环境，稳定适度低生育水平，切实做好人口计划生育工作，并着力改善出生人口素质，保持出生人口性别比平衡，促进人口长期均衡发展。

坚持"以业控人"，间接调控人口规模。推进北京市产业结构升级，利用产业升级所带来的就业机会的升级，吸引高端人才，减少或弱化某些不必要的城市功能，提高经济发展对高素质人才的吸附力度，降低经济发展对劳动力数量的依赖，实现首都人口的疏解。同时，加大对本地劳动力就业的帮扶力度，建立合理的人口导入和导出机制，实现"以业控人"。

实现"以财管人"和"以证管人"。在落实属地责任,逐级分解,层层落实,定期考核的原则下,探索和完善人口总量调控目标责任制,将人口总量管理与社会公共服务和财政投入管理挂钩,推进居住证制度和流动人口市民化待遇工程的落实,并积极推进人口调控考核体系建设,着力加强和改进人口基础管理,进一步完善人口预警机制和实有人口数据库建设,科学及时地掌握现有人口信息,形成人口动态管理机制。

在人口规模调控中,需要处理好以下关系:一是处理好"总量规模"与"结构分布"的关系,在人口规模调控的过程中,需要同时优化人口结构及其空间分布,推进全市人口规模、结构、分布与北京市经济社会发展要求相适应;二是处理好"疏解"与"吸引"的关系,人口规模的调控过程中,需要结合北京市城市功能定位的要求,着力做好分人群,分区域的人口疏解与吸引工作,坚持"以疏为主,调控结合"的理念,强化"疏"和"调"的作用,进一步弱化"堵"和"控"的功能,促进北京市人口均衡发展;三是处理好"无序"和"有序"的关系,重点调控盲目的人口增长,实现人口的科学、平稳发展,做到"总量平稳,结构合理,分布均衡";四是处理好"近期"和"远期"的关系,明确近期、中期和远期北京市人口管理服务的任务和措施,近期主要通过打非拆违、规范房屋租赁市场等行政、法律手段,并结合经济手段,引导人口有序流动和合理分布,中期通过经济发展方式的转变和产业结构调整,遏制流动人口集聚的无序态势,加强产业手段、规划手段和经济手段对促进北京市人口有序管理目标的基本实现及推进流动人口的有序融入的作用,远期应着重强化人口和土地、经济、社会、城市建设等规划的统筹协调,强调规划对解决人口问题的导向作用,加强流动人口城市融入方面的法律保障,实现北京市人口分布与资源环境承载、生产力布局的全面协调均衡发展;五是处理好"区外"与"区内"的关系,明确首都城市功能区在区域内的功能,在人口规模调控的过程中,加强区域合作,促进京津冀一体化进程,形成统筹解决北京人口问题的政策合力。

二、推动人口结构优化,增强城市人口活力

人口结构优化也是人口均衡发展的重要任务之一,北京市的人口均衡发展不仅需要调控人口规模,同样也需要优化人口结构。

优化人力资源结构,打造国际化人才高地。积极落实人才强市战略,按照人才、引领发展、以用为本、创新机制、面向国际、瞄准高端、集群辐射、统筹推进,创造环境、提升服务的指导方针,全面落实首都人才发展战略,努力创新人才政策机制,优化人才发展环境,不断加强人才队伍能力建设,推动人

才结构战略性调整。

注重吸纳年轻有活力的人口，优化人口年龄结构。充分发挥公共租赁房和社会保险等保障制度的作用，不断改善来京务工人员的生产和生活环境，合理吸纳外来年轻人口，尤其注重吸引高素质、高技能、紧缺型劳动年龄人口来京务工，保持劳动人口年龄结构的合理，进一步激发人口创业、创新活力。

积极应对户籍人口老龄化问题。进一步完善人口和家庭发展政策，增加劳动力供给及对老年人的抚养和照料；实现健康老龄化，开发老年人力资源，启动第二次人口红利，有计划、有组织地对老年人力资源进行开发和利用，鼓励老年人再就业，积极采取柔性退休制度，将老年人口由负担转变为财富，提高老年人自养能力；控制外来人口流入数量，注重改善外来人口素质，增强其未来养老能力，同时建立鼓励和引导外来人口回家乡养老的政策。

三、全面提升人口素质，建设人力资源强市

北京市人口均衡发展的任务，不仅包括人口规模的调控、人口结构的优化，人口素质的提升也是十分重要的方面，直接关系到人口增长及人口结构的质量，并影响到经济社会发展的水平和效率，对首都经济社会的持续发展至关重要。

提高出生人口素质。明确部门职责分工，加强相互间协作，积极落实出生缺陷三级预防措施，加大出生缺陷干预力度；积极开展易为广大人民群众接受的宣传和引导活动，组织实施计划生育生殖健康促进工程，积极做好优生服务工作；推进生殖保健咨询救助服务平台建设，提供意外怀孕咨询、求助服务工作站、热线电话和网络查询服务等，切实降低意外妊娠率。通过全面满足群众日益增长的避孕节育、生殖健康和优生优育需求，提高出生人口素质。

提高人口健康素质。普及健康教育，积极倡导健康文明的生活方式，积极推进全民健身活动和全民健康工程，提高健康素质和人口安全指数，建立以运动设施、团队组织、体质监测和信息咨询为主要内容的全民健身服务保障体系；全面加强公共卫生服务体系建设，健全医疗保障和服务体系，完善基本医疗制度。充分利用基层医疗卫生和计划生育服务网络，形成以预防为主、防治结合的公共卫生服务体系，逐步缩小城乡居民基本公共卫生服务差距；加快群众体育场所的建设，设立居民健康体质监测站，关注残疾人等特殊人群的身心健康，真正实现"人人享受康复服务"；做好社区康复工作，完善"政府主导、属地负责、行业司职、社会参与"的公共卫生共管模式，促进基本公共卫生服务均等化，实现基本公共卫生服务覆盖城乡居民。

提高人口文化素质。实施"科教兴市"战略，以政府为主导，动员社会力

量，按照优先发展、育人为本、改革创新、促进公平的方针，构筑基础教育、高等教育、职业教育、继续教育一体化的终身教育体系。加强婴幼儿早期教育，积极发展学前教育，构建"广覆盖、保基本、多形式"的学前教育体系；全面实施素质教育，大力促进教育公平，加快构建覆盖城乡的基本公共教育服务体系；全面提高高等教育质量，实现从以规模扩张为基本特征的外延式发展向以提高质量为核心的内涵式发展转变，发挥好北京市文化教育中心的作用，源源不断地为北京市经济社会发展提供人才；大力发展职业教育和继续教育，提高人口职业素养，加快培养适应产业结构变化的劳动力队伍，重点是针对流动人口建立长效的职业培训机制，开展多层次、多专业、多元化的职业教育培训，促进人口负担向"人口红利"的有效转化；积极实施"走出去、引进来"的人才战略，加大对高素质人才的引进力度。

四、合理引导人口地区分布，优化人口空间布局

为统筹解决北京市人口布局与人居环境自然适宜性制约存在的矛盾，维护首都资源和能源安全，保障首都人民生产生活，根据人居环境自然适宜性、水土资源承载力、物质积累基础与人类发展水平等指标，统筹考虑京津冀地区人口发展的战略取向与区域人口资源环境社会经济格局，有必要在北京市全域划区分人口集聚地区、人口相对稳定区和人口疏散收缩地区，并结合本市及周边地区的人口和经济社会发展要求，针对性地提出人口布局策略。

加强中心区人口的疏解。积极探索整体成系统转移的新模式，鼓励部分行政办公、教育、科研、医疗等现有和新增功能向新城等外围地区进行疏解，以此引导中心城区人口的疏解。加快中心城区产业升级，加强公共设施和公共空间建设，提高绿地覆盖率，改善人居环境。加强跨行政区统筹管理，公共资源统筹协调和共建共享，提高社会管理和公共服务保障能力。并把人口疏解的责任和任务作为各级政府考核的具体指标，落实到中心城功能优化、产业结构调整、公共服务与社会管理、重大项目建设等工作中，从而合理引导中心城区人口向新城及小城镇疏解。

提高新城和小城镇对人口的吸引力，促进人口在市域空间的均衡分布。提高新城经济社会发展水平，大力加强新城基础设施和公共服务设施建设，构建新城便捷的对外交通体系和公共服务体系，保障新城的基础设施和公共服务设施建设水平不低于中心城，构建新城对人口和功能的自然吸引力，引导人口自然流入新城。

发挥区域大中城市对人口的吸引力，促进人口在区域层面的合理分布。加强京津冀区域产业与基础设施的协作，带动区域大中城市建设，提高区域整体

发展水平，提高区域大中城市对人口的吸引力，促使流动人口向周边大中城市转移，并由其吸纳、截留向北京市聚集的周边人口。

五、转变经济社会发展方式，助推人口均衡发展

人口均衡发展中，外部均衡的重点是人口与经济社会发展的均衡。在未来一段时期内，实现北京市人口均衡发展，需要切实做好转变经济社会发展方式，助推人口均衡发展。

强化创新驱动。坚持高端引领、创新驱动、绿色发展，不断创新发展理念、发展模式，把推动发展的动力加快转移到更多依靠科技进步、劳动者素质提高和管理创新上来。加强创新能力建设，提升自主创新水平，增强经济长期竞争力。通过产业结构升级，推进北京市人口结构向着高端化的方向发展，提高人口总体素质。同时，深入推进节能减排，提升生态文明水平，走绿色低碳、生态友好发展之路，保证人口均衡发展能够有一个良好的环境支撑。

增强服务功能。增强服务功能与发展服务产业有机融合，并在服务区域和国家发展的过程中，实现自身的新发展和服务的新提升；着力推进服务功能区建设，塑造世界一流的服务标准和环境，吸引高端要素聚集，增强科技创新、金融服务、商务服务、信息服务功能，更好地辐射带动区域发展和参与全球经济分工，进而通过服务功能的发挥及升级，推进就业机会质量的升级，由此实现"以业控人"的目标；通过高端服务业的发展，推进北京市产业结构的优化升级，进而实现对人口结构调整的有效引导；加强软实力的培育，持续提高城市的竞争力和影响力，为人口提供更好的文化环境，推进人口素质的提高。

优化产业功能布局。坚持分区域功能定位发展，把优化区域功能配置、完善空间布局形态作为重要支撑，切实提高城乡一体化和区域协调发展水平，推进各区县人口间，城乡人口间差距的缩小；着力优化、疏解中心城功能，促进旧城保护与发展，合理引导人口布局，更加适应人口的功能区定位；加快推进新城功能完善和新区发展，更加注重薄弱地区发展提升，加快城市空间格局由功能过度集中在中心城向多功能区域共同支撑转变，塑造城乡一体、多点支撑、均衡协调的战略发展格局，从而引导人口空间布局的合理化，保证人口规模的控制、人口结构的优化以及人口素质的提高得以实现。

推动成果共享。坚持以人为本，把保障和改善民生作为根本出发点和落脚点，使发展成果更好地惠及全体人民。着力完善各项制度和政策安排，深入推进基本公共服务均等化，为市民高质量生活提供更好的公共服务，为人口发展提供更好的经济社会支撑，助推人口均衡发展。

六、挖掘资源环境发展潜力，扩展人口发展空间

在北京市人口发展过程中，资源环境的约束成为制约人口规模发展、人口素质提高的重要因素之一。因此，着力挖掘资源环境发展潜力，扩展人口发展空间，成为北京市人口均衡发展的重要任务之一。

对水资源开源节流。建设先进节水型社会，坚持"节流、开源、保护水源并重"的方针，把保证城市供水安全放在首位。建设七大类工程，重点完善八项管理，开源节流，保证城市用水安全。其中七大类工程包括：境内调水及市内开源工程、南水北调市内配套工程、城市供水工程、城乡污水处理工程、节水、雨水利用及再生水利用工程、水资源保护工程、三大流域综合治理工程等。同时完善建设项目水资源论证制度、完善用水总量控制和定额管理制度、完善建设项目雨水利用制度、完善政策法规体系、完善城乡供排水良性运营机制、完善水利工程管理体制、推进水价制度改革和完善节水、水质等考核制度，以此保证水资源潜力达到充分发挥，为人口均衡发展创造条件。

有效利用土地资源。贯彻落实"十分珍惜、合理利用土地和切实保护耕地"的基本国策，坚持"在保护中开发、在开发中保护"的总原则，转变土地利用方式，促进土地集约利用和优化配置，提高土地资源对全市经济社会可持续发展的保障能力，保障首都各项职能的充分发挥。要坚持保障经济发展和保护土地资源相统一，统筹安排各类用地；集约高效利用土地资源，保护和改善城市生态环境；优化土地利用结构和布局，促进土地资源的增值；建立健全土地宏观调控体系，保障经济平稳较快发展；合理确定城乡土地利用规模，优化土地利用结构，积极推动存量建设用地的再开发，提高土地利用效益。以此提高土地的集约利用水平，有效拓展城市空间，为人口均衡发展奠定基础。

提高污水处理、垃圾处理能力。坚持保护优先、预防为主、防治结合、源头治理与末端治理相结合的原则。加强水污染源头防治，加快污水管网和处理设施建设，进一步提高污水处理能力，完善中心城区污水收集管网，实现城市生活污水全收集，因地制宜建设农村生活污水处理设施；加快生活垃圾处理设施建设，实施生活垃圾分类管理，农村地区开展生活垃圾分类达标活动，促进全市垃圾源头减量，不断提高垃圾资源化水平。通过提高污水处理、垃圾处理能力，提高城市人口承载力，为首都人口均衡发展提供良好的环境条件。

积极进行城市绿化。坚持生态保育、生态恢复与生态建设并重的原则，立足于将北京建设成为山川秀美、空气清新、环境优美、生态良好、人与自然和谐、经济社会全面协调、可持续发展的生态城市，积极进行城市绿化，建成功能完备的山区、平原、城市绿化隔离地区三道绿色生态屏障。充分发挥农田、

林地、荒地、公园、城市绿地、自然保护区、风景名胜区、森林公园等绿色空间在生态、环境、景观、文化、游憩、减灾等方面的综合作用；市域绿地空间结构以山区普遍绿化为基础，以风景名胜区、自然保护区和森林公园绿化为重点，以"五河十路"绿化带和楔形绿地为骨架，以河流、道路和农田林网为脉络，完善第一道和第二道绿化隔离地区，加强中心城、新城和小城镇等各级绿地系统的有机联系；实现生态绿地空间布局上的均衡、合理配置；依托"三北"防护林体系，加快燕山地区水源保护林和太行山地区水土保持林建设，形成防御首都风沙入侵的屏障；加强城市绿化隔离地区、沿河流和道路形成的绿色走廊、五大风沙治理区、风景名胜区、自然保护区、森林公园及湿地保护区等重点绿化工程的建设，构建平原地区绿地结构，形成城乡一体的绿化体系。营造绿色城市，绿色北京，优化人居环境。

第三节 促进北京市人口均衡发展的体制机制创新

一、建立人口发展统筹协调机制

促进人口长期均衡发展是一项复杂、艰巨、长期的工作，这就需要建立逐步完善首都人口发展的统筹协调机制，形成政策统筹、规划衔接、工作协调等工作制度和方法，健全人口发展目标管理责任体系，落实属地人口服务管理目标责任制。

建立和完善市级统筹协调机制重点是加强政策统筹，针对首都人口均衡发展的重大战略问题和政策需求，开展政策研究，统筹制定人口发展的重大政策，健全人口政策协调制度，推动部门间、区域间的相关经济社会政策与人口政策有机衔接和良性互动；加强规划衔接，坚持人口规划的基础性作用，实现产业发展、空间布局、土地利用、基础设施、公共服务、人口调控"六规统一"；加强工作协调，协调首都各部门以及首都和中央单位及其他省市关系，建立首都人口发展和服务管理工作协调机制。

同时，要明确属地管理责任，完善纵向管理格局，实现"市级规划指导、区县协调管理、街（乡镇）组织落实、社区（村）综合服务"。市级人口职能部门每年跟踪分析全市人口发展状况，研究提出人口调控目标和相关政策措施，并在此基础上对全市人口服务管理工作进行规划指导、综合协调和考核评估，发挥好统筹、联系、协调、服务的作用。区（县）在协调管理中，必须强化区（县）党委政府的人口工作职能，尤其是本地区人口服务管理的负责机制。街

（乡镇）作为人口服务管理的实际组织单位，整合利用各类协管员等人口服务管理工作力量，鼓励并督促社区（村）、辖区单位、社会中介机构、房屋出租人员和其他社会组织在人口服务管理工作中实现社会责任。社区（村）作为人口服务管理的基础工作平台，应该将现有的各居民社区、工业园区、企业片区和大型企事业单位配套生活区全部纳入社区服务管理范畴，实现人口服务管理工作的社区化全覆盖。

二、建立重大政策、重大规划、重大项目的人口评估机制

人口均衡发展不仅包括人口的内部均衡，还包括人口的外部均衡，即人口发展需要与经济社会、资源环境相协调。这就要求政府在建立重大政策、重大规划、重大项目前进行人口评估，最大限度地减少和降低对人口规模调控目标可能造成的不利影响，促进人口按功能区域合理分布，推动人口决策更加科学、合理，进一步完善人口管理和人口调控的决策机制。建立人口评估机制，是指政府部门在出台关系经济社会发展、涉及公共服务资源配置的重大规划、重大政策、重大项目时，要充分考虑对区域人口迁移流动、空间布局和服务管理等可能产生的重要影响，并进行针对性评估，综合评价人口与经济、社会、资源、环境的互动影响关系，提出分析建议报告，为政府科学决策服务。

人口评估机制主要采用政策咨询模式，以公共服务资源使用管理的评估为核心，重点围绕人口发展与经济发展、资源承载、环境影响、公共服务之间的互动关系，着力于优化人口空间布局，构建一套相对比较全面、综合、可评估的指标体系，在重大规划、政策和项目中展开针对性的人口评估工作，并形成上报市政府的专题人口评估报告作为决策参考要件之一。

开展重大规划人口评估。重大规划包括所有纳入"十二五"规划体系编制目录的规划，以及区县规划纲要、重点新城、重点区域建设规划等。开展人口评估重点是涉及城市空间布局、影响人口市域内分布的规划，其主要作用是进一步优化城市公共服务资源的配置结构，大力推进中心城优质公共服务资源向新城转移，以城市功能疏解带动人口疏解。

开展重大政策人口评估。重大政策包括所有涉及社会管理、公共服务、产业发展和城市建设等方面，可能在较大范围内影响人口规模、结构、布局变动的政策。开展人口评估的重点是涉及人口服务管理的重大政策，旨在促进城市基本公共服务资源分配的相对公平，化解庞大多元的社会需求与北京市有限的供给和保障能力之间的矛盾，降低和规避可能诱发影响首都和谐稳定的社会风险。

开展重大项目人口评估。重大项目包括所有对区域人口总量、结构、布局、

流动产生明显影响以及提交市政府会议研究的重大市级项目和区县项目，还包括交通、现代产业、民生保障、生态环境、能源资源等项目。开展人口评估的重点是那些能吸引较多就业人口、常住人口、流动人口以及对周边地区人口带动效应明显的项目，其主要作用是促进重大功能项目向新城配置，增强新城的承载力和吸引力，有效承接中心城功能和人口疏解。

人口评估是一个复杂的综合性评估，既有各行业专业性需求，也需要交叉领域和全方位的综合知识。人口评估分为市、区县两个层级，包括自评和他评两个方面。重大规划、重大政策的提出部门是自评主体，相关行业主管部门或上级主管单位是自评工作的牵头部门，即若重大规划、重大政策和重大项目由区县提出，则区县是开展人口评估的自评主体。自评主体要按照评估工作要求开展人口评估工作，编制人口自评报告。人口评估工作的牵头部门负责指导组织开展人口自评工作，召开人口评估会议，对人口自评报告进行审查，协助做好人口自评报告的报批、备案等工作。而市人口管理部门是全市人口评估工作的他评主体，在各相关评估主体提交人口自评报告后，由市人口管理部门负责委托社会专业评估机构，根据重大规划、重大政策、重大项目的重要程度和对人口影响的程度，有选择地对各相关自评主体提交的人口自评报告进行他评，并最终形成向市委、市政府报告的人口评估意见。

三、编制首都人口发展功能区规划

北京的人口问题不仅在于总量的过快增长，更在于区域分布的不平衡。合理编制首都人口发展功能区规划，疏解中心城区的人口压力，规划引导人口沿"东部发展带"和"西部发展带"向新城转移已成为促进北京人口均衡发展的必然选择。编制首都人口发展功能区规划主要包括在人口收缩或人口稳定地区建立自然保护区和水源保护区，确立禁止人口机械迁入的人口政策性限制区，通过产业集聚、公共交通导向、公共基础设施以及房地产开发跟进等措施，引导人口在市域范围内合理分布、协调布局。

按照国家人口发展功能区划的原则与方法，依据《国家人口发展功能分区技术导则》确立的技术路线，以区县为基本单元，在系统分析和综合评价北京市不同地区人口发展的资源环境基础和社会经济条件的基础上，根据北京市人居环境自然适宜性、水土资源承载力、物质积累基础与人类发展水平等指标，结合北京城市功能区定位和《北京市主体功能区规划》，拟将北京市初步划分为人口疏解区（东城、西城）、人口稳定区（朝阳、海淀、石景山、丰台）、人口集聚区（通州、顺义、大兴和房山、昌平的平原地区）和人口收缩区（门头沟、平谷、怀柔、密云、延庆和房山、昌平的山区）四类人口发展功能区，并逐步完善各功能区域人口发展的目标和要求。首都人口发展功能区将作为编制北京市人口中长期发展规划的基本单元要素，在建立全市一体化公共服务系统的前提下，采取差异化人口政策、户籍管理政策以及房地产政策，配合城市中心区产业升级以及劳动密集型产业逐步外迁，进一步强化人口规划在人口布局调整及规模调控的基础地位，引导人口在北京全市范围乃至整个京津冀地区合理布局。

四、建立和完善人口信息统筹机制

人口信息综合是人口管理的前提，建立和完善人口信息统筹机制是人口事业创新发展的支撑，是促进人口均衡发展的迫切需要，也是首都政务信息资源共享的重要内容。建立和完善人口信息统筹机制应在人口发展管理部门的领导下，建立人口综合信息平台，建立人口综合管理指标体系，建立人口信息整合工作机制，建立人口预测、预警应用系统，建立人口发展信息定期发布制度。通过大力促进人口工作中的信息资源共享机制建设，避免政务信息共享中的"资源浪费"、"信息孤岛"等现象，为人口管理提供多方参与的基础平台，助力规划统筹人口均衡发展，提升统筹解决人口问题的辅助决策能力。

建立人口综合信息平台。充分利用现有各业务部门的人口信息，由人口发展部门牵头负责汇总，建立首都人口综合信息平台。第一，应借助各部门已有信息总结人口发展指标体系，建立人口发展指标数据库，统筹人口基础数据；第二，设立有关专题，包括专题分析、承载力分析、信息动态、人口监测、人口研究和数据查询等；第三，强化数据库管理与系统维护，保障数据安全、共享交换和其他管理。综合信息平台的目的是以人口与经济、社会、基础设施、资源和环境相关分析为依托，以人口承载力为重点，以各部门人口重要业务信息为补充，以各专业机构研究成果为参考，形成模型分析库，为领导决策提供支撑服务。

建立人口综合管理指标体系。建立人口综合管理指标体系，主要通过开展基础性统筹人口发展理论研究，以完善人口规模、结构、素质和分布管理为重点，以促进首都人口资源环境协调可持续发展为导向，实现保障人口综合管理工作、为党委政府决策提供参考和为社会公众应用服务提供有力支撑的目的。有关部门和区县政府应当持续研究和提出涉及自身管理业务决策的人口及相关指标，加强人口信息的采集、查询和服务工作，在统一的人口综合信息平台上实现资源共享，由市级人口发展管理部门整合，提出全市的人口综合管理指标体系。

建立人口信息整合工作机制。在首都人口综合管理市级统筹协调机构框架下，建立加强和统筹全市人口信息化专项工作组，组长由主管人口综合管理的副市长担任，副组长由市政府副秘书长和首都人口发展委员会办公室主任担任，各有关部门主管领导担任成员，工作组办公室设在首都人口发展委员会办公室。建立部门联席会议机制，市、区县和部门联动，定期就重点工作进行沟通。将人口综合信息平台建设列入市政府折子工程具体工作内容，并纳入各部门年度政府绩效考核和电子政务绩效考核范畴。

建立人口预测、预警应用系统。充分发挥人口综合信息平台的应用功能，建立一套人口预测、预警系统，服务市、区县和部门调控人口规模、加强人口服务管理、提升城市精细化管理水平等核心工作。具体做法是各部门结合人口热点问题，开展人口专题分析工作，科学监测和评估人口发展动态，及时发布人口预测、预警、预报，为统筹解决人口问题提供服务。

建立人口发展信息定期发布制度。建立人口发展信息定期发布制度，主要是向社会公布年度人口发展的主要动态，国家及市、区县人口服务管理政策措施及工作成效，人口、资源、环境与经济、社会协调发展评估报告，并展现社会各界对人口发展政策建议及最新理论研究动态和成果。